以其無形也。故知象顯可徵，雖愚
形潛莫睹，在不惑；
弘濟萬品，典御十方，
崇虛乘幽控寂，
智猶迷于佛道，
不惑；形潛莫睹，在不惑，形
象顯可徵，雖愚知象顯可徵，雖愚
以其無形也，故者一以其無形
舉威靈而無上，抑神力而無
舉威靈，無上抑舉威靈，
濟萬品，典御十方，濟萬品典御十
宗虛乘幽控寂，弘崇虛乘幽
智猶迷于佛道，智猶迷
濟萬品，典御十方，濟萬品典御

其無形也，故者一以其無形
可徵，雖愚知象顯可徵，雖愚
形潛莫睹，在不惑，形潛莫
濟萬品，典御十方，濟萬品典御
崇虛乘幽控寂，弘崇虛乘幽控
智猶迷于佛道，智猶迷
不惑；形潛莫睹，在不惑，形
象顯可徵，雖愚知象顯可徵，雖愚
以其無形也，故者一以其無形也
神力而無下，大之神力而無
上抑舉威靈，無上抑舉威靈
濟萬品，典御十方，濟萬品典御十
崇虛乘幽控寂，弘崇虛乘幽
智猶迷于佛道，智猶迷于

国家出版基金项目
NATIONAL PUBLICATION FOUNDATION

上海高校服务国家重大战略出版工程

丛书主编　臧克和

中国文字发展史

民族文字卷

王元鹿
朱建军
邓章应　主编

华东师范大学出版社

教育部人文社会科学重点研究基地重大项目"古汉字与其他民族古文字同义比较研究"（项目编号：02JAZJD740015）最终成果

上海市哲学社会科学规划重大课题"中国文字数字化工程——中文信息化补缺建设"阶段性成果

撰稿人（以姓氏笔画为序）：

王元鹿　邓章应　冉启坤　朱建军

刘　悦　李　杉　李　明　李　静

李子涵　邱子雁　高慧宜　唐　均

黄思贤

总　序

断代·系统·量化

汉字经历了漫长的演变历程而没有中断使用，以形表意属性具有连续性，在周边民族地区和国家间存在着广泛的传播影响，这在世界各种文字体系中是独一无二的。一般说来，与具体实现剥离，有助于逻辑抽象；而汉字形体结构，直接参与区别语义，则天然地具有易与事物建立同构关联的属性。汉字的发展，形成了种种错综复杂的关系，以至于汉语学者工作者在记录语言的符号系统的各种文本关系里面摸索，就要穷气尽力，基本无暇进入科学的语言文字系统建设。长期以来，汉字发展史研究的现状，停留在一般文献学水平，整体落后于语言学研究，也落后于其他人文基础学科。相对于高校中已开设数十年的"文学发展史"（包括各体文学发展史）、"批评发展史"、"逻辑发展史"、"哲学发展史"、"思想发展史"、"艺术发展史"等基础课程，"汉字发展史"则基本阙如。这种局面，对于文字发展的认知、文字使用的需要、文字标准的制定，甚至汉字学科体系的教材建设，都形成了显而易见的制约。

从上个世纪到现在，随着考古材料的大量公布，特别是各类文字资源库的建设，断代的文字调研逐渐成为可能。文字发展断代描写，主要涉及文字的数量消长——不同时代社会用字所增加、所消亡的情况；文字的体制变迁——不同时期书体类型及形体变化情况；文字的使用生态——不同时期社会使用及制约影响文字使用变化的媒体介质传播技术等因素。比如说，对于大量文字形体，整理者甚至还无法准确回答它们的出现年代以及使用环境，客观上只能说断代的文字调研平台尚不具备。文字发展到今天，其调研平台不够完善，数据分析不能穷尽，文字发展断代描述基本上不能置一词，一定要硬着头皮去作笼统描述，实际上也是徒劳无补的。

各个时期断代的汉字发展调查，至少要回答：汉字体制基本属性，由基本属性所规定的特定研究对象研究范围即学科基础在哪里；某个时段里社会上使用了多少字以及哪些字形，这些字在体制上体现了哪些历史特点；还要进一步回答一个时期使用增加了多少字、哪些字形，这些此消彼长背后的时代性因素（包括技术、媒介、文化、体制等）是什么。呈现这些消长变化，还得进行跨时段的对比统计分析。否则，所谓发展就无从谈起。因此，断代的文字使用调查，其实是件困难的事情。基于相对穷尽性量化数据分析，进行断代调查和描写；依据文字使用事实，探究文字发展理论；真实呈现各个重要时间段落文字特点和一般发展规律，关注发展的系统性，以及影响发展的因素和环境：形成《中国文字发展史》断代各卷的描写特色。依据教育部人文社会科学研究重点基地"汉字断代调查与汉字发展史（13JJD770031）"规划，基于各类文字数据库，在字形结构、使用频率、构件成分等相对穷尽统计基础上，在先秦（包括商代、西周春秋、战国）、秦汉（包括秦国、秦代、两汉）、魏晋南北朝、隋唐五代等文字发展阶段（唐宋之际及唐宋以降的印刷文字、汉字规范及汉字处理，宜单独分卷描述），计划分期分批完成断代汉字发展史描写若干卷，包括受到汉字发展影响的少数民族文字卷。根据系列重大课题及文字数据库加工的实际，第一期首批完成先秦、隋唐五代及少数民族部分，其余将发展为第二批。就是说，基于漫长的汉字发展使用历史，《中国文字发展史》调查与描写，呈现为开放性体系，相对充分成熟部分，将陆续发展。《民族文字》比较卷、《先秦文字》发展卷、《秦汉文字》转型卷、《魏晋南北朝文字》过渡卷、《隋唐五代文字》定型卷等，仅从选题来看，就不难发现，虽说是断代层次的描写，但也是相对而言的。每个断代专题，其实跨越了历史时段，都会涉及单位书体发展历程考察。

一

文字发生问题，实质是属于所谓"跨学科"问题。单纯依赖文字学领域，总显得力不从心。一向因材料不充分、相关科际学术资源整合的困难，汉字发生研究成为文字学领域被长期搁置的课题。但是，搁置实属无可奈何。这个问题不能深入讨论，甚至连文字性质等问题的深入认识也不能不受影响。

在有关论场合，我们曾提出分层次讨论的观点。就是关于汉字的发生问题，有必要考虑符合认知规律的文字类型学划分。在汉字发生阶段，符合实际的分类，成为基本前提；不同类型，发生时间自然会存在出入。汉字发生研究建立在某种类型学基础上，即不同结构类型汉字的发生是有阶段性的。因此，笼统的汉字发生研究难以深入。即使最具图画意味的汉字，其抽象程度也大大高于图像。表意结构，既然是历史积累的结果，同样存在一个时代性问题：如果较早期发生的表意字形，与语段文字、图画文字有关的话，跟后来派生的会意之类表意结构属于什么关系？结构源于某种仪式，使用于特定场合，也是早期汉字发生现象之一。在汉字认知领域，汉字作为视知觉对象，进行习得观察，其关键环节，往往也就是进行符合视知觉规律的分类。①

关于汉字的发生，文字学界以往比较审慎的评估，基本上都是以现存殷墟甲骨文字为基础的。这批以龟甲和兽骨为载体的古文，则是已成熟的文字，属于距今3000多年前的商代晚期的成体系文字。正如有的研究者所指出："一些学者坚持两个标准，一个是字形本体的标准：与商代的象形文字如甲骨文、金文等形体相似者，就认为是文字，否则就不是；一个是功能标准：如果这些已知的史前图形、符号具有记录语言的功能，就是文字，否则就不是。""但这两个标准都值得商榷。第一，字形标准不够全面，因为人们无法证明商代文字的字形就是最早的汉字的唯一形式。第二，根据现有的资料，无从直接证明史前图符是否具有记录语言的功能。"②

何崝《中国文字起源研究》，专题讨论中国文字发生及其机制问题。作者认为，在世界范围内，从旧石器时代晚期开始就陆续出现了图画和符号，但这些并不是都能发展为文字体系。而所谓文字体系，是有不同层次的，有关研究者把文字体系划分为巫师文字和通行文字。巫师文字主要是在巫术中用于人神交流，其本质是巫术精致化的表现；而通行文字则是运用于人际交流的书面符号系统，可以应用于社会各个方面。巫师文字和通行文字是两个不同层次的文字体系，后者是在前者的基础上发展而成的。

《中国文字起源研究》，特别着力于文字生成机制，强调大规模贸易活动

---

① 臧克和著：《汉字取象论》，第一编"汉字取象之诞生"，圣环图书公司（台北），1995年；臧克和：《结构的整体性——汉字与视知觉》，《语言文字应用》，2006年第3期。
② 连登岗编著：《基础汉字学教程》，第一章"汉字的产生与发展"之二："汉字的产生与形成"，中央广播电视大学出版社，2011年，第33页。

是文字发展为通行文字的必要条件。有关考古学研究表明，文字的生产大致分为三个阶段：第一阶段，图画和符号的出现；第二阶段，巫师文字形成；第三阶段，通行文字的形成。由图画和符号发展为巫师文字，需要有一定程度发展的农业经济基础，由巫师文字发展为通行文字，则需要具备开展较大规模贸易的条件，包括相当发展程度的农业、畜牧业和手工业，需要有优越的地理条件，需要能利用畜力和使用车辆之类的运载工具，需要在同一时期多个文明的并起，而由此开展的较大规模贸易，则是通行文字形成的原动力。

基于上述，何崝根据文字生成机制的三阶段理论，对中国新石器时代的文字符号的性质作出判断：中国新石器时代的文字符号都已经是文字，但都属于巫师文字，而尚未成为通行文字。因为这些文字符号都是在农业经济的基础上产生的，都毫无例外地还不具备较大规模的贸易条件：在同一时期多个较高程度的文明还没有出现，还未能利用畜力和使用车辆之类的运载工具，成规模的畜牧业、手工业还未出现，等等。准此，研究者认为，夏代不可能形成通行文字，夏代的文字符号，仍然处于巫师文字阶段。商代已经形成了一个社会通行的文字体系，这早已得到学术界的公认。但学者大都认为在商代文字之前还有更早的文字。通过前面的讨论，关于商代文字之前是否有更早的文字，可以明确地回答说，商代之前是有文字的，但基本上是处于巫师文字阶段，这些巫师文字都没有发展为通行文字。[①]

---

① 何崝著：《中国文字起源研究·引论》，巴蜀书社，2011 年，第 1—66 页。考古发掘以及人类学等材料的陆续发现，也越来越超乎以往人们的想象。例如，不久前有考古发现所谓"4500 年前的甲骨文字"：在山东昌乐出土的 100 多块兽甲骨上，刻有 600 多个符号，结构和布局上有一定规律可循，应该为 4500 年前的早期文字。有考古学者专题从事所谓"骨刻文"的调查研究。新华社报道了在翁牛特旗高日苏大黑山发现绘有原始文字符号的岩画。报道称这是百余座山中发现的 40 处数千幅岩画的其中之一，这些岩画距今已有 5500 年至 4200 年的历史。发现者因此认为，它的出现证明了中华古文字应该有 5000 多年的历史。2005 年《宁夏日报》则有报道称"大麦地岩画文字比甲骨文还古老，大麦地岩画中的发现有可能改写中国的文字史"。新华社报道称，内蒙赤峰市翁牛特旗人文历史研究员吴甲才向与会者展示的岩画，在 2 平方米的岩面上有各类文字符号 30 个，是由 17 个基本符号元素组成的，按照文字符号的形态、排列位置及其所示方向，可能是一幅祈福图。此图与在大黑山半山腰发现的一幅人面鱼纹像和两幅小河沿文化时期的巫字岩图有着内在的联系，都与史前的巫术活动有关。这些岩画其中 12 幅附有上下连贯的初始文字符号，373 幅附有独立体初始文字符号，这些文字符号年代之久远、数量之多在全国少见，经过考据属于红山文化晚期至小河沿文化时期。

经西北第二民族学院岩画专家普查和研究，中卫北山大麦地有 3172 组约 8400 多个岩画个体图形，内容包括日月星辰、天地神灵、狩猎放牧和舞蹈、祭祀等。岩 （转下页）

所谓"巫师文字"，如何纳入文字发生系统考察，自然存在若干有待研究的课题。但是，如果从原始文字功能考虑，如不能适当顾及文字结构与巫术仪式之间的宛密关联，对于若干古文字形的理解，看似"坐实"，其实大类南辕北辙，有望形附会的危险。跨学科研究课题，需要不断积累。随着地下考古资料的陆续发掘，关于该领域的调查研究，也将不断深入。[①]

二

迄今为止，商代文字依然是现存最早的成体系的文字。调查商代文字材料，有甲骨文（或称契文）、金文、陶文等。其中尤以甲骨文数量为最多，因此，文字学界将甲骨文作为商代文字的代表，一般将甲骨文分为下列五个发展分期：一期：盘庚、小辛、小乙、武丁时期；二期：祖庚、祖甲时期；三期：廪辛、康丁时期；四期：武乙、文丁时期；五期：帝乙、帝辛时期。

由于书写载体和写刻工具的缘故，龟甲兽骨上面的文字似乎不如铭铸在青铜器和陶器上面的字形更加接近书写用笔原貌。甲骨文是契刻文字，往往书写之后再施以契刻。甲骨上也有用毛笔留下的朱墨痕迹，但数量很少。甲骨文属于宫廷档案公文，基本用于占卜祭祀，构成当时文字传播使用的主要范围。

两周时期是历史上汉民族在民族融合、政治体制、商贸经济、文化艺术诸方面第一个大繁荣时期，该时期文字使用功能扩大，文字系统获得长足发展，达到古文字阶段的最高水平。两周时期主要文字载体发生了很大转变，现存主

（接上页）画专家采用丽石黄衣测年方法测得早期岩画距今 18000 年到 10000 年。对上述岩画个体图形进行研究表明，大麦地岩画区内图画符号是我国原始文字，1500 多个象形符号具有中国原始文字的基本象形形态，在大致同时期的陶文符号和后来的甲骨文中可以找到相近的形象。由两个以上的象形符号组成的复合体，已基本具备象形字、会意字、指事字等文字的要素。更为重要的是，这种象形符号在大麦地岩画中绝非偶然和孤立，而是排列有序。岩画专家最终得出结论，大麦地岩画，有许多象形与抽象符号已具备古老文字的要素（引自 http://www.sina.com.cn 2005 年 09 月 16 日 09:32《宁夏日报》）。出版界的专家乐观估计，大麦地岩画中的发现有可能改写中国的文字史（《人民日报》2005 年 8 月 18 日海外版第 2 版）。

① 臧克和著：《古汉字结构取象类型原始移情考略》，《学术研究》，1999 年第 5 期；《一类古汉字发生与仪式》，《袖珍汉学》，2005 年第 2 期。
　　近年来出土良渚文化类型，亦有人称为前甲骨文文字，且较甲骨文字早了上千年云云。

要式样是铸刻在青铜器上的铭文，这些铸刻在青铜器上的铭文，其书写程序是先刻写于范坯，再经烧铸而成。由于范坯质地柔软属性，便于书写、修饰加工，书写者更加得心应手。因此，金文线条的艺术表现力要比甲骨文空间丰富些。

春秋战国时期文字使用范围日趋广泛，文字形态、书写材料丰富多样。其中，金文资料仍然占有相当比重。此外，简牍、丝帛、玺印、泉布、玉器、石刻、陶器等材质，也都是当时实用文字载体。特别是春秋晚期的侯马盟书、战国时期的楚帛书、战国中晚期的楚简，保存了大量用软笔书写的文字。

通常将先秦文字分为殷商、西周春秋和战国三个时段。所谓古文字发展史，主要也就是这几个时段。最近几年，大批战国楚系文字的简牍材料陆续整理公布，吸引了众多古文献古文字学者。商周文字到战国简牍字符，无论从文字功能的使用范围，还是从文字本体的调查统计来看，都获得了空前发展。但是，真正对该时段文字发展状况进行较为彻底梳理和描述，有待于先秦古文字资源库建设。殷商西周春秋战国文字发展，就是以基于数字化的定量方式，从字集、字频、异体、构件、结构、体态等角度来描述先秦出土文字的发展演变状况，将首次完成先秦汉字发展史的断代研究。

商周各个时段各类材料到底有多少字？殷商基本字集——甲骨文字集，得到的甲骨文字形数为 6227 个；殷商金文字集，得到殷商金文字形总量 1507 个。西周春秋基本字集——西周金文的字集，统计出《金文编》收录西周金文 2302 个，统计出西周金文的字形数量为 2870；春秋金文的字集，从 25083 字量的春秋金文用字中统计出单字 1458 个。战国字集——统计出战国金文的字形数量为 1774 字，楚简文字类型多：以《楚文字编》原收录材料为依据，补遗文字 175 个，以上博简材料为依据，补遗文字 843 个，以新蔡简材料为依据，补遗文字 298 个。上述数据的给出，整个先秦文字资源总盘子也就有所把握了。

各类异体数量与比例：1. 甲骨文异体字，通过对《总表》的勘误和增补，重新考察了甲骨文中的异体字，得到了甲骨文异体字的基本数据：异体字为 1031 组，其字形总数 3081 个，因而在 6227 个甲骨文字形中，字头数实际为 4065 个。甲骨文异体字形总数占甲骨文单字字形总数的 51.89%。这个比重大大超过后世文字系统，表现了字形系统内在规范性较差的早期文字特性。2. 西周金文异体字，整理统计表明：西周金文中 572 个字头下存有异体，异体字涉及字形总数 2134 个。异体字涉及字头在总字头数的比重由 26.92% 下降为

19.93%，异体字涉及字形在总字头形数中的比重由 52.01% 下降为 48.15%——西周金文异体字在文字总量中相对甲骨文的比重下降，总体上无疑表明了这样一个事实：从殷商发展到西周，汉字构形的差异化程度降低，规范化程度提升。

3. 战国异体字，除了时代的差异，还要相应考虑分域等因素。战国文字整体和分域的异体字数量比较调查。调查数据首先表明：相对西周金文，整体战国文字异体字数量比重有较大幅度的降低：前者的异体字涉及字头占总字头数的比重为 19.93%；后者的同口径数据则只有 7.39%；前者的异体字涉及字形占总字形数的比重为 48.15%，后者的同口径数据则只有 20.26%。显然，这种数据的变化，反映了汉字系统随着时代的推移内在的构形规范程度有了很大的提高，即使遭遇了地域分歧加大的因素，这种趋向依然是非常明晰的。其次，相对整体战国文字异体字的上述两个比重，楚、秦、晋、齐、燕五系文字的同口径数据均有大幅度降低（楚为 4.19% 和 3.52%，秦为 0.85% 和 1.10%，晋为 4.90% 和 4.91%，齐为 1.58% 和 1.96%，燕为 0.74% 和 0.77%），这就表明，战国文字的构形差异，在很大程度上是由各地域系别文字之间的构形差异所造成的，因此，目前的战国文字地域分系至少是有一定客观依据的。

关于殷商到两周"四书"结构发展，断代系统描写专题同样给出了可资对比的量化数据。通过分别以不重复字形和卜辞用字总量为统计基础，研究者得出这两个不同的层面的甲骨文"四书"结构在有效字形总量中的数量比重。以字形数为统计基础的量化结果：甲骨文的统计结果全面补正了既有研究的相关数据，其结果为，象形字占总字形量的 40.16%，指事字占 5.06%，会意字占 40.89%，形声字占 13.89%。殷商金文的同口径统计结果印证支持了甲骨文的统计数据的真实性。这个结果相对于小篆，表现了甲骨文在结构层面上原始程度。以文献用字总量为统计基础的量化研究：这个角度的统计，开拓了一种全新的关乎结构的量化研究路径，统计结果相对以不重复字形为基数的统计，数据发生如下变化：象形和指事的比重有所上升：象形从 40.16% 上升到 76.97%，指事从 5.06% 上升到 7.67%；而会意和形声则有较大幅度的下降：会意从 40.89% 下降到 12.67%，形声从 13.89% 下降到 2.5%。殷商金文的同口径统计结果同样印证支持了甲骨文的统计数据的真实性。该角度统计数据的这种变化，意味着独体字在甲骨文的常用字集中比合体字占据更高的比重，是对许慎"先有文后有字"之说所作的一个很好注脚。同时，对于汉字发生史意义上的汉字性质认知，也提供了参考数据。

西周文字"四书"类型的量化研究，以不重复字形数为基数的西周金文"四书"类型调查统计表明，从殷商甲骨文到西周金文，字形系统中四书的比重发生了如下的变化：象形从 40.37% 下降到 11.57%，指事从 5.59% 下降到 0.48%，会意从 40.86% 下降到 32.97%，形声从 13.75% 上升到 54.98%。也就是说，单纯表意的三书均有不同程度的比重下降，而只有形声有了大幅度的比重上升。以字形在文献中的总用量为基数的西周金文"四书"调查统计表明，首先，从甲骨文到西周金文，象形比重从 76.97% 下降到 53.28%，指事比重从 7.665% 下降到 2.25%，会意比重从 12.67% 上升到 21.05%，形声比重从 2.5% 上升到 23.43%。毫无疑问，这些数据变化，清晰地体现了汉字在结构层面的发展趋向："文"的被使用概率的下降和"字"的被使用概率的上升都呈现了较大的变化幅度。其次，从文献实际用字的角度来看，汉字结构发展的速度，要大大低于不重复字形层面呈现的幅度，而这与甲骨文的同口径统计数据相比较，也呈现了高度的一致性，这足以揭示汉字结构发展的一种规律。

殷商西周春秋战国文字发展，还可以从字集、异体、字频、构件、结构、体态等部分，来描述殷商、西周春秋和战国三个时段出土文字系统的联系和发展状况。

字集。旨在回答文字系统究竟包含了哪些文字单位这个最基本问题。殷商时段：首先以《新编甲骨文字形总表》为起点，进行甲骨文字形数的全面清理。经逐个查核原拓，全面吸取相关考释研究成果，增补《花东》等新材料，完成了《新编甲骨文字形总表》补正暨甲骨文字形数量的清理，并确定其在 GBK、CJK 扩展字集中的传承状况。其次，通过对《金文编》收殷商金文补正，确定了殷商金文字形总量，及其对甲骨文字形的补遗。西周春秋时段：通过一手材料整理来增补《金文编》收字，依据相关考释研究改释《金文编》定字，完成了该时段金文字形数量的清理，并确定其在 GBK、CJK 扩展字集中的传承。战国时段：以《战国文字编》、《金文编》及其校补系列、《楚文字编》所形成的互补字汇集作为研究起点，通过全面整理一手材料和相关考释研究成果，完成了对这几个文字编的补遗和改释，进而对该时段字形数量作了初步确认，并作了该时段新见字以及字符集种类的归类。

异体。旨在清理各时段异体字数量状况以描述各时段文字的规范程度。殷商时段：重新确认了甲骨文中的异体字数量，并基于这个数量论证了如下发现：甲骨文具有内在规范性较差的早期文字特性；单字所含异体数与含异体单字数呈反比例增长趋向；多异体的字在字用上具有高频、多义、表达文献热点语言单位等特点。西周春秋阶段：通过异体字数量状况的确定，论证了两个发现：从殷商到西周，汉字构形的差异化程度降低，规范化程度提升；该时段多异体字头所含的异体字数大大超过甲骨文，根源于更大的地域分布所导致国族差异。战国时段：首先进行了战国文字整体和分域文字的异体字数量调查，数据证明整体战国文字异体字比重较前代有大幅度的降低，而各地域系别文字异体字比重又低于整体战国文字，从而揭示了整体战国文字构形差异的造成有各地域系别文字之间的构形差异的成因。其次进行地域系别文字的内部差异研究。以异体字数量最多的楚文字作为材料对象，调查其内部是否存在构形差异的下位子系统，调查数据给出了基本否定的回答。

字频。旨在弄清文字系统中各文字单位在实际文献中的被使用次数，并以此检测特定时段文字系统成熟程度。殷商时段：通过甲骨文字频调查统计得到如下发现：甲骨文字频具有高度的两端集中状况（即少数高频字占总字量的高比重和总字量中极低比重的低频字占单字总数的极高比重）；这种体现文字系统的不成熟性的两端集中状况与甲骨文的程式、内容特点有一定关联；甲骨文的高端集中的字频现象本质上反映的是殷商汉字表达语义以简驭繁的一种断代特点；甲骨文字频的低端集中与殷商文字记录语言内容的专用化程度相联系。西周春秋时段：调查统计表明，1. 该时段字频状况较之殷商时段的主要差异表现为：最高频端的集中度有所下降；最低频端的集中度基本保持殷商时段的水平；中间频次字在数量上全面上升。2. 高端集中与铭文程式、嘏辞、字用特点三种因素相关；3. 文字用法的数量总体上是与字频数成正比，高频字倾向于与普通词汇，特别是基本词汇对应。低端集中首先与专名类用法字相联系。战国时段：以《郭店楚简》为古书类文献代表，《睡虎地秦简》为文书类文献代表，战国金文为铭刻类文献代表，在全面完成了它们的字频调查统计的基础上，完成不同类型文献的字频比较研究、战国出土文献字频状况的断代特点、国别地域差异与字频状况关系的研究三个专题研究。

构件。旨在通过文字构形底层要素的深入调查去揭示文字构形系统的本质特征。殷商时段：在完成了各类甲骨文及殷商金文构件的数量调查，修订了相关既有研究的结论的基础上，揭示了甲骨文构件具有高频者少、低频者多这种与图画遗存相联系的特征；辨析了一批具有罕见性、暂见性、图画性及后世变异特征的特殊构件；基于构件的统计研究，提出了完善现行甲骨文部首系统的方案。西周春秋时段：以金文为对象的构件数量调查表明，相对殷商时段，构件参与不同字形构字的平均几率提升，一级构件比重大幅度下跌；由于平均不同构件的构字数量的趋向，导致了中间频次段构件数量增加最多。论析了本时段新见的特殊后世变异构件。战国时段，根据构件的系统定量研究对材料的系统性及丰富程度的要求，选定秦简和楚简帛文字分别作为西土和东土文字的代表，在完成其构件数量调查及其断代意义评估的基础上，通过两者特异构件的比较来量化其地域差异。

结构。旨在通过文字各种结构的分布及消长调查来描述各时段文字的发展状况。殷商时段：首先，分别以不重复字形数和字形在文献中的总用量为基数，得出这两个不同的层面的甲骨文"四书"结构在有效字形总量中的比重；其次，完成各种结构功能所含构件数量及各构件所具有的结构功能数的调查统计。以此为依据论证了殷商文字中结构层面的多种特征。西周春秋时段：以不重复字形数为基数的调查统计表明，从殷商甲骨文到西周金文，单纯表意的三书均有不同程度的比重下降，而只有形声有了大幅度的比重上升；以字形在文献中的总用量为基数的统计表明，从文献实际用字的角度来看，汉字结构发展的速度，要大大低于不重复字形层面呈现的幅度；构件的结构功能数量的调查首先揭示了表声构件的数量已上升到各功能类型构件之首，表声构件大大高于表义构件的增长，表明了形声字发展中对形符具有更严苛的选择性，这种选择应当是与该时段形声字发展以标类为主要途径相联系的。其次，象形、指事构件与会意、表义、表声构件的两者结构比重相对殷商文字的明显的变化，表明了本时段文字结构的更高的发展程度。战国时段：以字集的完整性和语境的清晰度相对符合材料要求的秦简和楚简帛文字为对象，进行了本时段结构类型分布的断代及地域特点调查；选择上博简、侯马盟书、战国货币文字三种典型材料，完成了战国文字结构的"无理化"演变的量化调查。

体态。旨在通过自然结构和层次结构这两种直接诉诸视觉的文字构形成分调查来揭示文字系统的发展变化。殷商时段：从独体字与合体字比重、合体字平面组合类型数量分布、层次结构的数量状况三个层次完成了对甲骨文构形的数量调查，并以小篆、现代汉字的相关指标为参照，揭示了其中凸现的断代文字特征。西周春秋时段：完成了对应于殷商时段的调查口径的各层次调查，数据表明在独体字与合体字比重、层次结构的两个层面本时段文字呈现了更高的发展程度，而在合体字平面组合类型数量分布的层面，本时段金文呈现了更低的发展程度。论证了合体字平面结构上的"倒退"现象与严苛的甲骨契刻书写环境的反常作用力相联系。战国时段：继续对应前时段的三个研究层次完成调查统计，在证明本时段文字体态发展程度总体高于既往的基础上，揭示了不同地域文字的发展不平衡状况及其促发因由。

先秦汉字发展演变的探索，是一个不乏既有研究成果的研究方向，而以严格定量论证的方式去做这种研究，此前却是乏人问津的。上述六个指标，不但把总体目标定位在这种前沿上，而且在各个具体问题的研究上，均努力将既有前沿研究成果为起点来展开进一步的研究，故在"先秦文字发展"这个题目下，实现了较为全面的创新研究。

三

古文字到近今文字的发展转型，在汉字发展史上影响到体制层面的重要过程，主要就是隶变楷化。隶变楷化，存在一定重合。关于隶变本质，就文字体制而言，就是将古文字阶段的线条为书写结构单位，解散转化为今文字的以笔画为书写结构单位。笔画的数学几何属性为线段，跟线条是相对的。经过隶变之后的汉字，笔画就构成有效区别单位。关于隶变发生过程，文字学者已将目光投到战国简牍材料。其中秦简材料体系上属于秦系文字，时间上则由战国延续至秦代，隶变发生不会晚于战国。现存云梦睡虎地秦简文字，整体上已处于篆隶之间，一定程度上保留着篆书的意味，被称为"古隶"。

国家统一，秦王朝实行书同文政策。国家政府在文字改革、规范方面进行的工作，力度之大，在历史上空前绝后。学者们认为："秦国统一以后的官方用字是小篆；小篆虽然同秦王朝一样，存在的时间并不长，但它却代表了古文字阶段汉字书法艺术的最高成就；从文字的结构来说，小篆结体严谨、规范、匀称、平正，线条的力度均匀，行笔流畅自然，字体固定，异体字减少；从其来源上看，小篆源于秦国统一以前所使用的大篆，而大篆直接源于西周文字。从统一之前的秦国社会生活实际用字来看，比如前述云梦睡虎地秦简，所用文字是软笔即毛笔墨书的秦隶，其中像甲乙两种《日书》，集中反映秦朝当时社会民俗用字状况。对照起来，大体可以推测当时的小篆书体主要限于宫廷场合、某些特定仪式等。①

汉代经济文化，繁荣昌盛。两汉前后历时达四百二十余年，隶书和草书是该时期的重要书体类型。隶书由秦隶过渡到汉隶，逐渐走向成熟，达到艺术上的高峰。同篆书一样，隶书影响深远。只要查询有关实物用字语料库，就显而易见，即使到了隋唐，像墓志碑刻一类仪式化程度高的场合，还经常见到使用复古性隶书，庄重典雅。"草书"作为书体类型专称，有其特定的含义，则是汉代才出现的。东汉许慎《说文解字·叙》所谓"汉兴有草书"，即特指一种书体而言。文字学者书法家认为：隶书与草书本是同源，它们都是汉字的草写，但后来却朝着两个不同的方向发展演化着——隶书逐渐变得笔画分明，书写规范；而草书却朝着线条缠连、草率流畅的方向演化。

秦汉文字演变调查资源丰富，除了上述云梦睡虎地秦简之外，其他简牍类举其大者就有马王堆帛书、银雀山汉简、居延汉简、居延新简、张家山汉简、敦煌悬泉汉简、额济纳汉简、阜阳汉简、吴三国东牌楼、走马楼吴简等。另外，石刻文、砖瓦文、金文、玺印文等，也显示了该时期文字使用的多样性。

四

汉魏六朝，文字经过了剧烈的隶变"解体"之后，书体发展至于自觉，楷书走向成熟。其中的重要因素，固然有文字自身的发展规律，而媒介发生了革命性变换，即纸张在这个时期真正成为社会日常生活的书写载体，不仅对书体发展，就是对文体"自觉"，都是最为直接的影响因素之一。

由于材料物理属性制约，诸如质量密度、书写程序以及耐消磨度等，尤以石刻数量庞大且字形保存相对完整。碑刻文字（包括墓碑、墓志铭、造像记、摩崖刻石等）和墨书写本文字，另外还有刻写在砖瓦上的文字以及流传下来的法帖文字等，构成本时期汉字实际使用调查的最基本材料。从物质技术因素来

---

① 朱葆华著：《图说汉字发展史》，前言，齐鲁书社，2006 年。睡虎地秦简整理小组编：《睡虎地秦墓竹简》，文物出版社，1990 年。该本有关《日书》甲种释文注释见第 179—228 页，乙种见第 231—255 页。

看，两晋南北朝时期纸张取代其他介质，对文字书写空间和传播速度带来深刻影响：秦汉简牍文字材料繁富，而南北朝已经罕见；秦汉简牍主要施于公用文书，六朝则主要用于"合符"一类所必需的特定场合，六朝文体流别始称大备；载体转换、纸张属性、书体发展等因素，使得文字使用广泛进入民间社会生活成为可能。正是在这个意义上，不妨将中古称为"文字自觉"时代。

就该时期书体发展及其因素而言，六朝时期书体发展，以至各体皆备，可以适应于不同的文体、使用于不同的场合，与文体发展特别是与书面文学发展的关联至为直接。书体的完备，除了文字系统楷化完成过程中自身发展的规律，主要取决于物质的因素和社会的因素：物质的因素，当时就是书写介质转换的实现，即纸张在魏晋南北朝真正普遍进入日常书写领域，最大限度地满足书写空间扩展，趋向自由。社会的因素，则是家庭教养的积累和崇尚书艺的社会需求。

书法自觉。在上述背景下，两晋南北朝时期，书法作为专门领域，真正进入所谓"自觉"阶段。在大量墓志碑刻材料中，"工书"专门，往往勒石标榜，作为"盖棺定论"。像北魏《元悌墓志》记载"学冠书林、尤好八体"："王讳悌，字孝睦，河南洛阳人也。折彩丽天，冻源带地。鸿光昭晰，清烂自远。祖重华迭曜，握天镜以临万国；考蹈德齐札，揔三事以调四气。王资灵川岳，居贞若性。博览文史，学冠书林。妙善音艺，尤好八体。器宇淹凝，风韵闲远。丽藻云浮，高谈响应。"北魏《元钦墓志铭》铭刻墓主"笔下云飞，纸上风起"，似乎生前尤工草书："君讳钦，字思若，河南洛阳人也。恭宗景穆皇帝之孙，阳平哀王之季子也。长源与积石分流，崇峯共升极齐峻。丹书写其深玄，绿图穷其妙迹。固以备诸篆素磬于金石者矣。……君资五行之秀质，禀七耀之淳精。生而环奇，任维国秘，职司王言。笔下云飞，纸上风起。忠规良谋，内外称焉。"像对于北魏一代文化学术有重要影响的郑黑："闭门负心，讲诵鲁诗，朝书八体，采李斯曹憘笔法，前人垂今，今人识古。又书三字石经，袭爵诏京师太学，书立三体石碑，教诸皇子书三字石经，又注《字林》韵集六卷。"（北魏普泰二年的《郑黑墓志》）北魏永熙二年《张宁墓志》独称墓主"书学之能"："书学之能，风标千刃，衿带万顷，自以桂林一枝，昆山斤玉，学岁不群，冠年独立，容豫乡国。"①

---

① 臧克和：《书体发展与文体自觉》，《学术月刊》，2007 年第 3 期。石刻数据采自华东师范大学中国文字研究与应用中心所研制"汉魏六朝隋唐五代石刻语料库"。

从流沙坠简、楼兰汉文简纸文书、长沙走马楼三国吴简《嘉禾吏民田家莂》与《竹简 [壹]》等简牍文字来看，该时期上承汉末隶书的成熟阶段而下启在隶书蜕变中产生楷书、行书、草书字体。该时期简牍的使用者多为中下层官吏、武士，书写工具采用毛笔，可以反映出社会用字情况的真实面貌。调查统计表明，魏晋南北朝简牍文字正是获得迅速发展的楷字，其笔画系统已经形成，但还不完善，笔画的形态和数量还不固定；楷化构件系统也已经构建起来，但还不成熟，构件的形态、数量和位置也不确定。从字体风格来看，是处于由隶书向楷书过渡阶段的文字，即"隶楷字"。

甲骨、青铜器、丝帛、简牍、玺印、泉布、兵器、玉石、陶器等材质，在漫长的历程中都留下了当时文字实际使用的痕迹。春秋晚期的侯马盟书、战国时期的帛书简文，也使人们看到了大量用软笔书写的文字。同一时期同一地域用不同书写工具和书写材料所写（刻）文字的比较研究，有助于汉字发展历史发展规律的全面认识。数百年间，木、石、纸书写介质的转换，直接影响了汉字传播方式的改变，促进了汉字书写体制的定型。竹木、石材和纸张介质的书写物理属性差异，纸张进入书写领域所引起的自由空间拓展和文字传播方式的革命，六朝完成纸张作为书写介质普遍进入书写领域，对于文字发展到自觉定制、文字传播方式及传输速度具有划时代意义。

五

唐代社会经济、文化与教育高度发展，达到中国古代社会鼎盛时期。楷书至此达到最高艺术水准，确定体制范型，谓之"自觉定型"。同时，也奠定了近现代楷字使用基础。有唐书法楷则，为后世不易之定制。楷字发展至于定型，有其历史的准备和自身的条件。就文字内部体制而言，南北朝楷书已经臻于成熟，为隋唐楷字定型作了充分准备。从上述物质技术因素来看，两晋南北朝纸张取代其他介质，对文字书写空间和传播速度带来深刻影响。从唐代当时所提供的条件来看，主要有两方面社会因素起了直接促进作用：一是承袭隋代科举教育制度趋于完备，二是整理形成与此相适应的社会标准规范。唐代楷字定型，是唐宋之际文字传播方式发生革命性转换的内在因素，即正是唐代楷字规范达到定型化程度，才使得印刷技术通行开来具备了基本前提。技术进步的直接结果，就是使得文字传播水平不再因人而异。

汉字发展到楷字定型阶段，其表意属性有没有发生机制性变化？由此带来的认知特征有哪些？这是本时期汉字发展调查所应回答的基本问题。即描述楷字系统"区别性"原则与表意机制关系：以形表义属于机制层面，其中的"形"体现为楷字结构；"表义"落实为各类楷字结构模式，诸如象形、指事、会意和形声类型。

唐代楷字调查，所统计分析数据，主要来源于两个系列：一个是出土石刻语料，一个是传世字汇材料。关于传世字汇材料，统计基数见《原本玉篇》（残卷）、《宋本玉篇》和《篆隶万象名义》，另外还涉及《干禄字书》、《五经文字》、《九经字样》等唐代字样系列。《宋本玉篇》专书资料库现有 22795 条记录（含各类异体），基本就是来自汉魏六朝和唐代的积累，较之《万象名义》资料库 15291 条记录增出 7496 条记录。但由于《名义》抄本存在大量舛分误并误混的舛乱情况（具见第五章《楷字传承变异》第三节"《名义》比较"），记录增加部分并非就是新出字量。《中古汉字流变》各部小序，将二者实际所收字头、异体逐一对号排比，反映各部收字实际出入，各部收字实际出入相加，共得到《宋本》多出 5298 字，《中古汉字流变》将这 5298 字逐个列具各部小序里，揭示出各部发展字量消长的分布比例。就目前的统计水平而言，这些数据，大致上反映了唐宋时期社会实际使用楷字的增长幅度。至于字样系列材料，除了直接反映唐代标准化水平之外，重要的还在于体现了当时的正字观念。关于出土石刻语料，统计基数为：魏晋南北朝石刻语料库文字字样表中认同归并为 4334 个字位代表字，统摄 10715 个字样，字位代表字和字样数量的平均比例是 1:2.7。隋唐五代石刻语料库楷字字样表中共贮存字样 15769 个，认同归并得到 6158 个字位代表字，字位代表字和字样数量的平均比例是 1:2.56。从两个时期出土实物用字数量来看，共性的表现为都存在大量异体字形，个性的差异则是隋唐五代新增字位代表字就达 1824 个。传世字汇所增加的 5298 字，以及出土实物用字所增长的 1824 字，其所由生，其代表的演进和分化之迹，就构成为唐代楷字发展的基本线索。

《汉魏六朝隋唐五代字形表》字头共 7742 条，其中仍包含少量异体字，统摄近 10 万实物使用字形。作为隋唐楷字定型的断代调研，集中反映在相互联系的两个方面：一是将唐代积累形式的楷字字汇，置于楷字发展过程进行考察；二是将唐代字样规范，置于共时的社会实物用字实际进行对照，还原当时字样标准所适用的社会环境，揭示唐代字样标准使用所达到的规范水平。注重楷字历史的发展层次及量化关系，注重楷字区别表意模式转换，注重楷字发展的社会技术类物质因素，是隋唐之际文字发展断代调研特色。隋唐楷字定型专题调查认为，对于断代与历时结合的汉字发展描述而言，调查统计给出量化数据固然有意义，而寻绎书体发展的直接因素和直接线索，包括提供字形讹误的历史根据，即复原字样的社会使用环境，更具认知价值。

该专题调研平台为"实物用字语料库"、"传世字书语料库"。两个类型语料库，对照互补，提取数据，完成《楷字发展》调查报告。各个发展阶段，以《汉魏六朝隋唐五代字形表》为时代坐标，提取数据，对照描写。"楷字区别性"部分，主要是考察魏晋南北朝至隋唐之际楷化变异定型过程，贯穿在这个过程中区别性的丧失、区别性的重建。区别性的重建，涉及楷化的扬弃选择问题，包括相关认知机制问题。调研的基本观点是：楷化选择倾向于形声结构，与其说是顽强保留示意标音功能，毋宁说主要是维护楷字结构区别性原则，以及由此带来认知机制上归类识别的方便。区别性原则，是贯穿汉字楷化过程的基本原则。这是因为，表意区别性的丧失及重建，体现了楷字从解体变异到定型完成的过程，揭示了繁化、简化、分化等表面现象背后潜藏的选择与扬弃规律，反映了表意模式的转换及楷字发展的趋势。"字汇楷字"，包括"字样标准"和"字际关系"两个部分。楷字字样规范，是唐代楷字定型标准。理论上的自觉意识，尤其是专门的字样学著作的出现，是楷书书体成熟的标志之一。唐人字样学所分"俗字"类，从字体来看，实际大率就是笔画、构件等层次的讹误导致的错讹字；从使用的范围来看，往往就是相对于记录社会雅言文体相对浅近文体场合的用字。整体而言，与相承时间的长短没有必然联系。"石刻楷字"，通过同质而具有明确时代属性差异的实物用字对照，观察唐代楷字的定型程度，观察定型楷字在区别性原则规定下的繁化简化现象及形体新增现象。依据"隋唐五代石刻语料库"所作共时的隋唐五代石刻异体构成类型调查，同样表明了该时期实际使用楷字的定型水平。

隋唐社会用字的基本字量，可以当时的基本字汇为参考。在南朝《原本玉篇》主体不存的情况下，唐抄《万象名义》所存楷字，不妨认为是反映南北朝时期的基本楷字。但由于当时楷字发展由过渡期到成熟期，社会用字呈现复杂局面，当时石刻使用的楷字，也有相当部分不见于《万象名义》的传抄。《原本玉篇》经过唐人孙强增广，反映出隋唐时期楷字使用量的增加。问题是到底新增加了多少？按有关楷字语料库统计，《宋本玉篇》22795 条记录，较之《万象名义》15291 条记录，多出 7504 条记录。问题在于，这批新增楷字，是否悉出自唐人之手，而不存在宋人在整理过程中增广的成分？如果确有宋人的增广，那么以《宋本玉篇》作为唐代基本社会楷字使用量就不够准确。这属于历史楷字发展时间层次分析问题，作为楷字发展断代研究要给出结论，也要依赖楷字资源库进行调查统计。

调查数据分析，依唐人封演《封氏闻见记》现成数据，《原本》共收 16917 字，《名义》数据库查询到 15291 条记录，如果连"同上"标识的 494 条记录，"古文"标识 199 条记录，"上文"标识 61 条记录（"上文"在《名义》体例当中，有时属于"释义"的说明，并不完全是字际间的关联）统计在内，要是再考虑所抄存种种异体字际关系等因素，二本所存字量原本相去不远。《名义》抄存字量，较之《宋本》22795 字，二者字量上的差异，应该就是唐人孙强增字的基本来源。从有关韵书贮存楷字情况来看，宋人陈彭年是在重修《广韵》之后才着手《宋本》的修订工作的。《广韵》有 3000 多字（绝大部分并非异体），是在《宋本》找不到的。如果宋人同一批编者要对《玉篇》大规模增广，这部分字量不可能没有反映。从切语用字变动趋势来看，《玉篇》注音明显受到《字林》注音的影响，而与《广韵》注音不存在密切关系，有的甚至相违，可以排除宋人陈氏辈根据《广韵》修改《玉篇》的可能性。从二本修订时间关系来看，《广韵》是大中祥符元年修订完成的，祥符六年陈彭年等人又完成了对《宋本玉篇》的校订。对《广韵》称引的《玉篇》与今传《宋本玉篇》进行比较，发现二者存在相似性：《广韵》称引《玉篇》71 次，或注明"《玉篇》云"，或注明"出《玉篇》"，其中 65 次的释义完全相同，占总数 93%。这说明《广韵》所引《玉篇》，与《宋本玉篇》并无大的差异。另外，宋代集大成的韵书和字汇分别是《集韵》和《类篇》，其中《类篇》专书数据库记录各部原本统计之和为 30944 字，实际所著录字数为 30844 个，存在 100 个字的出入。相对于《宋本玉篇》，《类篇》新增字量为 9557 个（这只是简单数量关系，《宋本玉篇》正文亦有 1735 字系《类篇》未收录）。即扣除字汇中的重出字，《类篇》收字也比《宋本玉篇》多出8041 字。其中，增幅尤为突出的大部像《艸部》新增 409 字，视该部 1443 字总量，增长比例达 28%；《水部》新增 346 字，视该部 1274 字总量，增长比例达 27%；《木部》新增 337 字，视该部 1142 字总量，增长比例达 29%；《手部》新增 268 字，视该部 896 字总量，增长比例近 30%；《女部》新增 267 字，视该部 688 字总量，增长比例达 38%；《疒部》新增 158 字，视该部 426 字总量，增长比例近 37%；《石部》新增 141 字，视该部 430 字总量，增长比例逾 32%……至于《集韵》，现存数据库有 53872 条记录（包括大量"重音字"）。基于上述数据，如果说《宋本玉篇》果系出自宋人增广的话；那么，其收字范围要比现在所见《宋本玉篇》广得多。①

上述对比调查，大体上支持这样的结论：《宋本玉篇》现有 22795 字的规模，基本就是来自南北朝和唐代。《宋本玉篇》所存楷字，大体上可以认为是唐人增字结果。《宋本玉篇》较之《万象名义》所增 5298 字，反映了唐代社会使用楷字的增长幅度。当然，字汇是历史积淀的结果，未必完全及时反映当时社会用字实际。六朝隋唐石刻等实物近百部字类使用调查对照表明，当时社会实际使用的若干字形，字汇并未予以著录。通常情况下，隋唐石刻部分用字，不见于《万象名义》而见于《宋本玉篇》；或不见于《宋本玉篇》而见于《集韵》、《类篇》；也有既不见于《万象名义》亦不见于《宋本玉篇》者。

楷字积累的形式主要有字汇专书和用字实物，开展两种载体类型的楷字对照，能够观察楷字发展的基本时间层次，从而揭示传承变异、增长发展的字频字量。进行"共时"与"历时"结合的调查对比研究，可以揭示楷字发展趋势。对于楷字资源调查而言，首要的工作就是分析层次，辨章字际关系，揭示楷化变异、楷字选择使用规律。楷化是在历史汉字隶变解体符号化过程中发生的，"六书"结构模式已经不能适应楷字构形情况。偏旁混淆以至于互换，"笔画"成为重要的字体结构"区别"单位，诸如此类，都是楷化过程影响到结构模式的反映。现代楷书的表意程度及其在楷字认知过程中的规律性体现，是更加强调楷字结构的体系性和整体性。

---

① 臧克和：《联系的重建——过渡性形体功能》，《中国文字研究》，2010 年总第 13 辑（中国人民大学书报资料中心：《语言文字学》，2011 年第 2 期）；《汉字过渡性形体价值》，《古汉语研究》，2013 年第 3 期。按照规划，该专题还涉及两宋及以降的较长时段的文字发展调查。其中，两宋文字资源主要集中于《集韵》、《类篇》等字汇韵书里，这方面的对比调查，参见沈祖春《〈类篇〉〈集韵〉及〈玉篇〉比较研究》，华东师范大学中国文字研究与应用中心 2010 届博士学位论文。

六

普通文字学表明，文字系统的发生及性质，可以借助于文字传播进行考察。汉字的历史传播，涉及两个圈子：一个是民族区域之间发生的文字改造使用现象；一个是国际地区之间即通常所谓"汉字文化圈"的文字改造使用现象。关于后者，正在联合域外文字学专家进行各类文字数据库关联比对。一旦数据分析工作结束，即将其作为《中国文字发展史》的延伸发展。

民族文字比较，需要整合各类民族文字资源。《民族文字》卷专题承担者为国内长期从事民族文字调查，开展比较文字学研究的专家。从上个世纪到现在，已经为我国培养了若干届少数民族文字学博士研究生。作者所带领的课题组，建成了中国少数民族文字资源库，部分品种还实现网络发布（东巴文检索系统、古壮文检索系统、水文检索系统、玛丽玛莎文检索系统、傈僳文检索系统以及中国民族古文字字表、中国民族文字同义对照词典）。《民族文字》卷就是基于该平台研制的成果。

基于多种民族文字资源库，《民族文字》对 10 余种民族古文字进行了比对研究。在当前对我国民族古文字的研究还往往处于习惯于对一个文字系统进行孤立研究而比较研究不够充分的状况下，本专题调研，分别以同义比较为主要手段和基本方法，讨论民族古文字的发生、性质、发展和传播。

考察对象涉及这样一些文字系统：古汉字 3 种：甲骨文、金文、小篆。中国其他民族古文字 12 种：纳西东巴文字、纳西哥巴文字、纳西玛丽玛莎文字、纳西达巴文字、彝文、傈僳竹书文字、尔苏文字、水文、壮文、契丹文、西夏文、女真文。外国古文字 3 种：苏美尔文，埃及圣书文字，马亚文。此外，本专著的研究，还涉及了日本、朝鲜与越南的民族古文字。

比较的发现是多方面的。比如有关文字发生：文字的渊源物应归为图画与符号两种；各种文字发生有其共同的基本动力，但各别文字系统的发生的动力又往往有所不同；文字的发生的涵义有其模糊性；文字的发生是一个过程。有关文字性质的：各种文字的文字制度与符号体态的发达程度之间既有关又未必成正比的规律。有关文字发展的：文字系统的性质是发展着的；我国的一些少数民族文字系统往往也可以断代；一种文字系统的各个发展阶段之间往往是互相渗透的。有关文字传播的：我国各个民族文字系统之间的关系往往不仅是互相关联的，而且是错综复杂的；我国一些民族的文字之间可能存在着至今尚不很清楚的关系；文字传播往往引起"拼盘文字"的产生；"拼盘文字"的内部往往存在着运动，即自源字和借源字之间不是各自孤立而是互相影响乃至可以互相结合成新字。有关文字系统整体的：确定了一些文字的各别字的来源，如对傈僳竹书文字的243字进行了造字理据的考释；考释了玛丽玛莎文的几乎证实了每一字并证实了它是一种独立的文字；证实了水书、彝文、壮文都是"拼盘文字"。通过比较，绘出了中国文字关系图。

相对于漫长的文字使用发展历程，上面不过是几个断面的匆忙巡礼。这里也许可以顺便提到曾经表述过的一些基本观点，主要涉及汉字与汉语关系。

文字与语音。普通语言学谈到语言系统中形音义的关系，一般都会指出：先有语言，后有文字，文字追随声音。以至于一般文字工作者在回答这个问题的时候，答案也是如此，似乎可以不假思索。就汉语史发展的实际情况而言，这个问题其实也是分层次的。在不同层次上，字形与语音的关系是不完全等同的。在文字的发生创制阶段，文字追随语音，这是没有疑问的；而且为了追随语音，文字使用过程中的结构体制也总是不断做出相应调整。比如，形声结构中声符的调整之类。但是，文字发生之后，文字体现为书面语，在相当长的社会历史时期，主要就是文字传承使用过程。在文字的传承使用过程中，对于文字使用者提出字音与字形的关系，那就是根据字形，后加字音，即字音标识符是后来加上去的。可以说，创制文字阶段，与学习运用文字成为普遍社会现象阶段，二者是需要区分的。前者是主动的，后者是外加的。[1]汉字体系中，果真存在表音类型，至少就无需每个字都有待于注音了。

形声与表音。不少专家根据汉字中的"形声"、"假借"等类型，归结出汉字"意－音字"、"表音字"，并以之与"表意字"并列，这将导致逻辑混乱，也不符合汉字发展实际。从基本字符来源看，汉字来源于图画形式和一部分符号（非音符）。从形声结构所用声符来源看，也是先有"有意味的形式"这样的独体表意字符，继而可以充当声符，而在另外的场合又可以充当形符抑或义符，纯然为形声结构而设的声符是不存在的。

---

[1] 臧克和：《唐抄本字书所存楷字字际关系选析》，《古汉语研究》，2007年第2期。

假借与表音。以为假借使用的就是"音符"，所以假借类可以算是"表音字或音符字"，这也是将文字使用过程中存在的关系，当作一类文字体制上的存在。汉字记录书面语，汉字字集当然是从汉字实际使用文献中集合出来，但这并不等于讲字集体系就是具体的汉字用例。就字集体系看，被借用的字形，原本都有自己独立存在的结构方式，以及所托音义。另外，在记录汉语的实际功能上，就算是处于被借用关系的语境里，也还是无从建立到见形知音的认知关联。既然作为本字不能表音，那么被借用对应同样的音值（假借的前提是音同或接近音同），怎么可能就能变得表音了呢？事实上，假借字同样也不符合所谓"表音字"的性质，汉字体系纯粹的表音字并不存在。汉语史上，到目前为止，也还不清楚到底使用了多少假借字，这是否意味着，汉字记录汉语，人们无法了解使用了多少音符呢？而且上面说到，有的场合下作为借用算作音符，在另外场合下又作为本字在使用，又不能算是音符。世界语言文字体系中，有可能使用这样的文字系统吗？创制的文字体系性质，与书面记录语言过程中所形成的种种关系，并不是一个层次的问题。所谓文字性质，就是文字体系所使用的基本字符的性质。像日语借用了汉字，不用说训读部分，就是音读部分，但其表音功能属性与五十音图符号，完全不是一回事，也不能说是表音字。所谓表音字符，就是看到其书面记录形式就能读出来。这样的功能特点，日语里只有五十音图才具备。

从文字本体基本属性出发的结构类型划分，是属于文字体制与构造模式问题；而文字学界通常所谓"三书说"、"六书说"乃至"多书说"分类，其实是杂糅了功能（属于语言层次的使用功能）与结构（属于结构类型、结构方式及结构成分的本体属性）不同的适应范围，根本上是文字与语言关系问题上，逻辑分类标准不够清楚。

对象及范围。既然汉字特质为以形表意（具体实现为以形体联系意义，以形体区别意义），那么就不同于表音文字体系，就要使用类型复杂的字形体系。这类复杂的字形体系，形体数量繁多（理论上讲，有多少词语就相应需要多少记录字形。只是由于发展为以合成词的方式区别词义，才使得汉字不需要无休止地造下去），在实际标记使用和实际书写过程中（加上使用历史的漫长和书写因素的复杂），必然形成种种复综关系（文字的考索，事实上就不得不变成"形音义"互相推求的局面，根源亦在于此）。由此决定汉字学具有独立的研究对象和范围，那就是结构本体及结构使用。由此规定了汉字学不仅是基础学科，而且是应用性学科，在某些历史条件下，甚至可以成为"显学"。汉字来源于"书面语"的分析集合，而不等同于"书面语"。书面语相对应的是口头语，二者仅存在风格差异。汉字是用以记录书面语的符号体系。

汉字学，真正算得是世界上独特的门类。表音文字根本上不具备这些属性内容，也就不能构成这样的特定研究对象。文字性质定义不清，研究对象及有关范围也就模糊，这就是汉字研究过程中，字词关系一直苦于纠缠的根源所在。

文字与词语。汉语史上，很多情况下所使用"字"的术语，其实都是关于"词"的问题。汉语史上曾经存在的这类现象，不应该成为对于汉语最基本结构单位的认知干扰。汉字的形音义三个属性要素，其实都是抽象概括的。比如字音字义从哪来来？都是从记录语言的实际中归纳出来的。只要落实到具体的音值、字义，那就是用字结果"词"而非字了。汉字系统中字形是历史的集合、字音是语音的抽象、字义是语义的概括，只要明确了具体音值和义项，那就是词而非字。异体字定义成立的基础在于词汇学，汉字的基本属性在于形体，就字形属性而言，结构形体相同，自然就是同一个字；而不同结构形体，自然就是不同的字：初无所谓同形、异形、异体、同源之类的区别。上述概念的使用，充其量只是在字与词发生联系即字形进入记录词语的实际使用过程当中，才有必要提出来的一些区别原则。换言之，也就是词本位参照下的结果。不同时代所面对的字形，都是历史积累的结果，体现着若干历时层次。要进行整理，才有必要援引"异体字"这样的术语。共时性质的文字材料，可以进行共时异体字的调查整理；历时性质的文字材料，通过溯源明流的历时考辨过程，则可以排除某一时间层次上偶然混用所形成种种"体异用同"关系。但是，毋庸赘言，历时的整理其实是件很困难的事情，而基于某个共时的语言词汇层面才有可能做得比较彻底。而且，使用的范围和使用的频率，其实是很难调查清楚的事情。因此，所谓"记录了相同词语，在另外的历史条件下也完全可以互相替换"，其实是无从把握的。另外，历史调查表明，异体之"异"，古文字阶段运用线条构成构件（构件独立使用就是独体字），差异存在于构件合成各类结构及结构关系之间；今文字阶段变异大量发生在构件层次，还有使用部分笔画单位形成的区别。因此，结构上异体主要存在于构件之间及构件组合之间，包括部分笔画使用所形成的区别性结构，而不涉及书写风格差异。概括起来，异体关系的讨论，要考虑形体、使用和历史。

楷化过程的字形选择原则就是区别性的实现，这个过程体现为形声的选择、简化的选择、从俗的选择以及结构平衡的选择等等，但选择原则的核心就是恢复区别、形成区别，即区别体制的建立。这些关系的调查，是要认识汉字古文字结构隶变楷化解体之后，在机制上楷字系统在多大程度上还算是表意文字。在模式类型上是要考察表意功能实现的模式所发生的调整转换。[①]

声符与词源。有的语言学者以"声"义为纲，将同"声"而意义又相同或相近的字归属在一起，建立字族；字族中的各个字称为同族字。他们认为，一个字族相当于一个义场，"声"的异同是确定义场的异同的重要形式标志；"形"义相当于义符，借此把"声"所隐含的各种意义归入不同的语义范畴，如把"浅"归入"水"的范畴，"线"归入丝缕的范畴，等等。字族中各个字的语义关系形成一个小小的系统，其中有一个"根"，由"声"代表，表示的意义宽泛而抽象，相当于逻辑概念关系中的一个上位概念；其他字的意义都是从这个"根"中衍生出来的，从某一个侧面去注释"根"的意义，使之具体化。语义的分析如以字族为单位，那么"族"中各个字的语义关系就如义场和义符，可以据此进行系统分析。对于上述"义类"所谓"同族"观念，我们认为，形声字区分声符和形符，这是在文字学的层次上来讨论问题。但是，分开来讲形符和声符的功能又是比较机械的，在具体分析过程中总是离不开整个形声结构关系的规定和制约。单独将声符归纳到一个抽象的范围，而且这个范围是比较宽泛的，这个范围来源于对一个具有同源关系的词群的抽象，否则就不会存在这样一个抽象的范围；或者说，这个抽象的义位事实上是空设的：这种做法，属于词源学的层次。例如学者们喜欢提到的"戋"作为声符的例子。从这个角度说，声符对应的范围似乎更加广泛一些。但是，这其实是将有关从戋得声构造所记录的词义系统归纳的结果。没有所记录的词群，这种所谓的抽象意义是不

[①] 臧克和：《结构与意义》，《中国文字研究》，2013 年第 17 辑。　臧克和：《楷字的区别性》，《中国文字研究》，2007 年第 2 期；《中国异体字大系·楷书编·前言》，上海书画社，2008 年；《汉魏六朝隋唐五代字形表·凡例说明》，南方日报出版社，2011 年。笼统所说"汉字是形音义统一体"，往往成为许多场合下字词混淆前提。至有充类至尽者，倡"字本位"。把"词"称作"字"，并不能因此改变"字"的基本属性。

存在的。

形声与认知。汉字发展到楷字，形声结构成为选择使用的基本类型。在形声结构中，离开声符和形符任何一边去分析各自的功能特点、范围大小，实际上都是一件困难的事情。形声结构中的声符和形符，各自的作用，都是在相互依存、相互对待的结构关系中实现的。形符和声符，就是通过"结构对立"，使字形结构意义得到区别。通过这种区别，使得我们习惯上所说的表音表义即音义对应关系得到确证。归纳起来，形声结构，体现了汉字的基本区别功能；而形声结构区别意义的实现，就是依靠形符和声符的组合。楷字选择倾向于形声结构，与其说是顽强保留标音示意功能，毋宁说主要是维护楷字结构区别性原则，以及由此带来认知机制上归类识别的方便。[1]

字形与视觉。基于汉字基本属性在于形体，汉字视知觉规律，构成汉字认知领域研究的基本问题。汉字的认知特征，是结构整体性感知。就功能层次而言，汉字形体标记区别音义，是基于结构整体的规定。结构成分之间相互依存，相互规定，离开了结构整体联系，部件成分的功能则是无法实现的。汉字认知的关键是符合认知实际的分类问题。就汉字与视知觉而言，汉字认知结构整体性原则涉及了这样两个层次的意义：其一，视知觉认知规律是整体性感知的，汉字认知也是从结构整体出发的。其二，汉字结构成分的功能是基于结构整体的规定，同一结构内部成分之间相互依待；即使分离出来的结构成分，事实上在另外的场合业已经过了整体性认知过程。[2]

"发展"作为认知科学的基本概念，照理应包含两个相互协调的平行领域：一是文字作为认知客体系统演变，一是文字习得者作为认知主体在文字传播接受过程中自身认知能力提升。相对于漫长复杂的文字发展历程，这里的中国文字发展史断代调查，也还只是选取了几个断面；而且时代分期，基本上是根据已有的项目基础课题资源分布，未必平衡合理。中国文字发展的系统研究、成

---

① 臧克和：《形声发展与认知机制》，《中西文化交流学报》，2009 年第 1 期。
② 臧克和：《结构的整体性——汉字与视知觉》，《语言文字应用》，2006 年第 3 期。

因规律揭示，那还是众多领域跨学科长期建设的基础学科体系。在系列课题研发的基础上，所进行断代的专题性描写，是应中国文字专业发展和教学参考的急需，只能算是各个时代断面的"调查报告"和基本史料，称之为"汉字发展调查报告"，也许更加符合实际。不同时代文字使用发展的量化统计分析数据，限于目前各类语料库的加工水平，随着调查平台的不断完善，也将不断作出相应调整。同样，这里所涉及的学术观点，也是个人提出来供大家批评的意见，并不代表本丛书所有作者思想。自然地，断代丛书诸种，其文责也当由各位作者自负。

臧克和

初稿于 2011 年深秋海印寺

修补于 2013 年盛夏沪上

前言

每当说起"中国文字"的时候,我们想到的往往是刻在龟甲兽骨上的甲骨文或是铸于铜器上的金文。我们不大容易想到,在中华民族的大地上,除了汉字之外,还有数十乃至上百种文字,是我国少数民族所创造与使用的。随着对我国民族文字的调查与研究的开阔与深入,从语言文字科学的角度出发,已经没有任何理由在"中国文字"与"汉字"之间画上等号了。

这些非汉族文字系统,有的还在使用,有的则已经随着时代的发展濒于消失,有的甚至早已消失。但是,我们在谈及中国文字并对中国文字进行研究时,决不能忽略中国的少数民族文字。同汉字一样,它们都是中国民族文字大家庭中不可小视的成员。

科学研究往往领先于常识。如果说,当非专业人士开始悟到我国少数民族文字存在的时候,这些文字的调查与研究却已经在文字学家手中得到了基本完成。当然,在很长的时间段中,这种工作往往停留在对它们各自孤立的调查研究的阶段上。

20世纪80年代以来,我国开始有两种乃至两种以上(含汉字)民族文字的比较研究的文章与专著问世。这些文章与专著,或深化了我们对用作比较对象的那些文字的理解,或开阔了我们对比较文字学研究方法的视野,或启发了我们对文字发展史与普通文字学的原理的思考。至今,我还常常能忆起20多年前我写就《汉古文字与纳西东巴文字比较研究》一书时如同进入文字学研究一个新天地时的兴奋心情。

如果说那本小书是一次关于把比较方法用于民族文字研究的初步尝试,那么,随着研究的发展,至今已有不少学者在对我国各种民族文字进一步调查研究的基础上做了许多文字系统之间的比较工作,并藉此推动了对这些文字的个性与共性的研究。可以说,时至今日,在中国民族文字研究中,比较方法已成为一种文字研究较为常用的方法。

在上述的情况下,我们意识到:进一步拓展研究范围,把我们用于文字比较研究的文种由两三种扩大为多种,而且注意进行各文字系统之间的同义字的比较,自然更可能扩展我们的研究视野,从而得出更多且更具普遍性的相关结论。

围绕着这一目的,我与我的同道、同事及学生努力尝试,终于写成这部以我国各个含表意成分的民族文字系统的比较研究为主题的专著。

在此,我要对我们所做的工作作如下的说明:

第一,此书的工作主要是尝试用比较方法对我国民族文字中的诸种含表意成分的文种进行比较,尤其是它们的同义字的比较。

第二,此书的目的主要是凭借这种比较,得出关于各种用于比较的文字系统的特征,以及关于文字发展史、普通文字学、比较文字学及中华民族文字学方面的若干结论。

第三,此书较多地使用了文字之间的同义比较的方法,即各个文字系统的同义字或同义类字间的比较的方法,而在进行这种比较时又较多地使用了信息化处理的方法与成果。

本书策划与撰写的分工如下:全书由王元鹿、朱建军、邓章应策划。 各篇的主要撰写者为:第一篇:王元鹿;第二篇:邓章应、王元鹿、黄思贤、李子涵;第三篇:朱建军、唐均、王元鹿、李静、刘悦;第四篇:黄思贤、王元鹿、朱建军、李子涵、冉启坤。第五篇:王元鹿、朱建军、高慧宜、邱子雁、李明、李杉;结论:王元鹿。全书的格式与文字的检校者为:邱子雁、李静、冉启坤。 最后,全书由王元鹿、朱建军负责统稿和修改。

需要说明的是,上述分工,仅仅呈现了本书策划、撰写过程中的大致情况,很多章节其实已很难说是由谁独立完成的。 确切地说,本书的很多章节都应看作是集体心血和智慧的结晶。 而正是由于这个原因,在行文上难免会出现不同作者的不同风格,在内容上也会有前后不一致的现象。 虽然我们在修改和统稿时尽可能地对行文和内容上不一致的地方作了相应的处理,但由于受精力和水平的局限,仍不免存在不足之处。这一点需要读者予以谅解。

在本书出版之际,我们要衷心感谢:

华东师范大学中国文字研究与应用中心的刘志基教授与张再兴教授。他们不仅一直关心本书的撰写,而且为全书的宏观设计出谋划策。 张再兴教授还为作为本书重要资料源泉的电子数据库的建设出力甚多。

西南大学汉语言文献研究所的喻遂生教授、云南民族大学的盖兴之教授与中央民族大学的朱文旭教授。他们对本书的通盘设计提出过极其宝贵的意见与建议。

教育部社会科学司。本课题若非作为教育部人文社会科学重点研究基地重大项目得以立项,相关研究就不可能开展得如此顺利,本书的面世亦可能会变得遥遥无期。

写到这里,我不禁想起一句谚语:"世界上没有完全相同的两片树叶。"而在我们进行这一课题研究的时候,我觉得可以在这谚语后面加上一句:"世界上也没有两片完全不同的树叶。"正因为我国各个民族的文字系统各有特色,我们才能在对它们的比较中悟知文字世界的丰富多彩;却又因为它们有着若干相同与相通的地方,我们才可能通过对它们的比较整理出世界文字长河的共同轨迹,以及中华民族文字的共同历史。 无论在揭示个性还是在挖掘历史方面,本书的工作必定是十分有限的,也必然存在许多有待同行专家指正的地方。然而,我们坚信,只要在更多文字资料发现的基础上坚持以比较的目光对它们进行不懈的研究,我们就将不仅为中华民族拥有丰富的文字宝库而自豪,更将为中华民族文字的研究能够促进文字学与文字史的研究而自豪。

王元鹿
写于华东师范大学中国文字研究与应用中心
2012年12月

目录

第一篇　导论 / 1

　第一章　中华民族古文字综述 / 4

　　第一节　我国民族古文字的种类 / 4

　　第二节　我国含表意成分的古文字系统的状况 / 6

　　第三节　研究我国含表意成分的民族古文字的意义 / 9

　第二章　我国含表意成分民族古文字的研究综述 / 15

　　第一节　材料的调查、收集与整理 / 15

　　第二节　孤立的研究 / 16

　　第三节　比较研究 / 30

　　第四节　综合研究 / 34

　第三章　中华民族古文字同义比较导论 / 36

　　第一节　对同义比较的需求 / 36

　　第二节　同义比较研究史述要 / 38

　第四章　本书的材料、方法、框架、术语及其他相关说明 / 44

　　第一节　关于材料的说明 / 44

　　第二节　关于方法的说明 / 45

　　第三节　本课题研究的基本思路 / 46

　　第四节　本课题研究的基本框架 / 47

第二篇　关于文字发生的同义比较 / 49

　第一章　文字发生的涵义与有待解决的问题 / 50

　　第一节　文字发生的涵义 / 50

第二节 有待解决的理论问题 / 53

第三节 有待解决的具体问题 / 54

第二章 旨在探究文字渊源物的同义比较 / 58

第一节 文字渊源物的"一源论"、"二源论"与"多源论" / 58

第二节 关于文字与图画的共性的同义比较 / 63

第三节 关于文字与符号的共性的同义比较 / 67

第四节 "二源论"旁证 / 71

第三章 旨在探讨文字发生动力的同义比较 / 75

第一节 关于文字发生动力的一些观点 / 75

第二节 从"前文字"的主题与内容看文字发生动力的复杂性
与多样性 / 83

第三节 从早期文字记录内容的同义比较看文字发生的动力 / 88

第四章 旨在探究文字发生过程的同义比较 / 97

第一节 关于文字发生过程的一些观点 / 97

第二节 从同义比较看文字发生过程及其特点 / 99

第三篇 关于文字性质的同义比较 / 117

第一章 有待解决的问题 / 118

第一节 关于文字性质问题的理解 / 119

第二节 有待解决的具体问题与实践问题 / 120

第三节 有待解决的宏观问题与理论问题 / 121

第二章 从同义比较看关于一些具体文字系统的性质的问题 / 124

第一节 从汉彝数目字的同义比较看彝文的性质 / 124

第二节 从数目字的同义比较看契丹、女真、西夏文的性质 / 131

第三节 从异体字的同义比较看水文的性质 / 143

第四节 从异体字的同义比较看哥巴文的性质 / 149

第五节　从与水文、东巴文的同义比较看傈僳竹书的性质 / 154

第三章　从同义比较看一些有关文字性质的宏观与理论问题 / 159

第一节　从同义比较看早期文字的造字方法 / 159

第二节　从同义比较看早期文字的符号体态 / 165

第三节　从达巴文与东巴文的同义比较看早期文字与表词—意音文字的
异同 / 169

第四节　从东巴文与汉字的同义比较看表词—意音文字的共性 / 174

第五节　对汉字结构的认识在民族文字研究中的作用 / 182

第四篇　关于文字发展的同义比较 / 191

第一章　有待解决的问题 / 192

第一节　进行讨论的可能性与讨论的意义 / 192

第二节　需要解决的问题 / 193

第二章　从同义比较看文字发展的客观存在 / 195

第一节　几种不同意义的文字发展 / 195

第二节　从汉字与东巴文的同义比较看最宏观意义上的文字发展 / 195

第三节　从尔苏沙巴文与东巴文的同义比较看不同民族多文种间的关系
与发展的客观存在 / 203

第四节　从纳西族几种文字的同义比较看同一民族多文种间的关系与发
展的客观存在 / 206

第五节　从东巴文的同义比较看一种文字内部的发展的客观存在 / 215

第六节　从水文异体字的同义比较看文字内部的发展的客观存在 / 219

第七节　从同义比较看彝文的发展的客观存在 / 227

第三章　从同义比较看文字的可断代性 / 238

第一节　从东巴文的同义比较看文字的可断代性 / 239

第二节　从水文的同义比较看文字内部的可断代性 / 245

第四章　从同义比较看一种文字发展中前后阶段的相互渗透 / 249

第一节　早期汉字中的表词—意音文字的萌芽 / 249

第二节　表词—意音文字中早期文字的孑遗 / 257

第五篇　关于文字传播的同义比较 / 263

第一章　有待解决的问题 / 264

第一节　有待解决的一些具体问题与实践问题 / 264

第二节　有待解决的一些理论问题与宏观问题 / 266

第二章　从同义比较看一些有关文字传播的实践问题与具体问题 / 269

第一节　从同义比较看哥巴文的源文字 / 269

第二节　从同义比较看傈僳竹书借源的理据 / 275

第三节　从同义比较看彝文的传播及其与汉字的关系 / 277

第四节　从同义比较看水文自造字与借源字的产生的先后问题 / 282

第五节　从同义比较看古壮字的借源的复杂性 / 284

第六节　从同义比较看汉字在域外的传播 / 291

附录：日本、朝鲜文字对汉字的借用 / 299

第三章　从同义比较看一些有关文字传播的理论问题与宏观问题 / 310

第一节　文字传播与文字流变的异同 / 310

第二节　从同义比较看借源文字对源文字的选择 / 313

第三节　从同义比较看借源文字对源文字的借用与改造 / 319

第四节　从水文"新造字"看借源文字成分的复杂性 / 328

第五节　从汉字传播对水文的影响看"拼盘文字"的内部运动 / 332

结论 / 339

参考文献 / 352

索引 / 361

第一篇 导 论

古汉字与我国少数民族文字的比较,是文字学领域中至今开展尚不充分、进展较为缓慢的一个课题。而这一课题却又是在文字学史和普通文字学及比较文字学方面有着十分重要价值的课题。

我们之所以认为这一课题十分重要而且亟须开展,至少有下述两方面的原因。

首先,由材料角度看。可以说中国的民族古文字(包括汉古文字)有着文字学上的极大材料价值。众所周知,表词—意音文字是世界各民族文字中的一大类型,也是世界文字史上的一个重要发展阶段,这一看法至今几乎已是在文字学界没有争议的结论了。被称为世界四大表词—意音文字的文字系统,除苏美尔—巴比伦文字、埃及文字与马亚文字之外,另一种即是汉字。相对另外三种文字,汉字在可供继续深入研究方面的优势实在是十分明显的。

这种优势一方面体现在汉字的生存状况方面。可以说,它是一种"活文字"。相对于早已弃置不用的另外三种文字,汉字一直使用至今,所以我们掌握的相关材料也更为丰富,从而,我们对它的认识也就更加具体、细致,对它的研究也就更容易一些。对汉字进一步的认识,当然能使我们比较研究的开展更加方便。另一方面,更使我们感兴趣的是:在中国,除了汉字,还有许多其他民族使用的多种民族古文字,它们或由于引进汉字而形成,或由于受汉字影响而发生,或与汉字不同源却与之同理。于是,无论是这些文字内部的性质综合研究与比较研究,还是它们与汉字的综合研究与比较研究,都为文字学研究提供了重要的资料。可以说,中华民族古文字的宝库是世界民族文字宝库的最为宏富又最为重要的组成部分,同时也可以为文字史和文字学的研究提供十分宝贵的材料。

其次,由研究进程看。可以说,时至今日,汉古文字的研究已经取得了较为令人满意的长足进步。无论在材料考释还是理论研究方面,这种进步的态势是显而易见的。 而我国民族古文字的研究,虽然起步较迟、进展较缓,但至少可以认为,对我国各民族古文字的发生、发展、性质、传播的了解,无论在质的方面还是量的方面都已完成了大半的工作。这些工作所取得的成果为我们创造了把我国的包括汉字在内的民族古文字进行综合性比较研究的条件。 然而,至今我国尚未有一部真正意义上的《中国民族古文字学》,这一事实迫切要求我们对这些文字系统进行多方面的综合与比较研究。因为,如果缺少了这种综合和比较,也就无法真正综合对各种民族文字的认识,并进一步从总体上去了解和解释它们。

由于上述的理由,可以认为:古汉字与我国其他各民族古文字的综合和比较研究这一工作,既因其意义重要而须要进行,又因其材料具备而可能进行。

使我们感到欣慰的是,20世纪80年代以来,我国的民族古文字研究已进入了比较研究的时代。可以认为,李静生《纳西东巴文与甲骨文的比较研究》的发表和王元鹿《汉古文字与纳西东巴文字比较研究》的出版[1],标志着这一时代的到来。 此后,陆续有一些关于两种民族古文字比较研究的专著问世,除汉字与纳西东巴文的比较外,如契丹文与女真文之间、壮文与喃字之间的比较的文章亦有发表。

然而,远远不能令人满意的是:事实上,我国的民族古文字研究尚处于主要限于单一文种孤立研究的状态。比较研究的工作虽然也有人做过且取得了相当好的收效,但这种比较研究往往限于两种文字之间,而真正进行多种民族古文字之间的综合性比较研究的工作几乎还未开展,更未有较全面较深入的从扎实的资料工作做起的此类工作。这一现状无疑地造成了对文字学研究的种种负面影响。 因为,既然我们没有在中华民族的文字大背景下通过全面综合、相互比较、相互启发更全面更深刻地认识中国各民族古文字的共性和个性,并进而解决它们的发生、发展、性质、分类、归类、传播等一系列的问题,那么,一方面,我们对它们的各自个性的了解受到了制约,另一方面,我们更无从建立起一门真正的中华民族古文字学。可见,开展我国各民族古文字的全面比较研究是势在必行之事。这一想法正是我们有志于这一工作的初始动机和基本目的。

产生这一动机后,随之遇到的是这样一个问题:我们的工作应该从哪里

---

[1] 李静生:《纳西东巴文与甲骨文的比较研究》,载《云南社会科学》,1983年第6期;王元鹿:《汉古文字与纳西东巴文字比较研究》,华东师范大学出版社,1988年。

开始?

我们的想法是:中国各民族古文字之间的比较既然是一幢壮观的巍巍巨厦,那么,我们就不能不从它的地基处开始建造它。而且,限于时间、精力和学识,我们也许只能完成它的地基的一个角或一小块。但是,无论一砖一瓦都是这幢大厦所必需的建筑材料。

在以上认识的基础上,我们确立了当前可以做也须要做的工作:从微观做起,从材料做起。即对中华民族的各种含表意成分的民族古文字作同义字的综合性比较研究。这样做的理由是:各个文字系统的共性与差异必然会在这些文字系统的每一个同义词的书面记录的共性与差异上表现出来。当然这仅仅是一个高度概括性的说明。因此,可以说我们的做法是从小处着手,但力求见微足以知著,从这种比较开始发现若干具体和抽象的文字现象和文字规律,是完全可能做到的。

为实现这一目标,我们将做两件事:一方面,建立一个主要收表词—意音类文字系统而兼收部分早期文字的中华民族字库和资料库并进而编制相应的电子辞典;另一方面,撰写一部把上述字库和资料库中的同义字、同义部件、同义字素进行比较研究的专书。

可以说,以上两项任务是互为条件、互相渗透并相辅相成的。因为,后一项工作即同义比较研究须在前一项工作即字库和资料库及电子辞典的使用中进行,而前一项工作即字库、资料库和电子辞典的建设尤其是进一步修正与完善,又当在后一项研究所取得的初步成果的指导下进一步实施。

我们把同义比较的主要对象限制在表词—意音文字系统,这主要是因为:文字的形体与文字的意义直接相关,是古汉字和中国其他许多表词—意音文字系统的显著特征。

在本篇中,我们首先对包括汉字在内的中华民族古文字的概况进行总体上的简要叙述,然后,再对其中含表意成分的文字系统的状况及其研究的意义与研究的历史、现状进行论述,最后,我们还将对这些文字系统的比较研究尤其是它们的同义比较的目的、材料、方法及本书的框架进行论述与说明。

第一章　中华民族古文字综述

在本章中,我们先对我国的民族古文字的种类作一简明的总括性的讨论,然后对作为本课题主要研究对象的我国含表意成分的民族古文字(含汉字)的状况及对它们进行研究的意义以及至今这种研究的状况(包括不足)进行略为详细的讨论。 在我们的讨论中,也将有限地涉及一些重要的与本课题有关的外国民族的古文字系统。

第一节　我国民族古文字的种类

我国共有多少种民族古文字? 时至21世纪之初的今日,这依然是一个众说不一、不易准确回答的问题。下面我们对此问题进行一个初步的讨论。

就"民族文字"而非仅"民族古文字"而言,傅懋勣先生曾在1988年版的《中国大百科全书·语言文字》中进行过大意如下的统计[①]:中华人民共和国建立前,已使用的民族文字有24种。 中华人民共和国建立以后,又为一些民族制定了以拉丁字母为基础的拼音文字方案16种。 另外,还有17种在历史上使用过而后来停止使用的文字,即突厥文、回鹘文、察合台文、于阗文、焉耆—龟兹文、粟特文、八思巴字、契丹大字、契丹小字、西夏文、女真文、东巴图画文字、沙巴图画文字、东巴象形文字、哥巴文、满文、水书。 据此,我国民族文字的文种应为57种。

聂鸿音先生对傅先生的上述统计进行了大意如下的说明与补充[②]:有4类民族古文字未被列入:一是汉族女书、方块布依字和方块哈尼字等当时还未被学界注意的文字,二是新疆的佉卢文,三是20世纪初西方传教士设计的少数民族文字,四是20世纪40年代后制定但试用时间较短的少数民族文字。 据聂先生

---

① 傅懋勣:《中国诸民族文字》,载《中国大百科全书·语言文字》,中国大百科全书出版社,1988年,第520—521页。

② 聂鸿音:《中国文字概略》,语文出版社,1998年,第30页。

估计,把傅先生统计出来的57种同上述的若干种加在一起,我国的民族文字可有近百种。

傅先生的统计不晚于1988年,聂先生的上述统计不晚于1998年。到今天,随着民族文字调查与研究的发展,还有几种文字亦可补入其中。如纳西族的达巴文已被证实不是子虚乌有,纳西族的玛丽玛莎文已被证实为一种独立的民族文字。此外,可能还有一些新的民族古文字被发现。

汉族是中华民族大家庭的一员,那么,汉字也应算作中国民族文字中的一种。

关于中华民族各文字系统的分类,聂鸿音先生已经做了很好的工作。他从发生学与类型学两个角度对我国民族文字进行了分类。

从发生学的角度,聂先生把我国民族文字分为汉文字体系、印度文字体系、粟特文字体系、阿拉伯文字体系、拉丁文字体系5类,此外还加上各自独自发生从而无体系可言的"自源文字",共计6类。①

我们以为,聂先生的上述分类基本上是合理而周延的。只是他所分的六类,还不足以概括我国所有的民族文字类型与文种。如在"自源文字"类中,他以纳西东巴文、尔苏沙巴文、彝文和傈僳竹书为例,指出它们都是"土生土长"的文字而"它们之间没有谁继承谁的问题"。这几种文字,东巴文与尔苏文有关系的可能性尚不能排除,傈僳竹书也借用了汉字、哥巴文和极少数的东巴文,彝文对汉字的借用也是十分明显的。另有一些文字,如纳西族的哥巴文对汉字和东巴文的借用、纳西族的玛丽玛莎文对东巴文与汉字的借用等,都是近年来被文字学者证明了的事实。此外,还有一些文字系统,如水文和方块壮文,部分"土生土长",部分借自汉字。所以,我们以为,在聂先生所列六类外再增设"本土借源文字"与"拼盘文字"两类,或可使发生学的分类更加周严。

从类型学的角度,聂先生认为我国民族文字可以分为图画象形文字类、词符文字类、音符文字类共计三类,以下再各分为若干小类。②

我们以为,这一分类基本符合我国民族文字的实际情形。只是在命名上也许有再思考的必要。这一问题我们就不在此处多作讨论了。

---

① 聂鸿音:《中国文字概略》,语文出版社,1998年,第32—34页。
② 同上书,第34—35页。

由于上文已对我国的"民族文字"的种类作了较为仔细的讨论,现在,当我们把讨论的问题缩减为"民族古文字"时,我们的工作将会变得相当容易。若以1949年为"古今"的分界线,那么,傅先生所述的24个在中华人民共和国建立之前已在使用的文种(其中含汉字),加上17种"在历史上使用过,后来停止使用的文字",加上聂鸿音先生补充的汉族女书、方块布依字、方块哈尼字、佉卢文,(聂先生补充的20世纪初西方传教士制定与20世纪40年代制定仅经短期试用的文字不计算在入)另再加上我们补充的纳西族的达巴文与玛丽玛莎文,再加上一些可能为我们忽略的文字,我国的民族古文字当在50种左右。

第二节　我国含表意成分的古文字系统的状况

本书的基本研究对象是包括汉古文字在内的含表意成分的中国民族古文字,并辅之以苏美尔文、古埃及圣书文字与马亚文字及由于汉字传播造成的日本、朝鲜、越南的一些含表意成分的外国古文字。我们在本节中将对我国含表意成分的古文字系统的状况进行大体上的介绍。

一、种类

上节末段指出,我国的民族古文字有50种左右。本书的主要研究对象是这50种文字中的大约一半。首先,因许多自外国传入的字母文字系统应当排除,另一些性质上无较多特殊点的汉字类型文种亦不列为研究对象。还有一些文种如女书,学界占优势的意见认为这是一种汉语方言文字,当然亦不作为主要研究对象。综上所述,除了上一段我们指出的3个外国民族古文字系统之外,作为本书主要研究材料的我国民族古文字定为以下15个种类:1)甲骨文;2)金文;3)小篆;(以上为汉族文字)4)东巴文;5)哥巴文;6)玛丽玛莎文;7)达巴文;(以上为纳西族文字)8)彝文;9)尔苏沙巴文字;10)傈僳竹书文字;11)水文;12)方块壮文;13)西夏文;14)契丹文;15)女真文。

除此之外,我国还有多种含表意成分的民族古文字。但由于种种原因,主要是由于项目的对象必须要有一定限制,加之有些文种的材料不充分,我们只好对本课题的基本研究材料即主要文种有所限定。

二、发生学角度上的分类与归类

我们至少可以从发生学和类型学两个角度对上述15个文字系统实行分类与归类。

我们以为,从发生学角度看,这15个文字系统首先可分为自源文字和借源文字两大类。典型的自源文字如汉字,它显然是一种独立发生的文字。典型的借源文字如哥巴文,它几乎每一个字都来自其他文种。此外,西夏文也可视为借源文字,因为这一文字系统基本上是按照汉字的造字模式建成的。但更多的文字系统并不是那么单纯。拿水文来说,它的单字相当一部分为其本民族所造,又有相当一部分是借用汉字的结果。

总之,从发生学的角度看,这些文字系统情况相当复杂,我们只能依它们各自的主流情况,对它们进行如下初步、大略的分类:

自源文字:甲骨文,金文,小篆,东巴文,达巴文,尔苏沙巴文,彝文。

借源文字:哥巴文,玛丽玛莎文,西夏文,契丹文,女真文。

自源与借源结合的文字:傈僳竹书,水文,壮文。

我们之所以说以上分类是初步的,是因为我们对有些文字的发生情况还不是很清楚,如达巴文;或对一些文字间的关系不很清楚,如东巴文与尔苏沙巴文的关系。我们之所以说以上的分类是大略的,是因为我们对一些自源与借源状况并存但某一情况较占优势的文字很难处理,如彝文,既含有自源字和又含有借源字,只是由于它的借源字系统不占主流,我们把它权且归为自源文字。

此外,还可以指出的是:同属借源文字且同样借汉字的文字系统,至少还可以分为两大类别。一类是借用汉字字形,如壮文与水文等文种的借用汉字部分;另一类是借用汉字的造字方法,如西夏文、契丹文与女真文中的绝大部分字。

三、类型学角度上的分类与归类

从类型学的角度对这些文字进行分类和归类,也就是对它们进行性质上的分类和归类。这种分类工作的基础显然须在普通文字学研究的基础上才能展开。

前苏联《大百科全书·文字》把文字分为图画文字、表意文字、音节文字和字母音素文字四类。[①]伊斯特林《文字的产生和发展》把文字分为初期文字、表词

[①] ［苏］嘉科诺夫等:《苏联大百科全书选译（文字）》,彭楚南译,文字改革出版社,1957年。

文字、音节文字和字母音素文字四类。①《简明不列颠百科全书》把文字分为早期和晚期两个阶段，并进而把后一阶段分为词字—音节文字、音节文字和音素文字三类。②以上三种分类法影响较大，我们在对它们作简单评论后择善而从、取长补短，进而确定我们的分类方法。

上述三家设立的类别，本质上都设四类。不难发现，他们的看法可以说是名异而实同。

对各家所设的第一类，前苏联《大百科全书·文字》"图画文字"的命名，无形中忽略了那些文字系统中相当一批含较大比重的源自原始符号并形似原始符号的字。而伊斯特林"初期文字"和《简明不列颠百科全书》的"早期文字"的命名，其实是同一意思。因此我们把那些所谓"原始文字"称为"早期文字"。

对各家所设的第二类，我们有以下的看法：前苏联《大百科全书·文字》把汉字和埃及圣书文字之类的文字称为"表意文字"的做法是错误的，因为这些文字都含有相当的表音成分。不如结合另两家的看法，并融入我们的意见，称之为表词—意音文字。

各家所设的第三类均为"音节文字"，我们自然当仍其旧。

关于各家所设的第四类，我们取前苏联《大百科全书·文字》的做法，即称之为"音素文字"。这一方面是为了与第三类"音节文字"相对称，另一方面是因为如果我们在前加"字母"二字，那么第三类"音节文字"之前似乎亦当加上"字母"二字。

综上所述，从类型学角度我们把文字系统分为以下四类：早期文字，表词—意音文字，音节文字，音素文字。但由于我们的工作是对含表意成分的民族古文字的分类，其中没有文字系统可归入音素文字类。

于是，我国含表意成分的民族古文字在类型学上可作如下的分类与归类：

早期文字：达巴文，尔苏沙巴文。

表词—意音文字：甲骨文，金文，小篆，东巴文，玛丽玛莎文，彝文，西夏文，契丹文，女真文，水文，壮文。

音节文字：哥巴文，傈僳竹书。

---

① ［苏］B.A. 伊斯特林：《文字的产生和发展》，北京大学出版社，1987年。
② 《简明不列颠百科全书》，中国大百科全书出版社，1985年。

必须说明的是:以上的分类与归类是一种相当粗略而且权宜的处理。如东巴文,严格地说是一种正处于早期文字向表词—意音文字发展过程中的文字。又如玛丽玛莎文,大部分字形是东巴文的变体,从文字制度角度而言,虽有若干表词—意音文字的因素,其性质归属尚待研究。再如彝文,关于其性质更是至今众说纷纭,本书将有不少涉及其性质的讨论,此处的归类只能算在充分研究之前的权宜之计。另外,对水文和壮文的处理亦是有其相对性的。

四、从其他角度出发的分类与归类

除了从文字的发生学与类型学角度出发,我们还可以从其他的一些角度对这些文字进行分类和归类。

比如,从文字的发生和使用地域出发,我们可以将这些文字进行大致如下的分类和归类:

中部地区文字:甲骨文,金文,小篆。

南部地区文字:东巴文,哥巴文,达巴文,玛丽玛莎文,尔苏沙巴文,彝文,傈僳竹书,水文,壮文。

北部地区文字:西夏文,契丹文,女真文。

此外,从文字的创制年代、使用年代、使用时间长度等与时间范畴相关的其他角度出发,也可以给这些文字进行分类,在此就不一一分析了。

另外,文字分类的出发点、创制者、符号体态特点、书写工具与书写方式等,我们也不详述。

第三节　研究我国含表意成分的民族古文字的意义

对于我国含表意成分古文字的研究,在理论和实践上,都会有着多方面而且相当大的价值。以下,我们对这类文字的研究价值作简要的叙述。

一、文字学的价值

既然含表意成分的文字系统属于文字范畴,那么,对这类文字的研究意义,首先应当在文字学研究方面得到体现。

值得我们注意的是,构成含表意成分的文字系统类型的主体,恰恰是世界上许多民族使用过甚至正在使用着的那些表词—意音文字系统。被称为世界上"三大古典文字"的苏美尔文、埃及圣书文字和汉字，都属表词—意音文字。此外，在20世纪50年代破译的西半球的马亚文字，亦属此类文字。因此，作为这一类型的文字，它们在文字学本体研究上的价值之大，是无须论证的。

首先，这类文字在文种数量上，约占我国民族古文字的25%左右。而且日本、朝鲜、越南等民族都曾借用过我国的汉字。所以，汉字和我国其他民族的含表意成分的古文字就是我国乃至亚洲一些民族与国家的文字系统中不可忽视的一个部分。对我国含表意成分的古文字的研究，尤其是对古汉字的研究，于我国乃至其他民族的文字研究的参考价值是十分明显的。

其次，从世界文字发展史的角度看，表词—意音文字是从早期文字发展而来的，是一种成熟的文字系统，在此基础上，某些民族还发展出了符合他们语言特点的表音文字类型。因此，这类文字在文字发展的研究上有巨大作用。以它为出发点，既能上溯早期文字至今已遗失的某些性质与特征乃至某些单字，又能寻找在文字史上处于它之后的音节文字与音素文字的来源乃至个别单字的来历。

最后，我们还必须注意到世界各民族文字的共性，也必须注意到我国各民族古文字之间的共性及它们的相互联系。就前者而言，前文所说的苏美尔、埃及、马亚等一些重要的古文字，从文字的性质而言，与我国的汉字实在是不谋而合、源异理同，与我国的纳西族东巴文字也有性质上的相似之处。因此，对我国汉字与另一些含表意成分的民族古文字的研究，无疑会对世界各民族古文字系统的研究（尤其是探索它们的共性）大有启发。就我国的含表意成分的民族古文字而言，既有源异而理同关系的，如汉字与纳西东巴文字的相似；又有由一种文字借另一种文字而来的，如方块壮文因借用大量汉字而形成，另有一些文字主要借用纳西东巴文字；又如西夏等文字系统参考汉字的造字方法而制成。如果说"源异理同"现象有助于对世界文字的共性与共同规律的认识，那么文字的借用则必然有益于文字传播与文字关系的研究，也有利于从一个全新的视角对汉字进行研究。一个常常被许多人甚至许多专家忽略的事实是，中华民族古文字是一个整体，且是一个有内在联系的体系。既是整体，则在研究中缺一不可；既是体系，则在研究中互相启发。

据上所述，我国各民族的含表意成分文字系统的研究对于文字史、普通文字学与比较文字学的研究是有很大意义的。

二、语言学的价值

文字是语言的书面记录或书面载体,文字学的研究对语言研究有着极其重要的作用。更广义地说,文字学可以被视为书面语言学。因此,书面语言的研究对口头语言或对一般意义上的语言研究,其作用显然是巨大而且直接的。

从外国古文字的情况来看,一种古文字的破译导致或促进一种古语言的破译,或帮助了解一个古代民族所使用的语言的例子是屡见不鲜的。比如埃及圣书文字的破译是了解当时古埃及语的主要依据。当然,也不乏对语言的了解促进文字破译的例子,如对现代马亚语的了解对古代马亚文的破译起着关键作用。

在作为本书研究对象的文字中,也不乏这类例子。典型的例子就是西夏文的研究加深了对西夏语的了解。西夏灭亡后,西夏语历经元、明,随着党项民族的不断被同化而消失。同西夏文成为死文字一样,西夏语也成了一种无人会说的死语言。随着近代对西夏文的解读,西夏语的秘密才逐渐被揭开。

西夏人骨勒茂才1190年仿中原杂字体字书编写了识字课本《番汉合时掌中珠》,此书虽是当时西夏境内西夏人和汉人相互学习对方语文的手册,但其西夏文—汉文音义互注的体例相对完整地出土,则成为今人得窥西夏文字字音和字义的最直接工具。该书也成了西夏语文研究的首要参考。

据西夏文字典《音同》和《五音切韵》所载,[①]西夏语声母分九大类。据西夏文字典《文海》和《五音切韵》等文献资料证实,[②]西夏语有平、上两个声调,平声九十七韵,上声八十六韵。经过反复比较研究,目前一般认为西夏语属汉藏语系藏缅语族。可以说,今天的关于西夏语的知识在研究上主要得益于西夏文的材料。当然,西夏语研究的进展也促进了对西夏文字的进一步研究。

另一个也很典型的例子是利用纳西东巴文字的研究成果解决纳西语词源的尝试。有专家认为纳西族的族名"纳西"出自"黑的人"的意思,另一些专家则认为"纳西"的词源是"大的人"(在纳西语中"西"表"人"义而"黑"和"大"的音读"纳")。我们曾对纳西东巴文字中的黑色字素进行过系统研究,研究的结论之一是在纳西东巴文中大量存在以黑色表贬义的造字现象(详本节"五")。由这一结

---

① 《音同》是以声母分类的西夏文字典,刊印于乾顺正德六年(公元1132年),收集6 100多字;《五音切韵》为西夏语韵表、韵图,是研究西夏语言系统的重要文献资料。

② 《文海》是一部大型西夏文韵书,残缺很多,今只存有3 000字左右,依韵排列。

论可推知:"纳西"作为族名的词源当为"大的人"而不是"黑的人",因为几乎任何一个民族都不会选择一个贬义词为自己的民族命名。

三、文献学的价值

文献是由文字书写而成的。文字的研究对文献的阅读与理解,可说是无须进行论证的。就汉字与汉文献的关系而言,仅举甲骨文的发现促进商史研究,并订正《史记》等典籍中对商代庙号记录的错误,就足以证明这一点。同样可以作为例证的是,我国近年来大量发现的记录传世典籍中已有文献的简帛文字,足以用来同传世文献中的相同篇目相对照、比较,以订正传世文献中的错误,同时加深对传世文献相应思想和内容的理解。

我国少数民族的文字研究,与汉字一样,亦对我国少数民族文献的释读有着基础作用。

以西夏文为例。西夏文文献数量巨大,今存逾10万页,类型繁多,价值珍贵。在不能释读西夏文的情况下,它们无异于"天书",对西夏文、汉文对照辞典《番汉合时掌中珠》的研读,为人们找到了打开西夏文献宝库的钥匙,而对《文海》的翻译、整理,则已经把释读西夏文的水平提高到了一个新的高度。

外国的古文字的破译在文献学上的意义也是十分显然的。当罗塞塔石碑上的文字被商博良(Champollion)[①]成功破译时,一连串的古埃及帝皇名得以重见天日,接着他又凭借其埃及文的知识,破译出了若干用埃及圣书文字写成的碑铭和用僧书文字写在纸草书上的文件。开始历史学者怀疑商博良工作的可靠性,但是30年之后,随着一篇新的双语铭文的发现,他的工作的科学性与结果的正确性终于得到了证明。

四、历史学的价值

含表意成分的民族古文字在历史学上的价值与它们的文献学价值是紧密联系着的。因为一个民族的历史多半是凭借文字书写的文献记录下来的。比如,

---

① 让·弗朗索瓦·商博良(1790—1832),法国历史学家、语言学家,是第一位识破古埃及象形文字结构并破译罗塞塔石碑的学者,著有《埃及语语法》、《埃及语词典》、《象形文字入门》、《埃及万神殿》等。

用巴比伦文刻下的汉谟拉比法典,既是法律文献,又是历史记录。

在中国,甲骨文与金文及汉民族其他的古文字的历史学价值自不必赘言,其他民族的古文字所记录的历史也有极大的价值。

比如,中国的纳西族数以千计的东巴经书,就是十分宝贵的纳西族的历史记录。虽然它们的题材与体裁往往不是正史而是神话或传说,但是它们却从许多不同侧面记录或反映了纳西族历史上的重大事件、社会形态、家庭结构、原始信仰乃至家族谱系。这种记录虽不尽准确或真实,但至少为我们提供了宝贵而丰富的进行民族史研究的资料。

另外,从若干含表意成分的民族古文字来看,单个文字的形体与结构就可以直接反映出该民族的历史状况和该民族先民的意识。仍以纳西东巴文为例。"财富"一字作 ⚘ ,这恰恰反映了纳西族先民以牛为贵、对牛珍视的意识。又如东巴文的"女"作 ⚘ ,假借作"大","男"作 ⚘ ,假借作"小",这反映了纳西族妇女地位较高这一传统。董作宾先生曾据表"镜子"义的东巴文字形及其纹样,证明纳西族的镜子是唐宋以后由内地传入的。[①]

五、文化学的价值

文字与文化的密切关系一直(尤其是近年来)为学界所关注。以上举的一些例子多半亦可证明文字与文化有密切关系。以下我们再举一些较为典型的例子。

从汉字与汉文化关系的研究来说,虽然还有不够成熟与不够准确的地方,但汉字与汉文化的紧密联系确实是不争的事实,汉字所显示出的汉文化特征亦是十分明显的。大量的以"汉字"与"文化"命名的专著的出版即是明证。

我国民族文字的状况亦是如此。为证实这一事实,我们可以举出许多民族文字的相关例子。由于学界对于"文化"这一术语的看法存在太多分歧,我们把例证的范围限于从文字本体学现象(往往是文字的表词手段)的自身反映出的民族文化的特征。

前文介绍的纳西东巴文字以黑色表贬义的手段,在纳西东巴文中已经成为

---

① 董作宾:《〈纳西族象形标音文字字典〉序》(见李霖灿:《纳西族象形标音文字字典》,云南民族出版社,2001年)。

一种造字法,也可以认为涂黑在东巴文中已经成为一个字素。 如"花"作 🐦 ,
涂黑后作 🐦 ,表"毒草"一词;又如大凡含贬义的词往往含黑色字素,如:"苦"
作 ⟅⟆ 、"坏"作 ▲ [①]。毫无疑问,这可以折射出纳西族先民曾经有过的一种贬
黑的意识。这种意识存在的更直接的证明是,纳西东巴经记录的许多神话传说,
反映了纳西先民的褒白贬黑的意识。 如史诗《黑白战争》[②]以白为正义的一方,
以黑为邪恶的一方。 可见,既然一种民族的意识得以进入其文字结构方式并决
定它的字素的意义,那么,民族文字在文化学上的认识价值显然是毋庸置疑了。

六、促进民族团结的价值

我国各民族语言往往有系统上的联系(如分别同属某些语系、语族或语支)
或其他性质上的联系(如虽在系属上距离较远但互有词汇的借用、语音或语法
的影响等),这自然有利于我国各民族间的团结。 同时,一个民族的人民认识到
本民族的文字不仅是中华民族文字大家庭中的一员,而且对整个中华民族的古
文字研究具有重要的不可或缺的作用,对各民族的民族自尊心和自信心的增强
无疑是极富意义的。 上述种种说明,我们的研究对增强中华民族的团结显然也
会产生深刻而长远的影响。

---

① 王元鹿:《纳西东巴文字黑色字素论》,载《华东师范大学学报(哲学社会科学版)》,1986年
　第1期。
② 纳西族叙事长诗,又名《董埃术埃》(见和士华:《纳西古籍中的星球、历法、黑白大战》,民
　族出版社,2002年)。

第二章　我国含表意成分民族古文字的研究综述

正如上一章第三节所述,我国含表意成分的民族古文字有多方面的、极大的研究价值。但是,由于种种原因,除了对汉古文字的研究——以《说文解字》的诞生为标志——已有长达近两千年的历史外,学者对我国其他民族的古文字的研究,往往只有较短的时间。

上一章第三节所述的这些民族古文字所具有的种种研究价值尤其是文字学本体研究方面的价值,随着文字学的发展,逐渐受到了较大的注意,也得到了较多的体现。许多种以前不受足够注意的少数民族古文字渐渐进入了文字学者的视野。必须指出的是,也有一些民族古文字产生或被发现得较晚,文字学者对它们的调查自然不可能开始得太早。

这些民族古文字中,有些与汉字有系统上的关联,有些与汉字有类型上的相似,有些兼而有之。虽然也有少数文种可能并不具备这些特点,但是作为一种文字系统,也必有其文字学上的认识价值。以下,我们就对这些古文字的研究状况分点进行简明的叙述。

第一节　材料的调查、收集与整理

明清时代官方组织编写的多种"译语",部分地记录了我国的一些少数民族文字,这可以被视为最早的少数民族文字调查和资料收集。但是这一工作既不系统也不全面,更不是一个旨在汇集我国民族古文字的专门课题。

19世纪初开始,外国学者与传教士在我国边疆地区活动时,曾对我国一些民族古文字进行过初步的调查与记录,还曾编写过一些词典与字典。如法国学者巴克在1913年出版的《么些研究》一书收有370余个纳西族的东巴文字。

20世纪初起,主要由于我国民族语言、文字和文化学者的努力,有一些少数民族文字(如西夏文、彝文、纳西东巴文等)的调查研究得以开始,相关的资料工作,包括文献收集整理与工具书编撰也取得了一定的成果。彝文如:丁文江的

《爨文丛刻》(1936年)收有11种彝文经书①;东巴文如:李霖灿等的《么些象形文字字典》(1944年)②,傅懋勣的《丽江么些象形文〈古事记〉研究》(1948年)③;在西夏文方面,被俄国学者发现的《番汉合时掌中珠》在20世纪30年代以前就被多次翻印而广为各国汉学家所知,从中可以整理出上千组西夏文的意义和读音标注,很快就成了西夏语文研究的首要参考。④1933年北平图书馆又推出《北平图书馆馆刊第四卷第三期·西夏文专号》。

随着中华人民共和国的建立,20世纪50年代起,我国的民族语言文字的调查得以有计划并大规模地开展。这些工作包含了对民族古文字的新的发现与深入调查。当然,如史金波、聂鸿音指出的:"20世纪70年代以前,中国的民族古文字研究大多数是对孤立文种的描述和对单一文献的解读。"⑤尽管如此,民族古文字的资料工作的成就决非以前的千百年所能与之同日而语。

20世纪70年代末,我国民族古文字的调查研究又进入了一个新的繁荣时期,在含表意成分的民族古文字的材料工作方面也取得了十分可喜的成果。这些成果主要表现在:(1)传统的研究基础较好的文种的文献有了更多的发现,并得到更多的整理。如东巴文方面,傅懋勣的《白蝙蝠取经记》与李霖灿的《么些经典译著九种》以及二十二种(石印本)⑥、东巴文化研究所的《纳西东巴古籍译注全集》⑦,这些都是极有价值的材料。另外如水文文献的大量发现与字数的大量增加。(2)某些文种的新发现并开始调查。如尔苏文、达巴文、玛丽玛莎文各被确认为一种独立的文字。(3)大量的文献得到整理、出版。如东巴文、彝文。(4)一些文字的字典得到出版或再版。

第二节　孤立的研究

当初步掌握了一种文字的材料之后,下一步工作往往是对这种文字的研究。

---

① 丁文江:《爨文丛刻》,商务印书馆,1936年。
② 参李霖灿、张琨、和才:《纳西族象形标音文字字典》,云南民族出版社,2001年。
③ 傅懋勣:《丽江么些象形文〈古事记〉研究》,武昌华中大学,1948年。
④ 骨勒茂才:《番汉合时掌中珠》(黄振华、聂鸿音、史金波整理),宁夏人民出版社,1989年。
⑤ 戴庆厦主编:《二十世纪的中国少数民族语言研究》,书海出版社,1998年,第611页。
⑥ 傅懋勣:《纳西族图画文字〈白蝙蝠取经记〉研究》,[日本]东京外国语大学,1979年;李霖灿:《么些经典译注九种》,[台北]"国立"编译馆中华丛书审委员会,1978年。
⑦ 东巴文化研究所编译:《纳西东巴古籍译注全集(全100卷)》,云南人民出版社,1999年。

以下，我们将对于除汉字之外的各种含表意成分的民族古文字的研究状况作一些简单的介绍。

一、关于纳西族的四种文字

我国云南省的纳西族有四种性质各不相同的民族古文字，它们都或多或少地具有表意成分，这在世界文字史上可能也是仅见的个例。

东巴文可说是一种世界文字史上极为珍贵的"活着的象形文字"。对它的研究，与对它的资料收集整理一样，开始较早，成果丰硕。上述傅懋勣的《古事记》、《白蝙蝠取经记》，李霖灿的《么些经典译著九种》与东巴文化研究所的《纳西东巴古籍译注全集》，都是极有价值的材料。尤其是傅懋勣的两书，与其说是典籍的记录，不如说首先是对东巴经文字现象的详尽的文字学角度的解释。方国瑜提出了关于东巴文字造字的"十书"说[1]；董作宾与王元鹿则立足于与汉字比较的视角，对东巴文作了较为详细的理论文字学角度的研究[2]。虽然各家说法不尽统一，但对这种文字的基本看法亦无许多极不一致的意见。

相对来说，对哥巴文的研究较为滞后。在此种文字的造字理据方面，专家们说法不一。黄振华认为哥巴文往往来自汉字，[3]此说法受到了喻遂生的批评；[4]李静生认为哥巴文"是以记号文字为主，吸收了相当一部分东巴象形文字及新创的表意文字，以及有少量几个表音假借字的文字体系"。[5]曹萱则认为哥巴文是借用汉字、东巴文、藏文并有部分"自创字"的"拼盘体系"。[6]可以说，至今对此种文字的看法还有很大分歧。

此外，关于玛丽玛莎文，研究一直较少，看法也不一致。甚至对它是否是一种独立的文字也有争议。王元鹿的《玛丽玛莎文字源与结构考》等文章通过逐字考释，确定了它是一种独立的文字，且指出它既含自造字，又有来自纳西东巴文、汉字和藏文

---

① 方国瑜编撰、和志武参订：《纳西象形文字谱·绪论》，云南人民出版社，1995年。
② 董作宾：《从么些文字看甲骨文》，载《董作宾先生全集：乙编第四册》，［台北］艺文印书馆，1977年；王元鹿：《汉古文字与纳西东巴文字比较研究》，华东师范大学出版社，1988年。
③ 黄振华：《纳西族哥巴文字源流考》，载《燕京学报》新9期，北京大学出版社，2000年。
④ 喻遂生：《关于哥巴文字源考证的几点看法——读〈纳西族哥巴文字源流考〉》，载《中国文字研究（第六辑）》，广西教育出版社，2005年。
⑤ 李静生：《论纳西哥巴文的性质》，载《东巴文化论》，云南人民出版社，1991年。
⑥ 曹萱：《纳西哥巴文造字研究》，华东师范大学硕士学位论文，2004年。

的字。[①]

关于达巴文字,迄今研究的论文也极少。 杨学政先生有《永宁纳西族的达巴教》与《达巴教与东巴教比较研究》等几篇论文发表,[②]近年又有宋兆麟先生关于达巴文献的材料刊行[③]与邓章应的《摩梭达巴文初步研究》[④]发表。 虽然调查与研究还有待深入,但是已经可以肯定的是,这是一种十分原始的文字。可以预计,以后若干年中对此种文字的调查和研究还将得到较大的进展。

二、关于尔苏沙巴文

尔苏文字最早发现于1981年,直至2003年,才有第二批资料发现并公布。

1981年发现的材料是用来抄写"沙巴"(宗教神职人员)的占卜书《母虎历书》。 在2003年,宋兆麟又得到了另十五种沙巴经书。 这些材料的发现,进一步为我们对尔苏文字作更深更广的了解提供了依据和启示。

由于尔苏文字发现较迟,材料又较有限,所以至今对它进行专门研究的论文也十分有限。

最早的一篇文章可能是刘尧汉、宋兆麟、严汝娴、杨光才的《一部罕见的象形文字历书——耳苏人的原始文字》[⑤],只是对尔苏文及其典籍《母虎历书》进行了分析。 对尔苏文进行文字学研究的文章至今为数更少,我们所见仅有:孙宏开《尔苏沙巴图画文字》[⑥]和《试论尔苏沙巴文字的性质》[⑦]、王元鹿《尔苏沙巴文字的特征及其在比较文字学上的认识价值》[⑧]、郑飞洲《尔苏沙巴文字字素研究》[⑨]、日本《言语》杂志上西田龙雄有相关论文[⑩]。

---

① 王元鹿:《玛丽玛莎文字源与结构考》,载《华东师范大学学报 (哲学社会科学版)》,2004年第2期。

② 分别见郭大烈、杨世光编:《东巴文化论集》,云南人民出版社,1985年;云南社科宗教研究所:《宗教论稿》,云南人民出版社,1986年。

③ 宋兆麟:《摩梭人的象形文字》,载《东南文化》2003年第4期。

④ 邓章应:《摩梭达巴文初步研究》,载《中国文字研究 (第七辑)》,广西教育出版社,2006年。

⑤ 载《中国历史博物馆刊》,1981年第5期。

⑥ 载《民族语文》,1982年第6期。

⑦ 载《中国民族古文字研究 (第二辑)》,天津古籍出版社,1993年。

⑧ 载《华东师范大学学报 (哲学社会科学版)》,1990年第6期。

⑨ 载《中文自学指导》,2002年第4期。

⑩ 西田龙雄:《新的语言和新的文字》,载《言语》,1983年2月号。

2003年,宋兆麟撰文介绍了尔苏文字并刊出了部分尔苏经典的照片,其中包含他在当年的新发现,并提出了尔苏文字分"象形文"和"图画文"的观点,可供继续研究和讨论。[①]

依据至今的研究,我们至少可以从几个不同角度概括出尔苏沙巴文字的特征:

第一,从文字记录语言方式看,它是一种表意文字。

第二,从文字符号与语言单位的对应关系看,它是一种处于从语段文字开始向表词文字发展的初级阶段的文字。

第三,从文字的符号体态特征看,它是一种带有较强图画特征的文字。

三、关于彝文

彝文研究的历史相当久远,至迟在19世纪上半叶就已有学者开始了真正意义上的彝文研究。彝文研究的队伍也十分庞大,不仅有彝族本民族的学者在研究彝文,还有汉族等其他民族的学者在研究彝文,更为可贵的是有很多外国学者也已投身到了彝文的研究行列。

现有成果表明,学者们主要在彝文的发生(包括时间、渊源物、与其他符号的关系等)性质、结构方式等方面取得了较大成果,但同时也存在着较大的分歧。

对于彝文的创制时间主要有先秦说(以丁椿寿[②]、朱建新[③]、李家祥[④]、陈英[⑤]、黄建明[⑥]、朱琚元[⑦]、王正贤[⑧]等为代表)、春秋战国说(以李生福[⑨]、朱文

---

① 宋兆麟:《耳苏人的图画巫经》,载《东南文化》,2003年第10期。

② 丁椿寿:《彝文论》,四川民族出版社,1993年,第34页。

③ 朱建新:《彝汉文渊源之争述略》,载《西南民族学院学报(哲学社会科学报)》,1990年第1期。

④ 李家祥:《论彝文之创立与发展》,载《贵州民族研究》,1992年第4期。

⑤ 陈英:《古陶文与彝文对比研究》,载《中国民族古文字研究(第二辑)》,天津古籍出版社,1993年。

⑥ 黄建明:《彝文文字学》,民族出版社,2003年,第91~96页。

⑦ 朱琚元:《中华万年文明的曙光——古彝文破译贾湖刻符、彝器辨明文物》,云南人民出版社,2003年,第89、114页。

⑧ 王正贤:《呗耄·彝文·文献》,载《彝语文集》,贵州民族出版社,1993年。

⑨ 李生福:《古彝文及其造字规律新探》,载《贵州民族研究》,2001年第2期。

旭①、孔祥卿②等为代表)、汉代说(以马学良③、肖家成④、武自立⑤等为代表)、汉唐以前说(以余宏模⑥、冯时⑦、李乔⑧、马尔子⑨等为代表)、唐代说(以陈士林⑩等为代表)。

对于彝文的性质,学界主要有以下一些观点:以丁文江⑪、江应梁⑫为代表的"象形文字"说(这一观点现已被学界所否定),以丁椿寿⑬、陆锡兴⑭等为代表的"表意文字"说,以杨成志⑮、柯象峰⑯、傅懋勣⑰、李方桂⑱、陈士林⑲、张公瑾⑳、聂鸿音㉑等为代表的"音节文字"说,以马学良㉒为代表的"表意的音节文字"说,以武

---

① 朱文旭、马娟:《彝文中的借汉字研究》,载《三月三·少数民族语文》,2005年第6期(民族语文论坛专辑)。

② 孔祥卿:《彝文的源流》,民族出版社,2005年。

③ 马学良:《彝文和彝文经书》,载《民族语文》,1981年第1期。

④ 肖家成、武自立、纪嘉发:《彝文源流试论》,载《云南社会科学》,1982年第3期。

⑤ 武自立:《彝文的起源和发展》,载《凉山彝族奴隶制研究》,1981年第1期。

⑥ 余宏模:《试论彝族文字的起源和发展》,载《彝族语言文字论文选》,四川民族出版社,1988年。

⑦ 冯时:《龙山时代陶文与古彝文》,载《光明日报》1993年6月6日第5版;又:《山东丁公龙山时代文字解读》,载《考古》,1994年第1期。

⑧ 李乔:《彝文产生在什么时候? ——〈彝汉字典〉序》,载《楚雄师专学报(社会科学版)》,1996年第1期。

⑨ 马尔子:《彝文的历史发展和四川规范彝文》,载《中国民族古文字研究(第四辑)》,天津古籍出版社,1994年。

⑩ 陈士林:《彝文研究的基础和前景》,载《中国民族古文字研究》,中国社会科学出版社,1984年。

⑪ 丁文江:《爨文丛刻(甲编)》,商务印书馆,1936年。

⑫ 江应梁:《西南边区的特种文字》,载《边政公论》,1946年第4卷第1期。

⑬ 丁椿寿:《彝文论》,四川民族出版社,1993年,第51页。

⑭ 陆锡兴:《汉字传播史》,语文出版社,2002年,第125—126页。

⑮ 杨成志:《罗罗文的起源及其内容一般》,载《杨成志人类学民族学文集》,民族出版社,2003年。

⑯ 柯象峰:《猡猡文字之初步研究》,载《金陵学报》,1938年第1、2期合刊。

⑰ 傅懋勣、罗常培:《国内少数民族语言文字的概况》,载《中国语文》,1954年第3期。

⑱ Fang-kuei: LiLanguages and Dialects of China, *Journal of Chinese Linguistics*, Vol.1, No.1, 1973.

⑲ 陈士林:《规范彝文的实践效果和有关的几个问题》,载《民族语文》,1979年第4期。

⑳ 张公瑾:《中华民族的共同财富——谈谈我国各民族的语言和文字》,载《百科知识》,1981年第10期。

㉑ 聂鸿音:《中国文字概略》,语文出版社,1998年,第198页。

㉒ 马学良:《再论彝文"书同文"的问题——兼论彝文的性质》,载《中央民族学院学报》,1986年第2期。

自立①、朱文旭②、周有光③、朱建新④为代表的"意音文字"说,以孔祥卿⑤为代表的"表词文字"说,以朱建军⑥为代表的"语素—意音—记号文字"说。

对于彝文的结构方式的研究,有些学者只是单纯地照搬汉字的"六书"理论,没有结合彝文的实际作适当的修改。有些学者虽然考虑到了彝文的实际,但在具体的分类上不是术语混乱就是各类之间的界限不清。

此外,关于彝文的规范化问题也一直是学界关注的热点和焦点。 对于这一问题的讨论主要集中在四省区彝文的"书同文"问题上,产生较大影响的相关论文主要有马学良《试论彝文"书同文"的问题》⑦、《再论彝文"书同文"的问题》⑧、丁椿寿《论彝文的类型及其超方言问题》⑨、果吉·宁哈《统一规范川滇黔桂彝族文字》⑩等。

彝文工具书的编纂也取得了较其他民族古文字更为丰富的成果。这些工具书有的为油印本,有的则是正式出版的。 主要有:1.中央民族学院语文系《彝汉词典》(油印本),1960年;2.四川省民委彝语文工作组和凉山彝族自治州语言文字指导委员会《彝汉词汇》,1978年;3.贵州省毕节地区民委彝文翻译组《彝文字典》(油印本),1978年;4.中央民院彝族历史文献编译室《滇川黔桂彝汉基本词汇对照词典》(油印本),1984年;5.云南省路南彝族自治县文史研究室《彝汉简明词典》,云南民族出版社,1984年;6.四川省民委彝语文工作组《彝文检字本》,四川民族出版社,1984年(1997年再版);7.汉彝词典编译委员会《汉彝词典》,四川民族出版社,1989年;8.四川省民委彝语文工作办公室《彝汉字典》,四川民族出版社,1990年;9.朱建新、潘正云《彝文字典》,四川民族出版社,1990年;10.贵

① 武自立、纪嘉发、肖家成:《云贵彝文浅论》,载《民族语文》,1980年第3期。
② 朱文旭:《彝文说略》,载《彝族文化研究论文集》,四川民族出版社,1993年。
③ 周有光:《文字发展规律的新探索》,载《民族语文》,1999年第1期。
④ 朱建新:《传统文字分类理论及分类标准的反思和评说——兼论彝文的文字类型》,载《西南民族大学学报(人文社会科学版)》,2003年第8期。
⑤ 孔祥卿:《彝文的源流》,民族出版社,2005年,第276—277页。
⑥ 朱建军:《古汉字与滇川黔桂彝文同义比较研究》,华东师范大学博士学位论文,2006年,第96—98页。
⑦ 载《中央民族学院学报》,1986年第1期。
⑧ 载《中央民族学院学报》,1986年第2期。
⑨ 载《贵州民族研究》,1981年第1期。
⑩ 载《彝文文献研究》,中央民族学院出版社,1993年。

州省彝学研究会、贵州省民族事务委员会民族语文办公室、贵州民族学院彝文文献研究所、贵州省毕节地区彝文翻译组《简明彝汉字典》,贵州民族出版社,1991年;11.毕云鼎、张启仁、张海英、普艺《云南规范彝文汉文字词对照》,云南民族出版社,1994年;12.云南省楚雄彝族自治州民族事务委员会、楚雄彝族自治州教育委员会、云南社会科学院楚雄彝族文化研究所、楚雄民族中等专业学校、楚雄民族师范学校《彝汉字典》,云南民族出版社,1995年;13.马学良、朱崇先、范慧娟《彝文经籍文化辞典》,京华出版社,1998年;14.滇川黔桂彝文协作组《滇川黔桂彝文字典》,云南民族出版社,2001年;15.滇川黔桂彝文协作组《滇川黔桂彝文集》,云南民族出版社、四川出版集团、四川民族出版社、贵州民族出版社,2004年;16.普璋开《滇南彝文字典》,云南民族出版社,2005年。

四、关于傈僳竹书

至今对这种文字进行过研究的学者可说是屈指可数。

李兆丰于1944年11月16日在昆明《正义报》上以《傈僳族两种文字》为题发表了简介竹书文字的文章,此后的调查与研究相当有限。1954年,罗常培、傅懋勣在他们合著的《国内少数民族语言文字概况》中对竹书作了"这是一种音节文字,没有字母,一个形体代表一个音节"的论断。[1]1982年以后,木玉璋等去竹书文字的创制者汪忍波的家乡进行了实地调查研究,了解到汪忍波在生前一共撰写了三十多部各种文体的书。此后,木玉璋、汉刚等先生整理、译注、出版了汪忍波的《祭天古歌》。[2]另外,徐琳、欧盖子《傈僳语语法纲要》(科学出版社,1959年),徐琳、木玉璋、盖兴之《傈僳语简志》(民族出版社,1986年),陈其光《中国语文概要》(中央民族学院出版社,1990年),云南省少数民族语文指导工作委员会编撰《云南省志·卷五十九 云南少数民族语言文字志》(云南人民出版社,1998年),《中国大百科全书·语言文字》(中国大百科全书出版社,1988年)等论著中也对竹书有详略不同的介绍。2004年高慧宜在《云南民族大学学报》第6期上发表了《傈僳族竹书文字的异体字初探》的专题论文。2006年,高慧宜的博士论文《傈僳族竹书文字研究》由华东师范大学出版社正式出版,其中有对此种文字

---

① 罗常培、傅懋勣:《国内少数民族语言文字的概况》,中华书局,1954年。
② 载《纳西族东巴文学集成》,中国民间文艺出版社,1988年。

的较为全面的微观考释和宏观研究。此书的出版,标志着对傈僳竹书的了解已到了一个新的水平。

可见,虽然现在我们对竹书的文字学意义上的研究还有待深入,但是学者们多年来的不懈工作尤其是近年间的研究已经使我们对此种文字的理解达到了一个新的水平。

五、关于水文

已有的水文研究包括三个方面的内容:

1. 水书文化的研究,包括水书所反映的天文、历法、宗教内容、哲学思想等;

2. 水书源流及成书时代的研究;

3. 水文及水书研究。

目前,从文字学方面对水文的专门研究尚不足,但从几十年来的论著可看出,研究工作者对水族语言文字的认识是有一个过程的。时至今日,水文的研究已有很大的进展,成为海内外研究者关注的重点与热点。

从文字学角度对水文的研究正在继续不断地深入,并取得了一定成果。虽然至今我们对水文的个别问题(如发生年代、自源字与借源字的发生先后、部分字反写的原因等)尚未达到细致、准确而又全面地把握的境界,但是我们至少已经对相当多的相关问题得到了基本的认识,如:

1. 确定了水文是一种至少由自源字和借源字合成的“拼盘文字”;

2. 考出了水文的部分单字的理据;

3. 证明了水文的自源字是由若干较为原始的单字组成的早期文字系统;

4. 证明了水文自源字和借源字之间的关系不是机械地相加而是有着有机的复杂联系。

六、关于壮文

对于壮文研究得比较早的是李方桂先生,他于1941年曾通过在广西的调查,写出了《武鸣土语》[①],其中专门有一节谈到了当地的文字。新中国成立后,比较早地对方块古壮字作专门介绍和研究的文章有韦庆稳的《广西壮族的方块

---

① 李方桂:《李方桂全集4·武鸣土语》,清华大学出版社,2005年。

文字》①。其后张元生、黄绍清、黄革、陆瑛、覃国生、李乐毅、郑贻青、罗长山、蓝利国、黄必庄、陈竹林、韦星朗、陆发圆、Margaret Milliken（美国）等都曾著专文介绍壮文。另外一些研究者在有关壮族语言、历史、文化及其他有关文字学的著作中也专门介绍了壮族的方块文字。在这些关于壮文文字学的研究中主要涉及几个方面：

第一，壮文的来源。学者们在介绍研究的过程中基本上达成了一致的看法，认为就整个文字系统而言，壮文是在借用汉字和仿照汉字构造的基础上创造出来的。

第二，壮文发生的时代。大多数学者的研究结果认为壮文很可能产生于唐代，或至迟产生于唐代。而另有学者认为在方块壮文产生之前，壮族曾有过一种更古老的文字，如李富强在《壮族文字的产生、消亡与再造》中认为壮族的文字经历了产生、消亡与再造的过程，方块古壮字是壮族古文字的再造。②

第三，壮文的结构方式。这也是壮文研究中较多的方面，研究者们针对某一地区或利用自己所接触的材料对这一问题进行了探讨，在结构的分类原则与方法上也显示出一定的差异。一些研究者从壮文的来源或壮文与汉字的关系来分析，将壮文中的借汉字（借用现成的汉字）与自造字（根据汉字仿造或将汉字变形）分开论述。而另一些学者，则借鉴汉字"六书"原理直接分析壮文的构成方式，并不将壮文中对现成汉字的借用单独作为一大类进行分析。此外，在对壮文的研究与介绍中，许多学者都论及了壮文的历史地位与局限性。

另外也有研究者是将壮文与古汉语、壮语及壮族文化相结合进行研究，以此来探讨古汉语中的语言现象。也有研究者开始涉及壮文与其他文字的关系问题。

在壮文工具书的编纂上，主要有1989年由广西壮族自治区少数民族古籍整理出版规划领导小组主编的《古壮字字典（初稿）》（广西民族出版社），这是对先前所收集到的壮文的系统化整理。

对于古壮文文献的整理，1992年天津古籍出版社出版了张元生、梁庭望、韦星朗的《古壮字文献选注》，2004年广西民族出版社出版了张声震主编的《壮族

---

① 载《国内少数民族语言文字的概况》，中华书局，1954年。
② 载《广西民族研究》，1996年第2期。

麽经布洛陀影印译注》8册。此外还有一些壮族民歌古籍被整理出版。

七、关于北方三种文字

（一）西夏文

西夏文字重新被发现后（1804年），经过两个多世纪的发展,包括西夏语言文字在内的有关西夏历史文化的研究已成为一门综合性学科——西夏学。而语言文字研究在西夏学研究中举足轻重,而且有关这一方面的成果最多,最能反映西夏学的深入程度。 根据有关学者的研究,西夏文字的研究可大致分为以下几个时期:（1）西夏文字的发现与识读——西夏语言文字研究的启蒙时期（1804—1908年）;（2）黑城文献的大量发现——标志着严格意义上的西夏语言文字研究的正式形成时期（1908—1936年）;（3）多国学者参与研究、大量著作出版——西夏语言文字研究的繁荣时期（1960年以后）。

对西夏文字形、字义、字音等方面的详细剖析,西夏人自己就有相应的传世字书说解:如《文海》和《文海宝韵》侧重字形的剖析和字义的注解,兼及字音的反切式标注;《音同》侧重字音相关者之间的相互系联;《杂字》则为多字循意大致串联、多半合辙押韵的启蒙性读物;另有西夏人骨勒茂才于1190年仿中原杂字体字书编写的一个识字课本《番汉合时掌中珠》,以其西夏文—汉文音义互注的体例以及相对完整的出土,成为今人得窥西夏文字字音和字义的最直接工具。上述西夏人撰述的文献,亦可看作西夏语文从本族人视角出发的研究成果,更是现代综合性的西夏学得以展开并获得发展的基石。

至19世纪末,世人仅仅是通过存世的两通西夏文碑刻认识了这种古文字的外貌。 在西夏文献大量发掘的20世纪,始有西夏文在现代学科意义之上的研究。

法国人毛利瑟（M.G. Morisse）、法国汉学家伯希和（P. Pelliot）、俄国学者伊凤阁（А.И. Иванов）、美国学者劳费尔（B. Laufer）等在现代西夏文的研究上作出了重要成就。

俄国汉学家对黑水城遗址掘获文献的陆续刊布奠定了20世纪西夏学的基础。 其中以聂历山（Н.А. Невский）成就最为显著,在披阅了当时所能识别的文献并予以研究的基础上整理出了收字谨慎、释义精审的西夏文字典手稿,其成果汇集在他身后出版并荣膺列宁勋章的《西夏语文学》（**Тангутская филология**,

Москва，1960；两卷本）一书中。

1917年宁夏灵武发现的西夏文佛经在分别流入北平图书馆和日本后成为中国和日本相当长一段时间内西夏学研究的基础。在此基础上有中国王静如荣获法国儒莲（Jurien）奖金的三卷本《西夏研究》和日本西田龙雄的《西夏语之研究》和《西夏文华严经》。[①]另外，后来在其他一些地方小规模出土的西夏文献，也在一定程度上推动了西夏研究乃至相关学科的发展。

西夏语文及文献研究最初是完全立足于传统汉文经学的基础上而得以成立的，其基本研究方法的运用也得益于当时国学根底深厚的罗振玉父子、陈寅恪、王静如，汉学素养精湛的伯希和、聂历山、石滨纯太郎等也或多或少的涉猎、关注和投入。1933年北平图书馆推出的《北平图书馆馆刊第四卷第三期·西夏文专号》即是这一时期研究成果的集大成者。历经中外几代学人的艰苦努力，西夏学在百年历程中也正一步步走向成熟。最近几十年来，从事过西夏文献研究的国外学者主要有俄国的克恰诺夫（Е.И. Кычанов）、苏敏（М.В. Софронов）、克平（К.Б. Кепинг，旧译柯萍）、捷连吉耶夫－卡坦斯基（А.П. Терентьев-Катанский），日本的西田龙雄、桥本万太郎、冈崎精郎、野村博，美国的邓如萍（R.W. Dunnell），丹麦的格林斯蒂德（E.D. Grinstead）等。中国的西夏研究专家主要有史金波、李范文、白滨、黄振华、聂鸿音、龚煌城、林英津、马忠建、牛达生、陈炳应、罗矛昆等。中国社会科学出版社和宁夏人民出版社、甘肃文化出版社从20世纪80年代以来陆续推出了一系列西夏研究专著；俄罗斯科学院东方研究所圣彼得堡分所和中国社会科学院民族学和人类学研究所、上海古籍出版社从20世纪90年代中期开始联合影印出版俄藏黑水城文献，其中大部头的是西夏文文献，为西夏学进一步发展提供了直接的原始资料。

现今，中外学者们注重解读的西夏文文献多限于俄罗斯圣彼得堡藏品和中国国家图书馆藏品中的非佛教部分，至于那些译自藏文的密宗佛教经典还全然未能涉及，这当然是由于当前西夏学领域内还缺乏精通古代藏文和藏传佛教

---

① 王静如：《西夏研究（第1辑）》（中央研究院历史语言研究所，1932年，单刊甲种之8）、《西夏研究（第2辑）》（中央研究院历史语言研究所，1933年，单刊甲种之11）、《西夏研究（第3辑）》（中央研究院历史语言研究所，1933年，单刊甲种之13）；西田龙雄：《西夏語の研究（Ⅰ、Ⅱ）》，［日本］座右宝刊行会，1964—1966年；西田龙雄：《西夏文华严经》，［日本］京都大学文学部，1977年。

的研究者之故。

现在,在西夏文献解读方面比较成功的成果可以认为是史金波、黄振华、聂鸿音合作的《类林研究》(宁夏人民出版社,1993年)和聂鸿音的《西夏文德行集研究》(甘肃文化出版社,2002年)。西夏人原创作品以及对汉藏文典籍改动甚大的文献解读,则还停留在字字对译再借助西夏语语法来贯通文句的阶段,即便是贯通后的文辞,其内在涵义往往也令人费解。这方面的代表作品即是由俄国人克恰诺夫和宁夏学者李范文、罗矛昆合作完成的《圣立义海研究》(宁夏人民出版社,1995年)。

(二) 女真文

在女真语文研究领域,对女真文本身的文字学探讨并不多见,其主要原因可能是女真字直接参照契丹字和汉字创制而缺乏自身特色之故;更多的研讨还是侧重于现存文献的释读和女真古语的构拟,即使是对女真文的本体研究的动因亦在于此。19世纪末,德国人葛鲁贝(W. Grube)将明代永乐本《女真译语》之柏林藏本译为德文并与满蒙语作比较研究,撰成《女真语言文字考》(Die Sprache und Schrift der Jučen, 1896)一书,为现代女真语文研究的先声。进入20世纪,随着女真文文献更多地被发现,中外研究学者也不断增加并取得了一批重要的研究成果。

在20世纪上半叶,女真语文研究方面成果辈出的学者为中国的罗福成,他对当时所见的女真文碑刻大多加以考释并取得初步成果;其时日本方面亦有多位学者在调查碑刻和整理女真译语方面贡献卓著,最后的成果汇集见于安马弥一郎所编撰的《女真文金石志稿》(1943年)[1]。进入20世纪下半叶,在女真文字方面作出重要贡献的是日本人山路广明,代表作为《女真文制字研究》[2];对女真语文研究提出过建设性意见的是匈牙利人李盖提和韩国人李基文[3];碑文考释方面用功甚多的有日人田村实造对《得胜陀颂碑》的三次释读[4];集大成的研究

---

[1] 京都碧文堂油印本 (作者自刊)。

[2] 东京南方诸言语研究所刊行,1958年8月 (1980年重印)。

[3] 代表作分别是L.Ligeti: *Note préliminaire sur le déchiffrement des «Petits Caractères» Joutchen*,1953年;李基文:《中古女真语的音韵学研究》,《民族语文研究情报资料集》(第二集),黄有福译,中国社会科学院民族研究所语言室编,1983年。

[4] 田村实造:《〈大金得胜陀颂碑〉研究》,原载于《东洋史研究》第2卷5、6号,1937年6、8月;刘凤翥汉译文,载《民族史译文集》第8期,中国社会科学院民族研究所编译,1980年。

论著则是国人金光平和金启孮的《女真语言文字研究》(1964年油印稿,1980年文物出版社正式出版),以及金启孮的《女真文辞典》(文物出版社,1984年);戮力研治《女真译语》的成果是美籍日人清濑义三郎则府的《〈华夷译语〉中女真语言文字的研究》和澳洲人康德良的《四夷馆汉语-女真语词汇》[①];在此基础上又有内蒙古大学的齐木德道尔吉和和希格在《女真译语研究》对女真语语音的再次构拟以及相应语法的探讨。[②]最近,旅居日本太平洋大学的爱新觉罗·乌拉熙春也有一系列论著专门考察西安发现的《女真文字书》残页以及女真语文所反映的一些内在蕴涵;中国社会科学院民族学和人类学研究所的孙伯君则在利用汉语音韵学的某些方法集中研究宋金元汉文典籍中的女真语汇并为女真语音系统的重新全面构拟作出了一定的尝试。

此外,尚有西方学者伟烈亚力(A. Wylie)、德微里亚(G. Devéria),日本学者山本守、渡边薰太郎、石田干之助、长田夏树,韩国人金东昭,中国学者贾敬颜、黄振华、穆鸿利、刘凤翥、聂鸿音等对女真语文研究有所贡献。

(三)契丹文

目前学界对契丹大字研究,仍然没有取得突破性的进展,依旧停留在孤立的少数几个单字或语词的比定之上。

契丹小字的研究,基于其表音的性质而有相对较为深入的进展。20世纪前半叶有学者以有汉文对照(多半并非对译)的契丹字材料为基点,将契丹小字材料同《郎君行记》以及历史记载的契丹语汇进行比照,从而释出年号、干支、数目以及年月日、帝后称谓、部分哀册文等位置固定而内容习见的项目;这一研究法也奠定了后来契丹文字研究方法论的基础。 这一时期的代表作为金毓黻(即金光平)编著的六卷本《辽陵石刻集录》(1934年)。 从50年代开始,日本和苏联学者借助近代历史语言学的比较法和语音学的实验分析法(尤其是统计法的运用),在契丹字的语音构拟方面用功甚多,代表性论著为田村和小林合著的两

---

① [美]清濑义三郎则府 (G. Kiyose): *A Study of the Jurchen Language and Script in the Hua- I I-Yu*,《印第安纳大学哲学博士论文集》,1973年;[澳]康德良 (Daniel A. Kane): *The Sino-Jurchen Vocabulary of the Bureau of Interpreters*, Indiana University Research Institute for Inner Asian Studies, bloomington, Indiana, 1989.
② 载《内蒙古大学学报》,1983年增刊。

大册《庆陵》（1953年）一书。中国直至70年代（1975年9月）由中国社会科学院民族研究所和内蒙古大学蒙古语文研究室成立"契丹文字研究小组"对契丹小字进行集体攻关并推出《契丹小字研究》（1985年）这一成果以来，契丹小字研究的清晰脉络至今尚未间断。到目前为止的研究主要在于寻找契丹碑刻中的汉语借词并据以比定契丹小字的字义兼及有关原字的音值，同时又有立足汉文史籍记录在勾勒契丹语音大致框架和某些语法特点的尝试，只是由于这两方面的结合还欠默契，故而对契丹小字的系统解读以及契丹语的构拟还有待时日。

由于契丹文字在目前尚未系统解读的实际，相应的语言方面也难有进一步的描述分析。这方面已有的成就或许还得参照国外几位对此偶有涉猎但在历史语言学方面颇有根基的学者——门格斯、福赫伯、多尔弗以及国内黄振华、聂鸿音的研究。

八、个别研究的新进展

民族古文字的同义比较研究自然是必须以个别文字的研究为基础的。关于个别文字的材料愈丰富、了解愈充分、认识愈深入，那么同义比较也就可能进行得愈顺利而同义比较的结果也就愈丰富且愈具准确性。

我们在这里还要补充介绍近十几年学界对我国民族古文字研究的新成果。因为在一定意义和一定程度上，同义比较这一方法恰是以这些新成果的取得为必要条件，并得以较为普遍又较为迅速地成为一个专题开展起来的。应该说，这一时段中，我国的许多种民族古文字（广义上的）研究取得的成果是具有突破性的。下面试列举一些：

新发现或被确认的文种：纳西族的达巴文（80年代有些专家认为是个人杜撰的或仅是一种符号，到近年才被证实为一种独立的文字），纳西族的玛丽玛莎文（过去有些专家认为是东巴文的一个分支，到近年才被证实为一种独立的文字）。资料得到充实的文种：水文（过去一直被认为仅有二百余字，到现在已有近千字的工具书与电子字典编成），达巴文，尔苏沙巴文。资料被编为工具书并正式出版的文种：东巴文，哥巴文，彝文，傈僳竹书，壮文，西夏文，契丹文，女真文。性质被确认的文种：女书（过去曾被某些研究者视为一种民族文字，现在已被确认为汉语的一种方言字）。开始进行文字学研究的文种：玛丽玛莎文（过去无相关的研究文章,现在已至少有两篇①),傈僳竹书文字 (过去无相关研究文章,现在已有从文字学本体角度出发的专著出版②)。 开始进行深入研究的文种:彝文,玛丽玛莎文,水文。

第三节 比 较 研 究

可以说,要开展民族古文字的同义比较,除了以各文字系统的实际材料与对这些材料的研究为基础之外,在理论研究方面亦必须有科学的方法论的指导。近年来,普通文字学与比较文字学这两门学科的建立和发展,在很大程度上成为我们开展民族古文字同义比较研究的理论指导尤其是方法论的指导。

比较文字学主要比较研究各种文字的形体和结构、传播和发展、应用功能、历史背景,从而寻找人类文字的发展规律。 这门学问的最终形成经历了漫长的准备期,正如周有光所言:"比较文字学也是在19世纪开始的,可是还停留在初步阶段。"③

文字的比较研究,必须要在多种文字的基础上开展。但过去的中国,不仅有地处中原的地域优越感,而且在文化上更有着一种强烈的自尊意识。 长期以来专注于汉字研究,而对于汉字以外的少数民族文字和外国文字注意较少。 过去虽有非汉字文字介绍和翻译,但一直到近代,才开始有意识地对多种文字进行比较研究。

现在所能见到最早的有意识将汉字与其他文字进行对比的是徐珂所编的《清稗类钞·文学类》有一条 "中外文字之比较",作者对中国文字 (实为汉字) 字少,而西方文字 (实为词) 字多这一现象进行比较。他认为中国文字字数 "孳乳"迟缓,是由于这种文字具有 "累而成文"的特点的缘故。而西方文字字数 "孳乳"迅猛,造成字数繁多,恰恰是由于未能具有 "累而成文"这一特点所至。④

---

① 王元鹿:《玛丽玛莎文字源与结构考》,载《华东师范大学学报 (哲学社会科学版)》,2004年第2期;《玛丽玛莎文两次调查所得单字的比较及其文字学意义》,载《中国文字研究 (第四辑)》,广西教育出版社,2003年。
② 高慧宜:《傈僳族竹书文字研究》,华东师范大学出版社,2006年。
③ 周有光:《比较文字学初探》,语文出版社,1998年,前言。
④ 徐珂:《清稗类钞》,中华书局,1984年。

最早对汉字与外国文字结构进行比较并撰成著作的是李天根。他撰写了十余部关于文字学的著作,其中有一本《中西文字异同考》,其自序写于1926年,该书重在介绍东西方的几种重要古文字概况和样品,并把它们的性质进行了初步比较,其中包括古埃及文字、楔形文字、印第安文字、希腊文字、腓尼基文字及汉字等。书中的《西文之六书》部分,把美洲印第安文字的结构用六书进行了分析。[①]

最早以"比较文字学"名书的是林祝敔所译的《比较文字学概论》,1937年由商务印书馆出版,此书原为著名文字学家Clodd所著,英文名为*The Story of the Alphabet*,但其内容实与文字的比较无密切关系。[②]

1942年6月,浙江大学文学院集刊第二期发表了黄尊生《埃及象形文之组织及其与中国六书之比较》。此文共有三部分:第一部分详细介绍了埃及象形文字译读的经过;第二部分阐述了古埃及象形文字演变过程及其结构上的特点,附以大量例证;第三部分比较了古埃及象形文字与中国的六书。在这一部分黄氏应用比较研究的方法,发表了一些独到的见解,他指出依文字进化之公例,最初的文字大都起源于象形,古埃及文字和中国文字初见者均为象形文,其绘物成文均起于一种表意之需要,此两民族相距万里,然其表意方法则不约而同,不但表意方法同,即其描绘有时亦同。指事会意两类字埃及与中国大致相同,六书中形声字在埃及文为音缀字与义符之配合。至于转注假借,无论依何种解释,在埃及象形文字均有其例。总之中国的六书所通于埃及之象形文字,而埃及象形文字之演进亦可适用于中国文字。

蒋善国在《中国文字之原始及其构造》一书中,曾以北美印第安文字作为参考对象,对汉字的起源及其形态进行了研究。[③]

裘锡圭曾运用比较方法,通过对甲骨文与纳西东巴文某些特定角度上的比较,撰写而成《汉字形成问题的初步探索》,对甲骨时代的汉字可能存在多异体、一字读多音节和行款较乱等特征作了推测与论证。[④]李静生在其《纳西东巴文与甲骨文的比较研究》中,对这两种文字的象形、形声与假借三个系统逐一进行

---

① 李天根:《中西文字异同考》,李氏念劬堂,1926年。
② Clodd著,林祝敔译:《比较文字学概论》,商务印书馆,1937年。
③ 蒋善国:《中国文字之原始及其构造》,武汉古籍书店影印,1987年。
④ 裘锡圭:《汉字形成问题的初步探索》,载《中国语文》,1987年第3期。

了比较。①后来王元鹿撰成《汉古文字与纳西东巴文字比较研究》一书②,对甲金时代的汉字与纳西东巴文字进行了全面的系统比较,该书是中国学者对两个文字体系进行系统比较的首部专书。 以上论著为比较文字学理论的创立奠定了基础。

周有光的《比较文字学初探》(语文出版社,1998年)和王元鹿的《比较文字学》(广西教育出版社,2001年)两书的问世,标志着比较文字学的正式创立。

周有光按照自己创立的"三相"理论框架,将其所涉及的文字分为形意文字、意音文字、表音文字,全书也以此标准进行分类论述。 周书中提供了丰富的资料,特别是意音文字和表音文字。对于意音文字中的汉字系文字,周有光收集了汉字型文字30种,经过比较,分为孳乳仿造、变异仿造、异源同型三类。并且还归纳出汉字传播的四个阶段。 对于非汉字系的意音文字,则用六书对其进行结构分析。在表音文字的研究方面,周有光梳理了表音文字的产生发展过程,建立了表音文字的发展谱系。

王元鹿的《比较文字学》则更多地从理论角度阐述了比较文字学的定义和学科定位、研究类型、研究方法、研究意义及局限等,分别从文字符号与语言单位的对应关系、文字记录语言方式、文字符号体态等角度对早期文字、表词—意音文字、表音文字进行比较。

促成这门学科的创立主要有两方面因素,一是国外文字学理论的引进,二是我国少数民族文字研究所取得的巨大成就。

1880年出版了K. Faulmann的《插图本文字史》,造成广泛影响的是美国学者I.J. Gelb的《文字研究》一书,而对我国文字学界影响最大的是前苏联学者伊斯特林的《文字的产生和发展》(左少兴译,北京大学出版社,1987年)的出版。 这种外国文字理论热潮是伴随着中国拼音化改革的理论需要而发生的。 稍晚,中国本土产生了诸如王元鹿的《普通文字学概论》(贵州人民出版社,1996年)这样的包含着运用多种比较方法的内容的著作。

国内学者对少数民族文字研究的关注是在传教士或国外探险家对中国民族地区的研究之后展开的。 后来抗战爆发,伴随着包括中央研究院历史语言研究

① 李静生:《纳西东巴文与甲骨文的比较研究》,载《云南社会科学》,1983年第6期。
② 王元鹿:《汉古文字与纳西东巴文字比较研究》,华东师范大学出版社,1988年。

所和著名高等学府的内迁,开展了众多关于民族文化的研究。建国后,国家为了民族识别和给没有文字的少数民族创制文字,展开了大规模的民族语言文字调查。这些都积累了相当的材料。后来国内先后出版了多部概述性的文字著作,如聂鸿音《中国的文字》(人民教育出版社,1989年)与《中国文字概略》(语文出版社,1998年),陈其光《中国语文概要》(中央民族学院出版社,1990年),周有光《世界文字发展史》(上海教育出版社,1997年)。

比较文字学的发展,主要依赖于两个方面,一是具体文字学研究的深入,二是普通文字学研究的深化。经过较长时期各具体文字研究的深入开展,特别是汉字研究、东巴文研究、西夏文研究等的不断深入,已经积累了丰富的文字资料。文字学理论研究的深化,特别是汉字研究中提炼出的理论成果,正不断丰富着普通文字学理论,如裘锡圭的《文字学概要》(商务印书馆,1988年)就是汉字研究的集大成著作。

如果从我国民族文字的类别出发,对比较研究的近年来的发展可以作以下归纳:

一是自源文字的比较研究。

中国境内除汉字以外的自源文字种类不少,如东巴文、尔苏文、水书、彝文等。在这些文字研究上,首先是各具体文字学研究成果极不平衡,因而他们的比较研究也就不平衡。

研究比较集中而且成果较多的是汉字与东巴文的比较研究。

早在1988年,王元鹿就出版了《汉古文字与纳西东巴文比较研究》,但此后较长时间此领域进展缓慢。喻遂生在这一方面做了大量工作,取得了较多研究成果,如《纳西东巴文的异读和纳汉文字的比较研究》、《纳西东巴字、汉古文字中的"转意字"和殷商古音研究》、《甲骨文、纳西东巴文的合文和形声字的起源》、《汉古文字、纳西东巴字注音式形声字比较研究》等论文,后来辑成《纳西东巴文研究丛稿》一书[①]。

汉彝文字比较的成果主要有李生福《古彝文及其造字规律新探》[②]、罗阿依、

---

① 喻遂生:《纳西东巴文研究丛稿》,巴蜀书社,2003年。
② 载《贵州民族研究》,2001年第2期。

马啸《探析彝汉数目数字之历史渊源》①。

其他类文字的比较研究成果就相对较少,有王元鹿《尔苏沙巴文字的特征及其在比较文字学上的认识价值》、《水文方位字研究及其对普通文字学研究的启发——兼论水文研究的必要性与方法论》②等。

二是汉字系文字的研究。

因为汉字系文字种类较多,所以可以进行综合比较。习惯上按其类别分为北方系文字研究和南方系文字研究。二者在各自的研究上都取得过不小的成绩。对此进行综合考察的有陆锡兴的《汉字传播史》(语文出版社,2002年)和王锋的《从汉字到汉字系文字》(民族出版社,2003年)。《汉字传播史》不仅主要分析了汉字向四面传播而影响的文字,而且还分析了西方标音文字东传所产生的影响。《从汉字到汉字系文字》主要介绍了汉字文化圈中包括南方型汉字系文字和北方民族的汉字系表意文字以及汉字系表音文字,最后分析了汉字系文字发展的特征。

其他还有如研究汉字在日本的流布与发展以及日本国字与汉字的比较,何华珍《日本汉字和汉字词研究》(中国社会科学出版社,2004年)为这方面的最新成果。

三是其他系文字的比较研究。

许寿椿主编的《文字比较研究散论——电脑时代的新观察》(中央民族学院出版社,1993年)一书,根据周有光的五大文字圈的划分,逐一介绍了拉丁文字圈、斯拉夫文字圈、阿拉伯文字圈、印度文字圈等各类文字。

以上所述的比较文字学的发展尤其是其理论框架的初步建立,为民族古文字的同义比较提供了方法论的启发。

第四节　综　合　研　究

我国各民族文字的综合研究,可说是一个较这些文字的比较研究而言更大

---

① 载《西昌师范高等专科学校学报》,2004年第3期。
② 分别载《华东师范大学学报 (哲学社会科学版)》,1990年第6期、《湖州师范学院学报》,2003年第2期。

更难的课题。 也可以说,此课题的完成就意味着一部含汉字在内的《中华民族古文字学》的完成。就该题目的要求而言,除去一些单纯的表音文字之外,至少,我国20种以上的含表意成分的古文字文种,都须纳入研究者的视野之中。 顾名思义,所谓"综合研究",至少应包含以下内容:(1)对各种古文字的资料收集与孤立研究的成果应是综合研究的基础;(2)对各种古文字的比较研究的成果是综合研究的一部分;(3)在上述两部分充分开展并得到相当成果的基础上,我们还必须对我国这不下20种的民族古文字进行共性的归纳与个性的提炼,而这种共性归纳与个性提炼又往往是相对的——很少有20种文字有一个共同个性的方面,也很少有20种文字中只有一种文字独有的某些个性,因此,这种意义上的归纳与提炼可以说也都是相对的。何况古文字的个性与共性得以显现的方面又是多种多样的,这一事实决定了我们的所谓"综合研究"必定又是多角度的。

上述事实正是我们的综合比较进行得极不充分的体现,同时,这也恰恰是一部真正的《中华民族古文字学》至今未能完成的原因。这里须要说明的是,聂鸿音先生的《中国文字概略》③一书是第一部真正意义上的以中国文字(而非汉字)为研究对象的文字学专著,具有极大的开创意义。 不过此书的宗旨仅在于对中国文字作举例式的介绍而非详尽的论述。 然而,我们倒也不能认为中华民族古文字的综合研究并未在我们手里开始进行。 可以认为,如果上述的孤立研究绝对不能算是综合研究的话,那么,上述的比较研究已经是综合研究的一部分或一个阶段了。只是我们的工作须循序渐进——综合研究必须在比较研究的基础上进行——就文种角度而言是如此。同时,就综合研究所需的理论条件而言,当文字学理论尚未发展到一定水准时,这种综合研究是决不可能实现的。

在民族古文字研究及其指导理论以及其研究的新工具即文字信息化手段得到充分发展的今天,我们相信,真正开始进行含表意成分的中华民族古文字综合研究的时代已经到来。同时,这项工作的十分重要的一项准备,就是进行含表意成分的民族古文字的同义比较工作。

---

③ 语文出版社,1998年。

第三章 中华民族古文字同义比较导论

如果说,本篇前两章的内容是对我国的含表意成分的民族古文字的情况及对以往的相关研究情况的综述,那么,本章将承担的是对古文字之间同义比较进行综述的任务。

首先我们须要进行讨论的,是同义比较的必要性问题。

第一节 对同义比较的需求

一、同义比较问题的提出

首先我们要谈的是我国民族古文字同义比较这一课题提出的必然性。

应该认为,我国的民族古文字研究,在近几十年来,得到了突飞猛进的发展。无论是在材料收集整理、孤立研究方面,还是在比较研究方面,都有了相当显著的进步。应该说,这种进步使我们把各个文种的同义字、同义符号拿来进行比较研究有了最基本的可能。因为,只有当我们对两种或两种以上的民族文字的基本材料有较充分了解并对其性质有基本的掌握时,这几种文字的比较才会有展开并取得一定成果的可能性。可以认为,时至21世纪的今天,我们已经对如前文所述的20来种民族古文字中的绝大部分有了较为充分的了解,这是我们进行同义比较的基础。

二、展开同义比较的意义

事情的可能性是一个方面,去做这件事情的必要性又是另一个方面。关于这些含表意成分的古文字进行比较的价值,我们可以提出这样一些问题:(1)为什么同义比较会使许多学者深感兴趣?(2)为什么这一方法确乎解决了许多文字学的方方面面的问题?(3)为什么在近年来这一方法得到了更多的运用?

我们对第一个问题的回答是:同义比较既然是至少两种文字的同义词的书面记录的比较,那么它的进行必然具体、形象地反映了那两种或几种文字的某些方面的特性尤其是它们之间的若干差异。

我们对第二个问题的回答是：同义比较即便其材料的抽取有一定的任意性，但是也含一定的必然性，这些必然性所反映的两种或更多种文字的共性与差异当然至少足以启发我们进一步去探究这些文字的性质。

我们对第三个问题的回答是：一方面，近年来随着我们对各种文字的认识水平及理论文字学水平的提高，也随着古文字信息化的迅速发展，相应地提高了对多种民族文字的综合检索水平，同时也提高了同义比较展开的方便程度；另一方面，若干新的民族古文字系统的新发现（如尔苏沙巴文字与纳西族的达巴文字）和新研究（如纳西族的玛丽玛沙文字与水族文字），使这种同义比较研究的参照物更加丰富。

总之，我们以为这种比较至少有以下几个方面的意义：（1）促进含表意成分的民族古文字的综合与比较研究的具体化与细节化；（2）促进对含表意成分的民族古文字的各别研究；（3）归纳我国民族古文字的共性、研究它们之间的关系并进而深入了解我国民族古文字在世界民族古文字中的地位；（4）促进文字史、普通文字学、比较文字学与各文种具体文字学的研究。这一工作的意义即上述四个方面的具体体现，不难在本书的以下每一篇中得到发现，在此不一一详加论述。

三、同义比较的定义

所谓文字的同义比较就是：着重于通过意义将不同文种的文字关联起来考察，通过选取不同种文字中意义上相同或相近或有联系的部分进行比较。这种比较既包括记录同义词的文字的比较，也包括意义类属上相同或相近的文字的比较，既有具体的微观的个别文字的比较，亦有宏观文字系统的方法论上的指导考察。

如果要对我们在本书中将展开的工作即民族古文字的同义比较作出一个简要的定义的话，也可以这样说：我国民族古文字的同义比较，是对古汉字与其他发生于中国的民族古文字系统中的同义字、同义字群、同义字素、同义义符的收集整理和比较研究。

具体地说，用于比较的对象可以包括：各文种单字的形音义、义类归属、语法意义归属、字素分析、结构方式、字源和造字理据，还可以包括各文种的文献用例等。可以说，本书将以比较文字学原理为指导，以包含上述内容的电子资料库为基础,对中国各民族古文字进行综合性比较研究。

须要补充指出的是:此种比较既可以是不同种的民族古文字之间的同义字之间的比较,也可以是同一种民族古文字内部的同义字之间的比较。

第二节 同义比较研究史述要

虽然我们很难发现关于民族古文字同义比较的专著,但在一些关于比较文字学与普通文字学的论著中,还是可以找到与此项工作相关的内容。本节我们将对纳西东巴文、彝文与水文这三种开展同义比较相对较多的文字的相关研究历史作一简略的回顾。

一、关于纳西东巴文字的同义比较

在我们的视野中,董作宾先生写于1944年7月的《〈纳西族象形标音文字字典〉序》,可以被认为是我国最早的关于两种民族古文字同义比较的尝试。在该文中,作者对若干个汉古文字与纳西族东巴文的同义或近义或同义类字进行比较,得出了许多有趣又有意义的文字学与文化学方面的结论。[1]董作宾在1951年又在该文基础上写了《从么些文字看甲骨文》一文[2],除了与上一篇文章相同的一些内容外,又在同义比较方面有所增加。

方国瑜的《"古"之本义为"苦"说》一文[3],也是较早的一篇关于两种民族古文字同义比较的文章。作者通过对东巴文的"甜"与"苦"一对反义字的造字理据的考证,同汉古文字中的已被确认的"甘"字的造字理据相结合,考释出汉古文字中的"古"的本义是"苦"。此文堪称极为经典的民族古文字同义比较的范本。

李静生在其论文《纳西东巴文与甲骨文的比较研究》的第五部分"册字本义考"中[4],依据对甲骨文"册"与东巴文"栅"的字形和字义的比较,纠正了历来认

---

[1] 董作宾:《〈纳西族象形标音文字字典〉序》,载李霖灿《纳西族象形标音文字字典》,云南民族出版社,2001年。
[2] 董作宾:《从么些文字看甲骨文》,《董作宾先生全集》乙编4册,艺文印书馆,1978年。
[3] 方国瑜:《"古"之本义为"苦"说》,载《东巴文化论集》,云南人民出版社,1985年。
[4] 李静生:《纳西东巴文与甲骨文的比较研究》,载《东巴文化论集》,云南人民出版社,1985年。

为甲骨文的"册"的本义是"简册"的观点,证明了甲骨文的"册"的本义是"栅栏"。

王元鹿在其论文《说"方"》中①,通过对古汉字"方"与纳西东巴文"砍"的字形与字义的比较,证明了古汉字的"方"的本义是"切分"。

王元鹿在出版于1988年的可以认为是我国第一部关于两种民族古文字比较的论著《汉古文字与纳西东巴文字比较研究》中②,已列表对尔苏沙巴文字与纳西东巴文字的15对同义词进行比较,以说明两种文字"系统上的密切关系"。

王元鹿又在1996年出版的《普通文字学概论》一书中③,列举了金文和克里特文的"日"、埃及文和金文的"目"、马亚文和甲骨文的"叶"、金文和纳西东巴文的"人"进行比较。

二、关于彝文的同义比较

彝文内部、彝文与汉字之间的同义比较的著作,有这样一些典型的成果:

关于各地彝文的比较研究,除了果吉·宁哈先生的《论滇川黔桂彝族文字》（民族出版社,1988年）这部真正意义上的四省区彝文的比较研究的集大成之作之外,孔祥卿先生的《彝文的源流》（民族出版社,2005年）亦可称得上滇川黔三省彝文比较研究的典范之作,而其他学者开展的比较研究相对都是较为零星而且不成系统的。

武自立、纪嘉发、肖家成对云南的"绿春/新平"、"禄劝武定"、"路南弥勒"和贵州的"大方威宁"四个点的339个字（词）作了比较,发现全同的127个,占37%;部分同的91个,占26%;相似的49个,占14.4%;不同的72个,占22.6%。从而得出了"四个点的彝文相同、相似的程度是比较大的"这一结论。④马学良对四川《献酒经》和云南《凤氏碑》中的彝文单字与贵州彝文相同的字作过定量统计。⑤陈士林通过对云贵川彝文的比较,发现三省彝文的地区差异主要表现在书写符号的不同:四川凉山彝文近似篆书,云贵彝文有的接近凉山彝文,有的在篆隶之

---

① 王元鹿:《说"方"》,载《辞书研究》,1986年第2期。

② 王元鹿:《汉古文字与纳西东巴文字比较研究》,华东师范大学出版社,1988年,第28—36页。

③ 王元鹿:《普通文字学概论》,贵州人民出版社,1996年。

④ 武自立、纪嘉发、肖家成:《彝文源流试论》,载《云南社会科学》,1982年第3期。

⑤ 马学良:《彝文和彝文经书》,载《民族语文》,1981年第1期。

间;书写时云贵彝文多作长方横卧形,四川凉山彝文多作长方竖立形;(四川小凉山少数地区如雷波、峨边,也有把彝字写作长方横卧形的)同一字形,云贵与凉山约呈90度的方位差异。①姚昌道先生在参加用凉山彝文转译《阿诗玛》彝文原本的工作时,对云南、四川两地的彝文进行了初步的比较研究,发现了近百个同源字,认为这些字的形音义都有渊源关系。②丁椿寿先生对做好各地彝文全面系统的比较研究的重要性提出了自己的看法,并提出了五项做好各地彝文比较所需的基础性工作。③马尔子通过对诸省的彝文单字进行比较之后,发现滇川黔古彝文文献中的象形文字有60%以上不仅字形相同,而且字音字义相通。④李生福通过云贵川三省彝文的比较,对三省彝文的造字特点进行了总结。⑤朱琚元在比较了凉山、贵州、路南、双柏、武定的彝文以后,对上述各地彝文存在的差异作了简单的总结。⑥此外,闻宥⑦、杨成志⑧、江应樑⑨等先生在解放前也对各地彝文的比较研究做过一定的探索性的研究。

在对彝文的研究中,学者们除了对各地彝文进行同义比较之外,还不乏把彝文与汉字进行同义比较的实践。但很多学者都是在涉及彝汉文的渊源关系或彝文中的借汉字现象时进行这样的比较的,而且很多比较往往又都只是对彝汉文中相同或相近的字形做一些简单的描述或数据统计。如李家祥先生提出彝文中的许多字体不同大篆、小篆、隶书和楷书,而形同或形似于甲骨文,并列举了13组彝文和甲骨文同形或形似的例子。⑩陈士林先生在谈到彝文中的借汉字情况

---

① 陈士林:《彝文研究的基础和前景》,载《中国民族古文字研究》,中国社会科学出版社,1984年。

② 姚昌道:《彝文纵横谈》,载《民族文化》,1984年第3期。

③ 丁椿寿:《彝文论》,四川民族出版社,1993年,第15—17页。

④ 马尔子:《彝文的历史发展和四川规范彝文》,载《中国民族古文字研究(第四辑)》,天津古籍出版社,1994年。

⑤ 李生福:《古彝文及其造字规律新探》,载《贵州民族研究》,2001年第2期。

⑥ 朱琚元:《中华万年文明的曙光——古彝文破译贾湖刻符、彝器辨明文物》,云南人民出版社,2003年,44—45页。

⑦ 闻宥:《川滇黔倮夷之比较》,载《彝族语言文字论文选》,四川民族出版社,1988年。

⑧ 杨成志:《罗罗说略》、《罗罗文的起源及其内容一般》,载《杨成志人类学民族学文集》,民族出版社,2003年。

⑨ 江应樑:《凉山夷族的奴隶制度》,载李文海主编《民国时期社会调查丛编·少数民族卷》,福建教育出版社,2005年。

⑩ 李家祥:《论彝文之创立与发展》,载《贵州民族研究》,1992年第4期。

时罗列了"借用汉字字形而略加增者或改易者"、"借用汉字同义字的字形而不作任何改变者"、"借用汉字同义字的字形而略加增省改变者"这三种基本情况。①罗显仁先生统计出《彝汉字典》中的七千多个彝文只有2‰与汉文的字形相同(包括音不同义同、音义都不同)。②李生福先生将彝文与《古文字类编》中所收的3 042个古汉字相比,发现与甲骨文形同的56个,形近的8个;与金文形同的31个,形近的6个;与简书形同18个,形近3个;与篆文形同31个,形近3个。③朱琚元先生将流传于滇东北一带的常用彝文与《甲骨文字典》收字作概略比较后,发现两者字形结构完全相同者有186字,相近者148字。④罗阿依、马啸两位先生通过彝汉数目字的比较,发现两者"字形如出一辙,字义语序等同,虽异族异姓,但应同宗同祖,同根同源,都是中国古文化的传承和沿用,只是彝文较多地保留了古文字的本来面目"。⑤

在我们的视野中,第一个明确地以同义比较为题进行研究的,则是博士学位论文《古汉字与滇川黔桂彝文同义比较研究》的作者朱建军。 朱建军的此篇论文的结论有16点:⑥

    1. 对多年来彝文研究的成果作了内容较为全面、分类较为详细、阐述较为丰富的总结。

    2. 本文的工作证实了同义比较是文字关系研究的一个有效方法。

    3. 证明了彝文从发生学而言,既有其本民族的自造字,又有来自汉字传播的字,甚至有二者结合的"拼合字"。

    4. 构拟了各省彝文之间的流播线路图。

---

① 陈士林:《说"ᚄ₊"[ɣa³³]——关于彝文造字法原则的几点体会》,载《万里彝乡即故乡》,西北工业大学出版社,1994年。
② 罗显仁:《彝文非爨文》,载《贵州彝学》,民族出版社,2000年。
③ 李生福:《古彝文及其造字规律新探》,载《贵州民族研究》,2001年第2期。
④ 朱琚元:《中华万年文明的曙光——古彝文破译贾湖刻符、彝器辨明文物》,云南人民出版社,2003年,第110页。
⑤ 罗阿依、马啸:《探析彝汉数目数字之历史渊源》,载《西昌师范高等专科学校学报》,2004年第3期。
⑥ 朱建军:《古汉字与滇川黔桂彝文同义比较研究》,华东师范大学博士学位论文,2006年,第99页。

5. 确定了四省区彝文在历史上曾经有一共同的源头。

6. 证明了四省区彝文一直处在一个增大差异的运动过程中。

7. 证明了四省区具有同源关系的彝文的字源往往是可考的,并对其中的大部分进行了释读。

8. 证明了云南彝文与其他省区彝文相同者较多,其中与广西彝文同源者最多。

9. 指出了因笔画微异而导致积微成著是造成各地彝文中同义不同形字较多的主要原因。

10. 指出了四省区彝文中云南彝文显得较为古远、贵州显得较为年轻、广西则保留有一些较古的形体、四川似符号化程度较高。

11. 证实了彝文中已有部分准形声字的出现。

12. 描述了彝文的假借现象,指出其特点在于:(1)彝文在用假借字记录抽象概念时,不仅向原本表示比较具体、实在的意思的词去借,而且有时也会出现向原本意思比较抽象的词去借;(2)彝文中甚至存在表具体概念的词向表抽象概念的词去借的情况;(3)借字与被借字的关系还不固定;(4)既有同音假借,又有音近假借。同时,我们还分析了彝文存在复杂假借现象的自身的特殊原因:(1)受传抄者知识涵养的限制;(2)传抄者故意为之;(3)缺少大规模的规范整理。

13. 指出了彝文作为一种文字系统在文字史上正处在一个叉路口,在它面前有两条路:一条是走向音节文字;一条是走向更为高效的意音文字。并分析了得出这一结论的根据在于:(1)彝文假借的使用不仅普遍、常见,而且混乱、随意;(2)彝文中虽有形声字的萌芽,但真正意义上的形声字却非常之少;(3)彝文字数太多。

14. 对彝文数字、干支字作了较为详尽的造字理据的研究,并得出了若干具有一定理论价值的结论。

15. 从彝文创制的时间、彝文的渊源物、彝文的创制者三个方面对彝文的发生问题进行了讨论,指出:在讨论彝文的产生时间时,不仅需要理论上的推绎,还更需要得到更多考古材料的实证;彝文发生的渊源物不是一元的,而是多元的;彝文的起源与宗教有关,其创制者为彝族的宗教职业者——毕摩。

16. 从皮尔士的符号"三位一体"理论出发,对文字的分类问题作了重新探讨,并指出彝文是一种"语素—意音—记号"文字。

观其结论,大多数是由此篇论文中的汉字与四省区彝文的同义比较所得出。作者在此篇论文的提要中有这样的话:"……在至今有关彝文的一些重要问题尚未取得圆满解决的情况下,运用文字学上同义比较的方法对这些问题进行深入探讨是可能取得认识上的新突破的有意义的尝试。"可以说,朱建军的此篇论文是第一篇关于我国民族古文字的同义比较的学位论文。如果说上述一些论著中的相关比较是同义比较的尝试,那么朱建军的论文则是把同义比较作为一种基本的方法研究一种文字的多个基本问题且证明其有效性的宝贵实践。

朱建军的论文写于2006年。就在这一年的下半年,又有两篇关于民族古文字同义比较的文章(喻遂生《水书和纳西东巴文、汉古文字的初步比较》、黄思贤《水字、古汉字及纳西东巴文同义比较举例》)问世。

三、关于水文的同义比较

喻遂生的《水书和纳西东巴文、汉古文字的初步比较》[①],选取了70组水文、东巴文、古汉字的同义字(个别组缺一种文字),列表进行比较,得出了不少有意义的结论:水书有借用汉字字形的;甲骨文的字符的方向别意作用已不很强,水书字符的方向表意作用保留较多但有些字的字符的方向表意作用不严格,东巴文字符的方向表意作用比水书更强而且更严格;在表示数量时水书和东巴文都有未把数词字抽象出来而画若干个实物以记数量的情况。

无独有偶,黄思贤的《水字、古汉字及纳西东巴文同义比较举例》一文[②],也在三种文字中选取一些同义字进行比较,得出了一些饶有趣味的想法,如:几种文字反映的不同葬俗,水文的"祭"字与甲骨文的"祭"造字的共同性,等等。

---

① 喻遂生:《水书和纳西东巴文、汉古文字的初步比较》,水书文化研究与保护国际学术研讨会论文,2007年1月,都匀。

② 黄思贤:《水字、古汉字及纳西东巴文同义比较举例》,载《兰州学刊》,2007年第2期。

第四章 本书的材料、方法、框架、术语 及其他相关说明

本章的主要内容是对本书所运用的材料、所使用的方法,本书的基本框架,本书所使用的某些术语等一系列问题作一些说明。

第一节 关于材料的说明

本节将介绍我们在作为本书研究基础的资料库中采用的文字材料所属文种的选择情况。

如本篇第一章所介绍,作为本书的研究对象的文种主要含以下15种含表意成分的中国民族古文字:甲骨文,金文,小篆,东巴文,哥巴文,达巴文,玛丽玛莎文,彝文,傈僳竹书,尔苏沙巴文,西夏文,契丹文,女真文,水文,壮文。

当然,我们在确定将上述民族古文字作为研究对象时,我们还注意到了以下几点:

（1）古汉字的类型其实要比甲骨文、金文和小篆多得多。

（2）女书即便仅就它是一种汉族的方言文字来看,按理它还是应该属于我们的研究课题中规定的"民族古文字"的范畴之内。

（3）有一些少数民族的古文字尚未列入。 如方块苗文就有多种,又如汉字型的白、仡佬、侗、瑶、彝族阿细等文字。

（4）日本、韩国与越南的汉字型文字虽不属民族古文字,但与我国的汉字有密切的关系。

对上述材料的选择或舍弃,我们主要基于以下的考虑:

在我国的许多个民族古文字系统中,历史最悠久、情况最复杂、材料最丰富且研究最充分的当非汉字莫属了。这也是我们决定选取三种汉字类型作为研究对象的原因。 具体来说,甲骨文是我们至今所能见到的最早的肯定与现代汉字有源流关系的文字,金文是甲骨文的充分补充,而小篆则是经过了规范化的古汉字。

因此,我们的选择对于我们将进行的文种间的比较研究是有材料上的典型性的。但是我们限于本课题的规模,也不可能对汉字的种类无休止地增加。

据傅懋勣先生的意见,纳西东巴文分为"东巴图画文字"和"东巴象形文字"两种。傅先生的意见是有其合理性的。由于以下想法,我们还是将二者合为一类:(一)从二者的所含字来看,基本相同。当然,这也意味着二者的造字方法完全相同。(二)其实傅先生将东巴文分为两种,原因在于他认为一种只能记录小部分纳西语的那种是"图画文字",而能完全地记录纳西语的是"象形文字",但这种处理很难解决另一种能记录大部分纳西语的东巴文。(三)纳西族除东巴文外,还另有3种文字,把东巴文再一分为二就可能使问题显得过于复杂。

关于女书这种民族归属既复杂又有争议的文种,我们权不收入。

上文(3)所列的几种文字,几乎都有以下特点:一是往往是以直接借汉字为主要造字方法,二是往往我们所占有的相关的文字材料不够充分,因此亦不作为主要材料收入。

除此之外,还有三种特别重要的外国古文字,我们在研究时也会有一定的涉及:苏美尔文字,埃及圣书文字,马亚文字。由于它们在文字史、普通文字学与比较文字学上的特别显要的地位,我们将它们作为主要参考材料收入。

至于上文(4)所述的日、韩、越三国的汉字类型文字,首先是由于它们并非我国的民族古文字,其次是由于我们所占有的关于它们的相关资料不全面,所以亦不收入。

必须在此强调说明的是:我们不把某些文种作为主要对象材料收入,并不是对这些文字系统在我们的课题的研究中的重要材料价值的否定。

第二节 关于方法的说明

进行不同文种间的同义比较所采取的方法,必然是多种多样的。从研究的过程来说,一切科学的文字学的方法,也都可能在进行文字同义比较研究时被采用。我们在本课题中所采取的方法,也必然会是多种多样的。同时,进行同义比较研究又必然会采取一些以往的文字学研究所未曾使用过或不常使用的方法。还有,在另一意义上,本课题的研究思路,也可被认为是本课题的研究方法。因此,我们在本节中将从几个不同角度来介绍我们所采用的方法的

"方法"。

一、最广义的方法

从上述的第一种意义而言,既然同义比较是文字学研究的一种新方法,那么,这一工作的开展,应当是在汲取了此前的文字学研究的一切科学方法的基础上得以展开的。总结这些方法,大致可归纳如下:

1. 传统六书理论等传统的文字学的方法;

2. 字素分析法;

3. 普通文字学与比较文字学的方法;

4. 文字史的方法;

5. 使用信息化手段的方法。

二、本课题较多并较重点使用的特殊方法

下面我们要列举的是在进行本课题研究时最常用、最重要的方法,也可以说是在进行本课题研究时所采用的特殊方法。那就是文字的同义比较的方法。

对于同义比较方法可以作这样的定义:对同一种或不同种的文字系统中的意义相同或相近及义类相同或相近的字、字素、构字部件等进行比较的文字研究方法。

第三节　本课题研究的基本思路

以下介绍我们在设计本课题时的思路梗概。

简而言之,本课题的基本思路可概括如下:在系统理论创新思维指导下进行中华民族古文字材料的搜集、整理、分析和研究,同时在最新科技手段介入材料收集、整理工作的基础上进行系统理论的专题开发。

本书的工作步骤如下:首先,采用先进信息化手段建立古汉字与其他民族古文字字库、资料库及电子查询系统,借助这一系统编成相关工具书;然后在此系统和电子工具书的基础上进行比较研究。 研究工作之所以分两步,是由于资料库、电子工具书可以为比较研究提供较为完备的资料基础和便捷的检索系统。可以顺便指出的是:该系统既为当前本课题的研究服务,又可供以后的继续研究

和其他研究者使用。

第四节　本课题研究的基本框架

对于本课题的研究过程及其表述的层次,可作以下简略叙述:

本书共分为五篇与全书的结论。

第一篇题为"导论"。"导论"的主要内容是:对整个课题和整本专著的研究目的与写作动机、出发点、相关背景情况、主要材料依据、主要研究目的、主要思路与方法、全书的基本框架及一些本书中使用的重要术语进行说明。

第二篇至第五篇分别题为"关于文字发生的同义比较"、"关于文字性质的同义比较"、"关于文字发展的同义比较"和"关于文字传播的同义比较"。这五篇的主要内容是:分别从文字发生、发展、结构与传播四个方面,选择一些关于中国的含表意成分的民族古文字(含汉字,涉及若干文字史上特别重要的或与汉字或中国其他含表意成分的文字系统有关的文字系统)的重要实践问题与理论问题进行讨论,而讨论的主要出发点和主要方法是文字的同义比较方法。

我们在此将对以上所说的四篇的设置作一简要的说明。既然本书的主要目的是通过同义比较从不同角度与不同程度上去解决古汉字和其他我国含表意成分的民族古文字的一系列实践和理论问题并从而加深、拓宽对这些文字和问题的认识,那么从理论上看,可以把这几篇的题目设置系统视为对同这些文字各种相关问题的分类与归类。我们分类的基本出发点是以文字的理论上的历史为依据:由时间角度看,任何一种文字的最初阶段是发生;一种文字一旦发生,即开始其发展的历程;一种文字在其发展过程中,可能会开始对其他人群的传播。由此,我们先后设置了关于文字发生、发展与传播这样三篇。可以认为,这一选择与排列大致包含了文字的历史的全过程并大致依据了文字的历史顺序。我们之所以另行设置了关于文字性质的一篇,原因在于:一、文字的性质是文字研究的一个特别重要的角度;二、本书的主要研究对象即我国的各种民族古文字中的相当多的文种,或是因其发展历史较短,或是因其前后变化不显著,或是因为我们至今对它们的材料的掌握有限,而很难从过程的角度去对它们进行研究;三、即便它们不存在如上述原因之"二"的情况,一种文字往往在其发展历程中也会在一定范围、一定角度和一定程度上保持其性质的相对稳定性,也可以认为我们在这一意义上对文字的性质的模糊概括反倒更精确地反映了一种文字的特性。从此意义而言,文字的性质在广义上也可成为文字的历史的一个视点,若不从这一视角去研究一种文字,势必会造成视角的缺漏。

本书的结尾题为"结论"。"结论"的主要内容是:对全书的主要结论进行综合性的总结。

第二篇 关于文字发生的同义比较

在本篇中,我们将讨论关于文字发生的一系列问题。

从术语使用来看,一般研究者对此课题更常用的名称是"文字起源"或"文字产生"。应该说,这两个术语的含义与"文字发生"相同,亦无大可批评之处。我们之所以使用"文字发生"而不用另两个术语的原因是:"起源"与"产生"的意义都不及"发生"在理论上充分地抽象出了本篇将要叙述的内容。具体来说,"起源"多少带有"从零开始"的意味,而文字显然不是突然发生的;而"产生"却恰恰相反地倾向于带有"从另一物生成"的意味,而文字未必仅是从一个事物"产生"出来的。

从文字学研究史来看,无论在普通文字学还是在具体的各别的文字学的研究历史中,文字的发生往往是最不易为之的一个课题。这首先是因为从研究对象的发生时间看,文字的发生显然早于文字的发展等问题。形象地说,"史"是要用文字来记录的,文字发生之时,正是文字从无到有的时刻,文字的发生状况显然得不到记录。或者可以说,文字的发生问题较其他一切关于文字的问题离我们更为遥远,记忆较为遥远的事情显然比较困难,研究较为遥远的问题亦显然比较困难。

本篇的安排是首先对"文字发生"这一术语进行较为详细的说明和讨论,进而提出有关文字发生的一系列未解决的问题,然后尝试用同义比较的方法来逐一讨论这些问题。

第一章 文字发生的涵义与有待解决的问题

本章的主要任务是讨论"文字发生"这一术语的具体涵义,并在此基础上列举未得到解决或彻底解决的相关问题。

第一节 文字发生的涵义

进行文字发生的同义比较之前,我们必须先谈一谈"文字发生"的涵义并对文字发生的特征进行讨论。

一、文字发生的几种涵义

(一)普通文字学意义上的文字发生与各别文字学意义上的文字发生

普通文字学意义上的文字发生是将人类社会看成一个整体,研究在人类发展的历史长河中,文字作为记录符号系统是何时、何地、如何发生的。其中可能涉及到文字发生的地域及其普遍性特征、文字发生的时间及其普遍性特征等其他文字发生的共性问题。

各别的文字学意义上的文字发生是指具体某一种文字的发生,如汉字的发生、纳西东巴文字的发生等。研究具体文字的发生须针对某一特定文字系统进行考察。

各别的文字学意义上的文字发生研究是普通文字学意义上的文字发生研究的基础,普通文字学意义上的文字发生是具体各别的文字学意义上的文字发生的理论归纳。对具体的一种文字的发生问题考察得越广泛、越翔实,普通文字学的文字发生研究的材料基础才越扎实、越充分。

(二)文字发生的客观事实与文字发生的构拟

文字发生作为人类历史事实是客观存在的,但其发生时代相对古远,且经过不断的调整变化,最后留下的文字系统往往是经过历代层累而形成的。比如我们现在见到的最早的汉字——甲骨文,已经是比较成熟的意音文字,总体上早已脱离了早期文字的特征。所以,拟测文字各个时期的特征已属不易,遑论拟测最早时期的文字面貌。

但是各个时代的文字学研究人员和普通大众,无不对文字发生的研究倾注了与倾注着大量的热情和关注。历史给我们留下了大量的关于文字发生的研究文献和口传故事,这些文献和故事只能被看成是各个历史时代的人们对文字发生的重新构拟。这种构拟,有的可能离客观事实近一些,有的则可能远一些,但无一不是人们心目中的客观事实,反映了各个时代人们的想法。

须要指出的是,这些研究文献和口传故事是经过历代的删削修正的,其中不断融进修正者的主观想法,所以我们现在看到和听到的,特别是口传故事,其实也是不断层累形成的。如果经过缜密的分析和比较,也许可以发现这种层累是如何叠加的。

(三)自源文字的发生与借源文字的发生

文字的发生须分清自源文字的发生与借源文字的发生。自源文字指一个民族自己创制的文字,它的发生是在一个民族内部。借源文字指一个民族借用或参照其他民族文字而创制的文字,它的发生往往是其他民族文字传播的结果。

从理论上文字发生可以作上述分类。但实际上自源文字与借源文字的界限并不十分清晰,特别是某些借源文字中同时也存在着本民族内部产生的一些字符,如方块壮文中的一些象形字与水文中大量的自造字。

(四)同一民族内不同性质文字的发生

有一些民族在历史发展中可能不止创造或使用一种文字,如纳西族至少使用过东巴文和哥巴文两种文字系统。这两种文字系统的性质并不相同,这涉及到同一民族内部不同性质文字的发生。

一个民族内部不同性质的文字,其发生时代亦往往不同,而且往往前后互有联系,后者往往不是瞬间忽然发生的。

(五)文字系统的发生与字符的发生

文字的发生还涉及到文字系统的发生和字符的发生的区分,文字系统的发生牵涉到字符集的形成、构字规则的完善和书写规则的形成。

字符的发生是指文字系统中每一个字符的形成。应该说,每一个字符都有它产生和发展的历史。

符号系统的形成是以大量字符形成为前提的。一个文字系统初步形成之后,字符还可以不断产生、淘汰、优化,字符的变化发展导致文字系统的不断发展变化。

二、文字发生的一些特征

(一)文字发生的模糊性

文字发生具有相当的模糊性,这主要体现在发生临界点的模糊上,即文字与其渊源物的难以区分,所以自源文字的发生并没有确定无疑的时间点。事实上,借源文字的发生的时间问题往往还要复杂并模糊得多。

从理论上说,文字与文字渊源物具有性质上的相同性,如二者的目的相同,表达规则相同等。从实践上说,文字是从文字渊源物发展而来的,所以二者之间的界限显得极为模糊。

尽管文字的定义明确指出了文字的内涵与外延,也有不少学者致力于研究文字与文字渊源物之间的区别,并得出了一些有益的理论上的结论。但在鉴别一些符号系统是否是文字的问题上,学界仍面临着踌躇的境地。这种踌躇说明文字与非文字之间的模糊性太过强大。

(二)文字发生的复杂性

文字发生是一个相当复杂的问题。其一是涉及面广。文字发生涉及到时间、地点、动力、渊源物、过程、创制者等。其二是材料稀缺。文字发生时代较为古远,留下的记录和线索较少,当时的真实情况不容易弄清楚。即使是发生时代相对较晚的一些少数民族文字,其发生的具体情况也难以弄清。

(三)文字发生的相对性

文字发生涉及到发生时代的相对性,即一定要分清文字学发生时代中的绝对年代(即真实年代)与相对年代。

文字发生的绝对年代是指某种文字发生的历史年代,如汉字发生在新石器时代到殷商前期这一时间段,纳西东巴文大约发生在唐代前后,傈僳竹书发生在民国时期。文字发生的相对年代是指某种文字所体现出来的在文字发展史中的相对地位。文字发展往往是一个经过早期文字走向成熟文字的过程。如汉字的甲骨文,虽然是三千多年前的东西,但它实际上已经是一种比较成熟的文字体系。纳西东巴文,虽然发生的真实年代较晚,但它的形态古老,仍是一种不成熟的早期文字,于是我们可以说它发生的相对年代较早。

聂鸿音就曾指出一些研究彝族文字的学者将二者混同,错误地认为"形态最古老的文字就一定是产生年代最早的文字"。[①]我们也发现一些研究其他民族文字的学者有意识或无意识地将二者混淆,将文字发生的真实年代无根据地提前,似乎是文字发生的年代越早越好,这违背了客观事实,也是不必要的。

第二节　有待解决的理论问题

文字发生的理论研究中仍存在大量有待彻底解决的问题,此节将列举一些较具难度又值得加强研究的问题。大致可分以下几个方面:

一、文字的渊源物是什么?　一源、二源,还是多源?

文字的渊源物到底有哪些?

这些渊源物应该如何分类?

这些渊源物与文字发生的关系到底如何?

它们是否具有层次上的不同?

文字发生到底是一源、二源还是多源?

这些源头孰早孰晚?

二、"动力"的所指是什么?

文字发生的动力是什么?

这些动力是否可以区分层次?

三、文字发生是过程还是瞬间?

在这一问题上过去一直存在着"突变论"和"积累论"两种论调,这反映了对

---

① 聂鸿音:《中国文字概略》,语文出版社,1998年,第40页。

于文字发生是过程还是瞬间的不同认识。二者到底哪一个更合理？或者可以这样问：这二者中各自含有哪些合理的因素？

如果文字发生是一个过程，它又是怎样的过程？

四、文字发生的时间与地点，是一时一地还是多时多地？

文字发生的时间，是一时产生还是多时产生？

文字发生的地点，是产生于一地还是多地？

五、创始者是一人还是集体？

文字有没有创始者？

到底是一人创造还是集体创造？

个人在文字发生上的地位到底如何？

六、事实与主题相关的神话传说有何联系？

过去留下了一些有关文字发生的文献记载和口头传说，它们与事实的关系到底如何？

神话传说中遗留了各时代增补的信息，如何鉴别这些信息？

如此种种，都是文字学研究中悬而未决的问题。除此之外，应该还有一些未解决的问题，甚至还有一些我们现在还未曾想到的问题。

第三节　有待解决的具体问题

上一节谈的是文字学研究中未解决的一些理论问题。在具体的文字研究中，还有很多没有解决的具体问题，此节将略举几例。

一、关于汉字的发生问题

汉字的发生时间（朝代和年份）？

汉字发生于一地还是多地？若发生在多地，它们之间的联系如何？

汉字的渊源物是哪几类？它们之间关系如何？

汉字是在什么社会历史条件下发生的？

原始汉字（即处于发生临界点的汉字）是什么样的？其主要特征是什么？

汉字发生的过程如何？

汉字的创造者是个人还是集体？

结合以往百年的汉字发生研究实践，我们可以列出以下相当具体实际的问题，这些问题可以说是被热烈讨论又亟待解决的。

汉字的发生时间是否确在夏代？

如何看待仰韶文化中的陶器符号的性质？这些符号之间的关系与联系是什么？

如何看待大汶口陶器符号的性质？它们与良渚文化玉器上的符号是否属于同一系统？

仰韶和大汶口的陶器符号能否被考释？应如何考释？

除仰韶和大汶口陶器符号之外，另外一些夏代的陶器符号系统哪些属于文字、哪些属于前文字？

长安花园村出土的夏代骨器上的刻划符号是否是文字？

贾湖刻符是否是文字？

商代前期的江西吴城陶器符号和河北藁城台西陶器符号是否是文字？它们与甲骨文和西周金文有何联系？

陶符与陶文是否有绝对的界限？

此外，还有汉字发生的动力及如何解释仓颉造字等神话传说等问题。

二、傈僳文是否是瞬间发生的？如果是，则其准备是什么？

20世纪20年代，云南迪庆藏族自治州维西傈僳族自治县叶枝乡岩瓦洛村一位名叫汪忍波（1900—1965）的傈僳族农民为了解除刻木、结绳记事的不便而创制了竹书文字。

汪忍波在创制竹书的过程中，自始至终都是一个人独自负担文字的发明和整理。与发生久远、发展缓慢的众多文字相比，竹书是共时平面上的一种爆发型文字。

从符号的起源来说，竹书文字并非由外部力量有意推动帮助制定的文字体系，而是20世纪初由傈僳族本民族个人独立创制的一种文字。汪忍波是从师学习的东巴，他必然懂东巴文和哥巴文，可他本人是傈僳族，强烈的民族自尊心促使他作傈僳族的多巴（即东巴），从事傈僳族的祭天仪式，并成为了当地祭天仪式的第20代主持人。 同时他自觉地担负了为本民族造字的责任，并把他创制的竹书在普通民众中推广，这与大多数民族文字使用群体的局限性有着极大的差别。因此，这种文字的创制会给我们许多新的启发与思考。

三、水文中自造字与借源字孰先孰后的问题

水文是由自源字与借源字组合起来的拼盘文字系统，借源字借自汉字。 但不易解决的问题在于：借源字是产生在自源字之前，还是在已经形成的自源字基础上再借汉字以完善文字系统？

对于这个问题前人有所回避，或笼统地说水文由自造字和借源字组成而不详细论证其先后关系，或采取一种默认自造字在前的态度，先入为主地认为自造字先于借源字，但并不深入论证。

四、对一些符号系统的定性问题

从理论角度看，对文字与非文字的识别似乎是一件不难的事情。然而，对在实践中所遇到的对某些符号系统进行如此的识别时，会发现某些系统的定性实在超出了理论所能解决问题的范围。以下我们举二例进行介绍。

比如对福建华安县仙字潭刻符的认定。自唐代韩愈开始就一直把它当作一种文字而非图画进行实地考察、记载与研究。到20世纪初，一些学者进行了真正科学意义上的调查研究和考释。 在半个多世纪中，学者们一直把仙字潭岩刻当作一种文字来考虑。 然而近十几年来，以盖山林为代表的一些岩画学家在对仙字潭岩刻进行多次考察和反复研究之后，提出了这一岩刻属于岩画范畴而非文字的看法。至今，仙字潭岩刻的定性问题尚未达成一致意见。[1]

又如对一些图经的性质的认识。 如羌族的《释比图经》。羌族现在主要分布在四川阿坝藏族羌族自治州及附近的绵阳川北县，是只有语言、没有文字的少数民族，其历史文化传承皆由释比（也称"许"）完成。羌语中"释比"是"巫师"之意，是一种不脱离生产的宗教职业者，只限男人担任，在羌族社会中有很高的地位。

---

① 吴玉贤：《仙字潭岩刻研究的可喜进展》，载《福建仙字潭摩崖石刻研究》，中央民族学院出版社，1990年。

羌人的祭山、还愿、看病、驱鬼、安神、除秽、招魂、消灾以及对死人的卜地、安葬和超度、结婚时的测期、敬神和祝福皆需释比主持。释比的职位必须通过师承学习获得,需懂经典、悉法事。释比经典靠口授背诵世代相传。过去认为他们没有经书,但后来发现了一种图画式经书,当地称为"刷勒日",无文字说明。编著释译者根据近现代释比的唱经结合图把经卷分为三大部类,即上、中、下三坛经。上坛经为神事,分为序经和正经两个部类,共十二部;中坛经为人事,也分为十二部类;下坛经为鬼事,分为三部类。羌族图经的定性问题也有待进一步的研究。

　　综上所述,现在在文字发生学的研究中确实还有许多具体问题是还没有搞清楚的。我们在本篇中将运用同义比较的方法对这些问题作进一步的探究。

第二章　旨在探究文字渊源物的同义比较

文字的渊源物问题，也即文字从何而来的问题，是一个无论在理论上还是实践上都看似简单其实复杂的问题。民族文字同义比较对这一问题的解决会有十分显著的助益。本章我们将先对相关的各种观点作一述评，然后通过同义比较去寻觅对这一问题的初步答案。

第一节　文字渊源物的"一源论"、"二源论"与"多源论"

一、前人关于文字渊源物的说法

综观历史上关于文字渊源物类型的看法，大致有三种观点："一源论"、"二源论"与"多源论"。以下我们对这几类观点分别作简要介评。

（一）"一源论"

"一源论"认为：文字的渊源物只有一个。其中最突出的观点是"原始图画一源说"，即主张原始图画是文字的唯一源泉。

梁东汉在其《汉字的结构及其流变》一书中指出，图画是文字的唯一源泉。他批评了"结绳说"及其他一些关于文字渊源物的说法。"除了起源于图画这种正确的说法外，其余的可以归纳为两大类，一类是古代唯心论，另一类是现代唯心论。"[①]

孙常叙认为："真正的文字渊源于图画。"[②]

唐兰在《古文字学导论》中曾说"文字的起源是图画"，这似乎是一元论观点。但他在后来的《中国文字学》中却并不否认"契"（即"契刻"）是最早的文字。他指出："最初的文字，是书契，书是由图画来的，契是由记号来的。"[③]此时唐先生的观点已由"一源论"变为"二源论"。

---

① 梁东汉：《汉字的结构及其流变》，上海教育出版社，1959年，第26—32页。
② 孙常叙：《从图画文字的性质和发展试论汉字体系的起源与建立》，载《吉林师范大学学报》，1959年第4期。
③ 唐兰：《中国文字学》，上海古籍出版社，1979年，第63页。

王凤阳认为:"将图画用于传递信息是文字的源头。""图画文字是新石器时代的史前文字。""结绳、刻契……和图画文字是为记录而进行的两种平行的探索。虽然它们是在相同的动机之下进行的探索,虽然它们可能有先后之分,在提示作用上有共同性,但是它们在所用的手段之间没有继承和发展的关系。固然,在图画文字里吸收了一些刻契或者结绳的记号,比如记数的符号。……表数的某些字来自结绳、刻契,这是毫不足怪的,因为结绳,尤其是刻契曾经有效地用于记数。不过吸收或者容纳只说明图画文字象画世上的万事万物一样也复制了结绳、刻契的记号,不能作为继承关系的证据。退一步讲,即使我们承认这些数字是由结绳、刻契直接进入文字的,其数量也是微不足道的,不足以说明图画文字由结绳、刻契变化而来,更不能证明结绳、刻契本身是文字。""正因为如此,我们反对有些文字学家使文字和结绳、刻契联姻,我们也反对拒图画文字于文字门外的主张。我们主张在文字的历史里排除结绳、刻契之类的助记忆记号,接纳图画文字进入文字的大家族,而且作这个家族的始祖。"[①]王凤阳认为,结绳、契刻与图画文字之间没有继承和发展的关系,图画文字才是文字的真正源头。

刘又辛认为:手势、实物记事、契刻符号等"视觉符号都和文字的产生无关,和文字关系密切的视觉符号是图画","文字是由原始的记事图画发展而来的"。[②]

上文提到,"一源论"除了"图画文字一源说"外,还有结绳说、契刻说、八卦说、河图说等。但这些说法往往是认为这些原始记事方法与文字起源部分有关,并不意味他们承认文字的起源仅有一种。我们姑且将这些观点称为"补充论",附在"一源论"之后。

(二)"二源论"

"二源论"认为:文字的来源是原始图画和原始符号。主要以郭沫若、唐兰、王元鹿为代表。

从汉字源头的角度谈这个问题的有以下几种说法:

郭沫若认为:"在结构上可以分为两个系统,一个是刻划系统(六书中的'指事'),另一个是图形系统(六书中的'象形')。刻划系统是结绳、契木的演进,为数不多。"[③]

① 王凤阳:《汉字学》,吉林文史出版社,1989年,第288—303页。
② 刘又辛:《汉字发展史纲要》,中国大百科全书出版社,2000年,第2—6页。
③ 郭沫若:《古代文字之辩证的发展》,载《考古》,1972年第3期。

唐兰认为："最初的文字,是书契,书是由图画来的,契是由记号来的。"①

张玉金、夏中华认为："文字产生以前,人类曾经使用两种记事方法,即'实物记事'和'图画记事'。"②

从普通文字学角度谈这个问题的有以下几种说法:

伊斯特林在《文字的发展》中指出:"第二个(在原始艺术之外)形成原始文字的源泉是各种非书写的、实物的传达信息的方法。"③这些方法包括假定符号(如路标)、宣战符号、实物书信、记忆符号(常用契刻和结绳)等。④伊斯特林的"二源论"中除图画文字之外的第二个源泉主要指的是大量的非图画性的符号。

王元鹿认为:"如果从具体事物论,文字的渊源包含原始图画、结绳、契刻、文身、物件记事和手势语等多种;如果从进入文字的内容看,文字的渊源不外乎图画和符号二类。"⑤

以上所引的两类观点在出发点上有所不同。如果从普通文字学的视角出发,经过宏观的概括归纳,可将文字的渊源物锁定在图画和非图画性符号上。如果具体到某种文字,情况则互有差别,有的文字可能主要来源于图画,有的可能主要来自非图画性符号,有的则是二者兼而有之。这一点是我们必须要指出的。

(三)"多源论"

其他还有所谓的"三源论"或"多源论"。

叶保民认为:"象形字来源于单个状事象物的图画,指事字自结绳契刻的符号标识,而会意字自几幅连在一起表达一个意义的画而来的可能性也是很大的。"⑥这里提到的第三种方式实际上与"单个状事象物的图画"性质相同,故可归入"二源论"。

汪宁生对我国少数民族的原始记事作了大量考察,他指出:"文字是由三类记事方法引导出来的,而不是仅仅起源于图画。三类记事方法并行发展、交错存

---

① 唐兰:《中国文字学》,上海古籍出版社,1979年,第63页。

② 张玉金、夏中华:《汉字学概论》,广西教育出版社,2001年。

③ 伊斯特林:《文字的发展》,文字改革出版社,1966年,第64页。

④ 同上书,第64—72页。

⑤ 王元鹿:《普通文字学概论》,贵州人民出版社,1996年,第85页。

⑥ 叶保民:《略说文字的起源》,载《语文论丛》,上海教育出版社,1984年。

在,从原始记事到文字发明并不是走着一条直线发展的道路。"①其中提到的"三类记事方法"分别是物件记事、符号记事和图画记事。当然,其中的物件记事是包含多种方法的,如结绳、刻木以及实物表义等。我们认为,物件记事中的三维记事方法只有转化为二维的图像或符号才能直接与文字发生联系,排除掉三维的物件记事,汪先生的"三源论"也可以归入我们以为的"二源论"。

比较上述三种观点,可作如下小结:

1."一源论"往往认为图画是文字的唯一渊源物,一般不认为(广义上的)符号亦为文字的渊源物。

2.持"二源论"观点者往往是从事多种文字研究的学者。

3.从理论的视角看,"三源论"观点持有者提出的说法往往是变相的"二源论"观点,可归入"二源论"。

二、从有关早期文字的同义比较看"二源论"的合理性

毫无疑问,早期文字是各类文字系统中与文字渊源物最具直接关联的一类。因此,早期文字中必然会透露出有关文字渊源物的信息。下文我们将通过早期文字的同义比较考察"二源论"的合理性。

早期文字只要是自源的,即其渊源物为本民族的,那么也可以根据其文字特征探寻其符号来源。如果一种早期文字的文字符号性质主要是抽象符号,那么其文字符号的来源很可能即是一些前文字的抽象符号;如果一种早期文字的文字符号性质主要是图画符号,则其文字符号的来源很可能即是这个民族的原始图画;如果一种早期文字兼备抽象符号和图画符号,则其来源也很可能是混合型的。

图画类文字一般都具有较强的状物性,我们往往通过形体辨认就可以大概了解文字所表达的意思。纳西东巴文正处于语段—记意文字向表词—意音文字过渡的阶段,其中许多字都具有图画性质,它们显然来自于原始图画中单个事物的写生。

下表列举东巴文、甲骨文、水文自源字与马亚文的同义字,通过它们之间的比较,可以说明图画是重要的文字渊源物之一。

---

① 汪宁生:《从原始记事到文字发明》,载《考古学报》,1981年第1期。

东巴文、甲骨文、水文、马亚文同义比较举例

汉义	东巴文	甲骨文	水文	马亚文
云				
鸟				（小鸟）
花		（金文）		
目				
子			（／）	

符号类文字主要来源于物件记事、结绳、契刻和手势语等。

纯符号指事字主要集中在数字和方位符号上，如汉字的"一"、"二"、"三"、"四"、"上"、"下"等，东巴文的 ⊅（一）、ﾉﾉ（二）、ﾉﾉﾉ（三）、ﾉﾉﾉﾉ（四）、ﾉﾉﾉﾉ（五）、ﾉﾉﾉ（六）、ﾉﾉﾉﾉ（七）、ﾉﾉﾉﾉ（八）、ﾉﾉﾉ（九）。

下面是北美印第安文字中几个包含符号的单字与与其相对应的手势语的比较的例子：

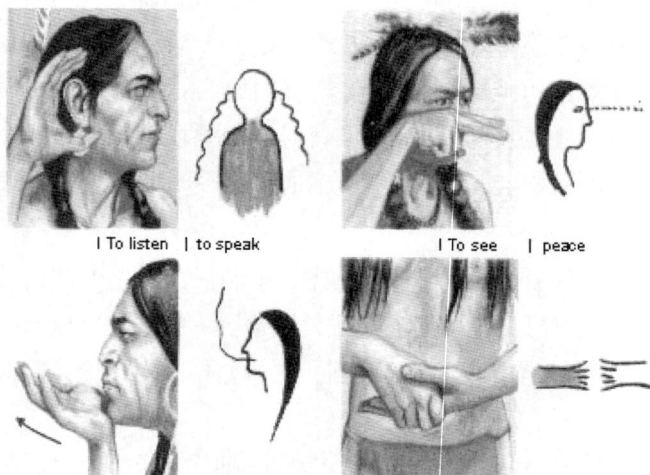

北美印第安文字与手势语对照图[1]

---

[1] 该图采自 *Indian Signals and Sign Language*（George Fronval and Daniel Dubais 著，Wings Books，1985年，第69页）。

　　这类文字由特定的社会团体约定俗成,具有较强的抽象性,不能直接通过字形理解字意。

　　符号类文字的一个重要特点是可以单独使用,不像图画类文字需要组合成"连环画"的形式才能表达某种意思。 但是,符号类文字的抽象程度太高,只能在特定的范围内使用,而不像图画类文字易于普及。因此,在绝大多数早期文字中,图画类文字所占比例往往大于符号类文字。还要特别指出的是,有些早期文字只存在图画类文字或只存在符号类文字,因此并非所有的早期文字都一定有原始图画和原始符号两大来源。

　　综上所述可知:

　　1. 一般的文字系统往往有二源。

　　2. 早期文字的分析显示,图画往往是更主要的文字渊源物。

第二节　关于文字与图画的共性的同义比较

　　为证实上节末的结论,本节将通过比较文字与图画来找寻二者间的共性。

　　早期文字中的字符及字符组合明显带有图画的性质,其根本原因是早期文字的写实性原则。 具体表现为早期文字字符体态的图画性特征、字符间的方位位置类同于事理间的方位位置和部分字符的颜色类同于事物的颜色等。

一、早期文字字符体态具有图画性特征

（一）字符象形

　　早期文字字符体态具有图画性特征。 我们以东巴文、埃及圣书文字和汉字中的几组同义字为例进行比较:"牛"在东巴文作 〖图〗 、〖图〗,埃及圣书文字作 〖图〗(奶牛)、〖图〗(公牛),汉字作 〖图〗、〖图〗、〖图〗;又如"马",东巴文作 〖图〗、〖图〗、〖图〗、〖图〗、〖图〗,埃及圣书文字作 〖图〗,汉字作 〖图〗、〖图〗、〖图〗;又如"头",东巴文作 〖图〗、〖图〗、〖图〗,埃及圣书文字作 〖图〗(〖图〗 为脸),汉字作 〖图〗、〖图〗、〖图〗("首"即为"头",汉字字形按甲骨文、金文、篆文顺序排列);又如"房子",东巴文作 〖图〗、〖图〗、〖图〗、〖图〗,埃及圣书文字作 〖图〗、〖图〗,汉字表"房子"义的作 〖图〗、〖图〗、〖图〗。

　　甲骨文的形体源于客观事物的图像,是原始的图画记事法的继承体。"画成

其物"的象形字尽管经过高度的概括和抽象,但所据事物外观的大致形象依然存在,有时为增强作为文字符号的区别度,其物象特征还被着意突出。例如:"日"与"月"突出日圆与月亏的区别;"牛"与"羊"突出犄角上直与下曲的差异;"豕"与"犬"突出尾巴下垂与上翘的不同等。当这些象形字作为基础部件与另外的部件组合成新字时,它们的象形特征也被带入新字之中,这就使得一些为抽象概念所造的、原本无形可象的字也带上浓厚的象形色彩。

甲骨文通过一百多个基本形体的相互组合和变化,形成了具有相当规模的复杂的符号系统。所谓基本形体,就是用于组成合体字的独体字,也就是形符。岛邦男的《殷墟卜辞综类》归纳甲骨文部首时定为164个形符,于省吾的《甲骨文字诂林》合并为149个。这些基本形体"近取诸身,远取诸物",大部分来源于客观事物的具体形象,如人体自身的图像、鸟兽虫鱼的图像、草木植物的图像、自然界的其他图像、日用器物的图像、军事武器的图像等。另一部分则来源于客观事物的抽象形体,如从"一"到"十"的数目字、表"上"、"下"的方位字等。

(二)字符间比例象形

早期文字中的字符,多采用仿拟象形的方式,事物是什么样就画成什么样,并且尽可能画得接近于原物。字符的大小比例往往与真实事物在现实世界的比例类似,如画一只鸡肯定比一只蛋要大,如纳西东巴文中有这样一段:

东巴经《古事记》片断

直译:"蛋白一个出,他化育做鸡白一种出。"

意译:"生出一个白蛋来,白蛋又一变,生出一种白鸡来。"①

这里鸡和蛋的字形比例差异明显,体现了现实生活中的比例关系。

另外,当时人们头脑中的尊卑观念也反映在文字比例上,如纳西东巴文中的神和东巴往往画得比普通人大,东巴文中的 表示"完婚",造字取象是一个东巴拿酥油在结婚的新郎新娘额头上擦,正如纳西族婚礼的风俗图。此字中东巴

① 傅懋勣:《丽江麽些象形文'古事记'研究》,武昌华中大学,1948年,第16—18页。

画得大,而结婚的两个人画得小。埃及象形文中的"王"也比普通人大很多。

二、文字字符间的方位位置类同于事理间的方位位置

印第安崖刻《悬崖警告》[①],此崖刻警告试图上山的人:山羊可以爬上去而载人的马却要跌下来。

印第安崖刻《悬崖警告》

又如印第安人的墓志铭上许多图腾常被倒写,表示以这些为图腾的人已死。如左图[②]是印第安酋长华布其的墓志铭。东巴文也使用这种表达方式,如 🐦（活鹰）、🐦（死鹰）。一般来说,任何已死的动物都可以这样表示,正立的时候表示活着,倒过来则表示死了。

原始记事中也大量使用方位表示不同的意义。如指路标记,如果变换方位则导致南辕北辙。东北鄂温克人使用桦树皮船时,须在原停船处用标志指示去向,以便其他使用者按方向寻找。[③]

东巴文保留了大量方位别义的现象,如 〜（天）→ ⌐（斜天）、▱（地）→ ✦（斜地）、≪（柴）→ ✳（树）、乙（出现）→ 乙（不出现）、〜（碗）→ 凡（覆）、⼁（火炬）→ ⩘（熄灭）。东巴文有些字的组合方式模拟

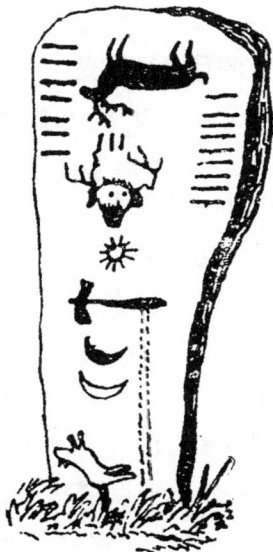

印第安酋长华布其墓志铭

---

① 该图采自 *A Study of Writing* (*Revised Edition*), I. J. Gelb著, The University of Chicago Press, 1963年,第29页。
② 该图采自《文字的产生和发展》,B.A.伊斯特林著,北京大学出版社,1987年,第60页。
③ 秋浦等:《鄂温克人的原始社会形态》,中华书局,1962年,第126页。

现实生活的方位和位置,如早期的天地之间,天一定在上面,地始终在下面;又如水文 ㄓ(孙)是相对于 ㄗ(子)的,那一点只能加在下边而不能加在上边。 东巴文中声符的方位也随字形变化。如 画一锅反扣起之形,锅下有一蒜 ,以注其音,因从锅翻之意,遂亦倒置作 。

三、文字字符的颜色类同于事物的颜色

许多原始炭画与壁画,往往涂上不止一种颜色。除写实与艺术的目的之外,往往还具有一定的区别事物的作用。

早期记事方法如印加帝国的结绳中,红色表"兵",黄色表"金",白色表"银",绿色表"谷"。云南哈尼族用涂了颜色的木片计日,十二个木片涂上不同的颜色,分别代表十二支,如红色代表鼠日,土色代表牛日等。 每过一天翻动一片,周而复始,看木片是什么颜色,即知今天是不是"赶街子"的日期(云南少数民族"街子"即以干支命名,如牛街、马街、猪街等)。 澳洲原始部落在他们成年时的庆祝会上,要接受红、白二色的绘身仪式。 并且他们时常在袋鼠皮做的行囊里储备白黏土、红赭石和黄赭石等,通常他们会在面颊、双肩和胸脯上涂几个点(这可能是因颜料贵重而在施行巫术时采取的节俭措施),而在隆重的场合,他们就把整个身体涂画起来。 若是出发打仗,则常常把自己涂成红色。[1]

由于早期文字处于较为原始的状态,往往不能充分记录信息,于是色彩便成为一种补充性手段。"愈是原始的早期文字,涂色现象愈是明显。"[2]

尔苏沙巴文以多种颜色表义和别义,其用色至少有红、黄、蓝、白、黑和绿6种。如一颗星涂上黑色表示黯淡无光,不涂色(代表白色)则表示明亮;月亮与星涂黑时表暗淡,而以白色表吉祥;动物头像涂上黄色表示土日,涂上红色表示火日等。从这一点看来,沙巴文比东巴文更接近于图画。

纳西东巴文亦有所谓"黑色字素"表义和别义的情况。 如表示 (一般的鸟)→ (乌鸦)、 (天地之际发白)→ (天地之际发黑),这种涂色可以说是直接的仿拟客观事物的写实性表现。"黑色字素"还被东巴文用于表达相反相对

---

① 格罗塞:《艺术的起源》,商务印书馆,1987年,第43—44页。
② 王元鹿:《比较文字学》,广西教育出版社,2001年,第38页。

的意思,如 ✦(光)→ ✦(暗)、✍(甜)→ ✍(苦)等;或表否定,如 井(仓)→ 井(仓中无粮);进一步发展为表达更广泛或更抽象的意义,如 🌿(花)→ 🌿(毒花)、⫶⫶(雨)→ ⫶⫶(暴雨)、𝓍(人)→ 𝓍(纳西族)、𝓅(鞋)→ 𝓅(靴)、⌂(屋)→ ⌂(狱)等。 黑色还被用来表示阴间的意义,如 ✦(火葬场所)→ ✦(阴间的火葬场所),还有 𝓌(阴间的鸡)、𝓌(鬼鸡)等。

水书中也用颜色别义。 一种情况是红色和黑色相对,表示不同意义,如 井井,红色表示"买",黑字表示"卖";禾穗 𝓍 ,点为红色表示"好",点为黑色表示"不好"。另一种情况是涂黑,如 ○○(眼)→ ●●(瞎眼)。

特别值得我们注意的是:以上几种文字中,以黑色表示贬义的做法可说是如出一辙。

以上的同义比较充分证明了多数自行发生的文字系统的来源与图画有着密不可分的关系。

第三节　关于文字与符号的共性的同义比较

对于文字及其可能的渊源物——原始符号之间的同义比较,足以显示出除原始图画之外的各种各样的带有符号性质的事物,与文字有着极多的共同性质。以下我们将对文字与原始符号作一些比较,以进一步证实后者的确是前者的重要渊源物。

一、早期文字中的指事类型与原始记事符号的关系

方位和数字是两类常见的抽象概念,原始记事方式中往往由约定俗成的符号、标记等来表示,这些符号、标记与文字之间存在着联系。

（一）方位符号与标记

苗族民间用一根或大或小的巴茅草或一束或多或少的稻草(或茅草)打成的一个"𝓍"形的活结,被称为"草标",湘西地区的苗族青年将其作为情人幽会的暗号。 双方只要看到草标的位置和形状,就能知道对方的行踪。 如在草尖上结个疙瘩,草根朝着幽会的方向,就表示一方已先到,另一方快来;后者看到这个草标后,也留下一个草标,把疙瘩结在草的中部,横放于第一个草标之上,疙瘩对着第

一个草标的中间。这是向过路的人暗示:山中有情人幽会,请走大路。行人见了便自觉回避,绕道而行。 如果误入山中,碰见别人在幽会,则被视为不礼貌的行为。情人幽会完毕走出山时,必须把草标拿掉,以便行人过路。①

为了表示所行的方向,鄂温克猎民常将一树枝横于树或杆上以标其去向,一般以树根指向为依据。 有史料记载:宣统元年(1909年)5月8日,珠尔干河总卡官赵春芳在赴下乌力吉气访问鄂温克猎民途中,"见道旁竖竿一棵,高五尺许,顶劈竿作两叉,中夹桦树皮一张,上贴俄纸一张,并横一松枝,其根向北,其梢向南"。这是使鹿部鄂温克首领与赵春芳一行相约未遇而作的指向标记,"此横树枝之根北向,系表其人北往矣。假如其根南向,则当向南去访"。按此指向,总卡官一行寻访到了鄂温克猎民。 用树根指方向常常造成差错。 据资料记载,鄂温克人在贝加尔湖一带往额尔古纳河流域迁徙时,就因为风吹偏了树根的指向而形成今天的大分散之势。②

上文提到的草标和路标在原始记事方式中属于方位符号与标记,它们与早期文字中的方位指事字有着明显的联系。 如东巴文中的。(位置)、△(上)、φ(中)、⌣(下),四个字中都出现的圆点应当是实物标记的抽象。 又如ʃ(左)、ʅ(右),这是身体姿势指示方向的抽象。 水文的自造字中的指事字也存在类似的情况,如㠭(中)、凸 凹 ⌣ ⌢ ㅿ(均表示"上")、一 ⊓ ⊓ ⊽ ⊠(均表示"下"),这些字符中横线上的指示物各不相同却并不妨碍表意,因为关键在于其所标记的相对位置。 又如ʒ(左)ʄ(右),其象形程度对于表意也并不重要,关键在于其指向。

(二)数字符号

独龙族解决纠纷时,有当事人和解。 族长当面调解,仅当事人在场;族长当众调解,则整个家族到场。 还有老人当面调解,两家族族长调解等。 调解时,调解人先发言,然后当事人申诉理由,每讲一个理由,调解人即在这一方插一节小棍,竹木均可。 最后哪一方小棍多,哪一方的理由就多。 调解人宣布之后,

① 萧克总主编:《中华文化通志(第三典)民族文化——苗、瑶、畲、高山、佤、布朗、德昂族文化志》,上海人民出版社,1999年。
② 张晓梅:《原始活态文化——萨满教透视》,上海人民出版社,2001年,第430页。

其他人发表意见,补充新情况,调解人对新情况也插小棍。最后小棍少的必须认错。[①]

白族同村各家庭间或各村之间的纠纷由"伙头"来调解。调解时由"伙头"召集各家族的族长来共同进行。调解时,"伙头"拿一块一尺五寸长、一寸宽的竹片,竹片两侧各代表原告与被告。当他们申诉一个理由时,伙头便在竹片各自的一侧刻一个口子,等双方申诉完毕,伙头数竹片两侧的口子,多的一方表明理由充分,少的一方则为理亏,以此来判断是非。[②]

基诺族的记账木刻采用十进位法。最小单位刻在木刻的右端,十倍和百倍于最小单位数依次向左。当右端最小单位数达到十个的时候,就用刀削去,在它的左方适当位置刻上表示十的刻痕;十位数达到十个时,也依此而行。这种定位和进位的方法与汉族的珠算有很多相似之处。几乎所有木刻都以刻道丨、丨丨、丨丨丨、丨丨丨丨、丨丨丨丨丨、Ｔ、ＴＴ、ＴＴＴ、ＴＴＴＴ 分别表示1至9的记数。在基诺族有的村寨,还出现了代表千的特殊符号丨×丨,不再单纯用刻痕的宽窄、竖斜和粗细表示不同位数的数字符号了。[③]这可以说是文字产生的重要例证。

东巴文中出现的数目字与上文提到的契刻在外形上几乎如出一辙,并出现了更为精密的进位制。如 **𝟏**（一）、**𝟏𝟏**（二）、**𝟏𝟏𝟏**（三）、**𝈋**（四）、**𝈍**（五）、**𝈏**（六）、**𝈑**（七）、**𝈓**（八）、**𝈕**（九）、**Ｘ**（十）、**十**（百）、**米**（千）、**㐱**（万）、**☞**（亿）、**〇**（兆）等;具体标记数目如 **𢎪**（千千万万）、**𣏍**（二十五）、**𣏎**（三百六）、**𣏏**（一千五百）、**㐂**（一万六千）等。

处于表词—意音文字阶段的汉字甲骨文和金文,虽然已经是一种成熟的文字系统,但其中的某些字仍可以看成是符号类字的孑遗。如金文中的 **𝖁**（廿）、**𝖂**（卅）等字,徐中舒先生认为它们像一根或几根打结的绳子。[④]唐兰先生也认为甲骨文中的 **𝖎**、**𝖏**、**𝖁**、**𝖂** 最初可能和绳子有关系。[⑤]如果没有充分的理由可以

① 《民族问题五种丛书》云南省编辑委员会编:《独龙族社会历史调查 (二)》,云南民族出版社,1985年,第114页。

② 《民族问题五种丛书》云南省编辑委员会编:《白族社会历史调查 (二)》,云南人民出版社,1987年,第101页。

③ 肖鹏:《基诺人的"刻木记事"》,载《民间文化》,1999年第3期。

④ 徐中舒:《结绳遗俗考》,载《说文月刊》,1944年第4期。

⑤ 唐兰:《中国文字学》,上海古籍出版社,1979年,第61页。

证明甲金文中的这些字另有来源，那么徐、唐两位先生的这种推测应该是基本符合文字发展规律的。

（三）其他符号

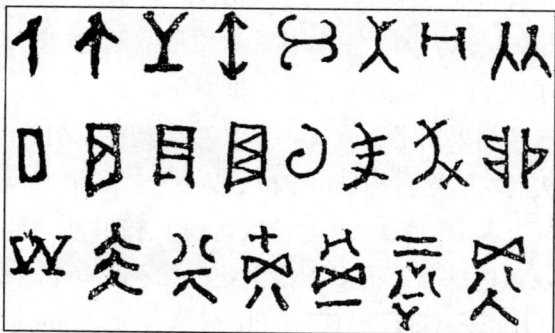

殷周青铜器族徽符号举例

郭沫若在《古代文字之辩证的发展》中认为上图殷周青铜器铭文上的族徽符号与半坡出土的彩陶上的刻划相类似，是对前文字刻划符号的继承。[①]

二、非图画的文字渊源物与文字的共性

以上非图画的成分是从除图画以外的其他文字渊源物中抽取或概括出来的，它们与文字之间同样具有较多共性，如：

1. 具有区别意义的作用

原始记事中的符号，同样具有区别意义的作用。如结绳，不同的结表示不同的数量，甚至结绳的质料、结与结的距离，都可以区别意义。高级的多位数结绳法中，个、十、百、千分别居于一定的位置，可以互相区别。文身也是如此，汪宁生曾指出海南黎族的腿纹具有左右不对称的特点，除了美饰的作用之外还有区别文身者所属部族的作用。[②]

2. 在一定范围内具有约定俗成性

在使用符号的人群中，符号所代表的意义基本为大家所共知，至少发信人和

---

① 郭沫若：《古代文字之辩证的发展》，载《考古》，1972年第3期。
② 汪宁生：《从原始记事到文字发明》，载《考古学报》，1981年第1期。

收信人是能够相互理解的。如景颇族的树叶信,何种树叶表示何种意思,基本上已经固定。还有作为借债凭证的木刻,除了债务人和债权人能够互相认同之外,还有若干见证人。 这说明前文字中的符号在一定范围内已具有约定俗成性,这与文字的约定俗成并无二致。

三、关于二、三两节的小结

关于文字的渊源物,前人说法较多,除了举例式的结绳、契刻、文身、图画等,大致可分"图画文字一源论"和"图画符号二源论"。 我们从普通文字学角度出发,认为"二源论"更为符号文字发生的客观实际。

从早期文字的渊源分类看"二源论"是合理的,文字与图画和符号之间有着较多的共性,而其他记事方式,特别是三维的记事方式,联系并不密切。

第四节　"二源论"旁证

二源论的文字渊源物说,不仅可以从文字的本体研究角度得到证明,还可以从民族学、人类学和考古学的角度及相关的文献记载中得到证实。

一、从民族学、人类学看原始记事方法

原始记事方法可以从民族学资料和考古资料中得到进一步证明。

关于结绳。宋人朱辅在《溪蛮丛谈》中记载:"结绳,今溪洞诸蛮犹有此俗。"清人严如煜《苗疆风俗考》中说:"苗民不知文字,父子递传,以鼠牛犬马记年月,暗与历书合。有所控告,必请士人代书,性善记,惧有忘,则结于绳。"李调元《南越笔记》中也说:"黎长不以文字为约,有借贷以结绳作结,可以左券。如不能偿,即百十年后,子孙皆可持绳结而问之,负者子孙不敢诿也。"20世纪50年代,云南独龙族人远行用结绳来记事:每行一日打一个结;朋友约定相会,亦用结绳帮助记忆约会日期:先在一根绳子上打若干结,每过一天,解开一结,结子解完,便知相会日期已到。 哈尼族、傈僳族则以结绳为契约。 哈尼人买卖土地时用同样长的麻绳两根,依地价多少在绳子上打结,双方各持一根作为凭证。傈僳族人黑某某抚养侄儿成人,从侄儿进家之日起,每过一月即在麻绳上打一个结,一共打了51个结,侄儿参加工作后,他便拿出绳结跟侄儿算51个月的伙食费。1955

年12月16日《光明日报》载《少数民族文字的进一步发展》说:"我国少数民族作为记录语言的工具是多种多样的,其中包括从最原始的结绳到比较进步的拼音文字。高山族人民用结绳的方法记事或表示爱情。人们在绳上先打两个结,再打三个结,又打五个结,这就表示先借两元,又借三元,再后借五元。还钱的时候,仍然按数解结。一个青年用一样长的两条绳子各打两个结,把两条绳子的末端合打成一个结,赠给自己心爱的姑娘,这就表示求婚。"

关于契刻记事。陆次云《峒溪纤志》云:"木契者,刻木为符,以志事也。苗人虽有文字,不能皆习,故每有事,刻木记之,以为约信之验。"诸匡鼎《瑶壮传》:"刻木为齿,与人交易,谓之打木格。"方亨咸《苗俗纪闻》云:"俗无文契,凡称贷交易,刻木为信,未尝有偷者,木即常木,或一刻,或数刻,以多寡远近不同分为二,各执一,如约时合之,若符节也。"契刻也有刻各种线条符号来记事的。

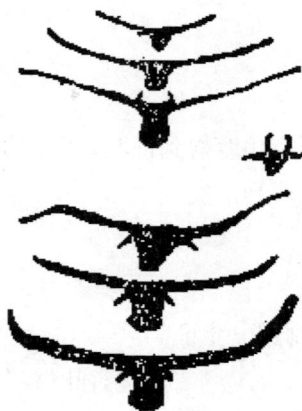

西盟佤族牛头壁画

关于图画记事的材料较多。云南的佤族、拉祜族、景颇族以及海南的黎族常能看见一些表意性的图画,这些图画,内容大都祈求丰收。20世纪60年代,在西盟大马村一座无人居住的"大房子"的一面墙壁上有过这样一幅画(见左图[①]):画面上仅有用石灰画的六个水牛头和一个黄牛头。据佤族人自己的解释,它的意思是:房子的主人即将有很多牛,打到很多的麂子,开出很多水田,家庭富裕了,即可请很多亲戚朋友来跳舞作乐。在陇川拱瓦寨人们曾搜集到两件称为"鬼桩"的东西,上面绘有原始的表意性绘画。"鬼桩"一公一母共两个。据景颇族老人及作者本人解释,其大意为:"公桩"所绘都是男子所要的东西,如弹弓、弹丸是男子打鸟的工具;水塘、水渠、鱼、蛙、螃蟹,都是水田的象征,而管理水田正是男子的工作;牛是景颇族人喜爱的家畜,看管牛群也主要是男子的事情。"母桩"所绘则都是妇女所要的东西,如项圈、耳饰都是妇女们喜爱的首饰;各种瓜菜、包谷、棉花等旱地作物,都是妇女的收获物,管理旱地是妇女的主要任务。总的说来,其目的就是希望当年"五谷丰收,六畜兴旺"。

———————————

① 该图采自汪宁生《从原始记事到文字发明》,载《考古学报》,1981年第1期。

二、考古发现中所见的原始记事方法

地下出土的古代陶器（或陶片）、青铜器上，刻有两种不同类型的符号：一是抽象符号，二是具体图形。

出土于西安半坡临潼姜寨、零口、垣头、长安五楼、邰阳莘野以及铜川李家沟等仰韶文化遗址的彩陶上有一些符号，都是由简单线条组成的，不是刻画某种有形之物。甘肃半山、马厂、青海乐都柳湾等地的马家窑文化遗址，山东章丘城子崖、青岛赵村等地的龙山文化遗址，浙江良渚、上海马桥、青浦崧泽等地的良渚文化遗址，也都发现了刻在陶器上的类似符号。这些陶器上的符号可能是制陶者或陶器主人的标记。

在山东大汶口文化晚期遗址出土的陶器上人们发现了形象化的图形标记，莒县陵阳河和诸城前寨两个遗址出土的陶缸上共发现刻成的四种图形。殷周铜器上发现的作为氏族标记的族徽也是形象化的图形标记。据汪宁生先生考证，族徽图形大致可分为七种类型：如牛、羊、猪、鱼、虎、象、犬、龟、蝎子和各种鸟类等动物之形，草、木、禾、苗、山、雨等植物或自然现象之形，戈、刀、弓、斧、耒、车、鼎、鬲、皿、鼓等武器、工具和器皿之形，头插羽毛、头戴双角等人与物件结合之形，表现姿态及行动的人形，以及合各种图形于一体的复合图形。[①]

地下出土资料表明，在原始氏族社会时期人们曾创造出一些抽象的或图形的记事符号。即使在已有汉字的殷周时代，人们仍使用部分抽象或图形的符号来帮助记忆。

三、从汉字的产生看"二源论"

原始记事方法在一定历史时期适应了人们生产生活的需要。但随着社会的进一步发展，社会交际日益频繁，信息表达日益复杂，原始记事方法无法适应交际需要。于是先民凭借使用原始记事方式积累的经验，对各种记事符号和图像加以整理改进，创造出新的符号和图像，逐渐形成了有效记录语言信息的完备体系，作为记录语言符号的文字就此产生了。

具体来说，汉字原始的指事字很可能来自结绳、契刻等抽象符号。如"十"和"廿"可能取象于结绳，"一"、"二"、"三"、"四"、"五"、"六"、"七"则可能取象于契

---

① 汪宁生：《从原始记事到文字发明》，载《考古学报》，1981年第1期。

刻。这类指事字数量非常有限。图画记事的基础上推演出的象形字则更为普遍。自然界具体可感、有形可象的事物都可以用描摹的方法记录下来，如山、水、雨等。当然，从现有材料来看，象形文字的绘画意味被削弱，主要表现为抓住事物特征、减省具体细节，如"羊"突出其角，"人"用线条表现侧立之形。这一点体现出抽象概括与形象状物两种思维方式的有机结合，也正是"二源论"的间接证明。

四、从文献记载看文字渊源物

（一）关于图画记事

我国古代有很多圣人作图的传说。《太平御览》卷九七引《世本》："䮚首作画。"《世本·作篇》说："史皇作图，仓颉作书。"《左传·昭公十七年》云："昔者黄帝氏以云纪，故为云师而云名。炎帝氏以火纪，故为火师而火名。共公氏以水纪，故为水师而水名。太嗥氏以龙纪，故为龙师而龙名。"又："我高祖少皞，挚之立也，凤鸟适至，故纪于鸟，为鸟师而鸟名。"这种以龙、鸟、云、水、火等记官的方法，应当是以图画记事的体现。《左传·宣公三年》："昔夏之方有德也，远方图物，贡金九牧，铸鼎象物，百物而为之备，使民知神、奸。"这里提到的绘有百物的铜鼎，其图像应当十分生动，又能传达一定的教化意义，故能"使民知神、奸"。

（二）关于符号

关于契刻用于记数的记载，如刘熙《释名·释书契》云："契，刻也，刻识其数也。"《墨子·备城门》："守城之法：必数城中之木，十人之所举为十挈（契），五人之所举为五挈（契）。凡轻重以挈（契）为人数。"孙诒让解释说："十挈（契）、五挈（契），谓该契之齿以记数也"（《墨子间诂·备城门》）。

契刻更多的是记数以表示凭证，作为契约。《周礼·地官·质人》："掌稽市之书契。"郑玄《注》云："书契取予市场之券也。其券之象，书两札，刻其侧。"《书·叙》孔《疏》引郑玄《易注》云："书之于木，刻其侧为契，各持其一，后以相考合。"可见，这种用作券契的契刻方法是，先制一竹条或木条，刻齿于其侧，以齿数的多少来代表财物的数量，再将刻齿的竹条或木条剖而为二，当事双方各执其一，以相证验。这种作为契约的契刻在古代颇为常见，《墨子·公孟篇》："是数人之齿，而以为富。"《管子·轻重篇甲》："子大夫有五谷菽粟者勿敢左右，请以平贾取之子。与之定其券契之齿。"《列子·说符篇》："宋人有游于道得人遗契者，归而藏之，密数其齿，告邻人曰：'吾富可待矣。'"

第三章　旨在探讨文字发生动力的同义比较

关于文字发生的动因或动力,学界说法不一。 本章首先简介几种常见的说法,然后从同义比较的角度来讨论这一问题。

第一节　关于文字发生动力的一些观点

本节先列举普通文字学上的一些常见观点并作简要介绍,然后以两种文字的实际情况及其相关神话为例来说明这些观点的相对合理性与片面性。

一、普通文字学视角中的几种典型观点

（一）巫术动力说

文字在产生初期往往同巫术紧密相关,因而带有一定神秘性。 人们往往相信文字是神灵所造,如圣经上说希伯来的文字是上帝授予摩西的,柏拉图的《裴德尔》记载有埃及人的文字是戴特神所传授的说法。 实际上,巫术宗教在早期社会常常被视为决策向导,巫师在举行仪式时需要陈述历史,人们进行占卜也需要随时可查看由文字书写而成的书面材料,所以原始巫术为文字产生提供了动力。我们至少可以相信:早期文字或多或少地在巫术的环境下得以成长和发展。文字记录的文辞,往往依附巫术而存在,并得以保留。

（二）经济动力说

根据Denise Schmanbt-Besserat的研究,楔形文字是从黏土标志记数系统发展而来的。 早在9 000多年前,两河流域就出现了用形状不同的泥制小件标示不同实物的记事系统。 除增加了一些标志种类外,这种记事系统在新石器时代的几千年中没有发生重大的变化。后来,国家、城市的形成和商务往来的频繁刺激了人们记事的需求,促使记事系统发生变革。 大约公元前3200年左右,记事系统发生了两方面重大变化:一是原来单独使用的泥土标志被钻上了小孔,便于串在一起表示每次奉献的物品种类和数量,或某次交易参与流通的货物种类和

数量;二是把若干泥土标志装在一个空心泥球之中表示每次奉献的物品种类和数量,或某次交易参与流通的货物种类和数量。 这种空心的泥球实际上就是一种账单,它的表面还要加盖交易双方的私人印章才具有法律效力。 但是在产生争议时,人们只有打破泥球才能查看账单内容,十分不便。 在加盖印章的启发下,人们开始在每个标志装入泥球之前,在泥球表面压制一个相应的痕迹,这样即使不打开泥球也能知道账单的内容。 这样一来,既然泥球表面的痕迹可以清楚表达账单的内容,泥球中的标志就显得多余了。 公元前3100年左右,压印这种标志痕迹的平面泥板取代了泥球,于是文字出现了。

Denise Schmanbt-Besserat说:"用黏土标志的平面形象来代替标志本身,这是古代记录系统和文字之间的关键环节。"这一重大改革的结果是:"空心的泥球和封在里头的黏土标志,将被刻上符号的坚固的黏土制物——书板所代替。档案处的绳、篮子和放黏土标志的架子,将让位给刻在书板上的代表实物的符号,即书面记录。"[①]

(三)社会需要说

有不少学者认为,文字的发展状况是与社会发展状况相适应的。 原始社会初期的社会基本组织形式是氏族公社,公社生产力低下,所占地理空间不大,公社成员不多,他们的生产、劳动、分配、消费都在较小的范围内进行,跟外界接触很少。在这样的社会条件下,人们用自然语言进行交际,凭头脑记忆。

随着社会的发展,小而分散的氏族集团发展成为大而稳定的部落集团。 部落集团内部和部落集团之间在生产、贸易、军事等方面产生了联系,在这样的社会条件下,口耳相传的语言逐渐不敷应用,人们产生了异时异地进行交际的要求,可以打破时间和空间限制的文字便应运而生了。

(四)三种观点各自的片面性

总结以上三种观点,我们可以认为:文字发生的直接动力是不断发展的社会对记录语言的需要。文字之前有口耳相传的口头交际,也有简陋的原始记事,但

---

① 有关楔形文字的发生的内容,主要参考了拱玉书的《楔形文字起源新论》(载《世界历史》,1997年第4期)。

随着生产力的发展和社会的进步,这二者都无法适应社会需求,从而产生了文字。

巫术与经济导致的记录需求是社会记录需求增长的具体表现。早期社会中巫术的繁荣使巫师的心记与口传逐渐不敷使用。经济的发展也导致对记数、记物、凭证的需求增加,有意识的记录成为现实的需要。实际上,文字的发生是社会多方面共同作用的结果,上文提到的观点都具有一定的片面性。

二、由几种文字的实例看文字发生动力的复杂性

上文总结出文字发生的直接动力是社会的需要,而作为社会集体的对立面——个人在某些文字发生的过程中也扮演着重要的角色。以下几种文字的创始就是十分有说服力的例证。

（一）傈僳族竹书的创制

傈僳族在1949年以前普遍使用刻木、结绳的记事方法。外国传教士曾以传教为目的创制了拉丁大写字母及其变体形式的语音符号,受众主要限于教徒。汪忍波创制音节竹书后,傈僳族普通民众才结束了刻木、结绳记事的历史。汪忍波造字最直接的动因是其13岁时父亲病故,家里将一块干地典当以治丧,典当契约是一块刻着三转三道记号的木板,意思是日后用三块银元赎回。后来汪家去赎地时,对方强词夺理按自己的意图解释木刻符号,使汪家白白损失了一笔钱财。此事对汪忍波触动很大,随着年龄的增长,阅历的增多,他萌生了创造一套本民族文字的想法,并且获得了成功。

傈僳族竹书的 𝌆（书）字象竹片串在一起之形,而其中间两行圆点为字形的省略。此字还可表示一种专门用来写字的松木,这种松木木质松软,便于刻画和携带。现在维西县还保存着汪忍波用这种松木书写的一些竹书文献。

傈僳族竹书证实了文字可以由个人创造,至于能否被社会接受并得到传承,则是个人力量无法决定的。

（二）鲁国洪章节彝文

黄建明曾介绍过一种由姚安县鲁国洪创制的章节彝文,属音节文字,曾在小范围内传授。姚安县属云南省楚雄彝族自治州,当地彝族使用彝语中部方言,传

统彝族文字在那里已经失传。[①]

　　鲁国洪（1917—1992）是姚安县左门县乡阿九拉村的彝族村民,没上过学,也没有从师学过任何文字。曾经被抓过壮丁,出过两次民工,但每次在外的时间都不长。 他因汉语讲得不好而遭旁人奚落,自己不会看书、写信,又不愿请旁人帮忙,几次外出都使他感受到目不识丁的痛苦。1949年后,村里借用鲁国洪的房子设立了一所学校,白天给孩子上课,晚上给年轻人扫盲。当时年已三十的鲁国洪想识字,却不愿和"小字辈"们一起学习,于是萌生了自己创制文字的念头,随后便开始了艰难而又漫长的创字道路。但是,彝族本有传统彝文,而鲁国洪创制的文字又不具备足够的科学性,所以难以得到社会认可,无法有效推广。

（三）个人因素对文字发生的影响

　　以上个案说明,除了强烈的社会需要外,个人的心理要求也是文字发生动力的一个方面。如果没有汪忍波和鲁国洪,就不会有傈僳竹书和章节彝文的存在。而这两种文字的命运又从侧面说明了文字发生后的历史不完全取决于其创造者,还取决于其存在的社会环境。 所以文字在创制之时就不仅应考虑到个人的需求,还应适应社会的需要,这样才能得到有效的普及和传承。 可以说,集体的作用与个人的作用是相互影响、相辅相成的。

三、神话传说的启发

　　不少民族的神话传说都对文字的产生动力、动因有所记录。 神话传说往往是早期社会人类思维的曲折反映,透过它可以推测事情的一些真相。我们以为:在多个民族的典籍或神话中具有共性的一些内容,其符合客观事实的可能性是存在的,或许能够解释文字产生的普遍动力;而其不同的内容又能或多或少地透露出某一民族文字发生时的社会环境特点,暗示其独特的文字发生动因。 还要指出的是,在一般的术语使用时,"动力"与"动因"这两个说法应是互有差别的。"动力"可以视为更抽象、更基本的必然原因,而"动因"则是指更具体、更直接的偶然原因。

　　下文将列举一些我国少数民族有关文字创制的神话传说,从中可以看到,周

---

① 黄建明:《彝文文字学》,民族出版社,2003年, 第202—225页。

边民族的影响和原始记事方式的不敷使用是两个最重要的动力,它们使得民众产生了强烈的文字需求,从而直接导致了文字的发生。 至于每个民族内部的具体表现则因其特有的生产生活方式而互不相同。

(一)周边民族文字的影响在东巴文的创制神话中的反映

四川木里纳西族神话《东巴文字的来源》说:

> 从前一个汉族人、一个藏族人、一个纳西族人约好了日子,要一同到天上找天神取经。 结果,汉族人、藏族人先走了,纳西人东巴夏拉丢在后面,等他去追赶两位伙伴时,在吉拉染柱山上碰见他俩回来了,原来汉族人、藏族人先去把经取回来了。 东巴夏拉看见他俩取经回来后心高气傲的样子,非常不高兴,就说:"我虽然没有取成经,没有学到写字的本领,但是,我能够看见山就写山,看见人就写人,看见牛就写牛,看见马就画马。"说完,当场就给他俩画了许多山、水、羊、马、牛、人等符号。 从那时起,纳西族的东巴想写啥就画一个啥,念经的时候就有了象形符号的东巴文经书。

这则神话似乎暗示着纳西族以前没有文字,是在受到汉族和藏族文字的刺激后产生了创制文字的想法,还说明了东巴文的发生应当晚于汉字和藏文。 现在看到的东巴文系统确实存在着汉字和藏文的借字,印证了神话中这三个民族在文字创制上的联系。

(二)原始记事的不足在神话传说中的反映

1. 仓颉造字的传说

关于仓颉造字,直至近年还有口承传说的材料被保存着:

> 女娲制人烟过后,轩辕黄帝给人造了衣裳,神农黄帝又帮人制了五谷。 人们啊,吃的有了,穿的也有了,就是有些事情啊,久了就搞忘了。有人就在那些石壁壁上啊,岩岩上啊,画些圈圈杠杠把事情记下来。 多隔些时候,再看那些圈圈杠杠啊,又不晓得是记的啥子了。

后来,又有些脑壳灵光的人,画画来记。白天做的事啊,就在壁壁上画太阳,晚上碰到的事儿,就画上个月亮弯弯,打猎的事就画匹山,打鱼的事就画条河,还有些人人儿,马马儿,鱼啊鸟啊的。你画一些,我画一些,混在一起,隔久了又都搞不伸展是些啥子意思了。

仓颉见大伙画的这些,就想,干脆点儿,我来给人造些字,好记点。他按人们画的那些画,造出了人、口、手啊,日、月、山、水、火呀,牛、马、鱼、鸟啊,造了好多好多,又好认好记。[①]

记载仓颉造字的口承传说很多,它们往往大同小异。有的说在仓颉造字之前伏羲造字,但造得不好。

四川的神话说:

黄帝命仓颉管理牲畜和粮食,仓颉用结绳记事的方法,把牲口的数目和粮食的多少记录得清清楚楚。后来,牲口和粮食不断增加,仓颉又想出新的结绳记事法:他用不同颜色的绳子表示不同的牲口和粮食,用打结的方法表示数量增加,用挂贝壳的方法表示数量的减少。这样免去了结绳和解绳的许多麻烦。

仓颉当了几年库典,工作做得很出色,黄帝又把他升为史官。有一年,南方的炎帝派人来向黄帝求和。黄帝命仓颉把历年来炎帝杀戮、掠夺走的人口、牲畜等财产做个统计。仓颉把自己关在屋里足足统计了两个月,也没有彻底算清数字。因为用的绳和打得结太多了;绳子上的结是不同人结上去的,也不好辨认;仓颉自己打的结、拴的贝壳隔几天也弄不清了,得重新查对、算计。

陕西的神话与四川的相似:

仓颉是黄帝的史官,用祖传结绳记事的老办法记载史实。时间一

---

① 参《中国民间故事集成 (四川卷上册)》,讲述者:罗桂英,女,31岁,巴县前进化工厂职工家属,高中;采录者:李子硕,男,51岁,巴县文化馆干部,高中;采录时间地点:1988年4月于巴县鱼洞镇。

长,那些大大小小、奇形怪状的绳结都记了些什么,连他自己也没法辨认了。

有一次黄帝要和炎帝谈判,命仓颉整理几年来炎帝侵境扰民的史实。仓颉在存放记史结绳的库房里泡了几天,泡得头昏脑胀,耳鸣目眩,仍然出了差错,使自己部落受了损失。

这些关于仓颉造字的神话传说提到了原始记事的对象主要有打渔、打猎、畜牧、粮食及人口,而仓颉的职责与记录相关,他不断改进结绳记事以完成任务,但社会的发展导致各种数据渐趋繁杂,便产生了对更成熟的记录方式——文字的强烈需求。

2. 哀牢山彝族

古时候,哀牢山区的彝家原先没有文字,记事靠刻木结绳。可那时候,人们每天要做多少活,要记多少事,木块草绳也就装满了屋子,积成了山。母资莫(即天神)看见了,为人们焦愁不安。他叫来了一个管文字的仙女,对她说道:"刻木结绳记事,累坏彝家人了,你下凡去给他们传播文字吧。"于是仙女带了一颗金种和一颗银种下凡了。

3. 昆明官渡区的彝族

很早以前,子君的老祖先就已经学会说话,有了语言但却没有文字。他们用细藤打结记事,时间长了,细藤疙瘩越结越多,反而把人弄糊涂了。

4. 傈僳族

在远古时代,大地上生活着人类,有语言,但没有文字,做什么事情都凭脑子硬记。有的过了的事情往往记不清楚。还有些人良心不好,相互欺骗,闹得人类很不好过。

5. 佤族

    从前汉族、佤族、傣族是一母生的三兄弟。佤族是老大,傣族是老二,汉族是老三。那时他们都没有文字。有一天,三兄弟上山打猎,打了一大堆野兽。他们高兴极了,围着猎获的野兽跳起舞来。忽然老三停住了舞步,望着地上的猎物发愣:"我们应该用什么办法来记下这次大丰收?"老三的提议引起了大哥、二哥的重视。是啊,用什么既简便又容易保存的东西记下就好了! 过去结绳和刻木都很不方便,一遇上大火烧山或搬家往往容易毁坏丢失;堆石子和数包谷籽那就更糟糕,时间一久,就把所代表的东西忘了。

上文彝族和佤族的神话传说都提到了结绳记事因所记事务渐趋繁杂而导致记事人的遗忘,而傈僳族则提到没有有效的记录方式而导致欺诈,这暗示着原始记事和文字在生产之外的另一重效用——凭证。原始记事的共同缺点是自身的说明性不强,虽然附加了约定俗成的信息,但面对稍微复杂一些的、超出习俗共知的事情,就需要有人从旁解说。绳结和刻痕固然结在绳子上、刻在竹木上,但所代表的事情却记在当事人的脑子里,对于没有听过亲身经历者的说明的人,这些绳结和刻痕无法提供准确信息。

这些少数民族的神话传说不仅再次说明了社会需求是文字产生的直接动力,又丰富了各民族文字发生的具体社会条件,涉及到打渔、打猎、畜牧、粮食、人口、凭证等各种社会生产活动的需求。

四、小结

总结本节的观察与讨论,我们的基本结论是:

第一,文字发生的动力可能是多元的,根本原因在于社会需求,具体来说是对记录不断改进的需求。这种需求的增长可能体现在各个领域,如巫事、交换、借贷、生产生活等。不同的经济形态决定各民族不同的生活重心,有的可能以狩猎为主,有些可能以畜牧为主,有些可能以农耕为主,反映在文字产生上便呈现出不同的具体动因。

第二,创制者的心理需求也是我们要考虑到的。这主要是指创制者对已有的记录方法不满意,进而要改良甚至重新创造新的记录方法。

　　第三,一种文字可能有多种动力,其中所起的作用并不等同,可能有的要直接一些,有的要间接一些。 各种文字的主要动力未必相同也未必单一。 有的可能是巫术的,有的可能是交换的,有的可能是其他的或多种综合的。

　　第四,在文字发生研究方面,有时要分清"动力"与"动因"这对同中有异的概念。

第二节　从"前文字"的主题与内容看文字 发生动力的复杂性与多样性

　　从"前文字"即原始记事的内容可以看出文字发生动力的复杂性和多样性。上一节我们考察了各种关于文字发生动力的观点并提出了自己的想法,这一节中我们将具体考察"前文字"即原始记事的主题与内容,从微观上认识社会对记录需求的具体表现。 依据我们的归纳分析,"前文字"从大的方面来讲可以分为两大类:一、标示记忆。二、标示凭证。前者主要有提示记忆的作用,后者则主要反映人际关系。以下我们就从这两个方面去证实文字发生动力的复杂性与多样性。

一、标示记忆
（一）计数

　　人类对数字的认识大概始于旧石器时代。 根据民族学的资料,许多原始部落对数目的认识能力十分有限,对较大数目的认识更为有限,不少部落只能认到三为止,三以上的数字则用多来表示,或把四说成"二和二",五说成"二和二和一"[1]。

　　达尔文认为计数来自手算,最初用一只手,然后用两只手,最后连脚趾也用上了[2](《人类的由来及性选择》),这大概是很多国家很早就有十进制计数法的原因。 随着数的增加,手和脚趾不够用了,便出现了一些其他的代用品帮助计

---

① 《中国大百科全书·天文学》,中国大百科全书出版社,1980年。
② Ch.达尔文著,叶笃庄、杨习之译:《人类的由来及性选择》,科学出版社,1982年。

数,如石块、结绳、刻划记号等。"结绳记事"的古老传说在我国家喻户晓,民族学资料中也不乏其例,结绳主要被初民用来标示生产实践中遇到的须要记录的数字。

当数完全从具体事物中抽象出来,便成为数学产生的基础。中国半坡遗址中陶器上有许多类似丨、丨丨、丨丨丨、丨丨丨丨等的刻画符号,这说明当时人们对数字的概念已从具体实物转向抽象符号,到新石器时代晚期,随着私有制和货物交换的产生,数目的增加和运算方法等才得以真正的改进。

(二)记日

早期社会因巫术产生了计算祭期和择日的需要,社会组织内部还有约定集会、约会期限的需要,人类有计划、有预见的生产活动也有计算日期的需要。这些需要一方面促使先民主动地、有目的掌握自然界变化的规律,另一方面又促使其创造出记日的方法和工具。记日是一项极其重要的发明,有了它人们才能计算出一个月有多少天,一年有多少天,才能最终制定出一部成熟的历法。[①]

鄂伦春族记日的办法是用刀在木棒上刻一道痕,或用烧过的木棍在"仙人柱"的支柱上划一道印,或用枪的捅条在桦树皮上钻一个眼。而计月的办法是用桦树皮剪成30个小条,再用一条犴筋将小条串起来,两头系在"仙人柱"的两根柱上。先将30个小条拨到一头,然后从每月初一开始,过一天拨一个,大月拨30个,小月拨29个,下个月再从头拨起。到底一个月拨30个,还是拨29个,要根据新月在初三还是初二出现决定。这只适用于一个月的范围,至于月份,仍要靠与汉商接触后记忆。[②]

赫哲人记日的方法是用一根绳子穿上30个木片或木棍,挂在屋里,每天拨一个。若外出捕鱼打猎日子短,则凭记忆记日;日子长了,则往一个专门的口袋里放木棍,过一天放一根。[③]

---

① 《中华文明史》(第1卷),河北教育出版社,1989年,第214页。
② 王胜利、邓文宽:《鄂伦春族天文历法调查报告》,载《中国天文学史文集(第二集)》,科学出版社,1982年。
③ 王胜利、邓文宽:《赫哲族天文历法调查报告》,载《中国天文学史文集(第二集)》,科学出版社,1982年。

右图①便是一种赫哲族日历。整个造型代表月亮,圆圈内上列圆木块代表月份,下列短木块代表日子。 长木块为旬的开始,以中间最长木条为界,界左为一年中已过去的月日,界右为未来的月日。 图中所示为八月十五日。 赫哲人记日与旬,十日为一旬,拨一条为一日,惟初一、十一、二十一这三天为每旬开始。 纪月,月大月小看月光而定。 月大初二即见,月小初三始见。 月小见月光时即拨三根木条。 拨至二十九根为止;月大时则先拨两根木条,拨完三十个为一月。 一年中的某月、某旬、某日,一望便知,其便利不亚于我们的日历。②

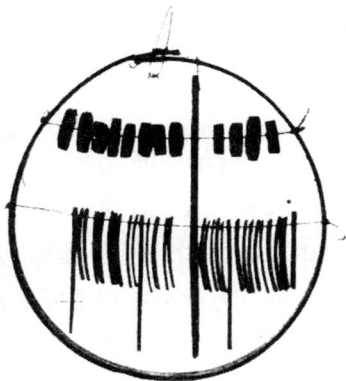

赫哲族日历

（三）标示方位

鄂温克人使用桦树皮船时,须在原停船处用标志指示去向,以便其他使用人按方向去寻找。③鄂温克猎人常年在山中游猎,打到野兽后,并不马上运回住地,而是存放原处,作一个记号,通知家人来取。 冬季是狩猎的最佳时机,猎人捕获飞禽走兽后,就地埋于雪中,并在旁竖一木杆为标记,上面也要绑上兽毛等物,这样,既可使猎物免于风干,起到保鲜的作用,又可避免负载之苦,待家人或自己来取猎物时,能够很快找到。④

（四）标示记忆的需求具有民族共通性

不论是农业社会,还是以狩猎、畜牧、渔业为主的社会,计数、记日和标示方位都是生产生活最基本的需求。这里提到的标示方式都被用于记录这些基本的范畴以帮助人们记忆,所以它们在各种原始族群中都曾出现,并不为某一民族独有。 这些原始记事方式随着所在社会的进步而进步,具体表现为随着新生事物的大量出现,生活范围的不断扩大,认识事物的程度加深,原始记事得到不断的

---

① 该图采自凌纯声《松花江下游的赫哲族》。
② 凌纯声:《松花江下游的赫哲族》,中央研究院历史语言研究所单刊甲种之十四,第199页。
③ 秋浦等:《鄂温克人的原始社会形态》,中华书局,1962年,第126页。
④ 张晓梅:《原始活态文化——萨满教透视》,上海人民出版社,2001年,第171页。

改进和发展以提高标示的准确性和高效性,最终成为文字系统中相关部分的重要来源。

二、标示凭证

本部分我们主要参考了《海南黎族苗族自治州番阳乡、毛贵乡黎族合亩制调查》一书,分别从买卖、借贷、典押,划分私有边界,专占或私有关系标记,任命的凭证几方面来看标示凭证方面出现的原始记事方法。

（一）买卖、借贷、典押

财产私有之前土地为公有,不存在借贷、典押关系,早期的借贷、典押也多以口头为凭,以个人诚信为保证。但随着财产私有的扩大和贫富悬殊的加剧,不可避免地出现了欺伪之事,凭证手段成为必要。海南黎族苗族自治州的黎族人以竹片为典押关系契约。在典押关系成立以后,双方将典押的价格用钩刀在竹片刻划标记记录(如典价为二头牛,即刻二划),然后由中间人(如无中间人,就由当事人的某一方)将竹片剖而为二,由出典人与受典人各执一半,收藏为据。日后赎典时,便以此竹片为凭合对。出典人归还典价后,就收回出典物。与此同时,当场焚毁竹片,典押关系宣告结束。[①]根据实地观察,竹片契约的形状及内容是这样的:长短、大小取决于典当数量。如果数量大,一般约有4英寸长,1英寸宽;如果数量小,一般约有2英寸长,半英寸宽。头端刻典价,一线代表10元光洋或一头牛,代表光洋的线长而细,代表牛的线短而粗。尾端刻典当年限,一线代表一年。此外,头、尾两端刻有"××"记号。[②]在买卖活动中,买者备酒邀请村内负责的人及相关的人一起喝酒,双方在酒会上讲明价格后成交,日后如有纠纷则由参加饮酒者作证。

（二）划分私有边界

再以海南黎族苗族自治州的黎族人为例。洞在黎语中称"弓"[kom³³],是当

[①] 乐东县番阳乡黎族合亩制调查,《海南黎族苗族自治州番阳乡、毛贵乡黎族合亩制调查》(海南黎族社会历史情况调查资料第二册),第15页。

[②] 毛贵乡黎族合亩制调查,《海南黎族苗族自治州番阳乡、毛贵乡黎族合亩制调查》(海南黎族社会历史情况调查资料第二册),第59页。

地特有的地域单位。除非征得本洞居民同意，否则不可逾越洞界。乐东县番阳乡空透村在两洞分界处没有明显标志，由两洞群众挑一些蟹壳埋在山上，做成一条分界，并在其上竖一石块。洞界确立后，由哨官或头家回去告知村中群众，并告诫他们以后不得越界开山、采藤、伐木等，以免引起纠纷。①各洞周围有一定的疆界，划定时间久远，现在的居民往往不知洞界确立于何时。毛贵乡的喃唠洞曾经作过一次重申洞界，由当时喃唠洞的伪甲长王文章（也是洞头）主持。他从每户征集稻谷共得432把，用来买了一头牛，宰杀后召集各村头到他家喝酒商议，并告诫各村头等不要随便到别洞砍山伐木，然后把切成方块的牛皮分别送去各洞，表示通知不准越界砍山伐木。②

（三）专占或私有关系标记

在番阳乡，捕鱼没有洞界限制，收获全部归捕鱼者所有，但是如果有人先在河里放置鱼饵，用树叶等做标记围起来，则别人不得在此范围内捕鱼。③而在毛贵乡，一户所有的森林、山栏地、河流无偿地由大家集体使用，但事前要通知所有者。若逢捕鱼季节或倾盆大雨后，所有者把自己的河段围起来时，其他的人便不准进入捕捉。④

（四）任命的凭证

番阳洞受辖于王国兴州长祖先以后，最初的洞由上级总管本人或派人来召集全洞各村的亩头、村头集会选出，当选洞长的条件是通晓事理、爱护群众，懂海南方言者被认为更加合适。洞长选出后，由各村村头回去分别召集全村群众通知结果，征询群众有无异议，并告诉大家今后需要服从洞长的领导。洞长要经过上级总管的加委，由总管赐给长衫马褂一套，皮靴一双，红缨帽一顶，长烟杆一支

---

① 乐东县番阳乡黎族合亩制调查，《海南黎族苗族自治州番阳乡、毛贵乡黎族合亩制调查》（海南黎族社会历史情况调查资料第二册），第22页。

② 毛贵乡黎族合亩制调查，《海南黎族苗族自治州番阳乡、毛贵乡黎族合亩制调查》（海南黎族社会历史情况调查资料第二册），第61页。

③ 乐东县番阳乡黎族合亩制调查，《海南黎族苗族自治州番阳乡、毛贵乡黎族合亩制调查》（海南黎族社会历史情况调查资料第二册），第23页。

④ 毛贵乡黎族合亩制调查，《海南黎族苗族自治州番阳乡、毛贵乡黎族合亩制调查》（海南黎族社会历史情况调查资料第二册），第55页。

和皮烟袋一个,这些物品依次传给下一任的洞长。①

社会发展的一个重要方面就是人际关系的发展,随着生活范围的扩大和生产方式的改进,人际交流日益频繁,社会关系日趋复杂,标示各种合约券契信物等凭证的需要也开始产生。 这里提到的各种凭证正是在这种社会条件下产生的。这些凭证开始时很原始,后来随着使用的频繁开始抽象化,最终成为相关文字产生的重要来源。

三、小结

从上面的分析我们可以看到,计数和凭证的原始记事方法多种多样,但其性质、特征和产生机制均十分类似。 它们的性质不外乎帮助记忆生产生活必需的数目、时间和方位,并为随着生产发展日趋复杂的人际关系提供凭证。它们的特征都是就地取材,不断抽象。 它们的产生机制都是基于生产和社会关系需要。探究"前文字"的主题与内容从微观上说明了作为文字发生基本动力的社会需要的具体表现有哪些,或者说文字发生的具体动因有哪些。 这种探究增添了我们对于文字发生的感性认识,丰富了文字发生理论。

第三节 从早期文字记录内容的同义比较看文字发生的动力

东巴文、达巴文、尔苏文、玛丽玛莎文、水文自源字等早期文字的同义比较可以帮助推究其发生的共同动力和不同动因。

一、从有传承关系的早期文字记录内容看文字的发生动力

玛丽玛莎文是一种仅在云南省维西县塔城乡百余户纳西族居民中使用的民族文字。 他们的语言与永宁、左所一带的纳西语基本一致,属于纳西语东部方言。 据调查,他们从四川迁来时本没有文字,后来向当地东巴学会了东巴文,并从中选出约一百个左右的文字符号来记录自己的方言,作简单的记事、

---

① 乐东县番阳乡黎族合亩制调查,《海南黎族苗族自治州番阳乡、毛贵乡黎族合亩制调查》(海南黎族社会历史情况调查资料第二册),第24页。

记账及通信之用。下面就对这两种文字进行同义比较来看玛丽玛莎文的发生。

以下是玛丽玛莎文借自东巴文的字符,主要有四类:

1. 自然天象类

天(⌒),星(ₒₒₒ),海( ),雪( ),山( ),水( ),叶( ),花( ),蛇( ),蛙( )

2. 生活生产类

麻(Ε),蒜( ),稻( ),烟( ),蕨菜( ),牦牛( ),马( ),绵羊( ),牛( ),象( ),升( ),盐( ),七(,借"路"),获( ),扣链( ),七(,借东巴文"长"),五(,借东巴文"绿松石"),四(,借东巴文"星"),二(,借东巴文"鱼"),铜( ),铁( ),金( ),银( ),油(,借东巴文"不"),镯( ),木板( ),犁( ),针( ),剪( ),尺( ),旗( ),簸箕( ),门( ),仓( ),桥( ),锤( )

3. 人事关系

男人( ),你( ),母( ),跑( ),足( ),肩胛( ),心( ),手( )

4. 宗教类

神名( ),塔( )

玛丽玛莎文中借自东巴文的这些文字绝大部分产生于文字发生时,这些文字应当在某种动力驱动下进行借用。我们发现四类中"生活生产字"占据绝大多数,可见文字产生的实用目的非常明显。上文提到过,玛丽玛莎文主要"作简单的记事、记账及通信之用",从这些文字看来确实不假。同时,我们发现宗教类借用字很少,说明这一个群体的宗教对文字的需要并不强烈。

再来看达巴文。纳西族有两个支系:一支是西部方言支系,俗称纳西;一支是东部方言支系,俗称摩梭。"摩梭人一般民众不使用文字,唯有其祭司达巴用象形文字书写《卜书》,并且在巫觋中传播,继承象形文字。"[①]这里所谓的"象形文字"就是达巴文。达巴文数量不多,杨学政在《永宁纳西族的达巴教》一文中列举37个达巴文形体,华东师范大学中国文字研究与应用中心所建的少数民族文字数据库中收录了75个形体。下面是对这些达巴文语义上的分类:

————————————

① 宋兆麟:《摩梭人的象形文字》,载《东南文化》,2003年第4期。

1. 生活生产类

猪头：⿰ 公猪性器：⟋ 猪油：◎ 猪尾：⤨ 牛角：⿰

牛耳朵：⿰ 牛躯体：⿰ 虎头：⿰ 羊上身：⧉ 羊下身：⦿

2. 自然环境类

马星：⦂⦂ 青蛙：⿰ 蛙尾：◠ 泉水：⦿ 水池：◯

喉咙星：◈ 六排星：⦂⦂⦂ 海螺：⿰ 三星：⦿ 两星：⊶

四排星：◌◌◌◯ 白色星：⊙ 野鸡：⿰ 野鸭：⿰ 老鹰：⿰

虎星：⬆ 太阳：※ 月亮：☾ 大地：⿰

3. 人事关系类

男根：◇ 眼睛：⧉ 人头：⿰ 七个喉咙：⿰ 眼睛：◠

手掌：⿰ 喉咙：⿰ 鼻子：⿰

从上面的义类分析，可以发现以下几个特点：

第一，生活生产类中没有出现植物类，都为动物，并且"猪"与"牛"尤为详细。这是当时生产特点的一个体现，即畜牧发达，而种植业落后。这种生产方式直接影响了文字的发生。

第二，自然环境居多，而其中尤以天象类为多，说明天象对他们生活的影响较大。

不管生产还是天象，对某种事物的密切关注往往催生相应的文字的产生。下面将其与东巴文进行比较，虽然达巴文与东巴文之间的关系很可能不是简单地一方借自另一方的关系，但是从达巴文的身上我们至少可以窥见东巴文的一些早期面貌：

东巴文、达巴文同义比较表

序号	字义	达巴文		东巴文	
		达巴文字音	达巴文字形	东巴文字音	东巴文字形
1	男性生殖器	尼支	◇ ◈	$tʂua^{21}ɣɯ^{33}nu^{21}$ $za^{21}ʐ̩^{33}$	⿰
2	星名	洼格	◌◌ ◌	$bu^{21}to^{55}$	◌◌ ◌
3	青蛙	报快	⿰⿰⿰⿰	$pa^{33}teə^{33}$	⿰⿰⿰⿰

续表

序号	字义	达巴文		东巴文	
		达巴文字音	达巴文字形	东巴文字音	东巴文字形
4	泉水、水	吉科		dʑi²¹k'o³³	
5	水池	拔格发		dər³³	
6	海螺	年火		dɣ³³；fɣ⁵⁵ze³³	
7	野鸡	胡朋		fɣ33	
8	鸭	格哥		ɑ55	
9	（猪）油	布马		mɑ33p'ər21	
10	目	日年		ŋə21又miə21	
11	头	拍米		kɣ³³ɪɣ³³；kɣ³³	
12	日	尼马		ŋi³³me³³	
13	手掌	拉巴		ɪɑ²¹	
14	鼻	杂朋布		ŋi⁵⁵mər²¹	
15	大地	扎大加布		dy²¹；ɪɯ³³	

　　我们经过比较在东巴文中找到了15个相似的文字,其中自然天象有8例,占了53.3%,人事有4例,占了26.7%。可见早期文字的发生主要还是与生活密切的事物所触发而产生,宗教的影响则似乎并不很强烈。

　　从玛丽玛莎文借东巴文和东巴文可能借达巴文的状况来看,在有传承关系的早期文字中,无文字民族在从有文字民族借入文字时有一个筛选机制,即选择与本民族生活密切相关的文字而忽略其他文字。

二、从同一种文字不同发展阶段的同义比较看文字的发生动力

　　对同一文字的不同发展阶段进行同义比较,可以寻找到原始文字的一些概貌,并对文字发生动力提供一些启示。学术界一般认为,若喀文是东巴文的早期

形态,而鲁甸文则为成熟时期。① 很多学者对这些文字进行过深入研究。 和志武在《纳西族古文字概论》②一文中曾列举了若喀(即下表中的"阮可")文和成熟的东巴文相同和不同的若干字例(见下图):

阮可字　　　　　东巴文

ngee 超荐木偶 / ngv̌ 超荐木偶
(阮可木偶用松明做成) / (纳西木偶用松枝做成)

jǔ szei 铃子 / jǔ szo 铃子

cèi 破板(痕形) / Ke 破板

shǐ 满(谷堆满虫虫) / Shèr 满(羊满圈)

nò 谷神(粮堆插柏枝) / nò 谷神(葛枝白面)

lei 茶(象泡茶) / lèi 茶(碗有茶)

阮可字反读音　　 义意　　 东巴文反读音

reebūdee ngv 祭奠外神主木偶 / bǔi ngv (祭奠木偶)
See.nber 披毡 / See
Cèr 腿 / ci
zru 飞石 / zrū
Shai 血 / Sai
zzee 庄房 / zzee
tei.lei tǚ 旗 / tei
zhèr 骨节 / shèr
qu.Kochv 钻 / qu
zzer 人 / zzi.xi
szo 男子 / ddū szo (茶族之字)
chuà 鹿(角) / chuà (鹿头)
chvr 肥肉 / Shee.chèr
Shèr 水满 / jǐ yi nder shèr 水满堆
òzzee 死者 / Cêe (鬼)

我们也同样对这些字进行义类分析:

1. 生活生产类

披毡:　　 飞石:　　 庄房:　　 旗:　　 钻:　　 鹿角:　　 肥肉:

---

① 王元鹿:《由若喀字与鲁甸字看纳西东巴文字流播中的发展——兼论这一研究对文字史与普通文字学研究的意义》,载《华东师范大学学报 (哲学社会科学版)》,2001年第5期。
② 载《云南社会科学》,1982年第5期。

2. 人事关系类

腿：🦵　　血：〜　　骨节：⟊　　人：⺅　　男子：旲　　人死：⺌

3. 自然天象类

水满：⁂

4. 宗教类

祭祀处：⟊　　神主木偶：⟊

从若喀文到成熟东巴文，文字形体不断变化，新文字不断产生，一些旧文字在发展中淘汰，而这些沉淀下来的文字，自然是在这个文字体系中有着重要地位的。或者可以推断，这些文字在东巴文发生之初就已经出现，是这一文字体系的基本组成。义类分析显示，这些文字主要是生活生产类和人事类，可见标记这部分与生产生活关系密切的事物的需求应当是这种文字产生的主要动力。

三、从关系比较密切的两种文字的同义比较看文字的发展动力

尔苏人旧称西蕃，主要分布在四川凉山彝族自治州的甘洛、越西、冕宁、木里，雅安地区的石棉，甘孜藏族自治州的九龙等县。尔苏人有一些经书，内容大多与原始宗教有关，其中的文字与纳西族东巴文相似，学者一般称其为沙巴文。王元鹿曾指出沙巴文与东巴文可能存在着系统上的关系[①]。下面是孙宏开在《尔苏沙巴图画文字》[②]中所录的30个字，从义类分析来看有以下几类：

1. 生活生产类：

⟊ 皮口袋　　　　　　　　　⟊ 切菜板或指木头墩子

⟊ 装食品的食盘　　　　　　⟊ 斧头

⟊ 装酒用的花陶罐　　　　　⟊ 器皿，家什

⟊ 箭　　　　　　　　　　　⟊ 挂钩

⟊ 盾牌　　　　　　　　　　⟊ 带把的陶罐，盛酒用

⟊ 宝刀　　　　　　　　　　⟊ 牛

⟊ 桥　　　　　　　　　　　⟊ 三岔路口

---

① 王元鹿：《汉古文字与纳西东巴文字比较研究》，华东师范大学出版社，1988年，第28—36页。

② 载《民族语文》，1982年第6期。

2. 自然环境类

☒ 表示火焰在燃烧意思　　　☒ 树被风刮断

☉ 太阳　　　　　　　　　　☒ 指青蛙或癞蛤蟆

☽ 月亮　　　　　　　　　　☒ 星星

☒ 青冈树的叶子

3. 宗教类

☒ 奴隶变成的鬼　　　　　　☒ 一种形状似手的法器

☒ 一种能锁妖魔的笼子　　　☒ 法器

☒ 白海螺,做法事的工具　　☒ 一种鬼神的代号

☒ 用于抬尸体的担架　　　　☒ 吉祥星簇

☒ 宗教活动者做法事时供物用的三角架子

这30个字中,第一类即生活生产类用字占了总字数46%。其中的"皮口袋"、"切菜板"、"牛"等都是基本的生存资料,记录这类事物的需求是尔苏文形成的重要动力之一。 第二类为自然环境类,共7个,其中天象有6个,可见天象与生产生活与人类有着同样密切的关系,记录天象的需求也是尔苏文形成的重要动力之一。 第三类宗教类,尔苏人的社会性质类似原始宗教盛行的早期社会,与宗教相关的事物常常成为人们生活重要的组成部分。 这一类有9个字,占总字数的30%,仅次于生活生产类用字数量。广义上的巫术可以作为尔苏文产生的重要动力。

以上这些文字在纳西东巴文中可以找到对应的例字,列举如下:

1. 生产生活类

☒ ,皮袋　　　　　　　☒ ,砧

☒ ,盘　　　　　　　　☒ ,斧头

☒ ,罐　　　　　　　　☒ ,器皿

☒ ,箭　　　　　　　　☒ ,挂钩

☒ ,盾牌　　　　　　　☒ ,壶

☒ ,刀　　　　　　　　☒ ,牛

☒ ,桥　　　　　　　　☒ ,路口

2. 自然环境类

☒ 、火　　　　　　　　☒ ,折断

☒ ,日　　　　　　　　☒ ,蛙

▱,月　　　　　　。。。,星

⌐,叶

3. 宗教类

⑄,鬼　　　　　　Ψ,法轮

⚘,祭笼　　　　　⚘,法杖

⚘,海螺　　　　　⚘,神名

⋒,铁架　　　　　⚬,繁星

据统计,纳西东巴文中生产生活类占总字数的60%左右,宗教类占10%左右。东巴文比尔苏沙巴文成熟许多,但在基本的生产生活、天象和宗教概念上均有对应,这不是一种偶然现象。一个文字系统的初步成型,至少须要创制最小量的基础字。这些基础字表达的必然是最迫切需要被记录下来的事物,上文比对结果说明,纳西东巴文和尔苏文在发生时面临相似的自然社会环境,产生的主要动力相似,主要是生产生活类、天象类和宗教类。

同时我们看到,尔苏文中没有出现地名、人称及各种飞禽走兽,这归因于文字系统的不发达及其生产生活空间的相对狭小。而东巴文中此类字占据了较大的比例,这是文字成熟度和社会文明程度的体现。

四、从水文看文字的发生动力

水文是一种拼盘文字,部分借自汉字,部分是自源字。我们认为其自源字发生较早,可以看作一种早期文字,列举如下:

1. 自然天象类

1）天象

太阳:○　　月亮:○　　春季:而　　秋季:狅　　五行用字:⚘,⚘,⚘,⚘

阴:⚘　　阳:⚘　　坎:Ⴤ　　震:⚘　　兑:⚘　　离:⚘

乾:⚘　　艮:⚘　　文曲星:⚘　　辅星:⚘　　弼星:⚘　　破军星:⚘

潮:⚘　　年数:⚘　　月数:⚘　　天数:⚘　　云:⚘,⚘,⚘,⚘

蜘蛛:⚘　　公鸡:⚘　　草:⚘　　星:⚘,⚘,。。。

风:⚘,⚘,⚘,⚘　　　　　　雨:⚘,⚘,⚘

2）方位

上:▱　　中:⚘　　下:▱

2. 生产生活类

镰:⃞ 斧:⃞ 刀:⃞ 弓:⃞ 箭:⃞ 伞:⃞

坑:⃞ 井:⃞ 田:⃞,⃞,⃞,⃞ 谷:⃞ 衣:⃞

酒:⃞ 肉:⃞ 屋:⃞ 仓:⃞ 铃:⃞ 桌:⃞

扫帚:⃞ 耙:⃞ 梯:⃞

3. 宗教类

巫师:⃞ 怪物:⃞ 雨神:⃞ 鬼:⃞ 符:⃞ 卦:⃞

放鬼:⃞ 收鬼:⃞ 祭:⃞,⃞,⃞

4. 人事类

舅:⃞ 头:⃞ 脸:⃞ 口:⃞ 踢:⃞ 苦:⃞ 甥:⃞ 伯父:⃞

妇:⃞ 弟:⃞,⃞,⃞ 子:⃞ 孙:⃞ 妇女:⃞,⃞ 人:⃞,⃞,⃞

抽:⃞ 哭:⃞,⃞ 走:⃞,⃞ 行:⃞ 说:⃞,⃞

耳:⃞ 等:⃞,⃞ 目:⃞,⃞,⃞ 鼻:⃞,⃞

据华东师范大学中国文字研究与应用中心建立的相关电子资料库的统计数据,水书文字自源字包括异体字共有446个。对这些文字进行义类分析可以发现天象类字占有明显优势。这些天象类字,虽然字形不同于汉字,但内涵与汉文化中的天象相通,应当是受到汉文化影响的结果。单从这类字看,水书文字产生的一个动力当属强势的汉文化。可见,一种文字的产生,我们不能忽略其他民族文化的因素。

五、小结

通过以上几种文字的同义比较,我们便能对于文字发生动力有一个相对客观的认识:

1. 文字发生的动力不能归结于某一种因素,而是多元的。可以肯定的是,标记生产生活类事物的需求是最重要的动力之一,这里的生产生活指的是与文字使用者关系最为密切的事物,所以广义上的巫术也可以被认为是生产生活的一个方面而作为文字产生的动力之一。

2. 其他文化影响也是文字产生的重要动力,如汉文化对水文的影响,东巴文对玛丽玛莎文的影响等。当然这种影响是以适应本民族生活需求为目的,是有选择的。

第四章　旨在探究文字发生过程的同义比较

随着文字发生学研究的深化,愈来愈多的文字学者开始认识到文字的发生是一个过程。关于文字发生的过程的研究,有若干问题值得注意,如文字发生的绝对性、发生过程的模糊性及阶段性。下面我们就从同义比较的角度来探讨这些问题。

第一节　关于文字发生过程的一些观点

陈炜湛、唐钰明认为:"语言的产生和发展是渐变的,文字作为语言的书面形式,它的产生也同样经历了漫长的岁月,经历了从无到有、由少到多、由简单到复杂的渐变过程。"[①]裘锡圭说:"事物都有一个发展过程,文字也不例外。以别的语言文字为依傍,有时能为一种语言很快地制定出一套完整的文字来。但是对完全或基本上独立创造的文字来说,从第一批文字的出现到能够完整地记录语言的文字体系的最后形成,总是需要经历一段很长的时间的。"[②]裘先生虽然说的是从原始文字到成熟文字的过程,其实用在原始文字的形成过程上也是一样。

王元鹿曾详细论述过"图画和符号进入文字后的变化"可以归结为以下几点:[③]

1. 图画演变成的符号与符号演变成的符号在文字中被合起来使用。

2. 图画演变成的符号与符号演变成的符号分别是在形体、方位、结构上有所变化。

---

① 陈炜湛、唐钰明:《古文字学纲要》,中山大学出版社,1988年,第13页。
② 裘锡圭:《文字学概要》,商务印书馆,1988年,第1页。
③ 王元鹿:《普通文字学概论》,贵州人民出版社,1996年,第96页。

3. 图画演变成的符号在形体上有符号化的趋势,即逐渐趋于字形简化和大小规范化。

4. 图画演变成的符号与符号演变成的符号在文字中的具体用途上比原先广泛,而这些用途的共性是记录语言。

这些变化揭示了文字的形成过程。如果将其加以概括,则可以勾画出文字发生的概貌:原始图画和狭义上的符号由于记录语言的需要而进入文字,同时它们的某些方面因进入文字而发生了某些变化,同时它们的用途也日益增广。

美国学者史蔓特·白斯拉特(Schmandt Besserat,以下简称史氏)研究了古代西亚116个遗址出土的近万个陶筹。她的结论是:楔形文字不是起源于图画,而是直接由三维的陶筹演变来的。其演变过程可简要归纳如下:"新石器革命"开始不久,即公元前8000年左右,人们便开始用陶筹记数记事。这时使用的陶筹虽然形状多种多样,十分丰富,但陶筹无孔无洞,亦无刻道,比较简单,史氏称其为"朴素陶筹"。公元前4000年末,开始出现或打洞、或刻道的陶筹,史氏称之为"复杂陶筹"。也是从这个时候起,人们开始把陶筹串连起来保存,或将其包裹在空心泥球(hollow clay envelopes)里保存。在泥球尚未变干变硬之前,人们用圆扁印(stamp seals)在泥球表面印上印迹,以示所有。圆扁印逐渐被圆柱印(cylinder seals)取代。把陶筹放在泥球里保存有个难以克服的缺陷,即如果当事人忘记泥球里存放陶筹的数量和形状时,不打破印封好的泥球便无法进行复查。大概就是为了克服这个缺陷,人们开始在印封之前分别用陶筹在泥球上压印一次,然后印封。这样,从泥球上的印迹就可以知道里面陶筹的数目和形状,可以随时复查,无须再破球取筹。这样一来,既然印迹可以取代陶筹而起到记事的作用。那么,仍然保存陶筹岂不多此一举?由此出现了只有陶筹印迹而无实际陶筹的泥板:既然不再包裹陶筹,空心泥球就自然变成了实心泥板,圆形变为长方形。泥板表面最初有些凸起,稍后便变成平面了。由凸变平的原因大概是为了减少书写泥板背面时泥板正面与手掌的接触面。陶筹在泥板上压出的形状往往不十分清晰,又很占空间,于是人们开始用芦苇笔把陶筹画在泥板上,三维的陶筹演变为二维的文字,于是文字便诞生了。

史氏的陶筹变文字论说明了文字产生是一个漫长的过程。文字发生过程论说明文字突变的观念是不客观的,过去认为文字是神的恩赐,或是某一位圣人一下子造出来的,这些都不符合文字发生的客观实际。

第二节　从同义比较看文字发生过程及其特点

文字的发生是一个客观的过程,现在的人们无法亲眼目睹,只能见诸古人留下的只言片语。这些只言片语往往带有浓厚的神话色彩,作为科学研究的材料不甚可靠。考古发现的大量原始图画和类似文字符号的物件才真正为我们提供了有关文字发生的可靠物证。至今仍在使用的一些少数民族的图画文字也成为我们研究的活材料。下文将使用同义比较的方法来处理这类材料,以探究文字的发生过程及其特点。

一、从同义比较看文字的发生过程
（一）从原始图画与原始文字的比较看文字的发生过程
关于文字来源虽然学界尚未取得统一认识,然而绝大多数当代文字学者都不否认原始图画是文字的主要渊源之一。在是否记录语言方面,原始图画与原始文字有着本质差别,但二者在内容和形式上却有着密切的联系。举例如下:

中卫岩画

东巴经《崇搬图》片断

第一幅图为中卫岩画中的一幅狩猎图[①],画着许多人执弓箭向猎物射击的盛大场面。 第二幅图是纳西族东巴经《崇搬图》[②]中的一个画面,中上方画的是一人持箭射虎。 前者为岩画,后者为原始文字,都存在"人"、"箭"、"猎物"几个内容要素,这些要素在构成形式上都以事实上的空间关系为依据;不同的是前者细致描绘形成一个场面,后者只截取关键部分。 这个例子可以看出文字发生时与原始图画在内容上密切相关。 又比如:

曼德拉山岩画

---

① 周兴华:《中卫岩画》,宁夏人民出版社,1991年。
② 和芳讲述、周汝诚翻译,《崇搬图》,丽江县文化馆,1963年。 下文引用的《崇搬图》经文均引自这一版本。

东巴经《崇搬图》片断

第一幅图是曼德拉山岩画中人骑马前行的一个画面①，第二幅图仍为《崇搬图》中的一段，该段经文意为"……这般马白骑……"，两图的结构模式完全相同。在学术界，东巴文已经是公认的较为原始的文字。通过以上比较可以看到早期文字与图画在内容和形式上关系极为密切。这一方面说明了文字的产生很大程度上直接来自于绘画，另一方面又暗示着区别图画与文字的根本要素不是内容与形式，而在于是否与语言相结合。

（二）从原始符号与文字的比较看文字的发生过程

首先值得一提的是结绳记事。文字的发生与结绳记事的关系非常密切。《周易·系辞·上》曰："上古结绳而治，后世易之为书契。"古人早已意识到这一点。古老文字中还包含着结绳记事的痕迹。根据徐中舒先生的研究，古汉字的 ￤（金文"十"），ᑌ（金文"廿"），ᗐ（金文"卅"）等数字就像一根或几根打结的绳子。②这些文字线条中的隆起部分与绳结相似，的确很可能是对结绳记事的书面描绘，后融入到文字体系之中成为文字。

刻画记事与文字的关系也非常密切。郭沫若、于省吾、李孝定和李学勤等著名专家明确指出，距今6 000年前的半坡陶文和距今约4 500年前的大汶口陶文为中国文字的源头，这一观点得到了许多专家的认同。现将这些陶文中的刻画符号列举如下③：

于省吾先生曾考证其中的 ╳ 为五，╋ 为七，Ⴀ 为示，↑ 为矛等。④这种对应带

---

① 王雅生主编：《曼德拉山岩画集》，甘肃人民出版社，2005年。
② 徐中舒：《结绳遗俗考》，载《说文月刊》，1944年第4期。
③ 该图采自郭沫若《古代文字之辩证的发展》（载《考古》，1972年第3期）。
④ 于省吾：《关于古文字研究的若干问题》，载《文物》，1973年第2期。

半坡刻符举例　　　　　　　　　　僳僳族木刻

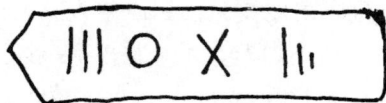

有很强的猜测成分,但我们也不能完全否认这种关系的存在,从民俗学角度来看有很多还是可信的。

上图①是一个僳僳族木刻的样品。 左边的三竖记录数字"三"这与东巴文、汉文等多种文字的计数符号是类似的,这类的例子不胜枚举。 原始文字中以数字为代表的抽象概念往往来自于用以计数的原始记事方式,契刻是最典型的代表。 这些符号与原始文字在内容和形式上难以分辨,我们可以肯定这些符号是原始文字的重要源头之一。

(三)从一些原始文字的同义字句比较看文字的发生过程

我们在研究中发现一些原始文字留存着大量的图画成分,这些图画成分有所分解,体现出向文字发展的趋势。 纳西族的东巴文献中就存在大量的这种情况,这种分解痕迹有时出现在不同文献中,有时反映在同一文献内部。

纳西族的创世神话有不同的版本,各版本在发展程度上有所不同,对其进行同义比较可以寻觅到一些文字发生的信息。②

左图右部 ▦ 用来记录"蛋九个",为图画表意方式;而右图则用 ◖(蛋)和 ⣿

---

① 该图采自汪宁生《从原始记事到文字发明》(载《考古学报》,1981年第1期)。

② 以下所列三组东巴经,前者采自《古事记》(傅懋勣:《丽江么些象形文〈古事记〉研究》,武昌华中大学出版,1948年),后者采自《崇搬图》(和芳讲述、周汝诚翻译,丽江县文化馆,1963年)。

（九）分别记录，这是图画性的明显削弱。

又如：

左图汉译为：蛋拿湖内抛，左（助）风白吹，右（助）风黑吹，风（助）湖荡漾，湖（助）蛋荡漾，蛋拿山崖（助）撞，山崖打。这里的"左"和"右"是通过风与蛋的摆放方位来会意的，是图画表意方式，而右图则分别用 𝆑 和 𝆑 来专门记录"左"和"右"。这也是图画性的削弱。

再如：

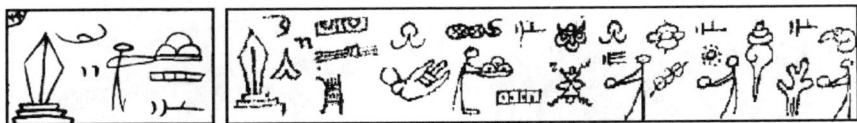

左图汉译为：灵山不建不可，灵山建去（助），（神名）（男），石黑（助）一块带送，土黑（助）一把带送。动词"带"由人持石的图形来表示，虽类似会意，但图画味仍然很浓。而右图也出现了相同的表达方式，但是由三个"𝆑"独立地记录"带"一词。

东巴文献的这种差异生动地再现了文字由图画发生的过程。从中我们看到，在经文的口头内容相对固定的情况下，一些与内容确定、使用频繁的语词对应的图画部分，如计数（九个）、方向（左右）、常用动词（带）等逐渐从图画中分解出来，由图画中用以会意的部分转变为与经文中某个语词固定对应的成分，当这种对应关系稳定下来后，这部分图画便担当起标记语言成分的功能，成为文字。

二、从同义比较看文字发生过程的特点

（一）文字发生的漫长性

"当原始图画不仅用来认识世界，用来满足艺术的需要，或者达到巫术、祭祀

的目的,而且还用来(虽然是局部的)达到交际和记事的目的,即表达某些信息(作为口述之补充)或者保存这些信息(保存在述者和听者的记忆里),此为图画文字形成的开始。"①从这个观点来看,判断文字的发生不仅要考察其形式和内容,还须考察其作用。 从出于艺术、巫术、祭祀目的的书面表达过渡到语言信息的载体,文字渊源物的作用转移受到社会文明发展程度的制约,所以必然是一个漫长的过程,而不是有着某一临界点的突变。 我们可以从单个文字产生的漫长性、单个文字形成的层次性及整个文字系统形成的漫长性三个角度,来认识文字发生的漫长性。

1. 单个文字产生的漫长性

各种史前文明的原始图画的主题不外乎人类和常见动物以及渔、猎等基本人类活动,这些原始图画早在旧石器时代就已出现,早于文字发生的新石器时代,却在形象上与早期文字十分类似。如:

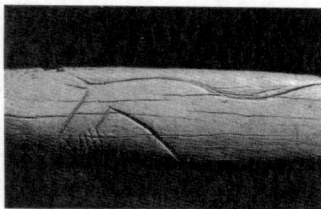

欧洲早期木刻马造型　　　　　　　东巴文"马"字

左图是一副刻在掷矛上的马造型,约为公元前22000年的作品,是欧洲年代可考的最早具有写实风格的实用品装饰。右图是创制年代不早于唐朝的纳西族东巴文的"马"字。后者甚至比前者象形程度更高。再如:

欧洲旧石器晚期牛造型　　　　　　　东巴文"牛"字

---

① 〔苏〕B.A.伊斯特林:《文字的产生和发展》,北京大学出版社,1987年,第5页。

左图是一头中箭的犁牛的造型,为欧洲旧石器晚期(距今不少于10 000年)的作品。右图则是纳西族东巴文的"牛"字,二者的象形化程度近似。可见,一个图像内在的功能转化是个漫长的过程,有赖于各方面条件的成熟,而这个过程很难从形象上辨别出来。

2. 单个文字产生的层次性

单个文字产生的层次性一方面指的是:一个文字系统最早发生的字当是与渊源物关系最密切的象形字和纯符号指事字,而一些抽象概念的表达则需要借助更先进的造字或用字方式。另一方面,即便是最直观的象形字与指事字,仍有其内在的层次性。

岩画是史前图画的主要方式之一。根据学者对欧洲大陆岩画的调查发现,其主题往往是确定的,也就是说这些图画的作者并不能以自己的兴趣为目的进行创作。专家们从已知的125个遗址中考察了66个有动物图像的岩洞,研究了上千个动物形象,统计出这样一组数字:马610匹,野牛510只,猛犸205只,母鹿135只,公鹿112只,驯鹿84只,熊36头,狮子29只,犀牛16头……地理条件和常见动物是绘画主题的主要依据。而人像在旧石器岩洞壁画中为数甚少,他们一般画在动物旁边,且被抽象地表现。史前人类不愿表现自己,可能是受巫术影响,担心会像动物图像那样成为被伤害的对象。另外,依照统计结果,符号分为两类:一类是简单、线形的,如棍状、钩状符号;另一类相对复杂,包括椭圆、长方形或点阵符号。这两类符号的使用同动物图像和男女性器官似乎存在某种对应关系。[①]

从上文的例子可以看出,生产生活环境和方式很大程度上影响了原始图画的主题和内容。图画主题和内容的丰富以生产方式发展、生活地域扩大、接触事物丰富、文明程度提高为前提,从而造成了单个文字产生的层次性。

3. 文字系统形成的漫长性

单个文字形成的漫长性和层次性必然投射到整个文字系统的形成上。此外,文字系统记录语言的全面性、顺序性和准确性还有赖于单个文字表意功能的强化和先进造字方式的出现,这进一步拉长了文字系统形成的过程。从某种程度上来说,东巴文正处于这样一个过程之中。根据我们的考察,纳西东巴文字的

----

① 高火:《欧洲史前艺术》,河北教育出版社,2003年。

主要来源是以表意字为主的若喀文,二者的联系可以从下表的同义比较看出:

若喀文、东巴文同义比较举例

字义	若喀文字形	东巴文字形
肩胛骨		
一种蓼科植物		
方位词		
富		
神名		

通过观察我们发现,早期若喀字很可能是一种纯以表意法记词的文字系统,指事字在其造字方式中占优势,尤其是纯符号性的指事字。若喀字向其他地区流播的过程中,又增加了部分象形字、在象形符号基础上添加指事性符号的指事字、会意字,并出现了记音写词。

如果说若喀字代表了东巴文的源头,鲁甸文则是其尾端。作为东巴文的一种,鲁甸文最大的特征是意音写词法的造成和发展,在原字上加声符的标音和在原字上加意符的标义均已形成。如 在象形字 (鸡冠)上加意符"铁",这种写法仅见于鲁甸文中。又如 加音符"黄豆",这一写法亦常见于鲁甸文。[1]

若喀文、东巴文、鲁甸文都属尚未成熟的文字系统,可以说是同一文字类型的不同发展阶段,却同时存在于纳西族各个地区。这间接体现了文字系统形成的漫长性,及其过程的复杂交错。

(二)文字发生的模糊性

上文提到过,我们很难从一个图像本身区别其是否为文字,因为图像本身无法说明其与语言之间是否存在联系,而这正是文字的根本性质所在。除却年代的古远和材料的稀缺这些不可抗力,我们仍需要分析文字发生模糊性究竟意味

---

[1] 王元鹿:《由若喀字与鲁甸字看纳西东巴文字流播中的发展——兼论这一研究对文字史与普通文字学研究的意义》,载《华东师范大学学报(哲学社会科学版)》,2001年第5期。

着什么。

　　文字的发生是一个过程,而且是一个起点和终点都不明确的过程。从本质上来说,就是图像与语言之结合程度的无法确定;从表象上来说,就是原始文字与渊源物的模糊性与原始文字与成熟文字的模糊性。

　　1. 原始文字与渊源物界限的模糊性

　　下表是七种早期文字中"日、月、星、山、人、鸟"的象形字进行的同义比较:

七种早期文字同义比较举例

	日	月	星	山	人	鸟
汉早期文字	○ (大汶口陶符)	) (早期金文)	°°° (早期金文)	⛰ (大汶口陶符)	⚥ (族徽文字)	🐦 (族徽文字)
纳西东巴文	⊕			△		
水文	○	θ	○○○	∇		
苏美尔文字			✳			
马亚文字						
埃及圣书字	⊙	☽	★			
印第安文字						

　　"日、月、星、山、人、鸟"是人类生活中最基本的几个概念,七种早期文字的例字都是图画性的象形字。我们说它们是文字,是基于对其所在的文字系统的整体把握。[①]其实作为图像本身来说,它们作为图画存在的时间可能要比作为文字存在的时间久远很多,至于何时成为文字系统的构成部分是很难确定的。

　　2. 原始文字与成熟文字界限的模糊性

　　作为文字发生过程的尾端,我们同样无法确知。比如东巴文中"连环画"式的篇章会意,下图[②]是最典型的例子之一。

　　这段经文只用几个图像:鸟在篱上,箭射嗓子;男人持弓射箭,女人投掷梭

---

① 不包括表中"汉早期文字"中有争议的大汶口符号。

② 该图采自周有光《纳西文字中的"六书"——纪念语言学家傅懋勣先生》(载《民族语文》,1994年第6期)。

东巴文片断

子;织布机。大意是:"翠红褒白正在织布的时候,有一只斑鸠飞来歇在菜园的篱笆上,崇仁利恩带了弩箭去射它,瞄了3次,不曾射出。翠红褒白连声说:射呀,射呀。她赶快拿起织布的梭子往崇仁利恩的手肘上一撞,箭就射出去了,正好射在斑鸠的嗉子上。"

但从形式上看,我们很难说其是图画还是文字。东巴文性质的确认仍基于我们对于其整个系统的把握。除了这种以象形图画来篇章会意的方式之外,东巴文还存在发达的形声字和假借字,甚至孕育出了可以顺序记录纳西语音的哥巴文。就这种共存现象,学界已将东巴文定性为:处在由早期图画文字向意音文字发展的过渡阶段。东巴文的这种过渡性可以帮助我们认识前文字到文字的过渡性。

3. 自源文字与借源文字的模糊性

上文讨论的对象都是自源文字。这里关注到的是一种特殊情况:借源文字的发生。由个人创制的借源文字不具备文字系统发展的过程性,不在讨论范围之内。

文字的借源必然产生在已有文字的历史内,所以借源文字的发生不属于一般意义上的文字发生范畴。除非有史可依,否则当一种文字(或一个文字系统的部分文字)的渊源物是另一种文字时,其发生的模糊性就涉及到:借源成分的区分、借源对象的确定、借源方式的认定,以及自源成分区分,自造文字方式的认定,等等。只有这些问题弄清楚了以后,才具备探究其发生情况的基础。

以水文的"新造字"为例。水文新造字是为水语中的汉语借词而造的,其造字方式是象形,如 ⚬ 记录汉语借词"笔",这与水文自源字中的象形字极易混淆。所以,借源文字发生的模糊性有其独特性,对这一问题的正确认识有助于把握普遍存在着借源现象的少数民族文字的发生问题。

(三)文字发生的阶段性

本部分将先把视野集中在汉字学研究史,从历代学者的成果中提取有关汉字发生阶段性的论述。 然后再从同义比较的角度探索东巴文发生的阶段性问题。 通过对汉字与东巴文这两种颇具代表性的文字发生的阶段性的认识,必能对认识人类文字发生的阶段性起到一个"窥一斑而知全豹"的效果。

1. 汉字的"文""字"之辨

在古代,"文字"并不是一个词,"文"和"字"是两个意义有区别的单音节词。《说文解字·叙》:"仓颉之初作书,盖依类象形,故谓之文;其后形声相益,即谓之字。 文者,物象之本;字者,言孳乳而浸多也。"段注:"析言之,独体曰文,合体曰字;统言之,则文、字可互称。""依类象形,谓指事、象形二者也。 指事,亦所以象形也。""'形声相益',谓形声、会意二者也。 有形则必有声,声与形相轵为形声,形与形相轵为会意。"

李登语:"物相杂,故曰文;文相滋,故曰字。"①

孔颖达《春秋左传正义》卷二十四宣公十五年疏:"文者,物象之本;字者,孳乳而生。 是'文'谓之'字'也,制字之体。"②

戴侗《六书故》:"指事、象形二者谓之文,会意、转注、谐声三者谓之字。 字者,孳也,言文之所生也。 孳通作滋。"③

桂馥《说文解字义证》引辛处信注《文心雕龙》:"昔仓颉造书,形立谓之文,声具谓之字,写于竹帛谓之书。"④

段玉裁:"点画谓之文,文滋谓之字。"⑤

陈梦家:"以下凡用'文''名''字'的名称,都各依照它原来的意义,就是:凡画成物体的形象者曰文,凡称谓物体的名字者曰名,凡形声相益的文字曰字。"陈先生在论述"汉字的结构"时分为"论'文'"、"论'名'"、"论'意''义'"、"论'字'"、"论'形指'"。 所谓"文"就是象形字,但这个象形,并不等于六书中的象形,"我们所谓象形,实际上包括说文六书中的'象形''指事''会意'和一部分的'形声'。""许慎说形声相益谓之字,所以'字'是1)形与声的相益,2)形与形的相益,3)声

---

① 《困学纪闻》翁元圻注所引,《困学纪闻》卷四,商务印书馆,1959年,第379页。
② 孔颖达:《春秋左传正义》卷二十四宣公十五年疏,中华书局影印《十三经注疏》本,1980年,第1888页上。
③ 戴侗:《六书故》,转引自桂馥《说文解字义证》,同治九年湖北崇文书局刊本,卷49,第3页。
④ 桂馥:《说文解字义证》引辛处信注《文心雕龙》,同治九年湖北崇文书局刊本,卷49,第3页。
⑤ 段玉裁:《周礼汉读考序》,《经韵楼集》第二卷。

与声的相益。1）就是'形声字'；2）就是'象意字'（象形字经会合而成者，即会意），'合文'和'原始象形'等；3）就是声假字的重复。"①

2."六书"的次第与关系

过去的《说文》研究及"六书研究"经常涉及到六书次第，其中也包含着对文字发生阶段性的认识。

战国《周礼·地官·保氏》，始有"六书"之名。东汉班固《汉书·艺文志》："古者八岁入小学，故周官保氏掌养国子，教之六书，谓象形、象事、象意、象声、转注、假借，造字之本也。"东汉末郑玄注《周礼·地官·保氏》引郑司农（郑众）云："六书，象形、会意、转注、处事、假借、谐声也。"许慎《说文解字·叙》："《周礼》八岁入小学，保氏教国子，先以六书。一曰指事，指事者，视而可识，察而见意，上下是也。二曰象形，象形者，画成其物，随体诘诎，日月是也。三曰形声，形声者，以事为名，取譬相成，江河是也。四曰会意，会意者，比类合谊，以见指撝，武信是也。五曰转注，转注者，建类一首，同意相授，考老是也。六曰假借，假借者，本无其字，依声托事，令长是也。"汉代三家，名称不同，次第亦不同。其后的研究者，也多有差异。

陈彭年等重修《广韵》："一象形，二会意，三形声，四指事，五假借，六转注"。

郑樵《通志》："一象形，二指事，三会意，四转注，五谐声，六假借。"

张有《复古编》："一象形，二指事，三会意，四谐声，五假借，六转注。"

戴侗《六书故》："一指事，二象形，三会意，四转注，五谐声，六假借。"

杨桓《六书溯源》："一象形，二会意，三指事，四转注，五谐声，六假借。"

王应电《同文备考》："一象形，二会意，三指事，四谐声，五转注，六假借。"

高亨评价为："汉世三家之述六书，名称以许为优，次第以班为长。其后诸家，名称未出旧范，次第各有见地，而都无可取焉。"

高先生对于次第，也有论证："次第以班为长者，文后有合体。独体象形产生最早，合体象形次之。指事乃取一象形字，或加笔画，或减笔画，或反其体，或变其体，自当居象形次，会意乃并二字（或三字四字）而成，皆取其义，此合体也。指事仅取一字之意，会意兼取二字之意，则会意自当居指事之次。形声亦并二字而成，一取其意，一取其声，亦合体也。会意之为合体，此字既取其意，彼字亦取其

---

① 陈梦家：《中国文字学》，中华书局，2006年。

意,是一种造法。形声之为合体,此字则取其意,彼字取其声,是两种造法,则形声自当居会意之次。此四者乃字形构造之方法,而转注假借二者乃字义滋生转变之轨迹。字形为体,字义为用,有体而后言用。则转注假借,自当居象形指事会意形声之后。转注者,乃二字同旁互训,其用仍未离乎本义。假借者,乃借此字以为他义,其用已离乎本义,则转注在前,假借在后甚明。故曰次第以班为长也。"①

聂鸿音:"传统的'六书'把假借排列在最后,给人造成的印象是它在'六书'中出现得最晚,但结合各种文字的客观实际看来,它是当人们感觉到象形字不够用时马上就想到的一种有效手段,因为我们所见到的各种原始文字中可能没有会意和形声,但是不能没有象形和假借。"所以"在象形字产生之后,紧接着出现的造字法应该是假借。"②

刘又辛的"三阶段说"将文字结构与文字发展过程的联系推到了极致。刘又辛先生在《从汉字演变的历史看文字改革》中提出汉字发展史有三个阶段,③分别对应汉字的三种类型,后来他又在《汉字发展史纲要》的专著中详细进行了论证。三个阶段是:表形字阶段,下限为商代甲骨文以前;假借字阶段,下限为秦统一;形声字阶段,下限到现在。三种类型是:表形字、假借字、形声字。④

我们认为甲、金文阶段的假借字使用得较为频繁,但一些表示基本概念的字仍是表意字。

后来的新"六书"研究多半着眼于功用与结构,不再将其与文字发生的过程相联系。

3. 裘锡圭先生关于文字发生过程的观点

（1）象形文字不一定是最先造出的字

"原始文字阶段,文字和图画大概是长期混在一起使用的。对人、鹿等物和射这类具体动作的象形符号来说,文字和图画的界线是不明确的。"⑤

（2）人们最先需要为意义抽象的词造字

人们最先需要为它们配备正式的文字的词,其意义大概都是难于用一般的

---

①　高亨:《文字形义学概论》,山东人民出版社,1963年,第73—76页。

②　聂鸿音:《中国文字概略》,语文出版社,1998年,第105—112页。

③　载《中国语文》,1957年第5期。

④　刘又辛、方有国:《汉字发展史纲要》,中国大百科全书出版社,2000年。

⑤　裘锡圭:《文字学概要》,商务印书馆,1988年,第2页。

象形方法表示的,如数词、虚词、表示事物属性的词,以及其他一些表示抽象意义的词。此外,有些具体事物也很难用简单的图画来表示。

在文字画阶段,已经开始用抽象的图形,或者用象征等比较曲折的手法来表意了。

在文字产生之前,除了一般的文字画之外,人们还曾使用过跟所表示的对象没有内在联系的硬性规定的符号,裘先生称之为"记号"。在文字形成过程刚开始的时候,通常是会有少量流行的记号被吸收成为文字符号的。

人、鹿这一类具体事物的象形符号,大概是在"三"、"大"等类跟图画有明确界线的文字开始产生之后,才在它们的影响之下逐渐跟图画区分开来,成为真正的文字符号的。裘先生的注释还指出唐兰在《中国文字学》里说的"真正的文字,要到象意文字发生才算成功的"也有类似的意思。

(3)假借字的历史悠久

假借字的历史一定非常悠久。在文字的形成过程中,表意的造字方法和假借方法应该是同时发展起来的,而不是像有些人想象的那样,只是在表意字大量产生之后,假借方法才开始应用。

对于假借,王凤阳《汉字学》中也持同样的观点:"'假借'不是象形文字的产物,恰恰相反,象形文字体系倒是'假借'的产儿。"①

4. 关于探索文字发生阶段性的一些同义比较

(1)从若喀文和鲁甸文看纳西东巴文发生的阶段性

我们对李霖灿先生的《么些象形文字字典》中所收的若喀文特有的字形做了分析,其中有象形字15字(其中用作假借表人名的1字),指事字22字(其中纯指事符号指事字20字,加符号指事字2字;另有用作假借人名的1字),会意字6字,不确定的4字。又对若喀字与东巴文共有的字形做了分析,其中象形字12字,指事字5字(其中纯指事符号指事字3字,加符号指事字2字),会意字6字,形声字3字,不确定的4字。通过对这80个字的综合比对,我们认为:较早期的若喀字很可能是一个纯的表意符号体系,若喀字向其他地区传播的过程中出现了表音成分。若喀字可能是东巴文的源头,代表其早期阶段的面貌。

我们又对《么些象形文字字典》中的126个鲁甸文进行了分析,其中象形字

---

① 王凤阳:《汉字学》,吉林文史出版社,1998年,第394页。

18字,指事字19字（其中纯指事符号指事字4字,加符号指事字15字）,会意字21字,形声字61字,其他7字。我们认为:鲁甸文中表意和表音模式并存,且二者在字数上较为均衡。鲁甸文是东巴文发展的高峰阶段。

上文对若喀文和鲁甸文的分析表明,形声字是东巴文形成阶段性的重要参考标志。对东巴文异体字的分析显示,东巴文中存在着象形字和形声字的混用,这种混用在一定程度上保留着东巴文发生的阶段性面貌,这种面貌在许多成熟的文字系统中都被多次的规范化整理彻底掩盖了。下表是东巴文部分象形字和注音式形声字的同义比较:[①]

东巴文象形字与注音式形声字同义比较表

意义	读音	象形字	形声字	声符说明
闪电	$gæ^{33} miə^{21}$			眼 $miə^{21}$
年	khv^{55}			收获（像镰刀割物）khv^{33}
岩	$æ^{21}$			鸡 $æ^{21}$
树	$dzər^{21}$			唱歌 $dzər^{33}$
林	bi^{33}			搓 bi^{21}
野杜鹃	mu^{21}			簸箕 mu^{21}
稻	$ɕi^{21}$			数目字"百"$ɕi^{33}$
鸡	$æ^{21}$			哥巴文 ʔ $ɕə^{24}$表此处读 $ɕə^{24}$
人	$ɕi^{33}$			稻 $ɕi^{21}$
碗	$khua^{55}$			坏（以黑三角表坏）$khua^{21}$
汤	ho^{33}			肋骨 ho^{21}
米	$tʂhua^{33}$			鹿（以鹿角表示）$tʂhua^{55}$
干肉块	$tʂhər^{21}$			世代 $tʂhər^{55}$
美丽	zi^{33}			草 $zʅ^{33}$
招魂	$o^{21} ʂər^{55}$			数目字"七"$ʂər^{33}$

---

① 喻遂生:《纳西东巴形声字研究纲要》,载《纳西东巴文研究丛稿》,巴蜀书社,2003年。

（2）从早期经典与晚期经典的对比看纳西东巴文发生的阶段性

上文我们对东巴文部分象形字和形声字做了静态分析，下面我们将从东巴文的实际应用来看文字发展的阶段性。

现存的东巴经，最早的创作年代已不可考，最晚的《送情死者》是丽江坝长水中村东巴和泗泉等人于20世纪20年代创作的。我们选取从内容和形式上看最接近早期原始经典的《创世纪》和最晚产生的《送情死者》，分析其中的假借字使用情况，来看纳西东巴文献用字的阶段性。

东巴经《创世纪》片断

这段《创世纪》的经文有13个东巴文，分别是 ⚘（杉树 lɯ³³），⚘（不 mə³³），⚘（山羊，tˈsɿ⁵⁵），⚘（草 zə²¹），⚘（金 hæ²¹），⚘（狗 kˈɯ³³），⚘（乳 no³³），⚘（鸡 æ³³），⚘（解 pˈər²¹，借作白），⚘（米 tʂua³³）。这13个字记录了183个音节，27句话（具体内容参见《纳西象形文字谱》第497页），只有一个假借字 ⚘ 。《纳西象形文字谱》摘录《创世纪》中的6页经书，共有东巴文101个，记录了615个音节，共有假借字13个。 由此可见，在早期东巴经中，东巴文只能起到提示记忆的作用，无法顺序全面地记录语言。

东巴经《送情死者》片断

这段《送情死者》的经文，根据《纳西象形文字谱》的分析，字词对应如下：

zɿ³³	pˈər²¹	tv⁵⁵	kˈo³³	y⁵⁵,	iə³³	ko²¹	mə³³
路	白	步	远	助词,	情死	山	不

tˈɣ³³	mɯ³³,	zo³³	ʂu²¹	zo³³le³³	do²¹,	mi⁵⁵	ʂu²¹
到	助词,	男儿	找	又	见,	女儿	找

mi⁵⁵le³³	mæ³³,	le³³	do²¹	lɯ³³	dzy³³	pˈi⁵⁵.
又	着,	又	见	若	有	助词。

东巴经《送情死者》译文

　　大意是：大路很遥远啊，还不到情死之山，男儿如被找见，女儿如被寻到，假若真的被找见。这一页共有5小节，23个字，其中东巴文22个，哥巴文1个，记录了25个音节，已基本达到了逐字记音。　其中假借字有✍（ẓi21 蛇，读ẓi33借作路），✍（p·ər²¹解开，借作白），◠（t·y55 奶渣，借作步），◡（k·o 33角，借作远），✍（y21羊，读y55借作语尾词），✍（iə21 烟叶，读iə33借作情死），✍（ʂu21 铁，借作找），✍（le33 獐，借作又），✍（mæ33 尾，借作着），✍（lɯ55 牛虱，读lɯ33借作假若），✍（dzy21 手镯，读dzy33借作有），✍（p·i21 腿，读·p·i55借作助词）。

　　从上面两段经书的对比可以看到，早期经典与晚期经典在字词对应关系、假借字数量和比例方面有明显区别。　早期经典中字词关系不对应，不能完整记录语言，不记录虚词和抽象词汇，因此假借字数量少。晚期经典中字词关系趋于对应，文字已经能比较完整地记录语言，一些虚词、抽象词得到记录，假借字数量增加。这种差异正反映出了一个文字系统内部各部分发生和形成的阶段性。

第三篇 关于文字性质的同义比较

文字的性质是一个有较复杂涵义的问题。我们在本篇中讨论的"文字性质",是指文字系统的性质。

当然,即便在这一规定之下的"文字性质",还是可以从多角度去看待的。比如,从发生学的角度出发,至少可以把各种文字系统分为"自源文字"与"借源文字"两类。而从文字制度出发,可以把各种文字系统分为早期文字、表词——意音文字、音节文字与音素文字等几类。此外还可以有其他的分类角度。

我们本篇的讨论,从文字性质的分类而言,主要是从上述的后一个角度进行的,亦兼顾前一个角度。而从观察文字性质的视角而言,则是以观察一个文字系统的文字制度(含文字记录语言的方式,文字符号同语言单位的对应关系两方面)为主,同时也进行符号体态的观察。

第一章　有待解决的问题

文字性质的问题，看似简单，其实相当复杂。个中原因，可分为两方面来说。

一是主观方面的原因。也就是说，我们之所以对于某一个文字系统的性质或某一类文字系统的定性与命名看法不一、各持己见，原因不在于对它们的性质了解不一致，而在于观察它们的角度不同，或对它们定性与命名的角度不同。

就拿汉字来说。关于汉字的定性和命名的说法实在是多到难以尽数。如象形文字说、图画文字说、表意文字说、表音文字说、意音文字说、表词文字说、音节文字说、过渡文字说等。值得强调的是，以上种种说法都是专家的而非民间的说法。

可以认为，在一定程度和意义上，与其说这些说法的不同是由于其中持某些观点的专家的认识上的错误造成的，毋宁说是由于这些专家观察这些个或这些类文字系统的角度不同造成的。比如从文字记录语言的方法来看，说汉字是意音文字应该是合理的，但是从文字的符号体态看，认为汉字是象形文字也有其合理性。

另一个值得注意的事实是：专家们对于某些文字学术语的理解亦不尽相同。如对于象形文字的理解，其实与外国古文字流入我国时的翻译有关。Hieroglyph最早是指埃及圣书文字，其原意并非"象形文字"，但是如果把这一翻译的结果理解为"与埃及圣书文字同一类的文字"，可以说是完全正确的。这也可归为专家主观上造成的结果。

当然，专家也可能犯对客观存在认识方面的错误。尤其是当专家所掌握的相关的某种文字系统的材料不够的时候，往往会出现某些对这种文字系统的性质上的认识错误。或是专家在观察某些文字系统时不够细致或思考、推理不够严密，也会发生认识上的错误。如有些专家把汉字定性为"表音文字"，可以被认为是一种思考及推理的失误。至于如果今天还认为汉字是一种"表意文字"，虽然有其一定的理由，还是可以被认为一种理论上的失误，因为汉字的表音性质的一面也是难以否定的。

至于由于某些文字系统的复杂性所导致的对它的性质的认识不清，也应当归到对客观存在认识方面的错误。比如彝文由于多地方不同造成的形体差异，就很容易使我们对它的性质产生错误判断。

在本章中，我们将先列举一些研究我国民族古文字的性质的工作中所遇到或可能遇到的具体与实践上的问题，然后再列举一些在这一工作中的理论问题。

第一节 关于文字性质问题的理解

本节将对我们在本篇中要讨论的"文字性质的问题"的内涵进行简要的介绍。

一、本篇将讨论的文字性质的含义

我们将要讨论的文字性质可以被认为包含两种意义：

第一，一个文字系统（如汉字）或一种文字类型（如早期文字）的整体上的定性与命名。可以说，这是整体意义上的对文字性质的研究。

第二，某一个文字系统的性质上的某一个或某一些特点（如早期文字往往多异体字），或某一类文字系统的相对其他类文字系统的某一个或某一些特性。当然，这一所谓特征在某一类文字系统中又可能是这些文字系统的共性。

二、对一个文字系统定性的多角度性

应该说，对一个文字系统的定性和命名，可以是多角度的。

较多的研究普通文字学的学者，往往从文字制度与符号体态两个方面去为一个文字系统定性，而前一方面即文字制度，又包含文字记录语言的方式和文字符号与它所记录的语言单位的对应关系这两个角度。应该说，文字制度是一个文字系统的内容方面，而符号体态则是一个文字系统的形式方面。而在观察文字制度的两个角度中，文字记录语言的方式可以认为是文字制度的质的方面，而文字符号与它所记录的语言单位的对应关系则是文字制度的量的方面。

事实上，以上的定性做法，在某种意义上已经可以说是多角度的了。何况我们还可以从其他角度去对文字的性质进行观察。比如，从文字系统的发生学去看，至少可以把各种文字系统分为自源文字与借源文字两类。前者是独自发生、独立发展的文字系统，而后者是由于其他民族文字的流入而发生的文字系统。

三、时间与空间对文字性质的影响

我们如果对我国的汉字或其他民族古文字作一些仔细的调查，就可以发现：其实一个文字系统的性质是随着时间的推进与空间的转换而变化的。因此，许多文字系统的性质并非铁板一块。如汉字在其几千年的发展历程中经历了从语段—表意文字到表词—意音文字的发展过程，又如彝文不仅在四省区中的字形大不一样，而且在某一个省区的不同地区中亦往往有极大的区别。显然，前者是时间造成的同一种文字的性质差异，而后者则是空间造成的同一种文字的性质差异。

四、使用范围或使用人群对文字性质的影响

使用文字的范围或人群也可能造成文字性质的差异。最典型的例子是埃及文字中不同的体。圣书体为宫廷所使用，僧侣体为僧侣所使用，而人民体则是为民众所使用。这三种体当是源于一种文字，由于使用范围与使用人群的不同而在性质上逐渐变异，甚至今天我们完全可以把他们视为三种不同的文字来研究。

第二节　有待解决的具体问题与实践问题

关于对我国民族文字的性质问题的研究，如上文所介绍，还有许多工作须要我们去做。以下举一些例子进行进一步的介绍。

一、关于彝文的定性

可以说，关于彝文的定性，是在我国民族古文字定性工作中，成绩距离目标最远的一项工作。关于彝文的性质，据我们所见，就有象形文字说、表意文字说、音节文字说、表意的音节文字说、意音文字说、表词文字说等多种。尽管这种研究上的不足有其如前文所说的客观原因，但是未真正进行对彝文逐字细致研究，尤其是欠缺对一些重要方言及地方字典的比较研究，是我们迄今不能为此种文字定性的主要原因。换言之，要是我们下更大的功夫，彝文的定性工作至少可以有所进展。在这方面，孔祥卿与朱建军二位先生都做了很好的有开发意义的工作，使我们的认识逐渐趋向于与事实接近。但是，还必须投入更多的时间与精力进行更细致的微观上的调查、分析及理论上的研究，才能在这一问题的解决上

有新的突破。

二、关于水文的定性

关于水文的定性,由于文革结束后大量材料的出现及王元鹿、刘凌、翟宜疆、孙易、邓章应、朱建军、高慧宜、李杉等所做的研究工作,有了明显的突破。 但是还有一些工作尚有待我们进一步去做。如文字的应用范围、文字的来源、文字的传播情况等,都是同水文的性质有关的。

三、关于哥巴文、傈僳竹书的定性

对于哥巴文性质的研究尤其是其定性,也是至今学界仍在讨论的问题。 作为一种主要是自其他文种借源而来的音节文字,哥巴文的性质的确十分独特。与其性质接近的还有傈僳族的竹书文字。 二者的共同特点是:(1)含由其他文种借源而来的成分;(2)有许多"音节字母"是同音的。 显然,这类音节文字不同于一般的音节文字与字母文字。 对这两种文字的深入研究,当会有助于它们的定性与对上述两个特点的科学解释。

四、关于我国北方几种民族古文字的局部研究

对于契丹、西夏与女真三种北方的民族古文字,至今的破译与考释工作还远远未臻完善。 然而,我们对它们中的属于某些类别的字,不仅已有一定的了解,而且还可以把这几种文字中某一义类的字拿来进行同义比较研究。这样的研究至少会帮助我们了解这些自汉字"借法"的文种在性质上的同和异。

上述种种就是本篇第二章中将要讨论的一些所谓"具体问题与实践问题"。有的涉及到某一文字系统的整体性质,有的则仅就某一文字系统的某一方面进行探讨,而我们将运用的基本方法都是同义比较的方法。

第三节　有待解决的宏观问题与理论问题

在普通文字学的研究中,我们往往能从许多文字系统尤其是同类的文字系统的综合与比较中发现这一类文字系统的一些共性。由于过去无论是对我国的还是世界民族古文字的研究有重孤立研究、轻综合及比较研究的倾向,我们对文

字类型学上同类的文字（这些文字往往也是在文字史上处于同一发展阶段的文字）的共性研究十分不够。因此，我们十分希望通过比较研究尤其是同义比较研究去解决这些问题。如果再进一步，还完全可能通过同义比较研究来寻觅文字发展中的一些有关文字性质的规律。比如：各种文字系统的文字制度与其符号体态之间的关系是怎样的，各种文字系统的文字制度方面的两个特征即文字记录语言的方式同文字符号与语言单位的对应关系之间的关系是怎样的，文字发展的一般途径是什么，文字传播的一般方向是什么等。

下面，我们将列举一些需要也可能用同义比较的方法去解决的关于文字性质的种种宏观问题与理论问题。

一、早期文字的文字制度的共性

早期文字在世界上的许多地方和历史上的许多时代都存在，但是种种原因使我们对这类文字共性的了解十分不够。原因之一是这种文字与原始图画及原始符号不易区分；原因之二是早期文字往往在较为原始的社会中和较为古远的时代里使用；原因之三是相关的材料较少而且遗失较多。凭借同义比较，至少可以使我们收集并罗列更多的早期文字材料，这当有助于丰富与加深我们对早期文字的共性认识。

二、早期文字的符号体态的共性

早期文字的形态可说是千奇百怪。我们很少去注意总结这些早期文字的符号体态上的共同特征。但是既然早期文字是文字中相当重要的一类，那么对于它的体态性质的研究也是极具价值的。而且这个课题的研究显然对于文字发生学的研究具有支持作用。因此，用同义比较的方法，必然有益于发现较多的早期文字符号体态方面的共性，从而进一步促进我们对文字发生学的研究。

三、表词—意音文字的文字制度的共性

表词—意音文字在文字学上的重要性是毋庸置疑的。世界四大"古典文字"，即苏美尔文字、古埃及圣书文字、汉字和马亚文字，都属此类文字。但是，我们对这些文字系统的比较研究亦做得很不够。同义比较方法的运用，无疑将为这类文字，文字制度方面的共性研究提供极好的条件。

四、表词—意音文字的符号体态的共性

正如我们在上文"三"所述的对表词—意音文字的文字制度的研究有其重要性,同时我们也认识到对于表词—意音文字的符号体态的研究显然也具有重要意义。虽然世界四大"古典文字"的符号体态各异,但是它们既然在文字发展史上属于同一类文字,那么它们在符号体态上肯定存在着某些共性,依靠同义比较自然有助于这些共性的探索。

五、文字制度与符号体态之间的对应性

文字制度与符号体态作为文字系统的性质的两个基本方面,它们之间的关系也是值得进行深入探究的理论问题。同义比较的介入当可以使这一研究更趋深入。

六、文字制度的两个方面之间的对应性

文字制度的两个方面,即文字记录语言的方式和文字符号与语言单位的对应关系之间的关系,与第五点一样,是在文字规律研究方面极具意义的理论问题。同义比较的介入亦当可以使这一研究更趋深入。

第二章　从同义比较看关于一些具体文字系统的性质的问题

第一节　从汉彝数目字的同义比较看彝文的性质

一、楔子

汉字与四省区彝文数目字的比较研究,是一个十分值得关注的课题。 这是由于:第一,从文字的普遍性来看,任何一种原始或表词(语素)—意音文字的数字都是十分值得关注的课题。 因为数字从某些角度而言有其特殊性:(1)常见常用,普遍存在于每种文字之中;(2)早造早借,至少出现于各种自源文字的萌芽时期或来源于各种借源文字的始创时期;(3)往往是指事字,而指事字本身是许多文字中极值得关注而数量又极有限的字;(4)往往来自指示性符号,而指示性符号是文字的源头之一。 因此,数字往往是一种颇可在比较文字学角度下大可研究、足以作为发现某种文字特色的切入点的一类字。 第二,从彝文的内部来看,其数字往往存在同省多异体及异省多异体等情况,这本身就是一个值得足够重视、可供详细研究的角度。

因此,本节将对汉字与彝文中的数目字作一专题性讨论。 首先,我们对四省区彝文中的从一至十的字作列表比较如次:[①]

四省区彝文数目字比较表

	云南	四川	贵州	广西
一	thr²¹	tshr²¹	thi⁵⁵	tha²¹
二	ni²¹	ŋi²¹	ŋi⁵⁵	nei²¹

---

① 表中滇、川、黔、桂四省区彝文数目字的材料分别来源于以下工具书:《彝汉简明词典》(云南省路南彝族自治县文史研究室编,云南民族出版社,1984年)、《滇川黔桂彝汉基本词汇对照词典》(中央民族学院彝族历史文献编译室编,油印本,1984年)、《彝文字典》(贵州省毕节地区民委彝文翻译组编,油印本,1978年)、《滇川黔桂彝文字集·广西卷》(滇川黔桂彝文协作组编,云南民族出版社、四川出版集团、四川民族出版社、贵州民族出版社,2004年)。

续　表

	云南	四川	贵州	广西
三	su^{55} 〔彝文〕	so^{33} 三	su^{33} 三	ɕə^{54} 〔彝文〕
四	ɬi^{55} 〔彝文〕	lɿ^{33} 〔彝文〕	ɬi^{33} 〔彝文〕	ɬi^{54} 〔彝文〕
五	ŋa^{55} 〔彝文〕	ŋɯ^{33} 〔彝文〕	ŋv^{33} 〔彝文〕	ŋu^{54} 五
六	khə^{21} 〔彝文〕	fu^{55} 〔彝文〕	tɕo^{12} 〔彝文〕	tɕhou^{55} 〔彝文〕
七	ʂi^{21} 〔彝文〕	sɿ^{21} 〔彝文〕	ɕi^{55} 七 〔彝文〕	xi^{55} 〔彝文〕
八	he^{21} 〔彝文〕	hi^{55} 〔彝文〕	hei^{12} 〔彝文〕	hei^{55} 〔彝文〕
九	kɯ^{55} 〔彝文〕	gu^{33} 九	kɯ^{33} 九 〔彝文〕	kɯ^{54} 九
十	tshɿ^{33} 〔彝文〕	tshi^{33} 〔彝文〕	tshɯ^{21} 十 〔彝文〕	tɕhei^{21} 千 十

以下我们进一步详细讨论彝、汉文数字间造字上的关系。

二、"一"、"二"、"三"

先看"一"。虽然各省区彝文"一"的写法并不一致，但细致分析却可以发现它们之间存在着某种必然的联系。由表面状况来看，似乎贵州的 一 最为简单，而四川的似乎也是一种相对比较简单的形体，而四川的 � 可能为云南 川、ⵠ 和广西 レ、ﬞ 的更早形体与来源。因此，表中四省区彝文"一"的字形关系，大致可列表如下①：

$$一（贵州）\longrightarrow \text{⟨四川⟩} \begin{cases} 川（云南）、ﬞ（广西） \\ ⵠ（云南）、レ（广西） \end{cases}$$

再看"二"。可以认为表中所列的7个"二"字，除广西的 北（该字可能为借自"红"的假借字）之外，余6字均为二笔写成。而它们的字形关系大致可构拟如次：

---

① 需要说明的是，这只是就符号形态的简与繁及相似和相异情况所拟的关系图，它并不等于真正的字形演变图，亦不是真正的文字流播图。

二（贵州）＜ 二（四川）
　　　　　 二（云南）＜ 勹（云南）
　　　　　　　　　　 㠭（云南）→ 㠪（广西）
　　　　　　　　　　 儿（云南）

兀（广西）

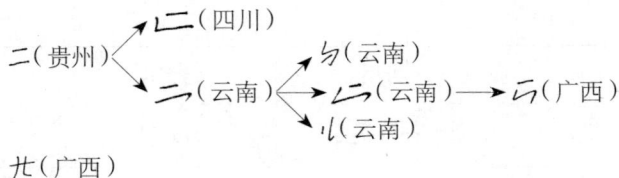

"三"的情况与"一"、"二"大致相同。表中所列4个"三"，云南的 㓷 当为"用"的假借，余三者均为三笔写成。三字大致可构拟以下关系图：

三（贵州）⟶ 三（四川）⟶ 㠭（广西）
㓷（云南）

综合以上对前三个可称为"小数"数字的分析，我们大致可产生以下几个想法：

1. 各省区的"一"、"二"、"三"多为同理据造成；

2. 除了贵州的"一"、"二"、"三"有可能直接借用汉字，其他三省区很可能为自造字；

3. 除了贵州的"一"、"二"、"三"之外，其他三省区之间可构拟流变关系。大致途径为：四川→云南→广西；

4. 各省区"一"、"二"、"三"的造字除自汉字传播而来的可能性之外，若是自造字，当与汉字"一"、"二"、"三"的造字理据相同；

5. 云南彝文"三"已有假借现象。

这里值得提出来的是我们对前三字分析之后存在的几个未解决问题，现罗列于下并略加讨论：

1. 贵州的"一"、"二"、"三"究竟是来自汉字，还是来自云南或四川的彝文，或是自造？

2. 云南彝文多异体的原因何在？

3. 广西的"一"、"二"、"三"从何而来？

对第一个问题，我们可以给予的答案仅是半个：至少贵州"一"、"二"、"三"三字的写法受了汉字的影响。这是由于从"五"到"十"，贵州无一个数字没有相应的汉字借源字。但是我们又无法断定"一"、"二"、"三"这些均属"最小数"的字必定是汉字传播的结果，因为不可排斥它们是来自云南或四川甚至贵州自造的，而在汉字流入后受其笔画（或符号体态）的影响。当然，我们也无足够证据断定它们一定是来自云南或四川的自造字。

对第二个问题，至少亦有半个答案：云南的彝文点多于其他三省区，同字的不同形体当然多。此外，云南彝文历史悠久或也是产生多个异体的原因之一。

对于第三个问题，我们的初步结论是：据形体比较，"一"、"二"应从云南而来，"三"应从四川而来。

以上三个问题的答案，或可从下面对另七个"较大数"的分析中得到进一步的验证或补充。

三、"四"、"五"、"六"

下面我们看一个在彝文中相当特殊的数字"四"。在表中所示的六个"四"中，无一字是与前三个极为相似的。这里特别值得注意的是，云南的 $\curvearrowright$ 和四川的 $\nearrow$ 与各自表示"孙"的字为同一字。而贵州的 $\ni$ 似乎是在初文 $\ni$ 的基础上加了一个符号，广西的"四"虽然从形体看似与"四"数无关，但决不如"一"、"二"、"三"那样明显地与本义牵连，似乎由此可断定广西的彝文"四"来自贵州。

关于"四"的字形关系图构拟如下：

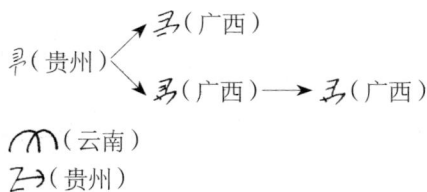

$$\text{彐（贵州）} \Big\langle \begin{array}{l} \nearrow \text{马（广西）} \\ \searrow \text{马（广西）} \longrightarrow \text{马（广西）} \end{array}$$

$$\curvearrowright \text{（云南）}$$
$$\nearrow \text{（贵州）}$$

再看"五"。这又是一个相当特殊的字。其特殊点在于每一省区均与汉字形体相似，有可能来自汉字的"五"。表中所列表示"五"的十字，至少云南的三字、贵州的三字与广西的一字明显地来自汉字"五"。而云南的 $\curlywedge$ 似乎既可以看成是借自"犁"或"鱼"的假借字，又可以看成为云南 $\curvearrowright$（"四"）的增添（若此说成立则可证明云南的"四"当为自造字）。另一特殊字形是四川的 $\jmath$，我们似乎很难明确它是一个来自汉字"五"的字还是一个自造字。但如果比较表中的"六"至"十"，至少可知四川的数字中亦有来自汉字的，从而推断四川的"五"源自汉字的可能性比较大。下面为"五"的字形关系图：

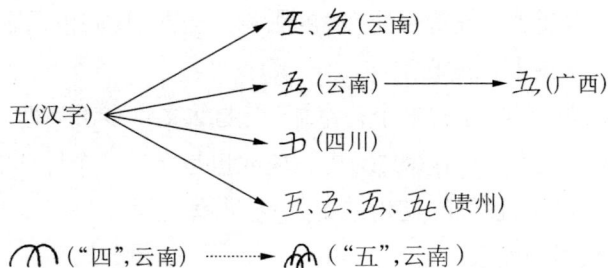

下面对"六"进行研究。

表中所列五个"六",云南的显然是自造字,与本义的联系待考。但很显然,余三省区的四字均来自汉字。此字的关系构拟图为:

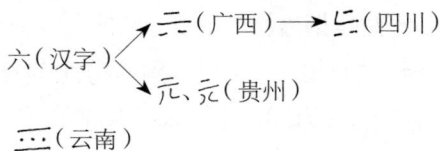

以下我们已可对"四"至"六"这三个"一"至"十"中的"较大数"作一简要总结:

1. 相对"一"至"三","四"至"六"更多借汉字形者,但也不乏一些自造字,尤其是"四";

2. 自造字的形体往往与本义的联系不如"一"、"二"、"三"那样明白,如云南的 ∩∩ 、∩∩ 和 三;

3. 云南多自造字;

4. 进入彝文的汉字几乎均用加笔、减笔、倒书等方式变化。

这里也提出一些关于"四"、"五"、"六"的问题,这些问题目前尚未能得到合理的解答:

1. ∩∩ 和 ∩∩ 到底是指事还是假借?

2. 为何云南多自造字?

3. 对汉字形体进行小变的依据何在?

四、"七"、"八"、"九"、"十"

以下再对"七"至"十"进行逐一研究。

"七"是一个表中列字十一个的多异体的字。值得注意的是:云南的 〇乙 肯定是自造字,而其余十字中,明显借自汉字的仅贵州的 乇 一字。贵州的四字中, 屸 似来自汉字,但 弘 似右半来自汉字"七"而左半为一自造形体,而 纠 当为自造字,疑 弘 与 纠 为一字之异体。广西的五个字,似有两种可能:一是均有汉字"七"的影子但加笔;二是 孑 形不来自汉字"七"而为自造字。最令人不解的是四川的 九,可能为自造字,与汉字"九"相似只是巧合。

"七"的字形关系构拟图为:

（字形关系构拟图：七（汉字）→ 乇（贵州）→ 屸（贵州）；乇（贵州）→ 弘（贵州）- - -→ 纠（贵州）；七（汉字）- - -→（广西诸字）；孑（广西）- - -→（广西诸字：为、衣、左、开、衣（广西））；〇乙（云南）；九（四川）- - -→）

可注意的是,这里广西 衣 的右下似来自四川的 九 。如果真是这样,那么这一情况启示我们:(1) 九 确为自造字;(2)广西彝文有自四川传入的。

关于"八",表中共列有八字。值得注意的有以下几点:(1)只有贵州的 八 肯定为借汉字的字;(2)贵州 宀 的形体与汉字"六"相似;(3)每个省区均有 乙乙 字,而 乙乙 字与汉字"八"(或古汉字"〉〈")是否有关不好肯定;(4)若 乙乙 果真来自汉字,则仅云南的 ⊕ 为自造字。

"八"的字形关系构拟图为:

（字形关系构拟图：八（汉字）→ 八（贵州）；八（汉字）⋯⋯→ 乙乙（云南、四川、贵州、广西）→ 飞（广西）；⊕（云南））

下面看"九"。表中列"九"共八字。十分明显的是,这八个字均来自汉字。一般小改笔画,但是贵州有几个增加了偏旁。

"九"的字形关系构拟图如下:

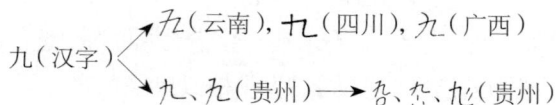

九(汉字)　　丸(云南), 九(四川), 九(广西)
　　　　　　九、九(贵州)——→ 彦、杰、九(贵州)

表中"十"的字形有十个。 值得注意的是:(1)"十"字似均至少在形体上与汉字有关;(2)云南的丸("十")与丸("九")形体相似应该只是偶然现象,丸应该是斗形180°旋转后所致。其字形关系构拟图如下:

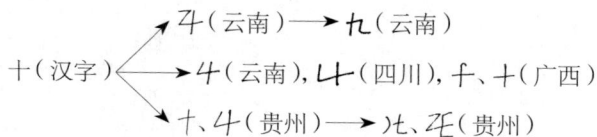

十(汉字)　　　斗(云南)——→丸(云南)
　　　　　　　斗(云南), 屮(四川), 千、十(广西)
　　　　　　　十、斗(贵州)——→屯、毛(贵州)

总结"七"至"十",大致有以下一些值得注意的地方:

1. 汉字的影响对"更大数"又比对"较大数"("四"至"六")有增加;

2. 很可能有了自造字与汉字(或变了形的汉字)组合而成的"拼合字"①,如 彭、彦、杏、杰 等;

3. 这里也可以提出一个目前尚未能解答的问题:西乙("七")作为自造字,是本义为"七",还是借自可能的几个字:"事"、"漏"、"姓(氏)"、"(他)们"、"些"中的一个? 是音借还是义借? 对于这个问题,我们目前尚难作出准确的回答。

五、小结

由以上对"一"至"十"十个数字的研究,至少可以得出以下结论:

第一,彝文数字愈小,与汉字同理据者愈多;

第二,彝文数字中既有自造字,又有借自汉字的字,此外还有二者拼合的字;

第三,贵州、广西的数字较多借汉字的字,云南、四川较多自造字(由此我们

---

① 由自造字与借源字组合成"拼合字"的现象在我国另一少数民族文字——水文中亦是很常见的。(参朱建军:《从文字接触视角看汉字对水文的影响》,载《贵州民族研究》,2006年第3期。)

还可以推知,云南、四川的彝文较贵州、广西为古远);

第四,彝文数字的自造字已有假借现象,可能有义借现象;

第五,彝文数字中借汉字的字往往于汉字原形有小的改变。

第二节 从数目字的同义比较看契丹、女真、西夏文的性质

一、楔子

契丹文、女真文和西夏文均是变异仿造型汉字。它们所在的王朝覆灭之后,这三种文字就逐渐湮没废弃,但尚有流传至今数量不等的文献颇值研究。 目前的研究形势大略是:对有译字书存世的女真文和西夏文解读的进展较大,缺乏任何写本材料出土的契丹文字进展维艰①。大概是由于上述文字的非自源性质,对它们的研究几乎都集中在文献学的对勘和历史语言学的构拟方面。本节则试图从这三种具有共同渊源关系的文字中的数目字入手,使用同义比较的方法由点及面地考察其文字性质。

数字是人类概念的基本范畴,在各种文字的文献中均具有高频性,所以考察某一文种的数字就不失为研究相应类型文字性质的一个有效手段。 在语言中,有限个单体的数词便可表达无限个计量语汇;相应的,在文字体系中,有限的单体数字的复合便可完成各种计量结果的登录和记载。 具体来说:人类须要表达的计量结果是无限的,而语言中可以承受的数词则是有限的,无限的计量结果是在有限的数词基础上利用运算原则和位置原则复合而成的。②就记录语言的文字而言,对数字的研究首先是考虑由一个不可拆分的字符表示的简单数字这一情形,然后才是基于此的复合数字。若以文字学的眼光来审视数字,则只须考察作为单个字符的简单数字,本节的分析即着眼于此。

二、数目字举例

(一) 契丹文

契丹人留下了两种文字:契丹大字(macroscript)和契丹小字(microscript)。

---

① 聂鸿音:《中国文字概略》,语文出版社,1998年,第72—81页。

② ［苏］B.A. 伊斯特林:《文字的产生和发展》,北京大学出版社,1987年,第520—521页。

两种文字在形制上都仿造汉字,区别在于契丹大字总体上是表意为主、表音为辅的意音文字(logosyllabography),而契丹小字则在创制过程中借鉴、吸收了辅音型的拼音文字(abjad)回鹘文文字特点,成为一种基于原字(archiscript)拼合而成的音节—音素型(neosyllabic)方块拼音文字。①这两种文字迄今仍未获得实质性的全面破译,但在数字方面却已有颇为充分的解读。

1. 契丹大字

在契丹大字中,目前已经释读的简单数字包括:

由上述简单数字组合成各种合成数字,目前所见的文献中虽未发现完全,但足以证明其合成规律一如汉字中数字的构成情形,例如:

上述字符都是表意性质的。此外在《北大王墓志》第6列还发现用 表示"六十",②从字形及字源上看显然为音译词,只是由于同此语词相关的上下文尚未完全解读,所以现在还不能明确这一语词究竟是仅仅音译汉语词还是在此基础上也具有计数功能。

契丹大字有时可以用于表音,比如 一般用来对译汉语词"招讨";单独的 也用作表音字③——比如: "重熙二十兔年十月二十二日"《故太师铭石记》第39列。其中的 对应汉文史籍中留存的契丹语词"兔"之读音"淘里/陶里"④,这时的契丹字则并非数字。这种情形应当与表意的数字区别开来。

---

① 聂鸿音:《中国文字概略》,语文出版社,1998年,第194页;Anatole V. Lyovin: *An Introduction to the Languages of the World*, Oxford University Press, p.35-36.

② 刘凤翥:《契丹大字六十年之研究》,香港中文大学《中国文化研究所学报》新第7期,1998年。

③ 刘凤翥、唐彩兰:《辽〈萧兴言墓志〉和〈永宁郡公主墓志〉考释》,载《燕京学报》新14期,2003年。契丹文字研究小组:《契丹大字资料汇辑》,中国社会科学院民族研究所·内蒙古大学蒙古语文研究室内部刊行,1970年,第101页。

④ 于宝林:《契丹古代史论稿》,黄山书社,1998年,第317页。

序数字方面,契丹大字的石刻文献中有表示"第一"的 采 和表示"第二"的
戾予,用在亲属排行中对应汉语的"孟"和"仲"[1],例如:

兄弟昝采柒昝"兄弟之孟父房"《萧孝忠墓志》第2列

早予由刀回昝兄弟昼戾予柒昝 "大中央哈喇契丹国兄弟之仲父房"《耶律习涅
墓志铭》第1列

尢邛杏骈公主二昝戾予爪 "□□国长公主二人之仲子"《永宁郡公主墓志》
第7列,还有见诸《永宁郡公主墓志》第5行的 专尢今 可从上下文推断为序数词,
但尚不知其确凿含义[2]。 这种多个字符记录的语汇同样也暗示了契丹大字内部
音符的萌生。

2. 契丹小字

契丹小字记载下来的数字,较之契丹大字更显丰富、完整,包括:

乇	圣	包	宅	乏	灰	屛	至	天
一	二	三	四	五	六	七	八	九

乇(乇)	丁	乙	了	乙	乂	门	而	矢(达)	厷(丹)
十	廿	卅	四十	五十	六十	七十	百	千	万

由以上各简单数字即可构成合成数字,原理同契丹大字。 它们也是表意性
质的——这种情形实际上有悖于契丹小字整体的音符拼缀格局。

序数字方面有:

宂(嫠)	褋	仒尒(嫠)	褋	鎲	左尒	褋	褋	天尒
第一	第二	第三	第四	第五	第六	第七	第八	第九

其中的多数语词末尾皆有尒一字,且此字和基数数字左、天分别构成相应的
序数数字,表明此字当为序数词的标记(之一);而也屡见于上述字例的化化两
字(是否为异体也无定论),或为词根与词缀之间的连接音素,或为序数词词缀
的一部分,迄今尚无明确结论。 这些序数字的书写形式有直接借助基数字字根
构成的,也有完全采用不同的原字来拼写的,序数词的而且还有不同的原字异写
表现,这既是契丹小字拼音化的具体体现,也说明这种官方颁行的文字实际上还

---

① 刘凤翥、唐彩兰:《辽〈萧兴言墓志〉和〈永宁郡公主墓志〉考释》,载《燕京学报》新14期,
2003年。

② 同上书。

缺乏明确的规范化。

由于已出土的契丹文材料几乎全为墓志，因而年龄或寿命的计算在契丹字数字的运用方面表现十分显著。其表达上的特点是常常不出现"年岁"字样而直接以数字加缀格助词，或是"年岁"字样出现在数字之前，契丹大小字皆然。例如：

⿰字字 "十五封团练"《萧仲恭墓志》第18列——契丹小字例

⿰字字 "于重熙四年六月六十三岁时"《北大王墓志》第15列——契丹大字例

另外，数词置于名词之后作修饰语的情形在契丹字文献中甚为多见，通常的情形还有：

⿰字字 "驸马公主二人之州"《萧仲恭墓志》第17列——契丹小字例

数词带与位格（dative-locative）标记时多用于表示日期和年龄，反映在文字上就是数字同 字（契丹大字）或 矢（契丹小字）的结合使用——后者通常还是与最后一个数字合写。多数文种中数字与格助词连用时都呈线性陈列结构，唯契丹小字中为方形拼合结构，例如：

⿰字字 "太师乍里夫人二人之女三十九岁时殁"《耶律习涅墓志铭》第21列——契丹大字例

⿰字字 "大安十年？三十五岁时"《故耶律氏铭石》第9列——契丹小字例

类似的结构又见同一石刻第13列[1]。令人奇怪的是，在本来应该线性分写的契丹大字材料中格助词同其紧前一字却偶有上下合写的情形（不限于数字），如《萧孝忠墓志》第5、第6列中的 字 和第7、第10列中的 字，以及《萧袍鲁墓志铭》第9行之 字[2]。

（二）女真文

根据史书记载，女真人曾经在契丹字和汉字的基础上创制了女真大字和女

---

① 清格尔泰、刘凤翥、陈乃雄、于宝林、邢复礼：《契丹小字研究》，中国社会科学出版社，1985年，第587—588页。
② 刘凤翥：《契丹大字六十年之研究》，载香港中文大学《中国文化研究所学报》新第7期，1998年。

真小字两种文字。 但留存至今的文字材料尚无法反映这两种文字的截然区别，本节亦不拟在这方面多作探究，故使用"女真字"一词一言以蔽之。传世的女真字资料中以编纂于明永乐（1403—1425）年间的《女真译语》对数字的反映最为充分，包括了：

一	二	三	四	五	六	七	八	九	百	千	万

十一	十二	十三	十四	十五	十六	十七	十八	十九

十	廿	卅	四十	五十	六十	七十	八十	九十

除以上的简单数字外，女真文中的其他数词均以合成数字来表示。但是，在迄今所见为数不多的女真文石刻中，已经出现了用合成数字替代上述简单数字使用的情形。 比如，在金末镌成的《女真进士题名碑》中已有"十五"的简单形式和合成形式共现的情况①：

"四月十五日试策"（第2列）

"正大元年六月十五日"（第22列）

另外，在金末和明初的女真文石刻中，似乎更为常见的是合成数字而非简单数字的使用，②例如：

"六月十三日"（《女真进士题名碑》第13列）

"大明永乐十一年九月二十［二］日立"（《永宁寺碑》第13列）

这种情形同明代永乐年间撰成的《女真译语》对简单数字的完整收录有所抵牾，或许表明《永乐译语》并非彼时女真文字实用情形的反映，而更似较早时代女真文文献的迻录。 考虑到时代靠后的《会同馆译语》中女真文数字在11—19这一数段几乎完全使用了合成数字的实际以及后来满文对这一情形的继承，上述女真数字的并存所体现出来的语言历时变化特征就更为鲜明。

序数字方面，现存女真字文献中未见；仅有《永宁寺碑》中出现了一个表示频次的数字及其后缀　"三次"③，其实也是利用基数数字加缀词法性

---

① 金光平、金启孮：《女真语言文字研究》，文物出版社，1980年，第214页。
② 同上书。
③ 金光平、金启孮：《女真语言文字研究》，文物出版社，1985年，第213页。

（morphological）音符复合而成的一种表达而已：

夛亦杀羊更禿更 "三次遣使"（第5行）

（三）西夏文

与同属阿尔泰语系的契丹人和女真人发端于东北亚而后影响力控制整个塞北的情形迥异，源出华西的藏缅语民族——党项人虽在中国版图西北边陲也立国近两百年，他们所建立的白上大夏国以汉字为基础创制的官方文字——西夏文，在文字性质上与前述两种民族文字大不相同。

相对而言，西夏文中的简单数字就没有契丹文和女真文中的那么复杂，其表现和分布完全同汉字中的情形：

夛 樄 散 綳 俹 綒 茂 圆 乢 敨 絾 厎 毻 絤
一　二　三　四　五　六　七　八　九　十　百　千　万　亿

西夏文的简单数字却在另一方面体现出复杂性，那就是部分数字（似乎是作为计数基准的单位）存在着严格区分语用特点的细化表现。最为典型的就是 5个 "一" 的存在和不同使用条件：夛 表示次序列举之 "独一"、劉 表示整体的 "全一"、辁 表示与复数对立的 "单一"、頭 表示不定意味的 "任一"、散 表示 "某一"[1]；而 "十" 和 "万" 也都有两个不同的字来表示：敨（最）和 毻（毻）[2]。

序数数字有简单形式和合成形式两套。简单形式包括[3]：

敨 猴 骇（獮） 希 諁（毻） 孙 覾
第二　第三　第四　　第五　第六　　第七　第八

其中部分单体数字显然同基数数字有着渊源关系。而适应面更广的合成形式则是在基数数字之后加缀 綒 "第" 字即成[4]，略举数例：夛綒 "第一"、俹綒 "第五"、樄敨散綒 "第二十三"。

---

① 西田龍雄：《西夏語の数詞について—その再構成と比較言語学的考察—》，载《石濱先生古稀記念東洋学論叢》，関西大学文学部東洋史研究室石濱先生古稀記念会，1958年，第99页。

② 李范文编：《夏汉字典》，中国社会科学出版社，1997年，第208、187、1202页。

③ 同上书，第1174页。

④ Софронов, М.В.: *Грамматика тангутского языка*: Книга 1, Москва: Издательство 《Наука》 Главная редакция восточной литературы., 1968, p237.

至于西夏文数字的使用，几乎完全如汉字中的数字①，此处不赘。

（四）小结

上述三种中古时代的方块文字都缺乏表示"零"这一概念的符号；表示日期的次序一仍汉字的"年—月—日"，唯因相应的语言均为PS-SOV（使用后置词的主宾动）型，因而介词都用在表示"日子"的文字之后。 此外，表示同一数量的数字其异体字的存在情况都是比较常见的，只是契丹字和女真字的数字异体大多是各自的不同写法而已，而西夏文中数字的所谓"异体"或许更多是出于语义和语用上的考虑。

三、记录语言的方式

（一）背景

语言方面，契丹语和女真语属阿尔泰语系，而西夏语属藏缅语族。

周有光先生认为，辽金夏三国文字都属于变异仿造的汉字型文字。②变异仿造的方法是：采取汉字的格式，改造汉字的面貌。 一般都模仿楷书的笔画形式和方块组合，但是在具体的字形上要有独特的设计，避免跟汉语汉字雷同。

具体来说：契丹大字是最早脱胎于汉字的衍生物，其中机械借用汉字的情形也最为普遍，不仅借用笔画和构件，而且频繁借用汉字整字或将整字略作笔画上的增减；契丹小字借用汉字整字的情形已经非常罕见了，主要是采用汉字的某些构件直接成字以适应其固有的拼音性质；女真字的构成则基于上述两种文字的造字原理，但更多显示出靠近汉字俗体字的简化特征来；西夏字对在汉字为参照系的造字过程中走了一条迥乎其上的道路，仅仅利用了汉字的构造框架和基本笔画，完全摒弃了对汉字构件或整字字形的直接借用。

（二）三种文字的数目字记录语言的方式

三种文字（特别是前两种文字）的数目字性质最大的特点是：呈现出表意与

---

① 西田龍雄：《西夏語の研究—西夏語の再構成と西夏文字の解讀》卷二，［東京］座右宝刊行会，1966年，第272—273页。

② 周有光：《世界文字发展史》，上海教育出版社，1997年，第114页。

表音两种性质的交织态势。

数字往往是表意性质的,这种情形不惟见于意音文字体系,拼音文字(syllabography)中也多采用表意性质的符号充任数字。如现代文字中习用的阿拉伯数字和西欧文字中常见的罗马数字皆是;古典类型的拼音文字中,希伯来文字和古希腊文将各字母硬性赋予一定的数值用作数字亦属于这一词符类型[①]。只有回鹘文、满文等少数古典民族文字中才缺乏专门的数字词符,而在各种书面文献中都是直接拼写出相应语言中的数词来。

作为黏着语的契丹语和女真语,无论是对应用于语言载体的意音型大字还是音节—音素型小字,数目字都是表意性的。譬如契丹小字已广泛采用了或表音节或表音素的原字来拼缀语词,但仍有不少体词词根为词符性质的多音节单字,这里面就包括所有的基数词——而与其对应的序数词既有以多个原字拼缀的纯音读形式,也有在基数词符基础上接缀音读词缀构成的音义混合体,这就表明契丹小字中数字本身固有的计数功能对文字表意特征的密切依赖。对应多音节的小字同时,前文已述及,契丹大字中的表意文字兼用于表音,且大字中的序数数字却出现了音节化的倾向。大字标音而在数字运用的各种具体场合(日期、年龄等的表达),历来以单体出现的数目末尾一字往往同词缀等音符构成合体符号,仍然反映出契丹文字中词符同音符交织作用的态势来。

由此可见,契丹大字同契丹小字之间其实并无截然的分野:契丹大字固然采用大量表意字符直接记录语言,但在与数字纪年和计数等方面已有多种音节拼写和语词缀合形式;契丹小字则以原字拼缀语词为最普遍的形式,然而数字的使用却成为典型的表意形式——其间表意性和表音性的字符的使用似乎只是数量的多寡且呈现递进渐变的态势。那么,契丹小字仿依回鹘文字原理而得的所谓"数少而该贯"之特点[②],似乎可以看作是以表意文字占绝对优势的大字向使用音节—音素型文字来拼写大多数语汇的小字演化的结果。

女真文的创制率以契丹大小字为蓝本,女真大小字的关系理应反映出契丹大小字之间关系的特征来。前文述及:女真字即便是在基数字的使用中也表现

---

① [苏]B.A.伊斯特林:《文字的产生和发展》,北京大学出版社,1987年,第527—533页。
② 清格尔泰、刘凤翥、陈乃雄、于宝林、邢复礼:《契丹小字研究》,中国社会科学出版社,1985年,第4页。

出由综合程度高的单体字向分析程度明显的复合词符过渡,而数字的具体使用中加缀词法性的音符也很明显;只是在造字上,女真字采用较多合体符号以适应女真语中更为丰富的简单数词,似乎反而限制了数字本身纯粹的音节化趋势。这或许正是现存女真字难以区分其孰为大字、孰为小字的一个原因吧。

　　与前两种文字有所不同,西夏文中数目字的情况与汉字类似,这与其所属藏缅语族与汉语的特点类似密切相关。 西夏文中的数字不论基数序数,多有不止一套符号来表现,其间似乎隐藏着文字外壳下语言内部的分歧——这同阿尔泰语系中即便跨语族数词也多呈现一致性的情形大不相同。 然而,西夏文中的数字仍以立足基数词的各种分析表达形式涵盖层面最为广泛,则又是世界语言中数量表达趋于一致的普遍特征的一个具体体现。

四、文字与语言的对应关系

　　契丹文和女真文的数目字的一个显著的特点就是简单数字并不局限于习见的一至十和百、千、万情形,整十位的数量也以简单数字表示,在女真字的古典时期连十一至十九亦如是观。这种情形自然表明相应语言中的对应数词也并非简单数词的复合;而从女真文数字中已经出现的由简单数字向合成数字的过渡情形,可以看出前述习见的计数类型或为语言中数词的普遍发展方向。另外,如果契丹语同女真语真是归属共同的阿尔泰语系,那么,女真语中简单数词较之契丹语中的复杂性似乎又表明女真语保留了来自原始共同语的更多古老特征,而契丹语虽然见诸史籍时代更早,却实实在在显出发生学上的更多后起特征来——这一见解同伯希和当年指出[①]契丹语是一种腭化音很重的古蒙古语(蒙古语族语言的固有音系中普遍缺乏腭化音)竟然是一致的。

　　另一个显著特点是"拼合字"的存在,这些字的字形的拼合包含着语言单位与文字对应关系的参差。 拼合字是指由多字拼合成为一个新字,多是同一文种单字的拼合,也有不同文种单字的拼合,可细分为以下几种类型:

　　1. 直接拼合。 如女真字 圭 "十五"、弄 "四十"之《女真文字书》所见异体弄 来自女真字 旡 "廿"之 入 与汉字"十"叠加而成;[②]

---

① 贾敬颜:《契丹文》,载《中国民族古文字》,中国民族古文字研究会,1982年,第99页。
② 金启孮:《女真文辞典》,文物出版社,1984年,第27、23页。

2. 有笔画减损的拼合。如女真字 九"十九"为汉字"十""九"相叠简化而成；[1]

3. 有笔画变形的拼合。 如女真字 亏"十六"之于汉字"六""立"、土"十七"来源于汉字"十""七"二字直行连写变笔、丂"十八"为汉字"十""八"相叠变笔而成、兲"廿"为汉字"二""十"之直行叠加变形、夕"七十"为汉字"七""十"二字相叠的变笔。[2]

五、符号体态

这三种文字在符号体态上与汉字有着密切的关系，它们的共性是一般都模仿楷书的笔画形式和方块组合，但是在具体的字形上要有独特的设计，避免跟汉语汉字雷同。具体说来有以下几种改造方法：

（一）直接假借字源，不作任何字形上的更动。这种情形多见于衍生较早的契丹大字，如契丹大字 一"一"、二"二"、三"三"、五"五"、十"十"、百"百"、千"千"；女真字 百"百"稍有变形——亦可参考《北大王墓志》第1列中的契丹大字形式 百[3]。这种跨语言的文字借用虽然并非"本无其字，依声托事"的汉字传统"六书"之假借（实属"音借"），但却是字义取代字音成为两种语言使用同一字符承载不同音值的基础性表现，属于所谓的"义借"，当为假借内涵的合理拓展。[4]

（二）改变源字位置和方向但不改变其笔画或构件。比如，倒书源字的情形有女真字 斗"六"[5]。

（三）字形笔画略作增删，而总体框架并无变更。细分为以下几种情形：

1. 增加笔画的情形，有女真字 弎"三"、丞"八"——比较汉字"八"而笔画有所变形[6]、千"十"、圭"千"为汉字"千"的增笔、方"萬"——比较汉字俗体字"万"；

2. 减少笔画的情形，有契丹大字 夲"六"——比较汉字"來"，女真字 牛

---

① 金启孮：《女真文辞典》，文物出版社，1984年，第18页。

② 同上书，第144、83、200、23页。

③ 同上书，22页；契丹文字研究小组：《契丹大字资料汇辑》，中国社会科学院民族研究所·内蒙古大学蒙古语文研究室内部刊行，1970年，第61页。

④ 聂鸿音：《中国文字概略》，语文出版社，1998年，第106—107页。

⑤ 金启孮：《女真文辞典》，文物出版社，1984年，第277页。

⑥ 同上书，第20页。

"四"——比较表音的女真字**屌**[da]①；

　　3. 改变笔画的情形，则有契丹大字**万**"萬"——比较汉字俗体字"万"，女真字**∠**"一"、**二**"二"、**九**"九"②、**廾**"七"——可以比较契丹大字《辽太祖陵墓残石》中的**廾**③、**毛**"十一"——比较契丹小字**毛**"一"④，或汉字"毛"⑤、**口**"十三"有异体**口**见诸陕西西安孝经石台顶部《女真字文书》残叶⑥，并比较汉字"口"⑦。

　　在契丹小字中，还出现了在简单数字右上角加点构成新字的情形，已经发现和释读的有：

毛　丞　乜　宅　戋　尥　至　㐭　冂
一　二　三　四　五　六　八　九　七十

这或许也是笔画增益造字的一种特殊典型吧。目前对这一情形的解释有基数词和共数词的分别⑧、词末不带-n和带-n的差别、非敬体—强调和敬体—强调的区别⑨等几种论断；但这种加点构成新字的方式并不仅仅限于数字之内，其他小字中也有反映：**山**和**屾**——其语义相通但出现的情形不同，具体的区别目前尚未有颇具说服力的明确解释。基于此，我们在考虑这种加点造字的具体用意时不应当囿于数字的局限。鉴于这种带点数字在业已发现的文献中只以单体形式出现且出现频率极低⑩，而通过留存于汉文史籍中汉字音译的契丹语人名可以看出，契丹语的体词似乎应该存在着两个互补的附加成分：黏着于元音a-/e-/i-/o-

① 金启孮：《女真文辞典》，文物出版社，1984年，第58页。
② 张公瑾、王锋：《汉字型民族文字的造字方法》，载赵丽明、黄国营编《汉字的应用与传播——99汉字应用与传播国际学术研讨会论文集》，华语教学出版社，2000年，第214页。
③ 金启孮：《女真文辞典》，文物出版社，1984年，第20页。
④ 金光平：《女真制字方法论——兼与日本山路广明氏商榷》（金启孮整理），载《内蒙古大学学报（哲学社会科学版）》，1980年第4期。
⑤ 黄振华：《汉字的传播及其借用模式》，载赵丽明、黄国营编《汉字的应用与传播——99汉字应用与传播国际学术研讨会论文集》，华语教学出版社，2000年。
⑥ 乌拉熙春：《〈女真文字书〉的复原》，载《碑林集刊》第7辑，陕西人民美术出版社，2001年。
⑦ 黄振华：《汉字的传播及其借用模式》，载赵丽明、黄国营编《汉字的应用与传播——99汉字应用与传播国际学术研讨会论文集》，华语教学出版社，2000年。
⑧ 即实：《关于契丹数词音读问题》，载《内蒙古大学学报（哲学社会科学版）》，1986年第4期。
⑨ 陈乃雄：《陈乃雄论文集》，内蒙古教育出版社，1996年，第373页。
⑩ 同上书，第366页。

之后的-n和黏着于元音u-或辅音之后的-in[1]，这种词干末尾鼻音-n的隐现正对应蒙古语中可变词干以及简化领属格的情形。 具体而微的有关探究，则需要以契丹语的系统构拟作为不可或缺的研究基础。

（四）保留源字轮廓，但构件大多完全不同。 该情形尤见于只采用汉字构形原则而不借用具体汉字偏旁的西夏字，例如西夏字 羮 "七"来自汉字"貨"、圆 "八"来自汉字"貝"[2]；女真字也有 辻 "五"参见其最早的异体 疋 并比较汉字"五"、夵 "三十"之来源于汉字"卅"、圡 "九十"来源于汉字"九"的变笔。

对于西夏字而言，西夏人自己所编的字书《文海》有残本存世。 但其中对各个单字构造的剖析，即使是考虑数字也似乎显得仅仅是对一种带有所谓"分析构成字的求语"——即指示字[3]的四字结构的机械袭用，比如：𦥑 的结构是 𦥑𦥑𦥑𦥑"一之左减"、圆 的结构是 羮𦥑𦥑𦥑"七之头减"，而 𦥑 的结构是 𦥑𦥑𦥑𦥑"第四下勒右"，等等[4]。 其间反映的看来多是西夏字之间表面上的某些关系，其实并未揭示被解释单字的字源，遑论西夏字同汉字的关系了。

上述符号体态的特征反映出，仅仅借用汉字笔画并参照汉字造字理论而另行成就字素以造字的汉字笔画字——西夏字显得颇具理据性，而以汉字为基字直接进行笔画增损或变异而形成的汉字变形字——契丹字和女真字缺乏内在理据[5]。 目前关于上述三种文字的资料还不足以使我们能够正确剖析契丹—女真—西夏这一系列文字的内在结构，因而，即便是在仅限于数字这样一个数量极为有限的文字集合内，也还有很多问题需要探究。

六、小结

以上三种文字中数目字特征的同义比较反映出各自文字系统表意性与表音性的交织状态，导致这种交织状态的因素主要是文字符号需要表达的内容和文

---

① 聂鸿音：《契丹语的名词附加成分*-n和*-in》，载《民族语文》，2001年第2期。
② 黄振华：《汉字的传播及其借用模式》，载赵丽明、黄国营编《汉字的应用与传播——99汉字应用与传播国际学术研讨会论文集》，华语教学出版社，2000年。
③ 史金波：《从〈文海〉看西夏文字构造的特点》，载史金波、白滨、黄振华《文海研究》，中国社会科学出版社，1983年。
④ 史金波、白滨、黄振华：《文海研究》，中国社会科学出版社，1983年。
⑤ 王锋：《从汉字到汉字系文字》，民族出版社，2003年，第150—151页。

字本身记录的语言内在的特性——尤其是其类型特征——两个方面。此外,意音文字的符号化、简化和规格化在显著性和渐变性等方面亦缺乏整齐划一的特点⑥。当然,本节论证的依托殆为未获彻底解读的非自源性文字,其结论的有效性或会有所折扣。

第三节　从异体字的同义比较看水文的性质

一、楔子

水文首先是一种宗教文字。水文主要不是记录水族人的日常生活用语,而是用来记录有关占卜及其他一些有关巫术活动的,可以认为它是以宗教文字的身份存在的。水族人原始信仰意识浓厚,一遇到婚嫁、丧葬、动土、修建、远行等重大事情,都需要问卜求吉,因此水文与他们的日常生活有着十分密切的联系,在水族文化中发挥着重要的作用。

水文是一种"拼盘文字"。其组成大致如下:(1)水族自造字,如 、、、等;(2)借自汉字的借源字,如 ,、价(家)、等,这一类字在借用过程中往往会产生一定的形体变异。水文的这种"拼盘"文字的特性,与中国乃至世界上的其他民族古文字相比显得尤为特殊,其研究价值不容忽视。

水文总体上是一种具有较浓象形色彩的文字系统。⑦而正是由于这一性质,水文不可避免地产生了大量复杂的异体现象。对于这一现象的研究是水文文字学研究不可或缺的重要组成部分。

本节主要以265个水文常见字中出现的异体现象为研究对象。由于异体字之间的关系都是同义字,所以水文异体字间的关系比较,是一种有效的同义比较。我们可能通过这种同义比较辨析水文的异体关系,以更透彻地了解水文的性质。

二、水文常见字异体现象相关数据统计

通过对265个水文常见字的梳理,我们发现其中有203个常见字出现了异

---

⑥ 王元鹿:《比较文字学》,广西教育出版社,2001年,第151页。

⑦ 高慧宜:《水文造字方法初探》,载《中国文字研究 (第五辑)》,广西教育出版社,2004年。

体现象,占常见字总数的76.60%;其中只有62个常见字没有出现异体现象,占常见字总数的23.40%。 在203个出现异体现象的水文常见字中,异体最多的出现了16个形体①,最少的有2个形体,平均每个字出现4个形体。 具体情况统计如下:

有64个常见字出现了2个形体,占出现异体现象的常见字总数的31.53%;

有47个常见字出现了3个形体,占出现异体现象的常见字总数的23.15%;

有24个常见字出现了4个形体,占出现异体现象的常见字总数的11.82%;

有26个常见字出现了5个形体,占出现异体现象的常见字总数的12.81%;

有12个常见字出现了6个形体,占出现异体现象的常见字总数的5.91%;

有11个常见字出现了7个形体,占出现异体现象的常见字总数的5.42%;

有10个常见字出现了8个形体,占出现异体现象的常见字总数的4.93%;

有2个常见字出现了9个形体,占出现异体现象的常见字总数的0.99%;

有5个常见字出现了10个形体,占出现异体现象的常见字总数的2.46%;

有1个常见字出现了13个形体,占出现异体现象的常见字总数的0.49%;

有1个常见字出现了16个形体,占出现异体现象的常见字总数的0.49%。

三、水文常见字异体关系构成的方式

水文常见字中有高达76.60%的字出现了异体现象,构成异体关系的方式有很多种,概括来说主要有:

---

① 周斌在研究东巴文异体字的过程中发现,由于东巴文异体字的整理工作开展得不够充分,目前很难对东巴文的正体字和异体字作严格的区分,因此比较稳妥的办法只能是不区分正体和异体,只要两个或两个以上的形体表示同一个字,那么这两个或两个以上的形体就都应被视为异体字。(周斌:《东巴文异体字研究》,华东师范大学博士学位论文,2004年,第13页、第19页) 我们认为,由于水文的相关研究现状与东巴文相似,周斌这种处理东巴文异体字的原则亦适用于我们处理水文的异体现象。

（一）传抄者书体不同导致的异体关系

水文没有出现过印刷字体，其传授过程均为个人行为，绝大多数都是靠手工辗转抄写。受抄写者自身的学识、书写风格、审美标准和抄写目的等影响，表示同一个字的水文字形在抄写过程会产生些许差异。如：

水文的"计"，有 行 、行 两个形体。这个字明显借源自汉字，字源为"行"。行 与汉字的写法无异，而 行 的出现可能更多是一种追求形体对称的结果。

水文的"破（星名）"，有 ⊗ 、☼ 、⊗ 三个形体。这是个自造的指示字。这三个形体的异体关系的形成主要是受书写者的书写风格等因素的影响。

水文的"兽"，吼 、吼 、吼 均借源自汉字（具体字源不明），吼 书写时显得比较规整，吼 和 吼 显得较为潦草。

⋈ 和 ⋈ 都表示"哭"，这两个字形结构一样，构件类似，只是 ⋈ 字右边构件用了曲笔，而 ⋈ 字右边构件则为直笔，⋈ 字的出现很可能就是为了追求形体美观的结果。

（二）宗教特性导致的异体关系

水文主要用来记录和传抄有关巫术活动的信息，其存在价值主要体现在水族民间的宗教活动中。由水文书写而成的水书按用途主要可以分为两大类：一类是普通水书［le¹kwa³］，又叫"白书"，主要用于水族人民日常生活的占卜，影响相当广泛，这类水书一般的水书先生和普通民众家中都有收藏；另一类是秘传水书［le¹ʔnam¹］，又叫"黑书"，是用于放鬼 收鬼 拒鬼的巫术书，这类书流传比较少，只有部分水书先生家中有收藏，且秘不示人。

其中，"黑书"最能体现水族鬼灵崇拜的特点[①]，很多水书先生为了保密，在书写"黑书"时往往选用不同于一般字形的形体，这些形体有的如果没有原作者的解释，旁人很难理解，创造了许多所谓的"秘写字"[②]，从而自觉不自觉地开辟了一条构成异体关系的隐蔽途径。如：水文"戊"字，一般水书都使用 升 、艹 、戊

[①] 水族过去一直生活在一个相对偏僻和闭塞的环境中，与其他民族的文化交往很少，在汉民族中普遍信仰的道教、佛教以及其他宗教始终未能动摇水族原始宗教信仰的传统意识。而水族原始宗教最明显的特点就是对鬼灵崇拜而形成的鬼文化氛围。（刘之侠、石国义：《水族文化研究》，贵州人民出版社，1999年，第159页）

[②] 魏忠：《中国的各民族文字及文献》，民族出版社，2004年，第166页。

等形体,而在"黑书"中水书先生往往将其变形作 ※ 等形体。

(三)借源字的字源不同所导致的异体关系

水文有很大一部分字是借源自汉字的,在借用过程中由于种种因素的影响,不同的水书先生可能会借用不同的汉字来记录水语中的同一个词。如:

水文表示地支的"未",有 禾 、袁 、末 、末 等形体, 禾 借源自汉字"禾",袁 、末 、末 则借源自汉字"未"。

水文借源自汉字表示"春"的主要有这么几个字形: 荻 、井 、可 、莶 、厢 、𦮷 。其中 井 借源自汉字"井",莶 借源自汉字"苓",荻 、可 、厢 和 𦮷 都是借用了汉字几个部件,并根据汉字的造字方法创造了新字。

水文的"山"有借源自汉字的"茶"而形成的 茶 、茶 、茶 、茶 等形体,也有借源自汉字的"山"而形成的 山 、山 、▽ 等形体。

(四)自造字和借源字共存所导致的异体关系

由这种方式构成的异体关系,在水文中可以找到很多,如:

水文表"日"有四个形体,其中 𝌆 、○ 、𝌆 是自造字(𝌆 和 𝌆 是会意字,○ 是象形字),与 是借源字(可能借源自汉字的"丂")。

表示卦名的"艮",𦥑 、𦥑 是自造字(结构不明),𦥑 借源自汉字的"艮"字。

水文表"犬"的 𤝗 、𤝗 、𤝗 、𤝗 、𤝗 、𤝗 是自造象形字,犬 和 犬 借源自汉字"犬"。

(五)自造字的结构方式或造字理据不同而导致的异体关系

水文的"星"的几个形体都是自造字。𝌆 、𝌆 是会意结构的字,ᵒᵒᵒ 是象形结构的字。

水文中表示"死"的几个字形也都是自造字。其中 ⋈ 和 𝌆 使用了早期文字中方位表意和方位别意这种特殊的表词方式[1],把表示人的 𝌆 和 𝌆 横置或倒放来表示"死"的意思;⊨ 、匜 虽然造字理据不明,无法判断其结构,但无论如何其结构方式明显有别于上述二字。

---

[1] 王元鹿:《普通文字学概论》,贵州人民出版社,1996年,第111页。

水文中的"梯",有 ⿰ 、⿰ 、⿰ 等形体,它们之间异体关系的成立主要是由于对梯子进行了不同角度的取象,从而造出了这些不同的字形。

水文表示"鬼(巫)师"的三个字形——⿰ 、⿰ 和 ⿰ ,分别记录了巫师在作法时的不同体态。

(六)借用汉字的手段不同所导致的异体关系

这些不同的手段主要指对汉字进行反写、侧写、加笔、减笔等,如:

表示地支的"子"借源自汉字的"子",⿰ 这个形体借用汉字时变化不大;⿰ 和 ⿰ 是对汉字的"子"作了一定角度的翻转而形成的。

水文表"出"的字,⿰ 和 ⿰ 分别用三点和三竖来代替汉字"出"的上半部分。

⿰ 和 ⿰ 都是水文的"初"字,它们都借自汉字的"刀"字,只是 ⿰ 在借用汉字时添加了 ⿰ 这个部件。

⿰ 和 ⿰ 是水文的"犬"字,都借源自汉字的"犬",⿰ 是在汉字"犬"字的捺上添加了一笔,而 ⿰ 则是在"犬"字的撇和捺上各添加了一笔。

(七)由于文字的简化而导致异体关系

如:表示"人"的有 ⿰ 、⿰ 、⿰ 、⿰ 、⿰ 、⿰ 六个形体,很明显 ⿰ 字是对其他字形进行简化的结果。

水文"豹"有 ⿰ 、⿰ 两个形体,⿰ 记录的是豹的全身形象,⿰ 只是对豹的头部作了记录,⿰ 是 ⿰ 的简化。

水文"箭"可以用 ⿰ 和 ⿰ 表示,⿰ 明显是对 ⿰ 的简化(把 ⿰ 中象形的"弓"简化为一条直线来表示)。

(八)传抄讹误所导致的异体关系

水书主要靠手抄,在传抄过程中往往会由于抄写者的自身素质以及抄写介质等因素的影响,不可避免地会出现字形的讹变。照理,这种出现讹变的字形属于错别字,不应该和其他字形一起看成是某字的异体。但是,由于水文在历史上受种种因素的限制,没有得到系统的整理,字形没有规范,很多在传抄过程中出现讹变的字形已流播甚广,其功能已与其他字形一样,经常被用来记录同一个词。因此,传抄时的讹误应该被看成是导致水文常见字异体关系成立的一个有效途径之一。如：

水文表"北"的字，⼻⼻、⼻⼻、⼻⼻、⼻⼻均借源自汉字"北"，⼻⼻和⼻⼻是直接借用汉字，只是在书写时形体略作了一些改变，而⼻⼻和⼻⼻比起上述两字来，左半部分和右半部分各多了一笔，这很可能就是传抄过程中出现的讹变字形。

⌐和⌐表示水文的"行"，其字源应该就是汉字"行"，不过只是取其部分构件。⌐和⌐异体关系的形成亦很可能是传抄中的讹误所致。

四、水文异体关系构成方式辨析

王宁先生区分异写字和异构字的理论对于水文也大体适用，上述8种异体字构成关系可以据此分为两个大类。传抄者书体不同、宗教特性导致的刻意改动、借用汉字的手段、文字的简化、传抄讹误大体属于异写字的范畴，表现为线条形态、线条繁简的差异，字样置向不定等。不同字源的借源字、不同结构方式或造字理据的自造字、自造字和借源字共存则大体属于异构字的范畴，表现为构造属性的差别。

水文中异写字和异构字同时大量的存在，自然是缺乏规范整理的结果，而规范整理的缺失又是使用范围的有限性、民间通行的随意性、宗教所需的隐秘性共同作用的结果。与汉字中异体字之相对于正体字的关系不同，水文的"各体"中并无一权威认定的"正体"。异写字之间存在着先天的逻辑先后关系，理论上可以区分出较早出现的字形和变异后的字形；异构字之间则不存在。需要注意的是，水文常见字中的异体之间关系的形成并不仅仅由上述某一种方式而导致的，很多异体关系往往是多种方式共同作用的结果。或者说，是异写关系与异构关系的交织作用产生的。

五、小结

认清了异体关系的实质再来看水文的性质，当能得到一些新的认识。很明显，异写字无论字形多寡，性质上是单一的。而真正需要仔细分析的是异构字，包括不同字源的借源字、不同结构方式或造字理据的自造字、自造字和借源字共存三种情况。这其中混合着两个层次：自源系统和借源系统。

对自源系统来说，是字形构造原则的差异，和同一原则内部细节上的差异。比如：（1）水文的"星"的几个形体都是自造字。⚇、⚇是会意结构的字，ₒₒₒ是象形结构的字;(2)水文"梯"字,有 ⟨图⟩ 、⟨图⟩ 、⟨图⟩ 等形体,它们之间异体关系的成立主要是由于对梯子进行了不同角度的取象,从而造出了这些不同的字形。 其中影响水书性质的又是前者,即会意、象形、指事等字形构造的差别。

对借源系统来说,包括借音、借意等用字原则,和同一用字原则之下字源选取的差异。比如:(1)水文表示地支的"未"字,有 ⟨图⟩ 、⟨图⟩ 、⟨图⟩ 、⟨图⟩ 等形体,⟨图⟩ 借源自汉字"禾",⟨图⟩ 、⟨图⟩ 、⟨图⟩ 则借源自汉字"未";(2)水文"山"字,有借源自汉字的"茶"而形成的 ⟨图⟩ 、⟨图⟩ 、⟨图⟩ 、⟨图⟩ 等形体,也有借源自汉字的"山"而形成的 ⟨图⟩ 、⟨图⟩ 、⟨图⟩ 等形体。其中影响水书性质的又是前者,即表音与表意的差别。

另外,对于自源字和借源字互为异体关系的情况,如水文"犬"字,⟨图⟩ 、⟨图⟩ 、⟨图⟩ 、⟨图⟩ 、⟨图⟩ 、⟨图⟩ 是自造象形字,⟨图⟩ 和 ⟨图⟩ 借源自汉字"犬"。显然二者在各自的文字系统中均属象形,但对于水文本身来说,后者只能作为一个音义结合体的标记存在,只有表意或表音的差异,而不能再用"六书"来分析。

异体字占据了水文系统的大部分空间,对其进行同义比较分析,我们初步划定了据以界定水文性质的考察对象。 作为"拼盘文字",其借源字与自源字互为异体关系的现象是十分特殊的,如何认识它,是认清水文性质的过程中无法避开的环节。

第四节　从异体字的同义比较看哥巴文的性质

一、楔子

哥巴文只能精确到音节,而某一音节的不同声调之间无法有效区分。 与东巴文一样,哥巴文记录的是纳西语。 纳西语有四个声调:低降调(31),中平调(33),高平调(55),低升调(13)。虽然哥巴文一个字音下有几个字形,但它们并不是按照这四个声调进行分工协作。"东巴们在读经书时,早已养成了随时变换字音的声调以迎合经文情节的本领,所以认为这样详细的区分是不需要的。"[1]也就是说,某个具体的哥巴文应该读哪个声调,必须看经文的情况而定。由于这一实际情况,方国瑜、和志武《纳西象形文字谱》(以下称为方书)中就把同种发音

---

① 李霖灿:《纳西族象形标音文字字典》之《纳西族标音文字字典·序言》,云南民族出版社,2001年,第431页。

的放在一起,只把不同的词义按声调做了划分,而李霖灿的《纳西族象形标音文字字典》(以下称为李书)在这方面做了较细的工作,"一个字音若它的声调已经凝固了,便把它放在某项声调专条的后面,若它的声调还没确定,就放在读音总条的后面,表示它可以任读下面的一种声调,任作一项的解释"。[①]

所以,哥巴文异体众多。各体写法不规则,字音、声调不确定。比如方国瑜、和志武《纳西象形文字谱》中收录的 主、士、夬、尖、朿、吞、丅、厸、人,这9个字形表示同一个读音,李霖灿的《纳西族象形标音文字字典》中多的甚至达到三四十个。同时,在不同的音读下常常又有同形字,在读经书的时候遇到就不知道该读哪个音才合适,针对这一现象,李霖灿先生解释道:"都是由于这种文字还正在草创期间,音字不比形字,它没有客观的标准可以作依据,于是创造音字的首例一开,东巴们就各自为政地乱造起来,再加上传纂移写的错误,遂形成了今日这样重复杂乱的局面。"[②]

二、哥巴文的异体关系构成

由于单字音调不稳定,所以哥巴文的异体关系也不稳定。比如方书收录的同音读下的异体字虽多,但是有一部分并非真正的异体字,而是同音不同调的字。比如bi下的 求 和 彡,前者是中平调(33),后者是低降调(31),在具体的经文运用中有时具有这种声调上的分工。如果将异体关系严格地定义为两个或多个字形所表示的读音、声调均完全相同,那么方书中的异体字就减少大半。

由于实际应用中的不规范性,许多哥巴文单字的音调并不稳定,东巴们读经时为求音韵上的和谐常常随意改变,所以哥巴文的异体关系十分复杂。大致来说,哥巴文异体字的构成方式有以下几类:

(一)不同字源导致的异体关系

从不同的文字体系借字是哥巴文存在大量异体字的主要原因。如:

ŋə メ、亻,前一个借用藏文字母,另一个借汉字的偏旁;

---

① 李霖灿:《纳西族象形标音文字字典》之《纳西族标音文字字典·序言》,云南民族出版社,2001年,第431页。
② 同上书,第430页。

le ⌒⌒ 、⌒ 、◠ 、◠ ,前三个来自于东巴文,后一个借用汉字;

pər ⺆ 、⺄⺄ ,前者源自汉字,后者源自东巴文。

（二）同一字源内取字不同导致的异体关系

即使借用同一种文字体系,还可能会因为借用到不同的字而造成异体字。这种情况一般是借用东巴文时出现的,哥巴文相同音读在东巴文中对应好几个字,有的东巴借用这个字有的借用另一个。如:

mɯ ⺕ 、◠ ,都来自东巴文,前者借"矛"⺕,后者借"上"⌒

（三）借用过程中省减方法不同导致的异体关系

典型例子就是: 艸 —→ 來 —→ 来 —→ 示　　　艸 —→ 来 —→ 点 —→ 示

（四）缀饰字素导致的异体关系

很多哥巴文在加缀饰后原先的文字也保存下来继续使用,形成异体字。如:

kʻu ⊐ 、右 、古

（五）字缀导致的异体关系

tsʻl ⊇ 、⊾ ,tsʻl^{31}纳西语意思是"鬼",东巴文写成 ⺊ ,⊇ 应该是哥巴文自创字,它的异体字 ⊾ 加了一曲线字缀,这是因为tsʻɯ有一义为"吊死鬼",东巴文在"鬼"上加绳状,写成⺊,因此哥巴文借为 ⊾ 。

（六）自造象形字的取象不同导致的异体关系

还有其他诸多因造字方法不同产生的异体字,比如造字时取象不同形成的异体字:kʻɘ"篮子",哥巴文写成 ⋈ 或 ⋙ ,前者为篮子的正面象形,后者取篮子上的竹编意象。

（七）书体不同导致的异体关系

不同书体也会造成异体,比如:nɑ ⊓ 、⋔ 都借汉字"黑"的上部分,后者只是书写得更潦草。

哥巴文的异体字现状与其表音的文字性质有关。哥巴文主要是标记音节的表音文字系统,它的异体字情况与主要是表意成分的文字系统有所不同。简单来讲,我们往往认为几个字符互为异体的根据是表达语言中同一个词。而哥巴文的字符主要是用来标记音节的,其构成异体的根据是表达语言中的同一个语音单位。字符形态与所标读音之间如果无法建立起强有力的理据关系,字符就会因缺乏显明理据而易在使用中产生变形或讹误。再加上标音文字的规范很大程度上依赖于语言的规范,只有当语音单位稳定而有规律地与语言单位对应时,标音文字的规范性才有保障。所以哥巴文出现了大量的异体字。

三、哥巴文的异体关系与文字性质的关系

(一)哥巴文表音功能的不成熟

实际上,哥巴文异体字的大量存在与其表音功能的不成熟是一个问题的两个方面。

1. "一音多字"。哥巴文记录同一个音节,可以有很多个字形,多的可以达到三四十个,方书中收录的206个有哥巴文字的音节,有28个只有一个字形,其余的178个都有两个或两个以上字形,而这28个音读也不能完全确定就只有一个字形,很多是因为收集上的缺漏造成的,这28个音读在李书中就收录了别的字形。

2. "一字多音"。某一个字形可以同时记录几个不同的发音,有的是记录相近音读的字,比如 **ヲ** 可以记ʂu也可以记se,有的是记录完全不同音读的字,比如 **ᵯ** 可以记gə也可以记be。

3. "一音多字"与"一字多音"相交织。哥巴文不能准确地记录音节的声调,同一个音读的四种声调可以用相同的哥巴文来记录,而该哥巴文确切的调类调值需要在具体的语境中才能作出判断,比如ze **ᒣ**,在不同的语境中可以有四种不同的声调,ze^{31}"哪,何处"、ze^{33}"多少"、ze^{55}"童奴"、ze^{51}"哪,何"。

这三点归纳起来就是:哥巴文作为标音文字未做到一字一音。一音多字、一字多音是音节文字成熟过程中出现的普遍现象。如日本的万叶假名是从汉字中脱胎出来用于标记日语读音的借源系统,它也曾发生过一字多音、一音多字的混乱现象,为克服这种现象,日本人创造了严格一字一音相对应的平假名和片假名。傈僳竹书是个人独创的音节文字,其文字与语音的对应程度高于哥巴文。这两个例子说明了有效的规范整理对于表音文字系统的作用。

（二）表意成分的残留

在我们确切考证出来的500个哥巴文中，有165个借自东巴文，其中77个与东巴文没有直接的音义上的联系，而是通过借用到哥巴文中的东巴文派生或作为字素组合而来的，其余的88个是借东巴文的同音同义字，这88个文字借用到哥巴文中经过省减、变形，在省体和变体的基础上再省再变，或者在省体、变体的基础上加字素、字级，大部分文字与借用的东巴文所代表的意义已经完全找不到联系，而被借用的东巴文可能本身就是假借字，所以借用东巴文的哥巴字字符直接表意的只有16个（包括异体字在内）。

借自汉字的哥巴文有139个，其中70个是直接借用汉字的，我们将借汉字的哥巴文分为音读法借字、训读法借字和无音义关系借字，用这三种不同方法借用汉字的哥巴文数量分别是17个、43个、10个，其中派生字或只作为哥巴文构字字素的有69个。

借自藏文的45个字全部借音。而哥巴文自创字51个当中有9个是带有表意功能的象形文字，其他为记号。

综上所述可知：第一，哥巴文中可考的文字有63个字符直接表意（包括异体字），占总数的12.6%，这部分哥巴文在从别的文字借用来以后或者自创出来以后并非仅仅表示它借用的那个文字的意义或创造的文字的意义，它代表的是它所对应的那个纳西音读表示的所有的意义，比如［bu］丘 借同义汉字"丘"，但是它的意义还有"猪"、"负担"、"挑、扛"、"鬃"、"光"、"亮"、"聋"等。第二，即使哥巴文是通过意义上的关联借用别的文字，但是这些文字在其本来的文字系统中可能本来就没有表意功能。比如借用东巴文的大多数在东巴文中就是假借字，哥巴文借用它，正是因为它具有较强的表音功用，借用后作音符使用。第三，在派生字和合体字中，有的派生和组合规则是具有意义上的关联的，比如"水"ﾞ 是哥巴文自创字，与"水"意义上有关联的"泡沫"、"云，口水"、"酒"等就写成 ﾞﾞ 、会 、ﾞ 等。虽然其派生或组合的原则有意义的关联，然而派生或组合的部件却与文字的意义没有对应关系。

四、小结

通过上文的分析我们可以看出，异体字凸显了哥巴文性质的两个重要方面：表音功能的不成熟和表意成分的残留。而前人对于哥巴文性质的重要分歧主要体现在对后者的处理态度上。

李静生先生的《论纳西哥巴文的性质》一文将不少来源于东巴文或汉字并加以省减形变后用来表示纳西语音的哥巴文视为和东巴文及汉字性质相同的象形文字，①我们以为这种做法在一定程度上是欠妥的。毛远明先生的《哥巴文性质再认识》则认为尽管不少哥巴文在其诸多义项中仍有一两项保留有源文字的含义，但是由于哥巴文从源文字中借入后用来表示纳西语音，已变成记音的符号，所以仍应该将哥巴文视为表音文字②。我们以为，毛远明先生立足于整个哥巴文体系，侧重强调哥巴文的整体表音性，忽略了哥巴文中存在的个别表意现象。曹萱的硕士毕业论文《纳西哥巴文造字研究》统计出只有12.6％的哥巴文"代表的是它所对应的那个纳西音读表示的所有的意义"，并认为"哥巴文是一种不成熟不规范的具有部分表意功能的音节文字"。③

通过以上对哥巴文异体字的考察分析，我们以为，与傈僳竹书一样，表意成分的残留是哥巴文对于理据的内在要求的必然结果。这种理据既可以用自造表意字来实现，也可以用借源字来填补。与傈僳竹书大部分使用自造字的方式不同，哥巴文综合使用了两种方法。由于没有经过规范整理，多种理据和用法的字混合在一起，呈现出复杂交错的关系，特别是大量的异体字，影响了我们对于哥巴文性质的认识。通过上文的辨析，我们可以说，表意成分并不影响哥巴文作为音节文字的性质，而是其字符理据的一种残留。

第五节　从与水文、东巴文的同义比较看傈僳竹书的性质

一、楔子

作为一种由个人独创的文字系统，傈僳竹书具有某些其他民族文字所不具备的鲜明特征。

首先，与云南省的其他民族的音节文字相比，竹书的表音功能相当完备。《识字课本》共有1 250个字形，排除重复字形后还有880个，记录了602个傈僳

---

① 李静生：《论纳西哥巴文的性质》，载《东巴文化论》，云南人民出版社，1991年。
② 载白庚胜、和自兴编《玉振金声探东巴——国际东巴文化艺术学术研讨会论文集》，社会科学文献出版社，2003年。
③ 曹萱：《纳西哥巴文造字研究》，华东师范大学硕士学位论文，2004年。

语音节。竹书能够准确地记录云南维西傈僳语由声母、韵母、声调（6个）组合的全部音节，由不同的声韵调构成的音节就由不同的字形表示。每一个字形对应一个音节，这一点与东巴文很不一样。比如"筷子"，东巴文写作 ∥，读作a^{33}ʂər^{21}，一个字形对应两个音节。即使是历史悠久的音节文字——彝文，在声调的区别上也不如竹书精确（彝文主要表示声母和韵母组合的结构，不太关注同一声韵的不同声调的差别）。所以，从竹书文字完全可以归纳分析出维西傈僳语的语音系统，没有声母、韵母、声调的点滴遗漏。这在多种音节文字中，如彝文、哥巴文等，是极为罕见的。所以以现代音位学的观点看，竹书是严格意义上的音节文字。

其次，相对于某些发达的音节文字，竹书文字系统又存在一定的原始性和不规范性。竹书字数偏多，且存在一定数量的异体字。日文的假名系统一向被认为是相当完备的音节文字，因为它仅用了51个字母就可记录日语中的所有音节，一形记一音，无异体，无音近记录（除了译名）。但是我们也知道，假名的前身——"万叶假名"也存在着字形和音节对应上的多种问题，今天所见的之所以精简而高效，是一个漫长的有意识的规范化和无意识的筛选过程的结果。另外，日语的音节数远远少于傈僳语，且假名系统通过一定的附加符号弥补假名表音的缺陷。由于语言条件的不同，竹书使用了880个字形才能全面记录傈僳语的所有音节，又因规范化的缺失，异体字较多，有时多达5个。从这种意义上来看，竹书却又是一种不完备的音节文字。

二、从竹书文字理据的确立看文字制度对符号体态的影响

文字制度与符号体态作为文字系统的性质的两个基本方面，它们之间的关系也是值得进行深入探究的理论问题。竹书文字在设立之初便从个人意志上确立为音节文字，这种意志是如何影响文字创制的呢？我们尝试通过同义比较的方法找到竹书的这一特性所在。

自造表音文字的重要问题在于理据的确立。意音文字系统中的表音成分往往是由理据充分的表意成分的活用来担当的，许多民族文字则采用借用汉字或其他成熟文字的办法来填补理据的缺失。而据研究统计表明，竹书中的借源字仅占4%左右，是一种以自造字为主的少数民族文字。如果所记录语言的音节单位简单，便可采用一个小规模、便于记忆的纯符号系统。而傈僳语的音节众多，自造字系统的数量庞大，这些自造字的理据如何确立，对认识傈僳竹书的根

本性质有重要的意义。

从造字的角度来看,竹书的造字法有象形、指事和会意3种,都具有表意性质。通过这种较为原始的造字法,初步产生了一批音义兼备的字符。再以字音为中介,使这批字符转变为所表音节的音符。通过这一逻辑上的过程,使竹书成为了基本可以识读的文字体系。

纳西东巴文是经历漫长演化过程逐渐成熟起来的处于早期文字与意音文字过渡阶段的文字系统,其字符系统中表意成分居多,理据充分,具有一种视而可识的特征。而水文的借源字占总字数的60%以上,且具有较浓的象形意味。与这两种文字相比,竹书的个人创制的特点就凸显出来了。一方面汪忍波刻意想要创造一种本民族特有的文字,这就限制了借源字的使用,故而必须提高字符的表意性以强化其理据;另一方面汪忍波已对语言单位有了清晰的认识,可以跨过原始图画文字,直接创制出易学易记的音节文字,所以在字形上又必须兼顾作为表音字符的简单好用。

下面,我们就对上述三种文字中的象形、指事、会意三种造字方式进行同义比较,来看这一矛盾是如何体现在竹书创制上的。

(一)象形

竹书中虽有象形字,但类似古汉字、水书和纳西东巴文字那样实物般临摹事物的象形字极少,而是具有高度的规格化体态,如:"马":

傈僳竹书作

东巴文作

水文作

又如"牛":

傈僳竹书作

东巴文作

水文作

又如"麦":

傈僳竹书作

东巴文作

水文　✲、✲、✲、✲、✲

与东巴文和水文相比，竹书象形字的符号化程度相当高，几乎没有了"依类象形"的意味，而且通过对竹书中指事字和会意字的分析，可以发现其象形字也不是指事字和会意字的主要构字元素。

（二）指事

水文的指事字不多，分为两种类型：纯符号的指事字（如：▽，意为"当"；✲意为"中"）和加符号的指事字（如：✲，✲，✲，✲，✲，意为"上"；✲，✲，✲，✲，✲，意为"下"；◎，✲，意为"地方"；✲意为"进"）。

而纳西东巴文字较少见一个象形部件或表意部件上添加一个以上的抽象符号或指示符号构成的指事字，如✲（一）、✲（二）、✲（三）、✲（四）、✲（高）。

竹书中指事字所占比例最大，而且类型繁多，可以分为纯符号指事字和加符号指事字两类。在指事字中纯符号指事字最多。纯符号指事字可以细分为独体纯符号指事字（如✲意为"岔口"，凹意为"撬"，✲意为"颤动"）和合体纯符号指事字（如✲意为"交叉"，✲意为"膨胀"，亚意为"二"，✲意为"追赶"）两种。加符号指事字可根据字形的结构情况细分为两种：一种是象形字＋抽象符号指事字（如✲意为"鸣"，✲意为"破裂"，✲意为"作记号"），另一种是会意字＋抽象符号指事字（如✲意为"支架"，✲意为"吹火"，✲意为"吮"）。

与东巴文和水文相比，竹书指事字系统相当发达，抽象化程度相当高。这可以视作其音节文字的性质的内在要求。

（三）会意

水文的会意字可分为两种形式：一是单一自创型，即整个字的构思、书写都是本民族创造的。如：✲和✲［ha:i¹］为"给、与"；二是复合自创型，即字形的一部分借于汉字，另一部分源于本民族的自造，如：水文 水，✲，✲，✲是借用汉字的"水"；但又在借用"✲"（水）的字形上，自造了"泉"（✲，✲，✲）、"河"（✲）、"塘"（✲，✲）、"井"（✲，✲）。水文的会意字多数为汉字和自造字拼合一起组成的。所以，这也是水书为拼盘文字的理据之一。

纳西东巴文✲，以鹰爪捕鸟，会"捕"之意。✲，以斧砍树，会"砍（树）"之意。🐂，人执杖驱牛，会"牧"之意。🔪，以刀在石上，会"磨"之意。很明显，纳西东巴文的会意字就是两个象形物件拼合出一个与之相关的意义。

竹书的会意字基本上是由两个或两个以上的象形抽象符号或表意抽象符号组合而成，即主要是以形象见义的象形字。如：

象形＋象形：🏺，（ 𝖸 ）器皿上有封口或捆系物（ ➤ ），下端有洞，会"（ 被鼠 ）啃"之意。⎮₀，Ⅱ为打孔的工具，⊃为打出的圆孔，会"打孔、捅"之意。

象形＋不定物：🏺，以不定物 ∿ 从器皿 𝖸 中洒出，会"倒（ 出来 ）"之意。

竹书会意字的种类比纳西东巴文和水文的会意字种类多，尤其象形＋指事字构成的会意字，体现了字素语义的互相结合（ 如 🔲，囗为田，田里是一个指事字 ⅩⅩ 意为"溜"，一同会"挖地"之意 ）。竹书会意字中的指事字能以独立字义的身份充当构字成分，并与字形部件的意义相结合而合成会意字。这表明竹书文字在部件语义结合方面有了突破。

三、小结

上文的同义比较突出了竹书符号体态的一大特点：兼顾理据的同时高度抽象化。一方面，其文字绝大多数是独有的自造字，均具有一定的表意性，不存在水文里大量借源字的情况；另一方面，其文字抽象化程度极高，象形程度远远低于东巴文，几乎只能起到提示和区分的作用。

竹书的这一特点说明：第一，文字理据影响符号体态。所谓理据，也就是字符与语言之间可以被理解的关系，这种关系可以由原始的图画性符号来充当，也可以由音义具备的借源字充当。如果是前一种情况，这种关系可以强化到使文字与语言单位一一对应（ 如东巴文 ），也可以弱化到仅仅起到区分和提示的作用（ 如竹书 ）。如果是后一种情况，则表现为如水文等文字系统对大量借源字的借用、消化、再利用。第二，文字记录语言的方式影响符号体态。在自觉的文字创制过程中，创制者对文字系统性质的设定直接影响其文字的符号体态。与理据的作用相反，竹书的表音性制约着其表意特征的发展，使其文字系统表现出高度的抽象化特征。正是这两方面的紧张关系，使竹书成为表意和表音成分都具备的特殊的音节文字系统。

第三章 从同义比较看一些有关文字性质的 宏观与理论问题

所谓文字的性质不仅意味着某一种文字的个性,还意味着整个或一部分中国的乃至世界的各民族文字系统的共性,或一群文字系统的共性。"一群文字系统的共性"意味着有一些性质对这一群文字系统来说是共性而对另一群文字系统来说是个性。这些既是共性又是个性的内容,即是本章将讨论的"宏观问题"。另外,对于文字性质的讨论,当然牵涉到许多理论问题,这些理论问题亦将在本章的讨论中被涉及。

第一节 从同义比较看早期文字的造字方法

一、楔子

造字方法是对文字产生方式的分类,早期文字的造字方法是文字渊源、书写条件和思维能力等因素共同作用的结果,其中文字渊源的影响最为明显,因为早期文字多是承袭其渊源物而且相去不远。相同的渊源物决定了不同源的早期文字在造字方法上也会出现众多相同之处。这一点我们可通过早期文字的同义比较得以印证。

下面我们先举例来看早期文字中的造字方法。

印第安早期文字　　　　云南晋宁石寨山出土的铜片局部

左图①是印第安早期文字,表示用30只猎获的海狸交换野牛、海獭与绵羊。

---

① 该图采自B.A. 伊斯特林《文字的产生和发展》,北京大学出版社,1987年,第59页。

"海狸"、"海獭"、"野牛"、"绵羊"分别以象形字来表达。30条线和表示交换的"×",均是运用了指事方法。此外,猎枪和海狸运用会意方式表示"猎获的海狸"。 右图[①]为云南晋宁石寨山出土的铜片局部。"孔雀"、"牛"、"马"、"虎"、"豹"、"贝"等均为象形字。 图中还有不少圆圈形计数符号,显然是原始的指事字。 另"豹"与"贝"形象相连,当为一原始会意字,林声先生考为"值一贝之豹"。[②]

可见,早期文字中已具备了记意写词系统,原始的象形、指事、会意等均已出现并以它们为基础记录语言。但是在各早期文字中这些造字方法的使用状况是不同的。 下面我们通过非同源的各类早期文字的同义比较,对这些造字方法做进一步的认识。

二、象形造字法

摹物象形是早期文字最常用的造字法,绝大多数早期文字系统都有象形字且象形字的个数和使用频率占绝对优势。 这一现象的出现,是因为早期文字脱胎自图画不久,"画成其物,随体诘诎"这一绘画中熟稔的方法在造字中得到传承,人们更习惯于接受这种直观的表情达意方式。再者,它能够突破时间空间限制,便于在语音不统一的情况下单纯依赖图画信息进行交流,通俗易懂促成了图画文字的应用和发展。

我们在第二篇第二章中提到过,"日、月、星、山、人、鸟"是人类生活中最基本的几个概念,它们在早期汉字、东巴文、水文、苏美尔文、马亚文、埃及圣书字、印第安文字这七种早期文字中都是图画性的象形字,且同义字的形体非常相似。这是因为图画文字通常是仿造外部世界的物体,而大部分这些物体到处都是,再加上相同的造字方法——象形造字法的运用,使得非同源的各民族自造字中同义字具有近似性。 此外,早期文字中的象形字大都比较"原始",笔画繁杂,形体不稳定,如水文自造字"日"就有 ☉、☱、☲ 等多种写法。象形造字法也使得图画性特征在各早期文字中都有体现,如字形随实物的大小而不一,又如虚实笔画和着色等现象,在早期汉字、印第安文字、苏美尔文字、东巴文等文字中都可见到。

---

① 该图采自林声《试释云南晋宁石寨山出土铜片上的图画文字》,载《文物》,1964年第2期。
② 林声:《试释云南晋宁石寨山出土铜片上的图画文字》,载《文物》,1964年第2期。

这些都是早期文字尚未脱离图画写实习惯的缘故。除了上述共性特征外，通过比较还可看出这些象形字在各文字中发展水平上的差异。相比较而言，印第安文字更为繁复，图画性较强；苏美尔文字符号性、线条化强一些。这种差异虽受书写工具、思维能力等的影响，但更直接的原因是文字发展程度不同。

三、指事造字法

指事字在早期文字中也大量涌现，尤其是在表达数字这个抽象概念时，各早期文字系统几乎都采用了指事方法造字。

几种早期文字数目字比较表

汉早期文字	Ⅰ、Ⅱ、Ⅲ、Ⅲ、Ⅹ、Ⅺ、×、×
纳西东巴文	𐤇、𐤇𐤇、𐤇𐤇𐤇、𐤇𐤇𐤇/𐤇𐤇、𐤇𐤇𐤇𐤇/𐤇𐤇𐤇、𐤇𐤇/𐤇𐤇、×、十
水文	𐤉、𐤉𐤉、𐤉𐤉𐤉、𐤉、⊠
埃及圣书字	Ⅰ、Ⅱ、Ⅲ、Ⅲ、Ⅲ、Ⅲ、∩
印第安文字	
马亚文字	◯、●、●●、●●●、●●●●、——、∴、二
苏美尔文字	Ⅰ、DD、DDD、BB、BBB、BBB、DDDD、DDDD、●

从书写与所记实物相同数目的象形字，到作出相同数目的符号标记，再到运用特定符号来表示数字，反映了人类抽象思维能力的逐步提高。由以上几种早期记数文字的比较，可以看出各民族抽象思维能力上的差异。马亚人已经有了零的概念；汉字、东巴文、水文、苏美尔文中已出现特定记数符号；印第安文字对于抽象概念的表现手法较原始，例如印第安车偎部落父子汇款信中，53元就画了53个小圈代表。[①]

---

① 周有光：《世界文字发展史》，上海教育出版社，2003年，第35页。

　　原始符号是早期文字的另一重要渊源。 王元鹿指出:"一旦文字系统形成,则原始符号直接进入文字是理所当然的。这些原始符号包括计数符号与表达抽象意义的符号,它们当是这个文字系统中的第一批指事字。"①早期文字中的纯符号指事字(包括以上所列数字),多是由点、线、圈构成。 这些字形与早期的刻画符号如出一辙。 还有一类加符号指事字,也多是在象形字上加点、线、圈等提示性符号来表示。 这其中也有些共性,如用"很多点"表示多,例如:东巴文 ⬡(粉)、⬡(繁星)、苏美尔文 ⬡(混)、水文 ⬡(年数)。

　　指事字在各早期文字系统中的情况差异较大,如尔苏沙巴文字中就没有指事字,这同其渊源物有着密切关系。就尔苏沙巴文字而言,它产生之前没有一种作为指事字的源泉之一的刻画符号当是它缺乏指事造字法的重要原因。对于不缺乏这种渊源物的早期文字来说,用指事字来记录语言中较为抽象的词汇,在某些情况下反映出了各民族抽象思维的发展程度。

四、会意造字法

　　会意造字法的运用当还要回归到早期文字的主要渊源——原始图画,在原始图画中本来就不缺乏一些两个或两个以上的物体相结合或相联系的图形。这些组合图形一旦进入早期文字,就构成了"比类合谊,以见指㧑"的会意字。 从表意角度来看,许多概念也难于画出图形来,于是,结合若干符号表示一个词。在大多早期文字中都有会意字出现,如圣书字会意字 ⬡(旦),大汶口会意符号 ⬡(炅)。 苏美尔文 ⬡(婢),由"女"(女阴形)和"山"(三个山峰)复合而成,婢女是山地来的女孩。 马亚文字中更是有大量图形结合的文字,对它的解读大多从会意造字法角度进行的,如 ⬡(啄木鸟)是由 ⬡(鸟)和 ⬡(树叶)会意而成。

　　早期会意造字法的运用上,各种文字也有相似之处,例如都出现同体会意字:东巴文 ⬡(芽)、水文 ⬡(阴)、⬡(重葬)、埃及文 ⬡(三只鹤会意"难忘的")、苏美尔文 ⬡(混淆)。 异体会意字更为丰富:东巴文 ⬡(明)、东巴文 ⬡(雷劈人)、水文 ⬡(井)、水文 ⬡(屋)、水文 ⬡(囚)、埃及文 ⬡(母牛和小牛会意"关心")。

---

① 王元鹿:《比较文字学》,广西教育出版社,2001年,第83页。

早期文字中的会意字还比较原始,这种原始性主要表现为在书写上不紧密,字形构成上也有相当大的任意性,同一方法造的字依然字形不一,异体字繁多。如纳西东巴文的"咬",可作 ,可作 ,还可作 。

会意字在各早期文字系统中的表现是不同的。有些不发达的早期文字系统较少有或根本没有会意字,有些早期文字中的会意字还不成熟,处于若即若离的状态。 相比较而言,东巴文字中的会意字较多,保留着浓厚的图画痕迹,尔苏沙巴文字中的会意字极少。 总体来看,会意造字法在早期文字中已经出现并开始有意识地运用,但造字量和使用频率都不是很高。

五、形声造字法

某些早期文字已可见形声字的端倪,表音符号偶然夹用于表形和表意符号中间。

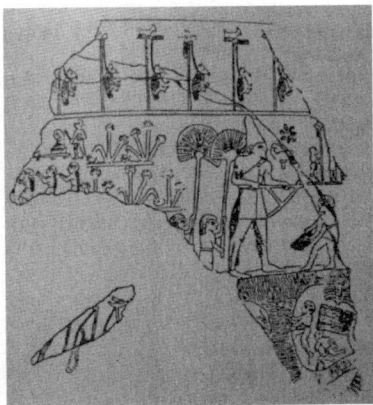

斯科尔皮昂王棒槌①

东巴巫师的创世经文②

依据对埃及古代早期文字铭文——斯科尔皮昂王棒槌的一种解释来看,这种文字中已有原始的形声字。铭文中,中央偏右的人是国王,国王头部的右侧有一个七瓣花结为国王的象征,另有一个蝎子是表国王名的声符。③显而易见,七

---

① 该图采自B.A. 伊斯特林《文字的产生和发展》,北京大学出版社,1987年,第108页。
② 该图采自傅懋勣《丽江么些象形文〈古事记〉研究》(武昌华中大学,1948年) 第26页。
③ [苏]B.A.伊斯特林:《文字的产生和发展》,北京大学出版社,1987年,第109页。

瓣花结和蝎子构成了一个形声字，前者是表示"国王"义的意符，后者是声符。

东巴巫师的创世经文中最中间的圆圈是"蛋"，蛋左三条斜曲线是"风"，"币"字形符号表示"白"（音符），连起来是"白风"。右边是"山峰"，山峰的右下方有一个"鸡头"（音符）表示"撞"（谐音）。这里出现了两个音符（"白"和"撞"）。

早期文字以记意表词方式为主体，但有些早期文字中也已出现了记音的萌芽。是否存在记音表词方式或其萌芽，也可作为比较各种早期文字发达程度的标准之一。从这个角度来看，纳西东巴文中的记音现象相对较多，它应是一种最先进的早期文字；古埃及铭文常用记音方法记录专名，也可见其较为先进；而北美印第安文字、尔苏沙巴文字尚未发现有记音方式记词，它们当属于比较不发达的早期文字系统。某些早期文字虽已出现表音成分，但是不能据此认为已经改变了文字的基本性质，它还没有成为意音文字，意音文字中的音符是经常性地得到应用的。

六、一些辅助性造字手段

除了以上几种基本的造字方法外，早期文字还常借助一些辅助性造字手段。在第二篇第二章的"关于文字和图画共性的同义比较中"一节中，我们已经对这些具有图画性的别义手段作了初步的介绍，这里再从早期文字的角度举些例子。

如方位表义。在各早期文字中都常出现倒置表义现象。如在印第安文字中，以鹤、鹿为图腾的酋长的墓志铭上倒写鹤、鹿表示死亡。纳西东巴文字中"夜"作 ，从月倒置；"缺粮"作 ，从碗倒置。汉字中"人"倒置为"匕" 。埃及圣书字"人"倒置 为"倒下"，船倒置 为"翻船"。水文自造字中"人"字写作 ，"死婴"字写作 ，是表示"人"的 字的形变，将 倒过来写并突出了婴儿的毛发特征。

如颜色表义。尔苏沙巴文字中以多种颜色表义和别义，如月亮与星涂黑时表暗淡，而以白色表吉祥。东巴文字中， （光）， （暗），贬义的事物也常以黑色表示。

如省减表义。东巴文中， （盲，从有目 无睛）、 （月蚀）；埃及文字 （两只连体的公牛表示来回走动）。

如变形表义。东巴文中，变 （刀）为 ，表"刀折"。埃及文中， 表示坐着的男人， 举起一只手表示在庆祝的男人， 手扶地表示疲劳的男人。

以上这些辅助造字手段在一定程度上缓解了当时记词表意不够丰富的窘

迫。辅助性造字手段是一种实用且讨巧的方法,只须略微改变,就可以创造出易于被接受的文字。但是它需要有一定数量的常用字作为造字前提。这些造字方法后世也多有沿用,只是这些造字方法产生的新字非常有限,其造字数量的局限性注定这种造字方法只能是一种辅助性的造字方法。

七、小结

由早期文字的同义比较,我们可以看出:许慎"六书"中的象形、指事、会意、形声四种造字法不仅是汉古文字产生方式的总结,而且适用于分析其他民族早期文字。在各早期文字中,各造字法的应用程度是不同的,来源于图画的早期文字象形字丰富,如果这些图画中有多个形体结合的图形,那么会意字便随之产生。原始符号是指事字的重要来源,原始符号丰富的,指事字也相应多些。如尔苏沙巴文象形发达,没有指事,会意极不发达,更没有形声;东巴文象形、指事、会意的运用在早期文字中均属于较高水平。

总体来看,早期文字中象形字最为丰富,这是由于渊源物对文字的创制方法有直接影响。早期文字以象形造字为主,多数早期文字兼含指事、会意造字法,也有少数早期文字只含其中的一两种,个别早期文字中形声造字已出现。

对同义异源的早期文字进行比较,能够揭示早期文字演变的共同规律,其中造字方法的选用及其所占比重可以作为衡量早期文字发展程度的一个重要参照。

第二节 从同义比较看早期文字的符号体态

一、楔子

符号体态是文字的表现形式,它体现着文字的发展阶段和性质。早期文字符号体态是文字发生的最初形式。由于文字的渊源物、书写条件、人类思维能力等综合作用于早期文字,使得这一时期的文字体态似画非画,在随意、率性中追求着表意的直接明了。对早期文字符号体态进行同义比较,能够更细致地看出早期文字符号体态的各自特点和其发展的共同规律。

二、文字渊源物对早期文字符号体态的影响

原始图画是早期文字符号的母体。各种早期文字都分别承继了本民族绘画

的表现形式。这样就使得早期文字尽管都具有图画性,但风格是多样的。

例如古埃及绘画中人物头部多以侧面表现,肩为正面,腰部以下为侧面。这一特点在早期埃及文字中也有体现,例如:🯅、🯅、🯅。

中国岩画在构思上天真纯朴,视线与对象最富特征的面保持垂直,追求的是物体的正面显示。在塑造平面图形时,很善于抓住物象的基本形状,没有细节刻画,大都不画五官。例如在族徽符号中人的形象是 🯅。中国南方岩画表现手法同样古拙,画人物大都不表现五官,只通过四肢位置以表现动作、体态和感情。这在东巴文"人"🯅、"舞"🯅、"举"🯅、"接"🯅、"取"🯅 等字形中都有反映。

由此可见,文字的渊源物对早期文字符号体态有着直接的影响。

三、早期文字符号体态具有浓厚的图画性特征

以下列出了几种早期文字中表示动物的文字符号:

早期文字动物字比较举例

汉族徽文字	印第安文字	阿兹特克文字	水文自造字	东巴文	埃及文字

我们可以看出,不管是汉字、水文自造字、东巴文,还是印第安文字、阿兹特克文字、埃及文字,其共同特点是:

1. 在造字方式上采取的是描摹客观事物的象形法。

2. 早期文字具有描摹客观事务的细腻性,这是对写实性图画的继承,也说明早期文字中的图画文字大多还停留在初期的象形阶段,不仅是勾勒其物,而且还细致摹画。

四、早期文字符号体态没有统一的规格

早期文字符号体态没有统一的规格,主要体现在:字形长宽比值不统一,字形大小不一致。

（一）字形长宽比值不统一

早期文字符号体态的长宽比值没有统一的标准，其比例大多与所记实物大小维持正比。例如：印第安文字 🖎（长发），字形之所以如此细长，就是为了通过头与发的比较来表达发长。

正因为存在着随实物的形状来结构文字体态的习惯，所以在非同源的各早期文字中，同义字的符号体态有相似之处。如下表各早期文字中的"水"，基本上都写作长条形。

几种早期文字"水"字比较表

东巴文	水文	埃及文字	早期苏美尔文	印第安文字
≈	彡彡彡	∿∿∿	～	～

（二）字形的大小往往不一致

这种不一致大多还是由于早期文字倾向于追求在量上符合客观实物的大小，而不追求字与字之间形体上的相似。例如北美印第安车偃部落父亲给儿子的汇款信（见下图①）中，父亲的图形比儿子的图形要大一倍以上。

北美印第安车偃部落父亲给儿子的汇款信

---

① 该图采自*A Study of Writing* (*Revised Edition*)(I.J. Gelb著, The University of Chicago Press, 1963年)第31页。

有时,字形的差异是表达特殊意义的需要。 如古埃及绘画中常根据人物尊卑安排比例大小和构图位置,这一特点在文字中也有体现。 如古埃及纳尔迈雕版(见下图①)中,国王和俘虏的人形身高相差达一倍以上。

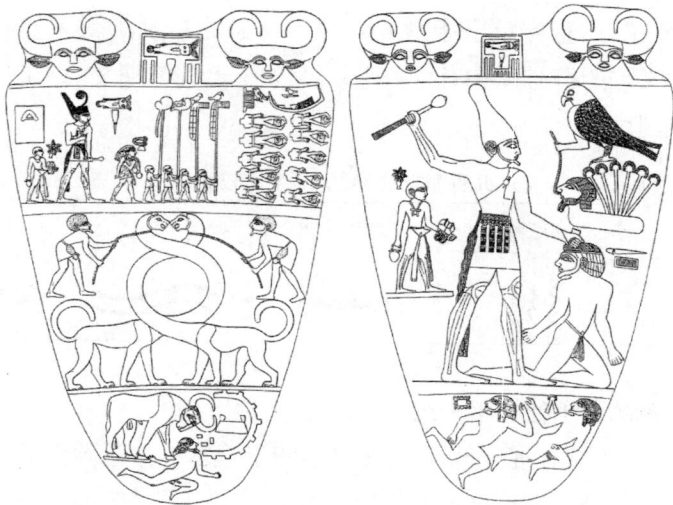

纳尔迈雕版

五、早期文字符号体态的发展变化

在文字发展的过程中,早期文字为求表意更鲜明而不得不揖别图画,走上自己的发展道路。这体现在繁复的图形开始简化,涂色现象减少。

(一)繁复的图形开始简化

例如:汉字中"龟"的符号体态变化 🐢—🐢—🐢,虽然依然是用象形的手法,但写实性的花纹逐渐被省略。

(二)涂色现象减少

涂色现象是原始图画中惯用的方式。 例如,中国南方岩画的制作大都以红色涂绘,颜料为矿物质颜料,色彩稳定,经久不变。 有的是用手指蘸着颜料绘制

---

① 该图采自 *A Study of Writing* (*Revised Edition*)(I.J. Gelb著,The University of Chicago Press,1963年) 第73页。

的,但某些较大的图形也可能是使用羽毛或其他工具涂刷的。

在涂色现象方面,尔苏沙巴文中有大量继承,并进而巧妙运用色彩表意的文字现象,如白色代表金,绿色代表木,蓝色代表水,红色代表火,黄色代表土。

埃及早期文字也有涂色现象。一定的颜色与所表示的事物的意义是有关的,而且所涂颜色亦有多种。[①]也有些早期文字中的涂色只是起装饰的作用,并不表意,例如甲骨文中就可见到有的龟甲上大字填朱、小字填墨的现象。

早期文字中的涂色现象是原始绘画手段的惯用,虽可作为记词的补充手段,但其书写材料的复杂无疑不利于文字的使用和推广,因而涂色现象在文字中的发展趋势是渐趋消亡的。

六、小结

综上,我们可以看出,由于文字渊源物对早期文字有直接影响,早期文字的符号体态主要特征表现在:

第一,具有浓厚的图画性。

1. 在造字方式上采取的是描摹客观事物的象形法;

2. 早期文字描摹客观事物极其细腻。

第二,符号体态没有统一规格。

1. 字形长宽比值不统一;

2. 字形的大小往往不一致。

第三,早期文字符号体态存在一定的发展变化。

1. 繁复的图形开始简化;

2. 涂色现象减少。

第三节　从达巴文与东巴文的同义比较看早期文字与表词—意音文字的异同

一、楔子

达巴文和东巴文的使用者族属都是纳西族,作为同一民族的两种不同文字,

---

① 王元鹿:《比较文字学》,广西教育出版社,2001年,第37页。

达巴文和东巴文呈现出了一定的相似性,但也存在着一定的差异性,下面我们从两个角度对达巴文和东巴文进行比较分析。

二、星象体系的比较

朱宝田、陈久金两位学者曾就纳西族的星象写过一篇文章《纳西族的二十八宿与占星术》[1],依照东巴文情况对纳西族的二十八星宿进行了分析和确认。从达巴文的发现和使用情况来看,达巴文的主要作用是依据天象占卜吉凶,依据现有研究成果,单个达巴文对应的汉语意思几乎都和天象有关,因此星象体系是我们认识达巴文的一个窗口。邓章应曾经在《摩梭达巴文初步研究》一文中对纳西达巴文和东巴文的星象系统从文字学的角度进行对比分析,为达巴文的研究提供了新的视野[2]。

据我们研究发现,达巴文和东巴文的星象体系存在一定的相似性,但两者的相似性不高。达巴文和东巴文星象体系从相似性角度看,可以分为下表中的四种情况:

达巴文、东巴文星相字符比较表

相似度	达巴文				东巴文			
	顺序	字形	字音	字义	顺序	字形	字音	字义
基本相同	十四		"胡朋"	绘一只野鸡,野鸡之意,该日吉,适合耕地。	8		$fy^{21}ku^{21}$	"野鸡星"
	十五		"格哥"	绘一只老鹰,汉意为山中之鹰,该日不吉不凶,防止损坏牲畜。	9		$gə^{33}ku^{21}$	"鹰星"
	十六		"布块"	绘一猪头,汉意为猪头之意。该日吉利。	10		$bu^{21}k'u^{33}$	"猪嘴星"

---

① 朱宝田、陈久金:《纳西族的二十八宿与占星术》,载《东巴文化论集》,云南人民出版社,1985年,第311页。
② 载《中国文字研究 (第七辑)》,广西教育出版社,2006年。

续 表

相似度	达巴文				东巴文			
	顺序	字形	字音	字义	顺序	字形	字音	字义
相似	初十		"索塔窝"	绘一组三星，读音"索塔窝"，二星之意。	4		$su^{33}t'o^{55}$ $k'a^{55}$	"三星角"
	十一		"索塔洛"	绘两个相连的星星，汉意为二星。	5		$su^{33}t'o^{33}$ $go^{33}mo^{33}$	"三星身"
	十七		"布吉"	绘一猪的生殖器，汉意为公猪性具，该日为吉日。	11		$bu^{21}t\mathfrak{o}^{33}$	"猪腰星"
	十八		"布马"	绘一块猪油于盘中，汉意为猪油，该日不凶不吉。	12		$bu^{21}ma^{21}$	"猪油星"
类似	初二		"洼格"	分为上下两组，每组为两个圆圈，但彼此相连，认为是两个马星,该日为吉日。	23		$zua^{33}dze^{33}$	"马星"
	初三		"包夸"	绘一青蛙，该日为吉日，因为青蛙是神，有神保佑，办什么事都顺利。	25		$pa^{33}py^{33}$	"蛙肢星"
	初四		"巴吉"	形如人的性具，读为"巴吉"，该日尚吉。邓章应按：形如蛙尾。	26		$pa^{33}mæ^{33}$	"蛙尾星"
	初八		"古扎古米"	绘有一组六个星星，汉意为六排星，该日吉，但不能祭龙王。	2		$t\mathfrak{s}'ua^{55}ts'$ $\Lambda^{21}go^{33}$ mo^{33}	"六角身"

续　表

相似度	达巴文				东巴文			
	顺序	字形	字音	字义	顺序	字形	字音	字义
基本类似	二十一		"日西"	绘一牛身,汉意为牛耳朵,该日不吉,对牲畜不利。	15		$zy^{21}hə^{33}$	"织女耳"
	二十二		"日年"	绘有一对眼睛,该日凶,不能买卖牲畜,防止丢失。	16		$zy^{21}miə^{21}$	"织女眼"
	二十三		"日古"	绘有一物,汉意为牛的躯体。该日不吉不凶。	17		$zy^{21}tɕə̍ə^{33}$	"织女脖"

说明:"基本相同"是指达巴文和东巴文的字形、字义以及字音都有相同之处;"相似"是指达巴文和东巴文的字音、字形和字义有相似之处;"类似"指达巴文和东巴文的字形和字义有类似之处,"基本类似"指达巴文和东巴文的类型有相似之处。

　　通过上表可以看到,在"基本相同"一类中,达巴文和东巴文的音、形、义都呈现出了较高的相似性,而且在先后顺序上也有相应的连续性;在"相似"一类中,达巴文和东巴文仍然表现出了音、形、义特别是读音上的相似性;在"类似"中,更多呈现出的是达巴文和东巴文在字形和字义上的一致性;"基本类似"一项反应的则是达巴文和东巴文星象系统中某一部分在类型上的相似性。

　　上表共统计出达巴文和东巴文星象系统中的14处相似或类似之处,占星象系统文字总数的一半左右。这个数据说明了以下两方面的问题:

　　首先,作为同一民族的两种文字,达巴文和东巴文在星象系统的表述上有相似性或类似性是情理之中的。达巴文的使用者是居住在川滇交界处的摩梭人,东巴文的使用者是以丽江为核心的纳西人,由于历史渊源和居住地域以及居住环境的相似性,在观察天象时对星宿产生相同或相似的认识并记录下来,十分合乎情理。正是这种合乎情理性,也使得达巴文用于记录天数的文字和东巴文的星宿系统在排列顺序上呈现出了一定程度的连续性和形似性。如东巴文中"野鸡星"、"鹰星"和"猪嘴星"在二十八星宿中的顺序是连续的,和达巴文中表示十四至十六这三天文字的排列顺序一致。同时,和达巴文类似,东巴文也利用二十八宿来记日,纳西族一年可分12月,逢双月为30日,逢单月为29日,全年共354

天。 朱宝田、陈久金两位学者在《纳西族的二十八宿与占星术》中列举1981年1至2月的日历,其中二月一日就用马星记录,和我们看到的这份达巴文记录一致[①]。

其次,尽管达巴文和东巴文星象系统存在着一定的相似性和类似性,但他们之间也存在着不可忽视的差异性,有一半左右表示星象的文字不存在任何相似或类似性就是证明之一。 但这种差异性更多的表现是在文字制度方面,下面我们将进行论述。

三、文字体系的比较

从上表列举的十四例达巴文和东巴文的对比来看,达巴文和东巴文在记录星象时所采用的手段存在一定的相似性,如东巴文中的"鹰星"写作 ,和达巴文 有些近似,都用象形的方式来记录。 此外,除却星象体系,达巴文和东巴文中的其他文字也存在一定相似性,如达巴文的"手掌"写作 ,东巴文"手掌"写作 ,达巴文的"猪油"写作 ,东巴文"猪油"作 ,达巴文"头"写作 ,东巴文写作 。

尽管如此,达巴文和东巴文在文字体系方面仍存在很大的不同。 如星象系统中,从达巴文和东巴文记录的内容来看,两者对二十八星宿的表达不尽相同,达巴文星相的名称仅有4例和东巴文星象名称相近似,两者的书写方式更是千差万别:如"猪油星"达巴文采用象形手段用一块猪油表示,写作 ,而东巴文则写作 ,用猪和猪油相汇合来表示,是会意字;又如达巴文用 的形体通过义借的方式表示初二十二凶日这一天,而东巴文采用会意的方式,写作 ,意为星之眼,会合星和眼的意义。 简而言之,在星象的表达方式上,达巴文一般采用象形或义借的方式,而东巴文更多地采用会意法。依据文字发展的历史,我们知道,和象形字相比,会意字是一种更为抽象更为高级的表词方法。达巴文中不存在会意字,而东巴文中却有各种类型的会意字存在,这再一次充分地反映出达巴文和东巴文是处于不同发展阶段的两种文字。

此外,在采用象形手段描摹事物时,达巴文的书写较东巴文更为繁化,如达

---

① 朱宝田、陈久金:《纳西族的二十八宿与占星术》,载《东巴文化论集》,云南人民出版社,1985年。

巴文的"青蛙"写作 ，描摹细致，东巴文写作 ，只绘轮廓；达巴文"猪油"写作 ，突出油中含有的脂肪，东巴文写作 。

通过上述达巴文与东巴文对比，我们发现，尽管达巴文和东巴文存在着一定的相似性，但两者之间的相似性大多是因为采用象形造字法对客观事物进行描摹而产生的相似性，两者之间存在的更多的是差异性，且这种差异性不是可以用互为异体字或借源文字等方法来简单解释的。

四、小结

综上所述，我们可以看出：

第一，由于是同一民族所使用的不同的文字，达巴文和东巴文在星象体系和文字体系方面都呈现出了一定的相似性。

第二，达巴文和东巴文之间，也存在着相当的差异性，文字体系方面的差异性特别明显。这种差异性更多地表现在文字发展阶段上，与东巴文相比，达巴文处于一种更加原始的文字发展阶段上，所以在造字方式上，达巴文表现了更多的原始性。

第三，达巴文和东巴文之间的差异性，在一定程度上暗示达巴文和东巴文之间的关系也许不是简单的一方借自一方的关系，可能有更加深层次的内部联系或分歧。

第四节　从东巴文与汉字的同义比较
看表词—意音文字的共性

一、楔子

纳西族居住在西南金沙江上游两岸的地区。一般认为纳西族源于远古时期居住在我国西北河、湟地区的古羌人，其中的一支向南迁移，至岷江流域，又向西南至雅砻江，又西迁至金沙江上游，形成了今天的纳西族。纳西族分成东、西两个方言区。西方言区有象形文字，通常称之为"东巴文"。

东巴文不能完整地记录语言，采用近似于图画的表达手法，所以又被称为语段文字、图画文字、文字画等。与甲骨文相比，东巴文还是不成熟的文字，董作宾先生曾形象地把东巴文比喻成一个婴儿,把甲骨文比喻成一个少年。

　　虽然,东巴文与像甲骨文这样的古汉字在发展阶段上有所不同,但它们却也有很多相通之处。对其进行比较研究,有很重要的意义。据方国瑜回忆,刘半农先生"认为这种文字还有人应用,自有一番学问,能深刻了解纳西族社会生活,精通语言,可以研究得其奥妙,且可用以研究人类原始文字,是很有价值的"。[①]董作宾先生说:"我之所以注意么些文字,不在音而在形,拿这种象形文字来比较汉文的古象形字,或者可以帮助我们对于古文字得到更真切的认识和了解。"[②]并且在《从么些文看甲骨文》一文中归结为以下几点[③]:第一是可以反映甲骨文之演变之久;第二是可以反映甲骨文来源之古;第三是可以对证造字时地理环境;第四是可以对证造字时社会背景;第五是可以看出造字时心理相同的原则;第六是可以看出造字时印象各异的结果。

二、东巴文与古汉字的同义比较

　　已有的东巴文与古汉字的比较研究,更多地倾向于宏观地从文字学角度进行比较,比如,形声字的比较、会意字的比较等,这里就不多谈了。(详见本书第一篇)下面主要探讨东巴文与汉字同义比较的问题。事实上,学者们对这两种文字进行比较时,有意无意地选用义同或义近的字。比如前文所举的"苦"与"古"之类。但是有意识地从语义角度进行系统的比较还没有。下面我们选取一些东巴文中的基本字同古汉字进行比较。

(一)天文类(以下的分类主要根据《纳西象形文字谱》)

　　这里的天文类,是指字形或构字元素与天文意象相关的字(以下各类字的含义类推),汉字与东巴字中有相当一部分这样的字。下面是汉字与东巴字同义且构字原理和构字元素相同的字(以下左边为汉古文字,右边为东巴文):

日:◯——◉　　月:☽——◡　　星:⁛——∴◦　　云:☁——〰

① 方国瑜:《纳西象形文字谱·弁言》,载《纳西象形文字谱》,云南人民出版社,1995年。
② 董作宾:《〈纳西族象形标音文字字典〉序》,载李霖灿《纳西族象形标音文字字典》,云南民族出版社,2001年。
③ 董作宾:《从么些文看甲骨文》,载《董作宾先生全集》乙编4册,艺文印书馆,1978年。

电:〰 —— 〰 气:三 —— 〣 晕:◉ —— ✿ 明:◑ —— ⊛

"日"、"月"作为自然界客观存在的事物,对于两个民族来说都是一样的,文字形体的相同或相似也就成为必然,换句话说,也就是客观事物的相同使然。但这里要强调的是"明"字,一个相对抽象的词,但在两种文字体系中的构形却惊人相似,都用"日"、"月"进行会意,这体现出人类思维的相似性。

天文类不同的也很多,主要是一些相对抽象的事物。举例如下:

1.天:✦ —— ⌒ 光:✦ —— ✚ 雷:✦ —— ⬯ 年:✦ —— ⬯

旦:◷ —— ◷ 暮:✦ —— ◷

2.夕:◗ —— ◖ 雨:� —— 2·2·2 春:✦ —— ◇ 午:✦ —— ⬯

这里的不同体现出民族文化及其对世界认识的差异,又如"年"汉字取象于"人龢禾",而东巴文取象于"鼠"。有些表现构字的方式与会意的方式有所不同,如"凤",汉字为形声字,而东巴文为象形字;"夕"汉字以月亮单体会意,而东巴文以"太阳"和"脚"会意;"午"汉字为假借,而东巴文为指事字。

(二)地理类

通过这一组的比对,构形方法与构字要素基本相同或相似的很少。象形字如"火":〰 —— 〰;会意字如"炙":✦ —— 〰,同从"火"和"肉";右:✦ —— ✦ 左:✦ —— ✦,都是通过手来的方向来示意。而大多数不同,如以下几组:

1.田:⊞ —— 〰 山:〰 —— △ 水:〰 —— ◖ 泉:⊡ —— ◖ 土:◐ ——
▱ 石:⊡ —— ◠ 冰:〰 —— ◖

2.东:✦ —— ◉ 西:⊞ —— ⊟ 北:✦ —— ⌒ 南:✦ —— ⌒

谷:✦ —— ◖ ◖

3.地:✦ —— ▱ 池:〰 —— ◖ 金:✦ —— ✕ 绿:✦ —— ◆

铜:✦ —— 〰

4.内:✦ —— ✦ 中:✦ —— ✦ 上:〓 —— ◙

第一组都是相对具体、形象的事物,但字体的构形差异却很大。如"田",汉字呈现为"井"田,而东巴文则为"地上有植物状"。产生这种差异的一个原因为地理事物上的客观差异。又如冰，两种文字都有黑点状形体表冰，但汉字却从水，而东巴文更像地面有冰隆起状；又如石，东巴文的石头呈现垒起状，而汉字则不能。后面的三组所表之意相对抽象，两种文字的构形特点差异也很大。其中，第二组中，汉字为假借字，而东巴文采用会意。第三组中，汉字采用形声的方式，而东巴文采用象形和转意的方式。但我们不能说东巴文还没有发展到假借、形声的阶段，东巴文同样使用了形声的方式来表达这类字。如第四组，"内"东巴文为形声，而汉字为会意字；"下"，东巴字为形声，而汉字为指事字。

（三）植物类

此类与地理类相比较，构形相似的较多，其主要原因是客观事物的相同，如：

树：✦ —— ✦　林：✦✦ —— ✦✦　花：✦ —— ✦　果：✦ —— ✦　桑：✦

✦　草：✦✦ —— ✦✦　竹：✦✦ —— ✦　栗：✦ —— ✦

这些字虽然形体有些差异，但构字理据和取象基本相同。但也有构形不同的，如下：

1. 叶：✦ —— ✦　麦：✦ —— ✦
2. 枝：✦✦ —— ✦　柳：✦ —— ✦　松：✦ —— ✦　柏：✦ —— ✦　艾：

✦ —— ✦
3. 柿：✦ —— ✦　茅：✦ —— ✦　杨：✦ —— ✦
4. 折：✦ —— ✦　细：✦ —— ✦

第一组，汉古文字绘出整个形体，而东巴文只是画出局部。所以有些人一味地说东巴文比汉字繁复，也不尽然。第二组，汉字都为形声字，东巴文为象形字。第三组，汉字与东巴文都为形声字。从整个植物类字构形来看，与东巴文相比，汉字形声字占有明显优势，我们可以从《说文解字》"木"部字发现这一点。

（四）动物类

根据其语义特点，我们分为以下4组。

1. 鸟：✦ —— ✦　鸡：✦ —— ✦　雉：✦ —— ✦　雀：✦ —— ✦

凫：✦ —— ✦　牛：✦ —— ✦　羊：✦ —— ✦　犬：✦ —— ✦　马：✦ —— ✦

猪: 🐗 —— 🐖　　虎: 🐅 —— 🐯　　豹: 🐆 —— 🐆　　象: 🐘 —— 🐘　　犀: 🐃 —— 🐃

熊: 🐻 —— 🐻　　狼: 🐺 —— 🐺　　鹿: 🦌 —— 🦌　　兔: 🐰 —— 🐇　　虫: 🐛 —— 🐛

蚕: 🐛 —— 🐛　　鱼: 🐟 —— 🐟　　贝: 🐚 —— 🐚　　龙: 🐉 —— 🐉

2. 啼: 🐦 —— 🐦　　孵: 🥚 —— 🥚　　跑: 🏃 —— 🏃　　涉: 🚶 —— 🚶　　驮:

🐎 —— 🐎

3. 爪: 🐾 —— 🐾　　胃: 🫀 —— 🫀　　尾: 🦎 —— 🦎　　毛: 🪶 —— 🪶　　耳:

👂 —— 👂　　角: 🦌 —— 🦌

4. 巢: 🪹 —— 🪹

第一组为动物名，一眼看去千姿百态，各有不同，但就我们选取的这些形体来看，还是可以发现一些特点：

1. 古汉字形体繁复，这可能与汉字产生较早，发展时间久远有关。但是形体的趋向大体一致，都呈直立状，很多学者都认为是书写原因所致。

2. 此类东巴文字形大都取动物的头部（当然东巴文献中同时出现动物的整体形象，我们可以认为，东巴文动物类只画出局部，应当是文字发展的一个趋势）。

第二组为与动物相关的动词，相对抽象，我们可以看到，东巴文象形意味比较浓，比如"啼"，古汉字用意符"口"标示，而东巴文则采用指示符号；又如"跑"和"涉"，汉字的脚与东巴文相比，显然要抽象多了。

第三组和第四组字也体现出古汉字的书写比东巴文规范很多。

（五）人称类

人称类字，就是整字或构字部件与人相关的字。下面是有关人称的古汉字与东巴文的比较：

1. 人: 🧍 —— 🧍　　女: 👩 —— 👩　　叟: 👴 —— 👴　　祖: 🧓 —— 🧓　　父: 👨 —— 👨

母: 👩 —— 👩　　孙: 👶 —— 👶　　兄: 🧑 —— 🧑　　弟: 🧑 —— 🧑　　宗: 🏛 —— 🏛

客: 🏠 —— 🏠　　匠: 🔨 —— 🔨　　王: 👑 —— 👑　　官: 🏛 —— 🏛　　吏: 🧑 —— 🧑

帅: 🪖 —— 🪖　　臣: 🧑 —— 🧑　　智: 🧠 —— 🧠　　兵: ⚔ —— ⚔　　巫: 🧙 —— 🧙　　富:

💰 —— 💰　　寇: 🗡 —— 🗡　　盗: 🦹 —— 🦹

2. 自: 👃 —— 👃

通过比较分析，我们可发现：在表示这些人称时，使用了象形、形声等方式；

东巴文除"祖"以外,整字或部件都出现了人;在汉字中,很多字采用了假借、会意等方式,并不出现人的意符,如父、客、匠等,这些字常用而又不至于在使用中混淆,可见此时的汉字已经通行已久,很多已经约定俗成了。其中的"自"提示人类思维的某些相似性,自指鼻子为"自"。而"祖"字的不同,则反映了两个民族在崇拜和祭祀文化方面的不同。

（六）人事类

通过对比我们将其分为以下几组:

1. 立：🏃 —— 天 住：🛖 —— 金 靠：🧍 —— 🧍 吃：🍴 —— 天 享：
🍲 —— 🏛 孕：🤰 —— 🦌 毓：🌊 —— 🌊 斗：⚔ —— 🏛 抱：🤱 —— 🦌 走：
木 —— 无 舞：💃 —— 天 取：🤏 —— 🤏 得：🤲 —— 🦌 盛：🍚 —— 🦌 砍：
利 —— 🦌 牧：🐑 —— 🦌 焚：🔥 —— 🔥 登：🦵 —— 丹 言：舌 —— 天 受：
手 —— 🌊 徙：👣 —— 👣 降：🌊 —— 辶 种：🌾 —— 🌊

2. 死：🧍 —— 🏹 棺：棺 —— 🗄 塞：🚪 —— 🌊 爱：爱 —— 🌊

3. 病：🛏 —— 🏛

4. 买：🐚 —— 🌊 卖：賺 —— 🦌

与人称类组中的字形一样,这类字东巴文中人同样以完全的形象出现,而汉字则很多时候没有出现,如"取"只绘出一只手。从第一组,我们也可以看到,两种文字在构形的时候,很多是不谋而合,如"吃、享、孕"等是极其相似的,这也是人类共同的思维方式使然。同时我们也应该看到它们的不同,当然,这是偶然的、随机的,如第二组,汉字使用了形声、假借等手段,第三组,东巴文使用形声的手段,第四组则都使用了形声的手段。

（七）形体类

现列举如下

1. 身：🧍 —— 身 头：👤 —— 😀 面：🍃 —— ⭕ 耳：👂 —— 👂 目：
👁 —— 👁 眉：眉 —— 🌊 口：👄 —— 🍃 鼻：鼻 —— 山 齿：齿
🌊 舌：舌 —— 🌊 须：须 —— 🌊 发：💇 —— 🌊 手：✋ —— 🌊 足：
🌊 心：心 —— 🌊 胃：胃 —— 🌊 骨：骨 —— 🌊 节：节 —— 🌊 肉：🧍
🌊 血：血 —— Y 乳：乳 —— Y

2. 甜:▱ —— ◁ 苦:◱ —— ◔ 去:◩ —— ◿

3. 见:◪ —— ◈ 盲:◈ —— ◈

第一组,我们发现这类字形体大体相同,我们一般都能通过形体获得其意义,两者间的不同多是取象角度或者繁简程度的不同。与形体相关的合成字中,有些构形是极其相似的,如第二组,据此,很多学者作了很多有关古汉字的考证。当然更多的不同如第三组中的字形,其构字方式完全不一样。

（八）服饰类

关于服饰类,我们举例如下:

席:▦ —— ▭ 衣:◬ —— ◹ 帽:◲ —— ◡ 胄:◲ —— ◭

服饰是人类后天的创造,不同民族,服饰差异往往很大,反映到文字中,自然相差也很大,以上的比较说明了这一点。

（九）饮食类

1. 仓:◔ —— ♯ 舂:▥ —— ◸ 盖:◈ —— ◣ 盆:◈ —— ◡ 盘:◈ —— ◯

2. 米:◈ —— ◭ 酒:◫ —— ◭ 富:◲ —— ♯

3. 溢:◿ —— ◈ 炙:◈ —— ◈ 耕（耤）:◈ —— ◈ 俎:◰ —— ◱

第一组为与食品有关的器物,字形完全不同,这与客观事物的不同有关。而第三组的会意却相似,再一次反映了人类思维的相似性。 第二组则体现出思维和文化的不同。这一点在"居住之属"和"器用之属"中也可以看到:

1. 城:◈ —— ◱ 庙:◲ —— ◱ 匣:◰ —— ◯ 笔:◰ —— ◷ 囊:◈ —— ◈ 矛:◷ —— ♯ 斧:◹ —— ◿ 网:▦ —— ◈ 船:◱ —— ◡ 车:◈ —— ◈ 弓:◗ —— ◗ 矢:◷ —— ◷ 盾:◰ —— ● 刀:◿ —— ◿

2. 家:◲ —— ◈ 钟:◈ —— ◿ 断:◈ —— ◿ 铃:◈ —— ◔ 鼓:◱ —— ◯

3. 窗:◰ —— ◈ 门:◰ —— ◈ 开:◲ —— ◷ 束:◈ —— ◈ 书:◈ —— ◈

（十）性状类

这类字相对抽象,所以表现手法五花八门。比较如下:

1. 高:▨——厂　大:大——◇　分:▨——▨

2. 小:▨——乂　好:▨——▨　快:▨——▨　直:▨——▨　红:红——

▨　黄:▨——▨　绿:▨——▨　白:白——▨　黑:▨——乂　美:▨——▨

第一组形体虽然不同,但构字理据却很相似。"高"都是通过客观事物的高来会意;"分"都是以一种物体分开另一物体来会意。 第二组的表现手法较为多样,如"小",汉字中用三个细点会意表示小;东巴文则采用假借的方式;"好",汉字中采用会意;东巴文则借用藏文字符;"红",汉字中采用形声,东巴文采用义借。

（十一）数量类

1. 一:▬——*1*　二:═——▨　三:▤——▨　四:▤——▨　廿:凵——
×× 卅:凵——×××

2. 五:▨——▨　六:▨——▨　七:十——▨　八:)(——▨　九:▨——▨
十:▨——乂　百:▨——十　千:▨——米　万:▨——▨

第一组中,从一到四都是以相同的指示符号重复表数,二十和三十也是以相同的"十"重叠来表示。 而第二组显示,汉字从五就开始采用了"指事"以外的表示方法,比如假借,这也体现了汉字的表词手法更为丰富。

三、小结

以上,对同义或近义的汉字与东巴文进行了比较,显示出了它们之间的异同。我们可以发现:

第一,这里的"同"并不偶然,客观事物相同、思维的相似以及构字模式的相似都可以导致这种"同",这种"同"对于研究文字的共性和人类文明的共性很有启发。

第二,这里的"异"也是一种必然,民族的差异、文化的差异及其生存环境的差异,都可以导致这种差异,这种差异也为我们打开了了解另一个民族的一扇窗户。

第三,古汉字与东巴文字之间的同异,也可以从文字的性质与发展阶段得到解释:

1. 二者都是表词—意音文字,所以在文字制度与符号体态上面有一定的相似性,这是不足为奇的。

2. 但同时,由于东巴文与古汉字在发展阶段上有一定的差异。具体来说,东巴文与古汉字虽同属表词—意音文字体系,但相比之下,东巴文离开早期文字阶段为时不久,而古汉字早已是较为成熟的表词—意音文字阶段。 文字发展阶段的不同,也造成了两者之间的种种差异。

第五节　对汉字结构的认识在民族文字研究中的作用

一、楔子

汉字是种具有悠久历史的文字,对其研究开始得也比较早,早在先秦时期就有了解说文字的风气。 例如,《左传·宣公十二年》:"夫文,止戈为武。"《左传·昭公元年》:"于文,皿虫为蛊。"《韩非子·五蠹》:"古者仓颉之作书也,自环者谓之'厶',背厶谓之'公',公私之相背也,乃仓颉固以知之矣。"随着对汉字结构解说的逐渐兴盛,到了东汉时期,出现了汉字学史上的奠基之作《说文解字》及汉字结构的经典理论——"六书说"。 其后两千多年,围绕《说文解字》与六书理论,历代学者进行了长期探索,在汉字结构方面做出了巨大的成绩。

近些年在汉字学不断发展的同时,学者们的学术眼光也在不断开阔。 研究者开始注意到除汉字外,我国很多少数民族也有自己的文字,这些民族文字是个巨大的宝库,蕴含了丰富的宝藏等待我们去开发。对这些民族文字的研究,可以大大拓宽我们的学术视野,丰富普通文字学及比较文字学的理论。

在对民族文字的研究中,对文字结构的探讨是一项主要内容。 由于我们在汉字结构这一领域已经积累了一定的经验,那么在从事民族文字研究的过程中,我们若将汉字结构的相关理论运用到这一领域,当可以取得事半功倍的效果。对汉字结构理论的借鉴可以分为两个层面:

第一,民族文字研究中对汉字结构理论的直接运用,主要体现在对六书理论的借鉴使用上。

第二,民族文字构字方式对汉字结构的借鉴,包括:汉字实体本身被民族文字借鉴;汉字的结构方式被民族文字借鉴。

二、对汉字结构的经典理论——六书理论的认识

"六书"的名称,最早见于《周礼·保氏》,但当时只有"六书"之名,并没有指明"六书"的具体内容。到了东汉年间,许慎在《说文解字·叙》中不仅记录了六书之名,还分别加以解说并举了例字。六书说在汉字结构理论上有开创之功,具有划时代的意义。这是因为:

首先,六书具有科学性。六书说是汉代人在小篆字体的研究基础上,归纳出来的汉字造字结构理论。由于当时大量的甲骨文、金文尚未出土,受所见文字的限制,再加上六书系统定义过于简单,以致后代学者对六书的理解各不相同,对具体字形的归类也会遇到困难。但我们认为六书说虽不完善,却一直是古文字研究中运用的主要理论,还是比较科学地概括了古文字的结构类型。

其次,"六书有普遍适用性"。[①]六书理论不仅可以运用到汉字结构的研究中,也可以运用到民族文字的研究领域。我国的民族文字类型大致可分为两类:一类是与汉字不同源,但源异而理同的文字系统,典型代表有东巴文、彝文;一类是假借汉字,或者改造、变异汉字,或者仿造汉字结构而形成的文字系统,这类文字系统我们可以称之为汉字系文字,典型代表有壮文、西夏文、契丹文、女真文等。对这两种系统的文字,我们都可以运用六书理论进行分析。利用六书理论对民族文字进行研究,"不仅可以提高对汉字结构的了解,并且使'六书'理论得到丰富和发展,还能由此帮助完善文字类型学的研究,认清汉字在人类文字史上的地位"。[②]下面,我们具体地探讨六书理论在民族文字研究中的作用。

三、民族文字研究中对六书理论的运用

我们首先以与汉字不同源,但源异而理同的文字系统——纳西东巴文的研究为例,说明六书理论在民族文字研究中的作用。在对东巴文的结构类型研究中,很多学者都曾有过涉及,其中方国瑜先生在《纳西象形文字谱·绪论》中提出的"十书说"是所有这些相关论述中较为系统且影响最大的。他把东巴文的造字方法分为以下十种:依类象形、显著特征、变易本形、标识事态、附益他文、比类合意、一字数义、一义数字、形声相益、依声托事。但是,方先生的分类标准不是十

---

① 周有光:《六书有普遍适用性》,载《中国社会科学》,1996年第5期。
② 同上注。

分统一,在具体归类时会出现不科学的地方。

方先生所说的前三书,可以归并为六书中的象形字。其一依类象形,如星作⚬₀⚬,碗作⚒。其二显著特征,如鸡作🐓,鸭作⚬。其三变易本形,如立作🚶,卧作🔀。这三书其实是对象形结构的细化分类,是说明东巴文究竟如何象形的,其本质还是象形字。其四标识事态,如上作🔺,高作⌐。这类字形相当于六书中的指事结构。其五附益他文,方先生对其作了如下解释:"描绘事物形状为字,而其意不显,则附益他文以补助,或著其事,或著其体,既要表达的意思更为明显;附益者,有是字,有不是字。"①如靠作🔥,取作🔥,啼作🦅,我们作🔥,眉作👀,舌作🦅。方先生所举的例字比较复杂,其中🔥、🔥二字应归入会意,🦅、🔥二字应归入指事,👀、🦅应归入象形。其六比类合意,如牧作🐄,砍作🔥,这类字形相当于六书中的会意字。其七一字数义,方先生对其作了以下解释:"事物之字,有其本义,惟引申他义。字形相同,而音义有别,各为一字。"②如领扣作🔥,读为zๅ³³,因其质为金,又用为金字,读为hæ²¹。火作𖼖,读为mi³³,因其色又用为红字,读为hy²¹。一字数义是指"一个字被借去记录另一个与之意义有关系的词,从而造成了同一字形记录两个不同的词的现象。"一字数义当是一种造字方法,但不相当于六书中的任何一书。③王元鹿先生把这类结构命名为"义借字"④,科学地反映了这类结构的特色。其八一义数字,如光作🔥(星光)、🔥(日光)、𖼖(火光),这类字实际上互为异体字,而不是一种结构类型。其九形声相益,如岗作🔥,读为to⁵⁵,从坡▯(板)声。这类字形相当于六书中的形声结构。其十依声托事,如猴作🐒,读为y²¹假借为"祖先"、"轻"、(人)"生"。这类字形相当于六书中的假借结构。以上对方先生的"十书"说进行具体归并后,我们可以看到东巴文已初步具备了六书中的造字方法:

象形:⊕日、🦆水、🐓鸡、⚬鸭、🚶举、👁夜

指事:🔺上、⌐高、🔥中、🔥九、⦂⦂⦂示多数、🔥示摇动

---

① 方国瑜编撰、和志武参订:《纳西象形文字谱》,云南人民出版社,1995年,绪论。

② 同上书。

③ 王元鹿:《〈纳西象形文字谱〉评介》,载《辞书研究》,1987年第4期。

④ 王元鹿:《汉古文字与纳西东巴文字比较研究》,华东师范大学出版社,1988年,第50—52页。

会意：牧、涉、磨、砍

形声： so^{21}曙光，从日光， so^{21}山颠声

　　　　 $i^{33}bi^{21}$江河，从水， i^{21}蛋出水声

假借： 原意"剪刀"借表"小、怕、驮"

　　　　 原意"吊"借表"这、破、堆柴"

据周有光先生对《纳西象形文字谱》的统计："东巴文有象形字1 076个（47%），会意字（包括指事字）761个（34%），形声字（包括假借字）437个（19%）。象形为主是'形意文字'的共同特点。会意发达说明它使用频繁。东巴文中的形声字已经占19%，这跟汉字甲骨文（公元前1300年）有形声字大约20%十分接近。"[1]正是在六书理论的指导下，我们对东巴文的基本结构有了初步了解，那么我们要再进一步对东巴文进行细化研究也离不开对汉字结构的认识。例如以下四例，两种文字同为象形字：

词义	东巴文	甲骨文
牛		
虫		
衣		
目		

从形体比较可以看出东巴文的象形字象形程度明显高于甲骨文，其描摹事物细致逼真，宛如一幅图画，真正做到了"画成其物，随体诘诎"。另外，东巴文构成象形字的手段也远远多于甲骨文。例如[2]：

析字： 水，此字分为两半，上半 为"北"字，下半 为"南"字

省减： 日— 日蚀， 衣— 半件衣服

变形： 石— 石裂， 骨— 骨折

方位： 月— 半夜， 人— 病

涂黑： 光— 暗， 天地之际发白— 天地之际昏黑

---

① 周有光：《比较文字学初探》，语文出版社，1998年，第61页。

② 王元鹿：《汉古文字与纳西东巴文字比较研究》，华东师范大学出版社，1988年，第61—62页。

以上几种构成象形字的手法在东巴文中使用频率较高,但在甲骨文中已不常见。 由于我们对汉字结构和造字方式的认识相对全面科学,通过东巴文与汉字的对比研究,我们可以看出东巴文象形程度远高于甲骨文,构成象形文字的手段也比甲骨文丰富,由此我们可以得出:虽然汉字与东巴文同为意音文字,但东巴文处于意音文字的初级阶段,相对保留了更多的原始文字记录语言的方式。可见,我们能对东巴文有进一步的细化认识,需要借助对汉字的科学认识。

上面,我们以与汉字不同源,但源异而理同的文字系统——纳西东巴文的研究为例,说明了六书理论在民族文字研究中的作用。 下面我们再以典型的"拼盘文字"——水文为例,探讨六书理论在其研究过程中的作用。 水文由自造字和借源字两部分构成,在分析水文自造字时我们可以看到,水文已具备以下几种结构类型。

象形。例如:田(、 、 、 、),鸟(、),螺蛳(、),口(、 、),酒(、),雨(、 、)等。

指事。例如:上(、 、 、),下(、 、 、),中( ),一( ),二( ),三( ),四( )等。

会意。例如:阴(、),葬(、 、 、),重丧( ),塘(、),河( ),井(、)等。

根据朱建军的研究,在汉字传入前,水文中的自造字主要有象形、指事、会意、义借等表意类的结构类型。 随着汉字的传入,水文中才陆续出现形声、假借结构。[1]这说明水文自造字还是处于一个比较原始的文字系统,其记录语言的手段方式较为有限,这也是水文急切吸收大量借源字的主要原因。

四、民族文字构字方式对汉字结构的借鉴

民族文字构字方式对汉字结构的借鉴包括两个方面:

1. 汉字实体本身被民族文字借鉴。

这包括三种形式:借汉字的笔画;以汉字为基础,增减笔画,或改变汉字形体;假借汉字。

1)借汉字的笔画

---

① 朱建军:《从文字接触视角看汉字对水文的影响》,载《贵州民族研究》,2006年第3期。

以西夏文为代表,其构字方式是先借用汉字的笔画,组成些类似汉字偏旁的字素,再用这些字素拼合成字。西夏字表面看似汉字,但与汉字差别较大,其原因是西夏字没有停留在借鉴汉字的部件重新拼合新文字的层面,而是将汉字拆分到笔画,是对汉字笔画的借鉴,西夏字中也有横、竖、撇、捺、点、提、折,利用这些基本笔画造出本民族的文字。值得注意的是西夏文同样可以用六书说考察:象形字、指事字较少;以会意字和形声字为主;另外还有西夏字独有的反切上下字合成法。例如①:

会意字:

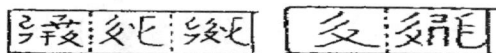

水 + 土 = 泥　　（亻）我

形声字(〔〕内为声符):

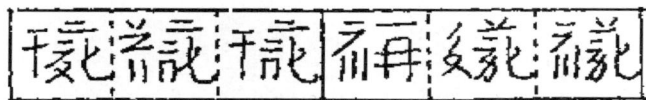

〔吃〕 + 做 = 匠　　〔那〕 + 看 = 察

反切合成字:

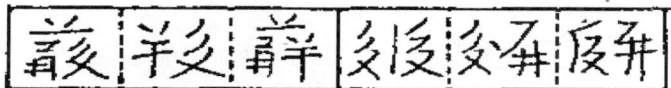

〔名〕 + 〔耶〕 = 绵　　〔都〕 + 〔南〕 = 灯

2)以汉字为基础,增减笔画,或改变汉字形体

以汉字为基础,增减笔画,我们以女真文为例②:

| 日 | 月 | 一 | 二 | 三 | 天 | 国 | 南 | 北 |

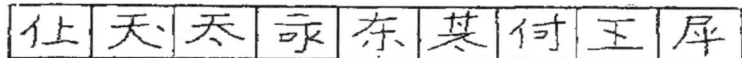

| 上 | 大 | 太 | 京 | 府 | 其 | 何 | 工 | 犀 |

---

① 例字选自周有光:《比较文字学初探》,语文出版社,1998年,第261—263页。

② 例字选自上书,第256—257页。

以汉字为基础,改变字形,以水文为例①:

水文、汉字对照表

3）假借汉字

假借汉字的构字手段有借汉字的形;借汉字的形、音;借汉字的形、义;借汉字的形、音、义四种,以水文为例:

借汉字的形,例如:婿（䒼、䒾、㣺,［ha:u⁴］）,享（䒿、䒿,［ɕa:ŋ］）

借汉字的形、音,例如:南（㣾、㣾、㣾,［na:n⁴］）,家（价、價,［ɣa:n²］）等。

借汉字的形、义。例如:天（天,［ʔən¹］）、犬（犮、犮,［ma¹］）

借汉字的形、音、义。例如:甲（甲、甲、甲、甲,［tɑ:p⁷］）,西（西,［si³］）

2. 汉字的结构方式被民族文字借鉴。

这是在对汉字结构有较高的认识后,借鉴汉字的偏旁部首,按照汉字的造字方法重新组成书写符号的一种方式,以方块壮文为例:

会意字如:

壮字	字义
毴	细毛,汗毛
吞	下面

① 例字选自王国宇:《水族古文字考释》,载《中国民族古文字研究 (第二集)》,天津古籍出版社,1993年。

形声字如：

壮字	字音	字义
嘲	na^2	田
沐	ta^6	河

两个汉字都作为声旁的，如：

壮字	字音	字义
屺	$sa{:}n^{24}$	白米
舫	$fa{:}ng^{21}$	鬼

两个汉字都作为意旁的，如：

壮字	字义
葀	苦
訕	呻吟

反切法如：

| 磲 | ka^{55} | 杀 | 架读ka^{36}，取声母k；刀读ca^{42}，取韵母a |
| 潪 | $rang^{24}$ | （肚子）涨 | 水读ram^{42}，取声母r；曾读$cang^{21}$，取韵母ang |

五、小结

通过以上分析，我们可以看出，将汉字结构的理论引入到民族文字研究的领域，确实可以指导我们对民族文字结构及构字方式的探讨，这主要表现在两个方面：

第一，直接运用六书理论，使我们对民族文字的构造可以有初步了解，通过与汉字结构的对比，可以使我们对民族文字有进一步细化的认识。

第二，在民族文字的构字方式上，不管是借汉字的笔画、以汉字为基础增减笔画或改变汉字形体、假借汉字，还是汉字的结构方式被民族文字借鉴，都与汉字结构存在着千丝万缕的联系。我们对汉字笔画结构等各方面的科学认识，可以使我们在进行民族文字研究时取得事半功倍的效果。

第四篇　关于文字发展的同义比较

　　几乎任何一个含表意成分的文字系统不是凝固不变的，而是一直处于发展的过程中。但是，在这一点上，我们除了对汉字有较为充分的认识外，对于我国其他的民族古文字，相应的认识和研究却十分不够。这主要是由于汉字的发展历时数千年，流通地域又极其广阔，我们对汉字材料的占有与相应的研究又足够充分，对它的认识自然是充分的。而对于我国少数民族的古文字，由于它们自身的历史较短，使用范围也较小，我们对相应材料的把握与研究又较为有限，所以在对它们的研究中，往往是把几乎每一个文种处理为不变的事物。

　　由于上述的种种客观原因，这种处理方法本有其无可指责的一面，并且在研究实践上也不会带来什么太多的错误认识。但是，作为理论研究，又是另一回事。正如对于汉字的发展历史，我们已经作了成效颇多的研究。同时，我们也有必要弄清各种含表意成分的民族文字系统是否有其发展过程中的变化，并尽可能仔细地把握此种变化的共同规律与各文种之间的差异。这样做不仅有利于对文字史与普通文字学的深化研究，也是深化研究各个民族文字所必需的工作。在普通文字学与比较文字学以及我国民族文字学得到较大发展的今天，此项课题的进行既有必要性又有可能性。

第一章 有待解决的问题

关于汉字之外含表意成分的我国民族文字的发展问题,过去实在是研究得不够。甚至可以说,几乎极少有研究者考虑这一问题。在本章中,我们将说明研究这个问题的可能性和必要性以及一些相关的需要解决的问题。

第一节 进行讨论的可能性与讨论的意义

我们可以把本节的内容作如此的概括:首先讨论我国的民族古文字是否存在发展过程的事实,有之,则可以讨论。然后论述这种讨论的意义或目的之所在。

一、进行讨论的可能性

从哲学角度来说,任何事物都是发展变化着的,静止不变的事物是不存在的。文字当然不会例外。如果仅仅如此去证明我们的讨论的必要性,其意义显然是有限的。因为我们要讨论的问题实际上是:这些民族古文字自发生开始究竟有没有一个较大的进化过程,尤其是在其内容上的进化及明显的形式上的变化。因为如果这种变化若是小到可以忽略不计,那么显然既难判定又无进行研究的必要。

我们以为,虽然我国的民族古文字相对汉字的内容与发展过程要简单得多,但有一些文种至少是有较长存在历史的,这一事实为这些文种在其历史上发生过较大发展变化提供了可能性。

如纳西东巴文,从其目前的性质特征来看,可以视为一种介于早期文字与表词—意音文字之间的文字,且是一种与汉字无渊源关系的独立发生、独自发展的文字。那么,此种文字在其发生初期必有其作为原始的早期文字的阶段。

又如水文,至今的研究已经告诉我们:作为一个文字系统,这一文种至少包含着水族人自造的字、借用汉字的字与汉字流入之后的"新造字"这样3种类型的字,这样一个以其丰富的内容呈现在我们面前的"拼盘文字",显然不是从其发生时即是如此的。

再如分布在滇川黔桂四省区且有较长历史的彝文。依据我们的研究,彝文是一种相当复杂的文字。应该说,同样记录一个词,各地彝文的用字与写法大不相同。这样一种文字,自其发生开始至今,没有极其复杂的发展和变化是不可能的。

可见,我国有许多种的民族古文字存在着发展的历史。

二、讨论的意义

任何事物都可以被看作是一个过程,文字亦不例外。因此,如果是把在运动中发展的文字看作静态的、凝固的东西,那么至少在对它的研究上是不够完整的。从这一意义上来说,用发展的目光来研究文字——无论是一种文字还是一类文字,都可以被看作是还文字以更真实的面貌的做法,这一做法也可以使我们对文字的了解更加接近于事实。我们可以从甲骨文的断代研究中充分认识到这一点。

以上仅仅是一种理论上的论证。从实践方面来看,在把文字看作是一个过程前提之下的文字研究工作,亦更可能促进我们对文字的方方面面,尤其是对它的被掩埋的往日面貌有更深入的理解。比如对东巴文的研究。由于关于此种文字的材料的丰富性与研究者的代复一代的辛勤工作,近年来对它的面貌和性质的了解已达到了相当准确的程度。而如本节前文所论,东巴文的昔日面貌又是怎样的呢?这就有赖于从发展的眼光而出发的研究了。从这种意义上来说,这种研究有些像历史语言学视角下对某种语言的母语或原始语的臆测。从一个角度而言,由于文字研究对于语言研究的相对滞后,这种臆测往往是极为困难的;但是从另一角度而言,这种不易为之的尝试更显出其珍贵的价值。

第二节　需要解决的问题

在本节中,我们罗列出可能用同义比较方法去解决的一些问题。

一、实践与具体的问题

民族古文字研究者迄今尚未解决或尚未完全解决的具体问题还有许多,其中尤其值得关注的是：

（一）纳西族四种文字之间的关系；

（二）纳西族东巴文的早期面貌与发展历程；

（三）彝文的早期面貌与发展历程；

（四）水文（尤其是其自造字）的早期面貌；

（五）壮文的早期面貌；

（六）以上实践问题的解决或部分解决对汉字研究的启发。

二、理论与宏观的问题

民族古文字研究者迄今尚未解决或尚未完全解决的理论问题亦有不少，其中尤其值得关注的是：

（一）一民族多文种的情况是文字的发展还是文字的传播；

（二）一种文字记录语言的方式同其文字符号与语言单位的对应关系是否是同步发展的；

（三）一种文字的文字制度同其符号体态是否是同步发展的；

（四）如彝文这样一种在多地使用的文字系统的发展过程是怎样的；

（五）"拼盘文字"中各个部分的关系究竟是怎样的。

以上一些问题，一部分是较单纯地属于文字发展的范畴，另一部分是与文字传播和文字发生等问题相关的。需要指出的是，在此提出这些问题并不意味着本篇将讨论和解决我们以上提出的所有问题。

第二章　从同义比较看文字发展的客观存在

本章的主要意图是证实文字发展的客观存在。我们认为,同一种文字内部的同义比较往往可以发现与证实一种文字是发展的,而几种文字的同义比较往往可以证实整个文字范畴是一个发展的范畴。

第一节　几种不同意义的文字发展

从普通文字学的角度看,对"文字发展"这一提法可做以下几种解读:(1)最宏观意义上的文字发展,即整个世界的文字,可以被视为一个发展的过程,而每种文字(即每个文字系统)都处于这个过程中的某一个环节。(2)某一文字系统内部的发展,即一种文字从其发生开始,一直处于发展与变化的过程之中。(3)不同文种间的关系与发展,即一种文字(即一个文字系统)的存在与发展,可能会引起别种文字的发生或发展。

第二节　从汉字与东巴文的同义比较
看最宏观意义上的文字发展

一、楔子

汉字和纳西东巴文字是两种独立产生的不同源的文字。从性质上看,汉字是一种高度发展的表词—意音文字系统,而纳西东巴文字是一种处于早期文字向表词—意音文字过渡的文字系统,二者性质相异,却又存在着某种联系。这种差异和联系与其所处的文字发展阶段有何关系? 以下,我们就从文字性质的三个方面对两种文字进行同义比较,考察文字发展的诸种表现。

二、文字记录语言的方式的同义比较

纳西东巴文字已经初步具备了汉字所拥有的几种记录语言的方式。举例如下:(注:以下形体左边为古汉字,右边为东巴文字)

象形:日: ☉ —— ⊕   树: ⻊ —— ⽊   目: ▱ —— ◠

指事:一: ◁ —— **1**   二: = —— **11**   苦: ⯗ —— ☁

会意:明: ◗ —— ☺   涉: ⻊ —— �펴   砍(析): ⻊ —— ⻊

形声:智: ☺ —— ⯗   富: ⾓ —— ☁   杨: 杨 —— ⻊

假借:能: ⻊ —— ⻊   白: ◖ —— ⯗   万: ⻊ —— ☺

东巴文与汉字在文字记录语言的方式上表现出来的"同"说明两种文字在性质上的相似性,也使得两种文字的同义比较具有其内在的合理性。但是这两种文字记录语言的方式也存在着很大的差异。我们可以通过以下一些例子得到说明。

首先,东巴文记录语言的方式表现出一定的原始性。对于语言中较抽象的词,汉字体系中都有了固定的文字符号来记录,而东巴文字则大都采用图画的形式。例如:喊,东巴文作"☁";啼,东巴文作"⻊";说,东巴文字作"⻊";吼,东巴文字作"⻊"。以上四字都与"声音"有关,东巴文都采用图画性的记录方式:描绘发出声音的事物,在其上以"线"标示声音;而汉字则采用形声的方式表示。又如东巴文字大量使用"点"来表意,如饱,东巴文字作"⻊";钓,东巴文字作"⻊"。再如:抖,东巴文作"⻊";怕,东巴文字作"⻊"。以上诸例都是通过细致的描绘达到记录语言的目的。

其次,东巴文记录语言的方式表现出明显的不稳定性。这一现象主要体现在以下三个方面:

第一,同一词采用不同的记录方法。例如:"一"在汉字文献使用中是相当固定的,而在东巴文中有四种方式表达。(1)图形表意,绘出一种事物以表"一";(2)指事字,作"**1**";(3)作"☁"(音为dw^{21})[1];(4)假借字,作"⻊"(音为i^{33})[2]。又如,"好"(音γw^{33})在同一本东巴文献中有两种方式:(1)转义,作"☁"(冠珠);(2)借音,作"卍"。类似的情况在汉字中表现为本有其字的假借,但没有东巴文普遍。

第二,假借的不稳定性。使用音近或音同的不同东巴文记录同一词。如"头

---

① 见《崇搬图》,丽江县文化馆,1963年,第4页。
② 同上书,第19页。

顶"（音为gə²¹），东巴文可作" 🐚 "①（本意蒜，音kɣ³³）；又可作" ◯ "（本意蛋，音kɣ³³）。又如"来历"的第一音节，东巴文可作" 月 "②（本意喉管），又可作" ⚘ "③（本意艾蒿）。

第三，形声构字法的不稳定性。如"岩"，东巴文可作" △ "，为象形字；亦可作" △ "，为形声字。又如"智者"，东巴文可作" ❦ "④（本意松），为假借字；又作" ❦ "，为形声字。

再次，东巴文的会意字相当不成熟。一方面，东巴文的构字部件象形程度高，与具体语境结合紧密。如"从"可作" 🧍🧍 "，该字左边形体为"措哉勒额"，右边形体为天上的仙女"蔡荷包玻密"。而汉字作" 从 "。前者的构字部件是具体人物，后者则更为抽象。可见汉字会意字的构形更具代表性和广泛性，而东巴文构字部件不确定。再如"打击"，东巴文可作" 🔨 "⑤，又可写作" 🔨 "⑥，我们可以看到，打击工具、动作对象都不一样，但代表相同的一个词。

东巴经《崇搬图》片断

另一方面，东巴文会意字的构字部件往往兼记上下文的词。如上图为《崇搬图》中的一个片断，直译为：脚板宽地辟了，天好草吃来，芷星斧头来辟……这里的"砍"作" 🪓 "，其中的"斧头"同时也作这句话中的主语。可见这种会意还没有作为文字的形式固定下来，与图画很接近。而甲骨文中，"砍（析）"已经从图画中独立出来，形成一个独立的字，单独代表一个词。

从以上三方面的同义比较可以看出，虽然东巴文基本具备汉字所具有的记

---

① 见《崇搬图》，第22页。
② 傅懋勣：《丽江么些象形文〈古事记〉研究》，武昌华中大学出版，1948年，第59页123节。
③ 见《崇搬图》，第24页。
④ 同上书，第15页。
⑤ 见《古事记》，第65页。
⑥ 同上书，第74页135节。

录语言的方式,但相比之下还很不成熟,还没有完全脱离文字原始时期的特征。显然,东巴文字如果能够正常地发展下去,完全有可能形成像汉字这样成熟的文字体系。

三、文字符号与语言单位的对应关系的同义比较

甲骨文已经基本做到了一个汉字对应一个汉语的词,而东巴文字与纳西语的对应关系就比较复杂。方国瑜在他的《纳西象形文字谱》列举了以下几种情况:一、以字记忆,启发音读。二、以字代句,帮助音读。三、以字代词,逐词标音。①王元鹿在《汉古文字与纳西东巴文字比较研究》中提到:东巴经书的绝大部分在记录经文时,普遍存在着字与词单位上不对应的现象,大致上可以把这类现象分为以下三种情况:一、有词无字,即一些词没有相应的字去记录;二、一字多用,即有的词在一节经文中出现几次,记录它的字却只出现一次;三、有字无词,即有的字在诵读经文时候不读出来。②

(一)东巴文中存在未得到记录的语言成分

东巴文中许多较抽象的词常常没有得到记录,如方位词。图1(节选《崇搬图》29页下)意为:树上鹡白。东巴文字只记录了"树"、"鹡"和"白","上"没有得到记录。而甲骨文中已经将方位的概念抽象出来,用专门的文字来表达。又如介词"由、自",图2意为:清澈松石黑光大,灿烂此由出现。这里的"由"没有得到记录。甲骨文中类似的虚词则已有了记录,类似的例子如"ㄓ口太ㄓ于田竹ㄓ彳ㄓ三ㄣ",意为"之日,王往于田从东允获豕三十月"。

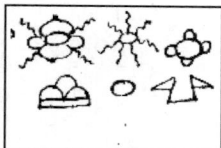
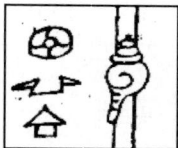

图1   图2   图3   图4

---

① 方国瑜编撰、和志武参订:《纳西象形文字谱》,云南人民出版社,1995年,第495—569页。
② 王元鹿:《汉古文字与纳西东巴文字比较研究》,华东师范大学出版社,1988年,第120—134页。

（二）逐渐完善的态势

上述缺陷存在的同时，东巴文字与纳西语的对应关系呈渐趋精密的态势。这主要体现于以下两方面：

一方面，未得到记录的词开始部分得到了记录。如上文所说的"由、自"等介词在有的东巴文献中得到了记录。如图4（《崇搬图》4页），直译意为："他由化育做。"这里的"由"假借"▢"（本意"心"，与"由"音近）来记录。

另一方面，东巴文形声字的声符有向精确记音的方向发展。首先，可以从东巴文异体字中发现这一点。如：《纳西象形文字谱》9，参星：▢ → ▢，音为"k'ɣ^{55}ɣɯ^{33}"。前者音符"▢"只记录了音节"k'ɣ^{33}"，不完整；后者则增加了哥巴字"▢"（ɣɯ^{55}）注音，这样就记录了这个词的两个音节。又如：10，商星：▢ → ▢，音为"so^{33}ɣɯ^{33}"。前者音符"▢"（山颠）只记录了音so^{33}；后者则再加注音符"▢"（ɣɯ^{55}哥巴字）记录了两个音节。又如：349，魂：▢ → ▢，音为"o^{21}he^{33}"。前者"从▢（o^{21}玉）声，附加"▢"只记录一个音节；后者从▢、▢（he^{33}月）声，增加音符"月"。又如：349，招魂：▢ → ▢，音o^{21}ʂər^{55}。前者只记录了音o^{21}；后者增加音符▢（ʂər^{33}），就记录了两个音节。其次，还可以通过比较方《字谱》和李《字典》中的"喜鹊"两字得到印证。方《字谱》："301▢，tɕi^{55}ʂə^{33}。鹊也，从鸟▢（tɕi^{55}剪）、▢（ʂə^{55}哥巴字）声。"李《字典》："732，▢，喜鹊也。画鸟之形，以羊毛剪▢注其首音。"后者只注了一个音，而前者注了两个音。

从上面的同义比较来看，汉字在记录语言单位方面更为精密完整，东巴文则很不成熟。一方面，语言中的抽象单位如方位词，还未能像早期汉字一样抽离出来得到独立的表达，而是通过篇章会意的方式蕴含在图画性的符号关系中。所以，东巴文在记录语言单位方面，表现出较具体、形象的特征。另一方面，在某些文献中未得到记录的语言单位，在另外的文献中得到了记录，但是并不稳定。这种萌芽现象说明了东巴文正在向完整记录语言单位的方向发展，为我们构想前古汉字的面貌提供了宝贵的启示。

四、符号体态的同义比较

一般来说，"文字制度（包括文字符号与语言单位的对应关系和文字记录语言的方式）是一个文字系统性质的内容方面，而符号体态则是其形式方面"。①符号体态也是衡量文字发展状况的一个重要标准。 由于文字的主要渊源物是原始图画,因此在发生之初必然保留着繁复的原始图画特征。 而作为符号系统,文字在要求理据充分的同时,更要求形态的简明易记。这两方面必然影响到文字的符号体态特征。

东巴文字与汉字符号体态的不同,很难用一句话来概括。 比如东巴文本身的符号体态就并不统一。如虎,东巴文字作" "象形意味很浓,俨然一幅图画;而人,东巴文字作" ",只突出人的基本特征,象形程度远低于"虎"字;还有些字则完全符号化了,如悬,东巴文作" "。尽管如此,我们通过同义字的比较还是可以发现一些宏观上的不同点。

(一)纳西东巴文显示出早期文字符号化程度低的特点

1. 图画性程度高,象形意味浓。

例如:(注:以下形体左边为古汉字,右边为东巴文字)

牛: ——   羊: ——   犬: ——

马: ——   猪: ——   虎: ——

豹: ——   象: ——   犀: ——

以上为古汉字与东巴文字表动物字的同义比较,我们可以发现:东巴文还是有鲜明的"画成其物"的特征,而汉字只是简单的勾勒。 牛,古汉字忽略了牛的"嘴"、"耳"等部位,而东巴文则全部画出,东巴文字具有强烈的立体感,而古汉字仅仅突出了牛的基本特征。 虎、豹、马等字,东巴文甚至细致地描绘出了其身上的纹理,嘴上的胡须。

东巴文的图画特征不仅表现在以上的这些象形文字形体上,同样也表现在一些会意字中。 如牧,东巴文一作" ",左边画一人,其为东巴传说中的"崇仁利恩",是一个具体的人物形象。 古汉字的牧作" "右边仅画了" ",一只手持棍状,与东巴文字相比较,没有画出具体的人,具有泛指的意味,这显然要比东巴文字抽象,摆脱了浓郁的图画意味。

2. 字的大小比例不一致,使用时也极其不稳定。

首先,古汉字的大小呈现出整齐划一的特点,而东巴文则大小不一。比较下

---

① 王元鹿:《比较文字学》,广西教育出版社,2001年,第26页。

面两图,这种不同不言而喻。从其中的单个字的比较我们也能发现这一点。东巴文图版中的" ⊕ "(日)形体比例大概为1比1;而同一版的" ⚣ "(崇仁利恩)形体的比例大约为1比5,比例相差非常大,并且该图版中8个字的比例都各不相同,差别也非常明显。但甲骨文图版中各字之间的比例都不可能相差如此之大,所有字的大小相仿。

甲骨文例

东巴文例

其次,纳西东巴文字的大小及其形状也很不稳定。东巴文字在不同文献,甚至在同一文献的上下文中也常常表现出很大的差异。见下图:

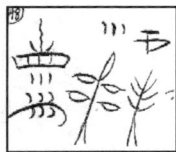

图一

图二

以上两图版出自同一文献(《古事记》32页、40页),图一中的"土"作" ⚏ ",而图二中的"土"却作" ⚌ "。形体相差很大,并且在该文献中还出现以下几个形体: ⚏ 、⚎ 、⚌ 等形。而甲骨文却很少在同一文献出现这种情况。另外东巴文字在具体文献中字的大小也很不固定,往往随方格空间位置的大小随意改变,如"天"在《崇搬图》最大的形体足足是最小形体的3倍。

以上的同义比较反映出:东巴文的符号体态不够成熟,还具有很强的图画性和随意性;而甲骨文时代的汉字的符号化、规格化程度很高。我们有理由相信:

汉字是经过一个东巴文这样的形态并逐渐发展成熟起来的。

（二）东巴文透露出的符号化过程的信息

下图①为蓝伟所收集的纳西东巴文中"蛙"字在形体上的演变过程，自左至右的次序列出。我们可以发现，这一顺序在总体上体现出符号化和简化的趋势。尤其是近代使用的"圭"形，虽然从理论上说仍属于象形构字，但已经高度符号化，很难望文见义了。

东巴文"蛙"字的演变

五、佐证与小结

我们知道，汉字与纳西东巴文字是各自独立发生与独立发展的不同源的文字类型，但以上的同义比较可以看出，它们从宏观类型上代表了文字发展历史的两个阶段，汉字代表了东巴文的发展方向，东巴文则多少体现出汉字早期形态的特征。因此我们可以相信：汉字确有其早期文字的阶段，凭借纳西东巴文字，可以推测这一早期形态的大致特征。

裘锡圭先生在《文字学概要》中说："我们还不可能精确地描述这个过程（笔者按：指文字的形成过程）。因为大家比较熟悉的几种独立形成的古老文字，如埃及的圣书字、古代两河流域的楔形文字和我们的汉字，都缺乏能够充分说明它们的形成过程的资料，但是根据关于这些文字的已有的知识，并参考某些时代较晚的原始文字的情况，还是有可能为文字形成的过程勾划出一个粗线条的轮廓来的。"裘锡圭先生在讲述原始文字时采用了"纳西东巴文字"的材料。裘锡圭先生进而断言："古汉字、圣书字、楔形文字等独立形成的古老文字体系，一定也经历过跟纳西文相类的、把文字跟图画混合在一起使用的原始阶段。"②

王元鹿在《汉古文字与纳西东巴文字比较研究》一书中，根据纳西东巴文记

---

① 该图采自蓝伟《东巴画与东巴文的关系》，载《东巴文化论集》，云南人民出版社，1985年。
② 裘锡圭：《文字学概论》，商务印书馆，1988年，第2页、第7页。

录语言单位的不完整性,推知甲骨文时代的汉古文字中也存在着有词无字的
现象。

　　如:

　　(𐰀)上甲十牛。(粹九三)

　　省略了介词"于",因为另有一辞例为:

　　𝌆𝌆 于上甲。(粹一〇五)

　　可知前一句中加 𐰀 号处,在诵读时很可能加入介词"于"。

　　据以上诸例可证,甲骨时代的汉古文字也存在着有词无字的现
象。[①]

　　总之,通过汉古文字与纳西东巴文的同义比较,我们可以看出两种不同源的
文字在文字学的类型上具有诸多共性,并体现出某种程度上的层次性。 从这种
层次性的归纳与分析中,我们可以看出,宏观意义上的文字发展是客观存在的。
这种发展并不是由早期图画文字到意音文字再到表音文字的所谓"进步",而是
各自类型中成熟度的演进。

第三节　从尔苏沙巴文与东巴文的同义比较看不同
民族多文种间的关系与发展的客观存在

一、楔子

　　王元鹿在《古汉字与纳西东巴文字比较研究》一书从文字、经书的特点及其宗
教文化、民族渊源几个方面论证了东巴文与沙巴文字在渊源上的联系,本节我们将
这两种不同民族之间有同源关系的文字作同义比较,探讨文字发展的客观存在。

二、沙巴文与东巴文的同义比较

(一)从同义比较看两种文字性质上的共性

　　首先,我们对东巴文字和尔苏沙巴文记录语言方式进行一些同义比较(注:

---

① 王元鹿:《汉古文字与纳西东巴文字比较研究》,华东师范大学出版社,1988年,第120页。

左边为尔苏沙巴文,右为东巴文):

1. ⟋ 皮口袋——⟍ 皮袋
2. ⚘ 奴隶变成的鬼——⚚ 鬼
3. ⟍ 斧头——⟋ 斧
4. ⟩⟩ 三岔路口——⟍ 叉路口
5. ☽ 月亮——⌣ 月
6. ⚘ 白海螺,做法事的工具——⚘ 法螺
7. ⚘ 指青蛙或癞蛤蟆——⚘ 青蛙

上文是两种文字中记录具体事物的象形字例,构形极其相似。其中,"月"、"叉路口"与"青蛙"的相似源于相同的客观事物,其他几个字的相似则反映出两个民族某些事物外形的相似。可见这两种文字都具有较强的图画性,而且二者在象形程度上十分接近。比如"路"都不是简单的一条线,而是两条平行线的拼合,具有一定的写实感,"海螺"在轮廓之中也都绘出了修饰的线条。又如:沙巴文的 ⋔（树被风刮断）和东巴文的 ⟋⟍（折）,都是通过木折来会意,体现了两种文字在造字思维方面的相似。

其次,两种文字在与语言单位的对应情况方面也具有共性。我们知道,东巴文不能完整记录语言单位,尔苏沙巴文在这一点上与东巴文相似。不必去看篇章,只要把两种同义文字记录音节数逐一比较就能发现。如前文所举的"蛙",东巴文" ⚘ "记录"pa^{33}"这个音节,同样,尔苏沙巴文的" ⚘ "一形也记录"$psŋ^{55}ma^{55}$"两个音节。又如"叉路",尔苏沙巴文记录了三个音节,东巴文亦记录了三个音节。

（二）从同义比较看两种文字发展阶段的差异

在看到尔苏沙巴文与东巴文字相同点的时候,我们也不能忽略它们之间的差别,这种差别主要反映在发展阶段上的不同。接下来,我们对这两种文字的同义字进行一些比较,以期发现两者之间的不同。

首先,在记录语言方式上,东巴文的发展程度高于沙巴文。关于沙巴文,王元鹿在《尔苏沙巴文字的特征及其在比较文字学上的认识价值》[1]一文中提到,

---

① 载《华东师范大学学报 (哲学社会科学版)》,1990年第6期。

"从文字构造看,没有假借字和形声字,即没有标音记词的成份"。下面是沙巴文中与东巴文同义但表达方式不同的例子(注:左边为尔苏沙巴文,右为东巴文):

1. ▭　切菜板或指木头墩子　　　凸　砧
2. ⌒　桥　　　　　　　　　　　◇　桥
3. ⤙　箭　　　　　　　　　　　✳　箭

东巴文的"砧",有"▯"和"凸"两形,前者为象形字,后者从砧结声,为形声字,显然后者是在前者的基础上产生的。而沙巴文作"▭",为象形字。在沙巴文中,还未出现东巴文这样的形声字。第二例中的桥,沙巴文作"⌒",象形字,东巴文作"◇",为会意字,从桥从水,这里值得注意的是,这里的"〰"在东巴文中广泛使用,成为了一个类化的符号,这里成为桥的构形的一部分,体现出东巴文会意字的成熟性。第三例,沙巴文的"⤙"为象形字,而东巴文"✳"为形声字,其中的"✕"为表音符号。

其次,在文字与语言单位的对应情况方面,东巴文比沙巴文更精确。请看下图:

沙巴文例　　　　　　　　　　　东巴文例

沙巴文译文[1]:正月初九,属狗,这天为火日。早晨,地下有雾气,天快亮时,要升起一股云彩,然后出现宝刀一把,法器一把,这天上午是好天。中午开始,二个星宿将死去,只有一个仍在闪光,太阳出现异常,判断地下有太岁,这天最好不动土。

东巴文译文[2]:一对蛋生又盘神和桑神出产了,一对生又胜利神和副神产生了。

---

[1] 孙宏开:《尔苏沙巴图画文字》,载《民族语文》,1982年第6期。
[2] 见《崇搬图》,第7页。

上文中,尔苏沙巴文中出现了四个"一",均没有得到记录。 而东巴文中的两个"一",其中第一个"一"得到了记载,即" ⌀ ",本意为"大",假借为"一"。 东巴文中许多虚词都已经开始得到记录,而在尔苏沙巴文中没有出现这种现象。

三、小结

本节通过尔苏沙巴文和纳西东巴文的同义比较,可以归纳出两个基本的事实:

第一,这两种可能存在渊源关系的文字具有性质上的相似性。 首先,两种文字都具有表意性,使用了象形、会意等造字方式;其次,与语言单位对应关系不完善,存在有词无字、一个字对应两个或多个音节的现象。

第二,这两种文字又具有发展程度上的层次性。 如东巴文在表意成分之外出现了表音成分,如假借、形声的运用,这是沙巴文不具备的。 又如两种文字都存在篇章会意的特点,但东巴文的记词率高于沙巴文。

所以,我们可以得出这样的结论:不同民族间具有源流关系的文字比较,也能体现出文字发展的客观存在。

第四节　从纳西族几种文字的同义比较看同一民族多文种间的关系与发展的客观存在

一、楔子

本节的讨论对象是纳西族的四种文字:东巴文、哥巴文、玛丽玛莎文和达巴文。 我们知道,东巴文处于早期文字与表词—意音文字之间;哥巴文是一种音节文字;玛丽玛莎文是一种相当程度上得自东巴文的文字系统;而摩梭人所使用的达巴文字,虽然字数不多,也是一种有研究价值的早期文字。

由于一个民族同有四种文字的现象极为罕见,所以纳西族的"一族四文"成为了我们研究文字发展的宝贵材料。 这四种文字的关系到底如何? 它们之间的关系是否可以体现出文字发展的趋势与规律? 如果是,又是一些什么样的趋势与规律? 以下,我们试图用同义比较的方法来研究这些问题。

二、哥巴文与东巴文的同义比较

（一）背景上的密切关系

纳西语称"哥巴文"为gə³¹ba³¹,用东巴文书写是: ,用哥巴文书写是: 。对"哥巴文"一词,学者们持有两种不同的理解:一般认为是"弟子"或"门徒"的意思;但也有学者认为是"看字发音"的意思。 哥巴文和东巴文一样为纳西族巫师东巴使用,在百姓之中使用并不普及,其主要用途都是书写东巴教经文。 哥巴文使用地域比较狭小,主要分布在纳西族迁徙的最下游一带。 哥巴文与东巴文字有密切的关系。在使用地域上,哥巴文在东巴文的包孕之中,有东巴文使用的地方不一定有哥巴文,有哥巴文的地方一定有东巴文,这似乎成了它们之间渊源关系的地域基础。

（二）从同义比较来看文字本体上的密切关系

通过对东巴文与哥巴文的同义对比,发现相当一部分的哥巴字来源于东巴文。有以下几种情况:

1. 字形字音完全相同,如表一[①]:

表一　哥巴文借源字表（借东巴文,形音相同）

字义	字音	东巴文字形	哥巴文字形
解、白、盘神	p'ər²¹		
血	sæ³³		
好	ka³³		
坏	k'ua²¹	▲	▲
雄	k'v³³	∪	∪
雌	me³³		
漏	i²¹		
吊	tʂh³³		
拴	pe³³		

---

① 方国瑜编撰、和志武参订:《纳西东巴文字谱》,云南人民出版社,1995年。

2. 哥巴文取东巴文的一部分,如下表①:

表二 哥巴文借源字表(截取部分东巴文)

字义	字音	东巴文字形	哥巴文字形
日	bi^{33}		
斗	æ^{21}		
心	nɯ^{33}		
起	tɯ^{33}		
矛	ly^{33}		
毛	fv^{33}		
织	da^{21}		
树	sər^{33}		
肋	ho^{21}		
日光	ba^{21}		
法轮	li^{33}		
白	phər^{21}		
压	zər^{21}		

　　表一、表二部分证明了哥巴文对东巴文的继承关系。 表一中的东巴文的形体相对简单,哥巴文借用的时候不须简化。而表二中诸如日、斗等字形还有浓郁的图画色彩,书写不便,故而哥巴文在借用时进行了简化或取其片段。 如"毛"只截取了三根毛中的一根,或省略其中的修饰笔画,如"日"字中的圆变成了点,中间的四根短线也消失了。这样,到了哥巴文中,"画成其物"的特点逐渐弱化。

　　实际上,哥巴文对东巴文的继承比例非常大。"在方国瑜收录的六百多个哥巴文中,考释出来的有500个,其中有110个文字来源于东巴文,另有近100个文字由来自东巴文的文字作为字素组合成哥巴文。 由于几乎所有的哥巴文都是由两个字素构成,因此将这样的文字算做0.5个以东巴文为字源的文字的话,一共有165个字来自东巴文,占总数的33%。"②所以有些学者甚至认为哥巴文是

---

① 方国瑜编撰、和志武参订:《纳西东巴文字谱》,云南人民出版社,1995年。
② 曹萱:《纳西哥巴文字造字研究》,华东师范大学硕士学位论文,2004年,第41页。

东巴文通过文字假借,减少字符,抽象字音后进入的表音音节文字阶段。

此外,其他民族文字对哥巴文也存在影响。下面是东巴文、哥巴文和汉字的一组同义比较:

东巴文、哥巴文、汉字同义比较表

字义	东巴文字形	哥巴文字形	汉字字形
山			山
火			火
犬			犬
石			石
马			马
千			千
牛			牛

从上表我们可以看出,哥巴文的形成不仅来自于东巴文,还与汉字有关。哥巴文可能形成于社会交流比较发达的时期,是东巴文与周边发达文字体系相碰撞的一个结果。所以有些学者认为哥巴文字是记号、表意、表音的混合文字。

(三)从同义比较看哥巴文与东巴文体现出的文字发展

1. 文字制度方面

上文我们分析哥巴文与东巴文的共性。实际上,哥巴文与东巴文在性质上有重要差别:哥巴文是一种含表意成分的音节文字,与纳西语的音节相对应。这一性质上的转变使得哥巴文与语言单位的对应程度远远高于东巴文。下面是分别用哥巴文和东巴文写成的、意义很相近的一句话。

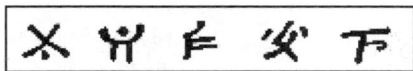

哥巴文

东巴文

直译哥巴文意：虎（助）不咬还。[①]

直译东巴文意：豹和虎（助）扒不得[②]

第一幅图中，五个哥巴文字记录五个音节。第二幅图中，三个东巴文记录七个音节。显然，哥巴文在记录语言的完整性上优于东巴文，是一个很大的进步。

这一优势还体现在东巴文经书中出现的哥巴文。第一，哥巴文作为东巴文形声字的声符。如：

$k'v^{55}\gamma\mathrm{ɯ}^{33}$参星夜，从 ✆ 省，⚘（$k'\gamma^{33}$，割）卐（哥巴字）声。

$\gamma\mathrm{ɯ}^{55}$灰也，象灰堆。又作 ⚘ ，从灰（$\gamma\mathrm{ɯ}^{33}$，哥巴字）声。

第二，哥巴文掺杂在东巴文献中单独记音，如左图（《古事记》32页44节）：

夹杂哥巴文的东巴经文

大意为"灵山不建不可，灵山建去了，（神名）石黑（助词）一块送，土黑一把送"。共七个字，六个东巴文，其中的"）＼"为哥巴字，为助词。

2. 符号体态方面

哥巴文的文字制度还影响了其符号体态：哥巴文形体结构简单，脱离了东巴文早期文字的特点，便于书写，以适应"表音"需要。"一种是直接取其形而用之，一种是将被借字作一定改动生成哥巴文。"[③]请看下表的同义比较：

哥巴文、东巴文符号体态比较举例

词义	东巴文构形法	东巴文字形	哥巴文构形法	哥巴字
虎	象形		表音	
割	会意		表音	
五	指事		表音	
岗	形声		表音	
出	假借		表音	
绿	转义		表音	

---

① 方国瑜编撰、和志武参订：《纳西象形文字谱》，云南人民出版社，1995年，第573页。

② 傅懋勣：《丽江么些象形文〈古事记〉研究》，武昌华中大学，1948年，第40页79节。

③ 同上书，第44页。

上表虽然只是取了六个东巴文与哥巴文进行比较,但却是两种文字构形的一个缩影。很明显,哥巴文的符号体态高度抽象化,记录语言的方式均是表音。

(四)小结

上文从各方面论证了哥巴文与东巴文之间的密切关系,但还不能确知哥巴文是否是东巴文表音化的结果。如果单纯从文字类型上看,哥巴文确实是东巴文表音部分成熟的结果,并且确实在很大程度上弥补了东巴文记词率低的问题。这两种文字之间的关系多少折射出早期文字在表音的倾向度上的发展。

但是哥巴文的表音功能还存在明显的不足。表现在:第一,异体众多,用字不规范。纳西语词音节约三百个,每一个音的标音字不止一个字体,一般有几个或十几个写法,各派、各人所见习用的不同,异派、异人不能一目了然。第二,不能有效标记音调。纳西语词有四个音调,读时必须区别而后解义,标音文字不分音调,虽能读音而难辩音调,就难以确解。第三,不能有效区别意义,纳西语词同音同调有数义,而同用一标音字,难以确解其义。

三、玛丽玛莎文与东巴文的同义比较

(一)概况

玛丽玛莎文是一种仅在云南维西县塔城乡百余户纳西族居民中使用的民族文字。"玛丽玛莎"当是"木里么些"的变读。根据传说,他们迁到维西只有八、九代,约二百多年的历史。从语言看,他们的语言跟永宁、左所一带的纳西语基本一致,属于纳西语东部方言。据调查,他们从四川迁来时本没有文字,后来向当地东巴学会了东巴文,从中选出约一百个左右的文字符号,来记录他们自己的方言,作简单的记事、记账及通信之用。

关于玛丽玛莎文的性质,学界有两种看法,一种认为:"玛丽玛莎只不过是用纳西象形文(东巴文)来记录和书写不同方言的纳西文而已,不能称为是一种独立的文字符号"[①];一种认为:"虽然多数学者认为玛丽玛莎文是东巴文的一个分支,但我们以为将之看作是东巴文的变种更为合理……玛丽玛莎文是一种独立

---

① 和志武:《纳西族古文字概论》,载《云南社会科学》,1982年第5期。

的文字,仅仅源自东巴文而已,而非东巴文的一部分。"①这两种观点都传达出一个信息:东巴文与玛丽玛莎文有着密切的关系。 就这一点学者也作过一些统计,据《维西傈僳族自治县志》,和即仁、和发源两位先生分别在1956与1962年在调查中收集到105字。 该县志还认为:"其中70%以上的文字直接借用东巴文形、音、义;15%借用东巴文形或音而义不同;15%与东巴文不同字源,系创新字。"王元鹿在《东巴文与哥巴文、玛丽玛莎文、达巴文的关系之初步研究》②有类似的统计:"依据笔者对120个玛丽玛莎文的考释,除其中8个待考者,余112字,其中借形自东巴文而往往形体有变者多达87字,自造字8字,可能为自造字亦可能借自东巴文者12字,仅5字借自汉字、藏文或彝文。"可见玛丽玛莎文字的绝大部分源自东巴文。

(二)从同义比较看玛丽玛莎文与东巴文的继承关系

首先我们比较几组象形字。如桥,玛丽玛莎文作"⊞"东巴作"✈",两者形体及其构字理据十分相似。 类似的例子又如塔,玛丽玛莎文作"♤",东巴文作"♤"。 如果说表客观事物的象形字的相似可能有其偶然性,那么我们再比较以下几组字形。如麻,东巴文作"〜",以"⁝"象形,以"▬"注音,有意思的是,玛丽玛莎文作"Ɛ"只截取了东巴文注音部分,这足以说明其得形于东巴文。又如你,东巴文作"¥",从人黄豆声,玛丽玛莎文作"央",显然得形于东巴文。 又如我(以下列举形体横线左边为东巴文,右边为玛丽玛莎文):✳——✿。 东巴文中的转义字的借用更能说明他们之间的继承关系。 如,金:✳——※;银:⟲——♀;铁:△——✕;铜:♨——✕等。 两种文字都选择"斧"这一意象来表"铁"意,这应当不是简单的巧合。

玛丽玛莎文继承东巴文的过程,也反映文字的一个发展过程。 表现在文字在借用过程中的简化和符号化,如以下几组同义比较:

1. 簸箕: ● → ⊞ 简化中间的绘画部分。

2. 镯子: ● → ⊂ 保留轮廓,构形线条化。

3. 绵羊: ✂ → ✕ 突出主要特征:绵羊的卷曲的角,明显符号化。

---

① 王元鹿:《玛丽玛莎文字源与结构考》,载《华东师范大学学报 (哲学社会科学版)》,2004年第3期。

② 载《中国文字研究 (第四辑)》,广西教育出版社,2003年。

4. 雪: ⌒ → ⌒ 截取其中的一部分。

也表现在文字借用过程中的表音化，如以下几组同义比较：

1. 麻: ⌐ → ⊏ 只取其中的"气"声，由形声字变为借音字。

2. 跑: ⌐ → ▦ 只取其中的"秤锤"声，亦由形声字变为表音字。

这种发展还表现在借用其他民族的先进文字。例如：

1. 十：分别有"▦"和"十"两形。前者为借"盐"表"十"，后者则借用了汉字的"十"。这一过程显然是在受到强势汉文化的影响下发生的。

2. 一：分别有"ゟ"和"一"两形。前者当为借音，王元鹿认为"疑来自藏文或彝文"，后者显然借用汉字的"一"。

3. 黑：玛丽玛沙文作"ʒ"，得形于藏文。

（三）小结

玛丽玛莎文是在大量借用东巴文的情况下发展而来的，在其发展过程中同时也受周边民族文字的影响。玛丽玛莎文有继承，亦有发展，虽然文字形体与东巴文十分相似，但已经出现明显的符号化的趋势。玛丽玛莎文是一个早产儿，也是一个发育不良的产物。它没有东巴文那样完备的表意方式，也没有规范的表音方式。"这种文字符号在使用时，一个字代表一个音节，由于字数太少，所以使用时一字多音多义的情况太复杂，有时还夹杂一些汉文"。[①]玛丽玛莎文介于这两种文字体系之间，这也可能是文化交流中的一种文字现象。

四、达巴文与东巴文的同义比较

纳西族有两个支系：一支是西部方言支系，俗称纳西；另一支是东部方言支系，俗称摩梭人。"摩梭人一般民众不使用文字，唯有其祭司达巴用象形文字书写《卜书》，并且在巫觋中传播，继承象形文字。"[②]这里所谓的"象形文字"就是达巴文。达巴文首先是一种文字，据宋兆麟研究，达巴文有以下几个特点：第一，有固定的字形，每个字又有固定的读音和一定的意义；第二，可以记录比较复杂的《卜书》；第三，摩梭文字流行于一定的区域，即它不是个别的行为，而是所有达巴

---

① 和志武：《纳西族古文字概论》，载《云南社会科学》，1982年第5期。

② 宋兆麟：《摩梭人的象形文字》，载《东南文化》，2003年第4期。

都认识和使用的文字,是他们唯一的经书。但达巴文是一种非常原始的文字,文字的构形主要是象形,也有少数指事,没有形声和假借之类。由于达巴文与东巴文在使用民族、使用地域、文字性质等方面的某些相似性,所以这两种文字的同义比较研究仍然具有重要的意义。

关于达巴文的数量,杨学政在《永宁纳西族的达巴教》一文中列举37个达巴文形体,华东师范大学中国文字研究与应用中心所建的少数民族文字数据库中收录了75个形体。我们曾列过一张达巴文与东巴文的同义比较表(见第二篇第三章第三节)。

该表是以达巴文为比较的起点,分别到东巴文中寻找相同意义的字,共十五例,这十五例都是表示客观事物的字形(事实上,也没有发现可以比较的抽象词)。从这张表中,我们可以得出以下认识:

1. 从整体上看,达巴文与东巴文的笔画构图十分相似,都是对客观事物的描画,都有浓厚的图画性,完全可以通过字形分析出其字义。

2. 通过以上形体比较,我们还很难绝对肯定达巴文与东巴文之间有亲缘关系。王元鹿在《东巴文与哥巴文、玛丽玛莎文、达巴文的关系之初步研究》一文中认为:"不可排斥达巴文与东巴文有关的可能性。"所以,要确定东巴文与达巴文到底是什么关系,还有待新的文字材料的出现。

3. 不管这两种是否有亲缘关系,通过比较,我们可以肯定的是:达巴文是一种比东巴文更原始的文字。表中的"泉"达巴文作"❓❓❓"等形,为象形文字;东巴文作"～～",从水角声,为形声字。显然,东巴文在记录语言时,更具优势。像东巴文中这样的形声字已经很多了,而在达巴文中至今还没有发现。又如"日",达巴文作"❋",象形,东巴文作"⊕",亦象形,但东巴文也常常用"𝟙𝟙"(二)表示,是为假借,这在达巴文中也没有发现。

通过对达巴文与东巴文的比较,可以看到这两种文字分别是表意体系文字发展链条上的两个阶段,在达巴文的身上,我们似乎可以看到东巴文发展的一个前身。所以对达巴文及其与东巴文的关系进行深入的研究对文字的发生学有非常积极的意义。

五、小结

通过对纳西族的"一族四文"的同义比较研究,我们当可以构拟这样一个文字的发展过程：

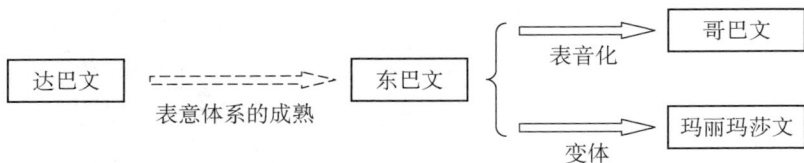

纳西族四种文字发展程度关系图

　　需要说明的是，这张图表并不意味着早期表意体系的归宿一定是表音化。这四种文字大致囊括了表意成分为主的图画文字、表意表音兼具但并不成熟的意音文字和表音为主残留表意成分的音节文字的各种特征。它们在某一点上体现自己的优势，代表了某种文字发展的规律，但又各自存在着一定的不完善性。

第五节　从东巴文的同义比较看一种
文字内部的发展的客观存在

　　一种文字自身总是处在不断的发展之中，这必然留下可供研究的历史痕迹。正如汉字体系中可以看到甲骨文、金文、小篆一样，在东巴文体系中我们也可以看到若喀文和鲁甸文。对东巴文、若喀文和鲁甸文进行比较，尤其是同义比较，对研究文字体系内部的发展有着积极的作用。

一、东巴文与若喀文的同义比较

　　若喀文，又称阮可文。"阮可"是居住在中甸县东南三坝区（今三坝公社）洛金河一带的纳西族的自称，丽江县六区海龙乡也有散居的阮可人，说阮可话，属纳西东部方言。他们有自己的宗教和经书，这种经书又称"阮可超荐经"，写经的文字基本上是东巴文，其主要道场和经书内容，基本上也和东巴道场和东巴超荐经相同。这里值得一提的是在阮可经中还夹杂有少数与东巴文不同的"阮可字"。关于阮可字的性质，和志武认为"所谓阮可字也是从东巴文脱胎演变而来的，不是一种独立的文字"[①]。而另一些学者则认为它是东巴文的早期形态。如李霖灿先生在对纳西族的历史和文字进行考察之后，提出了若喀文"可能为象形

----

① 和志武：《纳西族古文字概论》，载《云南社会科学》，1982年第5期。

文字之原始区域"的看法。杨正文在《最后的原始崇拜——白地东巴文化》一书中,把若喀文同白地、丽江及鲁甸的东巴文作比较,还对李霖灿先生《么些象形文字字典》(下文简称《字典》)中所收的几个"若喀字"同丽江东巴文作了比较,指出"'若喀字'乃为'白地字'之祖先,'白地字'又为'丽江字'、'鲁甸字'之祖先。"[1] 王元鹿的《由若喀字与鲁甸字看纳西东巴文字流播中的发展》[2]一文也科学地论证了这一关系。我们所持的是后一种看法。

既然若喀文为东巴文的源头,对这两者进行同义比较就能多少揭示出早期东巴文的特征。下面是若喀地区特有文字与东巴文的同义比较表[3]:

若喀字与东巴文同义比较表

序号	字义	若喀字音	若喀字形	东巴字音	东巴字形
1	谷堆	o^{21}		o^{21}	
2	肠	bv^{33}		by^{33}	
3	束	$tsɯ^{33}$		tsl^{33}	
4	茶	$ɪe^{55}$		$ɪe^{55}$	
5	富	$ndzæ^{33}$		$dzæ^{33}$	
6	头	o^{33}		$kɣ^{33}ɪy^{33}$	
7	黄	$ʂɯ^{21}$		$ʂɿ^{21}$	
8	舅	v^{21}		$ə^{21}gɣ^{33}$	
9	山	$ndzo^{21}$		$dzɿɣ^{21}$	

表中所列的若喀字,基本上为若喀东巴文所特有,王元鹿认为"从模糊理论角度看,对这批字的分析的结果至少可以看出若喀东巴文的性质上的倾向"。[4] 此外,通过上表的比较我们还可以得出以下一些有关文字发展的结论:

1. 这两种文字,在笔法风格上是完全一样的,一些构形也极其相似。如

---

① 杨正文:《最后的原始崇拜——白地东巴文化》,云南人民出版社,1999年,第22—29页。
② 载《华东师范大学学报(哲学社会科学版)》,2001年第5期。
③ 表中字形引用自《么些象形标音文字字典》及《纳西象形文字谱》。
④ 王元鹿:《由若喀字与鲁甸字看纳西东巴文字流播中的发展——兼论这一研究对文字史与普通文字学研究的意义》,载《华东师范大学学报(哲学社会科学版)》,2001年第5期。

"富"，东巴文作"#"，若喀文作"※"，两者在构形方法上极其相似。

2. 文字发展中的简化现象。如"谷堆"，若喀字作"△"，东巴文作"▨"，省略了文字的上部。又如上表中的"肠"，东巴文显然要比若喀字简练。文字的简化在于适应书写上的快捷。

3. 文字发展中的繁化现象。如"黄"，若喀字作"Ⴟ"，而东巴文作"※"，李霖灿在《字典》中解释道："Ⴟ 或作 ～，为'若喀'地域之写法，或原形如此，后方为之加光芒，其他等，遂成今日之 ※，若喀居上游，可能有此理也。"文字的这种繁化不在于区别意义，某些时候是为了装饰。

4. 一般东巴文的表意方式总体上优于若喀文，王元鹿曾进行统计得出以下结论："从写词方式看，这批若喀字基本上是一批记意写词法记录语词的字，即它们中几乎没有含表音成分的字。从文字结构看，这批若喀字兼备了象形、指事与会意三种结构的字。其中，指事字几乎占了50字的一半，其优势自不待言。"[①]显然在表意的明确性方面，东巴文优于若喀字，这也是表意体系文字发展的标志。

二、东巴文与鲁甸文的同义比较

鲁甸位于云南丽江西北部，处纳西族迁徙的下游，该区域的东巴文献中开始出现大量的音字。这一地带的东巴文与丽江地区使用的东巴文有些不同，学者称这些不同于其他区域的东巴文为鲁甸文。同若喀文不同，鲁甸文属于东巴文，这是一致公认的。李霖灿先生对于鲁甸的东巴文及其经书所作的工作甚多，这表现在他所编纂的《字典》中，在这部字典中，有大量的"见于"或"仅见于"鲁甸的解释，指出某些字形、字音出自鲁甸地区。为后续的研究提供了宝贵的材料。王元鹿就这一材料作了研究，对《字典》中指出为鲁甸东巴文的126字进行了系统分析。这些研究的一个重要成果，就是科学地论证了鲁甸文是"东巴文的尾"。所以对东巴文与鲁甸文的同义研究对认识表意体系文字的发展规律有非常重要的意义。

下面是东巴文与鲁甸文的同义比较表：

---

① 王元鹿：《由若喀字与鲁甸字看纳西东巴文字流播中的发展——兼论这一研究对文字史与普通文字学研究的意义》，载《华东师范大学学报（哲学社会科学版）》，2001年第5期。

一般东巴文与鲁甸文同义比较表

序号	字义	一般东巴文字形	结构类型	鲁甸文字形	结构类型
1	虹		象形		会意
2	夜		会意		会意
3	冰		象形		象形
4	田埂		会意		形声
5	去		会意		形声
6	得		形声		形声
7	饿		指事		指事
8	牧		形声		形声
9	睡		指事		会意
10	担		会意		会意
11	镜子		会意		形声

从上表我们可以得到以下认识：

1. 鲁甸文与东巴文属于同一文字体系，是显而易见的，这我们可以从"牧"、"得"和"去"等构形的继承关系得到印证。

2. 从东巴文到鲁甸文，结构符号实际上存在着两种情况：简化和繁化。"牧"，一般东巴文有牛、石、人和棍四个构形要素构成，而到鲁甸文省去了"牛"，这一省略并没有导致意义的含糊不明，反而倒是显得更简洁，便于书写。同时，我们也应该看到繁化的现象。如"担"，鲁甸文增加了两块石，这一繁化有利于明确意义，不至于与其他字形（如"我"）相混淆。类似的情况还有"睡"字等。

3. 上表中，东巴文的结构类型：象形2个，指事2个，会意5个，形声2个。鲁甸文：象形1个，指示1个，会意4个，形声5个。形声字多出了3个。这体现出鲁甸文的表音化趋势。如："走"，鲁甸文用声符"海"取代了会意的"足"；"镜"，鲁甸文用声符"鹰"取代了表意的"人"。另外,我们还可以看到,鲁甸文的"象形"和"指事"两种表达方式减弱,而表意和形声加强了。以上这些都说明了鲁甸文可以被看成是东巴文发展的一个高峰。

三、小结

从本节一般东巴文与若喀文、鲁甸文的同义比较中,我们可以清晰地看出东巴文的发展趋势:即字形总体呈现简化趋势,兼有以加强表意明确性的繁化现象,记录语言的方式不断完善,形声、假借等表音成分增加,整体由相对单纯的表意符号系统向表意表音相结合的符号系统发展。若喀文和鲁甸文为东巴文的发展研究提供了宝贵的材料,这三种文字之间的关系为东巴文由早期文字向表词—意音文字发展的过渡性提供了佐证。

第六节　从水文异体字的同义比较看
文字内部的发展的客观存在

根据现有统计材料,水文共有780字,去除异体字仅有270字左右,异体字占水文总数的65%左右。这些大量存在的异体字,从某种意义上说,可以看成是水文自产生之初到现在发展变化的活化石。通过对水文异体字的考察,我们隐约可以触摸到水文的发展脉络。

关于水文性质的研讨,目前学界还有一定的分歧。但大家普遍接受的一种观点是,水文至少应由自源字和借源字两部分组成,另外还有水族借用汉字的结构方式将汉字和水文的部件及笔画相结合而产生的新字,刘凌女士曾将这部分字命名为"新造字"①。基于这种复杂的发生背景,结合文字发展规律和水文自身的情况,我们将水文的异体关系概括为以下几种:

1. 水文自源字因取象不同而产生的异体字。如水文"豹"的两个异体字,前者侧重于描摹豹的全貌,后者侧重于描画豹的头部特征。这种异体字的产生反映了文字创造者或文字使用者观察事物着眼点的不同。

2. 借入汉字时字源不同而产生的不同的异体字。如水文中的"辛"字含有

---

① 刘凌:《"水书"文字性质探索》,华东师范大学硕士学位论文,1999年。

九个异体字 ⳤ ⳤ 文 圡 文 ⻏ ⻄ 羊 羊，从字形上判断，前7个字应来源于甲骨文的"辛"字，而最后一个字更接近于楷书的"羊"字。

3. 对借入汉字进行改造而产生的异体字。 上文列出的水文"辛"字就是一个例子，此外，水文其他字特别是干支字中也存在大量相同的现象。 如"甲"字有四个异体字 甲 ⼪ ⼪ ⼩ ，它们都借自汉字，却又对所源汉字进行了不同程度的改造。

4. 字形繁简而产生的异体字。反映在水文中，集中表现在同一组异体字中，笔画繁简状况不一。 如：水文中表示"太阳"的字有三种写法 ⊙ ⊙ ○ ，笔画依次递减；表示"破军星"的 ⋇ ⋇ ⋇ 亦存在类似状况；表示方向的"南"字（⻄ ⻄ ⻄ ⻄），虽然来源于汉字，但其异体关系主要是由于繁简不同而导致的。

5. 自源字与借源字构成的异体关系。 如："牛"，ⳤ ⳤ ⳤ ⳤ ⳤ ⳤ ⳤ ⳤ ，前七个字是自源字，最后一个字借自汉字"牛"。"狗"字也有八个异体字 ⳤ ⳤ ⳤ ⳤ ⳤ ⳤ ⼽ ⼽ ，前六个字是水文自造字，后两个字借自汉字"犬"。

从上述对水文异体字产生状况的分析可以看出，第四和第五种情况在客观上反映出了水族文字自身的动态变化过程，从某种意义上说，这部分异体字的产生是水文自身发展变化的一个缩影。 因此，我们从水文780个字中选取能反映出水文发展脉络的106组字制成下表，通过对照可以看出水文自身纵向的发展变化。

水文异体字表

序号	水文字义	自源字				借源字
		象形	指事	会意	形声	
1	太阳	⊙ ⊙ ○				
2	月亮	○				⻝
3	月份	⽇				下 ⻝ 瓦
4	春季		⻄ ⻄ ⻄ ⻄ ⻄ ⻄			⻄ 井 ⻝ ⻝ ⻝ ⼯
5	秋季		⼯ ⼯ ⼯ ⼯ ⼯ ⼯			

续　表

序号	水文字义	自源字				借源字
		象形	指事	会意	形声	
6	冬	☼				(借源字手写符号)
7	阴			(会意手写符号)		(借源字手写符号)
8	阴阳之"阳"	☼				(借源字手写符号)
9	卦名"坎"	(象形手写符号)				(借源字手写符号)
10	卦名"震"		(指事手写符号)			(借源字手写符号)
11	卦名"离"	(象形手写符号)				
12	卦名"艮"		(指事手写符号)			(借源字手写符号)
13	武曲星	(象形手写符号)				(借源字手写符号)
14	辅星				(形声手写符号)	
15	弼星	(象形手写符号)				
16	巨门星					(借源字手写符号)
17	破军星	(象形手写符号)				
18	年数		(指事手写符号)			
19	南					(借源字手写符号)
20	北					(借源字手写符号)
21	表方位之"上"		(指事手写符号)			

序号	水文字义	自源字				借源字
		象形	指事	会意	形声	
22	下		下			
23	后退;收鬼		后退			
24	泉水	泉水				
25	井			井		
26	塘			塘		
27	雷		雷			雷
28	地		地			
29	云	云				
30	风	风				
31	雨	雨				
32	星	星				
33	田	田				
34	果	果				
35	草	草				
36	穗	穗				
37	鸟	鸟				
38	天鹅	天鹅				
39	鹞	鹞				
40	燕	燕				

序号	水文字义	自源字				借源字
		象形	指事	会意	形声	
41	兽					
42	牛					
43	马					
44	猪					
45	狗					
46	虎					
47	豹					
48	猴					
49	竹鼠					
50	龙					
51	蛇					
52	鹅					
53	鸡					

序号	水文字义	自源字				借源字
		象形	指事	会意	形声	
54	蟹					
55	蚯蚓					
56	螺蛳					
57	虾					
58	鱼					
59	鲫					
60	鲶					
61	虫					
62	蜘蛛					
63	人					
64	妇女					
65	逢					
66	哭					
67	葬					

序号	水文字义	自源字				借源字
		象形	指事	会意	形声	
68	古					（字形）
69	走		（字形）			
70	转动		（字形）			
71	与		（字形）			
72	祭		（字形）			
73	队伍,阵		（字形）			
74	目	（字形）				（字形）
75	头	（字形）				
76	口	（字形）				
77	鼻	（字形）				
78	耳	（字形）				
79	腰	（字形）				
80	手	（字形）				
81	酒			（字形）		
82	屋	（字形）				
83	桌	（字形）				
84	扫帚	（字形）				
85	耙	（字形）				
86	梯	（字形）				
87	伞	（字形）				
88	弓	（字形）				

序号	水文字义	自源字				借源字
		象形	指事	会意	形声	
89	箭					
90	斧					
91	官印					
92	浓					
93	蓬					
94	一					
95	二					
96	三					
97	四					
98	恶					
99	卦					
100	死					
101	符					
102	鬼					
103	雨神					
104	怪物					
105	死婴					
106	巫师					

　　上表中的106组字，我们首先将其区分为自源字和借源字两类，其中自源字又根据其造字方式分为象形、指事、会意、形声四类。这些异体字在来源及结构方式上的差别，一定程度上折射出了水文的发展状况，在本篇第三章第二节我们将对此表作专门的讨论。

第七节　从同义比较看彝文的发展的客观存在

本节中,我们将对各支系彝文以及彝文与古汉字进行同义比较,以重新审视彝文的发展问题。

鉴于彝文资料考辨、搜集、整理和研究的现状,我们的比较并非全方位的,只是针对相关问题,因"对象"制宜,选取适当的对象,选用适当的方法(如统计和抽样),选择适当的角度。由于彝文字源考释至今成果有限,穷尽统计不太现实,较为合理的是抽样比较一些基本范畴字。本节将通过统计和抽样然后进行四省区彝文的比较,从比较的结果中观察它的发展。

迄今,各地(支系)彝文皆有汇纂,字量大体都在一万以上。然而,各地常用字量都在五百至一千左右①。因此,我们选取了滇川黔桂四省区以记录单音节基本词为主的同义彝文字群552组加以比较研究。②

根据调查发现,在552组四省区同义彝文中,211组彝文为四省区共有,201组彝文为三省区共有(其中滇川黔116组,滇川桂12组,滇黔桂65组,川黔桂8组),140组彝文为两省区共有(其中滇川13组,滇黔74组,滇桂20组,川黔7组,川桂3组,黔桂23组)。相关结果可列表如下:

四省区共有	211组		
三省区共有	201组	滇川黔	116组
		滇川桂	12组
		滇黔桂	65组
		川黔桂	8组
两省区共有	140组	滇川	13组
		滇黔	74组

① 陈士林:《彝文研究的基础和前景》,载《中国民族古文字研究》,中国社会科学出版社,1984年。
② 滇川黔桂四省区的彝文材料分别来源于以下工具书:《彝汉简明词典》(云南省路南彝族自治县文史研究室编,云南民族出版社,1984年)、《滇川黔桂彝汉基本词汇对照词典》(中央民族学院彝族历史文献编译室编,油印本,1984年)、《彝文字典》(贵州省毕节地区民委彝文翻译组编,油印本,1978年)、《滇川黔桂彝文字集·广西卷》(滇川黔桂彝文协作组编,云南民族出版社、四川出版集团、四川民族出版社、贵州民族出版社,2004年)。

		滇桂	20组
两省区共有	140组	川黔	7组
		川桂	3组
		黔桂	23组
小计		552组	

下面，我们主要以四省区彝文是否同源为切入点，对四省区共有彝文、三省区共有彝文以及两省区共有彝文作出相应的统计。

（一）四省区共有（211组）

1. 四省区彝文同出一源的40组，占18.96%。

2. 部分省区同出一源（三省区同源或两省区同源）的67组，占31.75%（其中滇川黔同源者8组，占11.94%；滇川桂同源者2组，占2.99%；滇黔桂同源者7组，占10.45%；川黔桂同源者4.5[①]组，占6.72%；滇川同源者4组，占5.97%；滇黔同源者4组，占5.97%；滇桂同源者20[②]组，占29.85%；川黔同源者7.5组，占11.19%；川桂同源者2组，占2.99%；黔桂同源者8组，占11.94%）。

3. 四省区彝文无同源关系的104组，占49.29%。

上述调查结果可列表如下：

	四省区同出一源40组（18.96%）	
四省区共有的彝文 211组	部分省区同出一源67组（31.75%）	滇川黔8组（11.94%）
		滇川桂2组（2.99%）
		滇黔桂7组（10.45%）
		川黔桂4.5组（6.72%）
		滇川4组（5.97%）
		滇黔4组（5.97%）

---

① 由于"讲"（滇: ꇁ; 川: ꅪ; 黔: ꅪ; 桂: ꏢ、ꑏ、ꑍ、ꑮ、ꑲ）这组字中川黔桂三地彝文（川: ꅪ; 黔: ꅪ; 桂: ꑮ、ꑲ）有同源关系，滇桂彝文（滇: ꇁ; 桂: ꏢ、ꑏ、ꑍ）亦有同源关系，因此该组字作为0.5个单位分别记入川黔桂和滇桂各一次。

② 由于"睡（使动）"（滇: ꒸; 川: ꑊ; 黔: ꑕ、ꑔ、ꑗ; 桂: ꒸）这组字中滇桂彝文有同源关系，川黔彝文亦有同源关系，因此该组字作为0.5个单位分别记入滇桂、川黔各一次。

续　表

		滇桂20组（29.85%）
四省区共有的彝文211组	部分省区同出一源67组（31.75%）	川黔7.5组（11.19%）
		川桂2组（2.99%）
		黔桂8组（11.94%）
	四省区全不同源104组（49.29%）	

（二）三省区共有（201组）

1. 滇川黔共有（116组，占57.71%）：同出一源9组，占7.76%；两省同源17组，占14.66%（其中滇川同源6.5[①]组，占38.24%；滇黔同源4.5组，占26.47%；川黔同源6组，占35.29%）；三省彝文无同源关系的90组，占77.59%。

2. 滇川桂共有（12组，占5.97%）：同出一源1组，占8.33%；两省区同源2组，占16.67%（都是滇桂同）；三省区彝文无同源关系的9组，占75.00%。

3. 滇黔桂共有（65组，占32.34%）：同出一源12组，占18.46%；两省区同源20组，占30.77%（其中滇黔2组，占10.00%；滇桂9.5[②]组，占47.50%；黔桂8.5组，占42.50%）；三省区彝文无同源关系的33组，占50.77%。

4. 川黔桂共有（8组，占3.98%）：同出一源0组，占0.00%；两省区同源2组，占25.00%（其中川黔1组，占50.00%；川桂1组，占50.00%）；三省区彝文无同源关系的6组，占75.00%。

上述调查结果可列表如下：

		同出一源9组（7.76%）	
三省区共有的彝文201组	滇川黔116组（57.71%）	两省同源14组（14.66%）	滇川6.5组（38.24%）
			滇黔4.5组（26.47%）
			川黔6组（35.29%）
		三省全不同源90组（77.59%）	

---

① 由于"个"（滇：lɯ²¹ 甶，zo³³ 屮、屮、屮；川：zo³³ 屮；黔：lɯ³³ 甶）这组字中滇川彝文（滇：lɯ²¹ 甶；黔：lɯ³³ 甶）有同源关系，滇黔彝文（滇：zo³³ 屮、屮、屮；川：zo³³ 屮）亦有同源关系，因此该组字作为0.5个单位分别记入滇川和滇黔各一次。

② 由于"爪"（滇：𠀾；黔：刀；桂：𠀾、𠀾、𠀾、刀）这组字中滇桂彝文（滇：𠀾；桂：𠀾、𠀾、𠀾）有同源关系，黔桂彝文（黔：刀；桂：刀）亦有同源关系，因此该组字作为0.5个单位分别记入滇桂和黔桂各一次。

三省区共有的彝文201组	滇川桂12组（5.97%）	同出一源1组（8.33%）	
		两省区同源2组（16.67%）	滇桂2组（100%）
		三省区全不同源9组（75%）	
	滇黔桂65组（32.34%）	同出一源12组（18.46%）	
		两省区同源20组（30.77%）	滇黔2组（10.00%）
			滇桂9.5组（47.50%）
			黔桂8.5组（42.50%）
		三省区全不同源33组（50.77%）	
	川黔桂8组（3.98%）	同出一源0组（0.00%）	
		两省区同源2组（25.00%）	川黔1组（50.00%）
			川桂1组（50.00%）
		三省区全不同源6组（75.00%）	

（三）两省区共有（140组）

1. 滇川共有（13组，占9.29%）：同出一源0组，占0.00%；不同源13组，占100.00%。

2. 滇黔共有（74组，占52.86%）：同出一源9组，占12.16%；不同源65组，占87.84%。

3. 滇桂共有（20组，占14.29%）：同出一源7组，占35.00%；不同源13组，占65.00%。

4. 川黔共有（7组，占5.00%）：同出一源1组，占14.29%；不同源6组，占85.71%。

5. 川桂共有（3组，占2.14%）：同出一源1组，占33.33%；不同源2组，占66.67%。

6. 黔桂共有（23组，占16.43%）：同出一源4组，占17.39%；不同源19组，占82.61%。

上述调查结果可列表如下：

两省区共有的彝文140组	滇川13组（9.19%）	同源0组（0.00%）
		不同源13组（100.00%）
	滇黔74组（52.86%）	同源9组（12.16%）
		不同源65组（87.84%）
	滇桂20组（14.29%）	同源7组（35.00%）
		不同源13组（65.00%）
	川黔7组（5.00%）	同源1组（14.29%）
		不同源6组（85.71%）
	川桂3组（2.14%）	同源1组（33.33%）
		不同源2组（66.67%）
	黔桂23组（16.43%）	同源4组（17.39%）
		不同源19组（82.61%）

依据这些量化数据，结合具体的同义字群，我们可以得出如下结论：

（一）四省区彝文在历史上曾有一个共同的源头。

对于这一点，学界早有统一认识。但以往的相关论述一般建立在简单举例的基础之上，而我们主要是在通过对相关数据进行统计以后，得出这一相对可靠的结论的。

根据我们的统计，在211组四省区共有的彝文中，具有同源关系的虽然只有40组（占18.96%），所占的比例并不是很高，但这并不是偶然的相似，绝不会是源异理同的结果。

在这40组彝文中，有几组是反映具体的客观事物的，如："肠"（滇：vu^{33} ⚇ 、∞；川：vu^{21} ∞；黔：γu^{21} ⊞ 、⊡；桂：γu^{21} ⊘）、"蛋"（滇：$\l a^{33}$ ○；川：$t\varepsilon hi^{21}$ ⊙；黔：ndv^{55} 𠬝 、𠀾 、𠁥；桂：$\l ou^{21}$ ⊟ 、⊝）、"饭"（滇：tsa^{33} ⋈；川：$\d{?}$ ⋇；黔：dzu^{21} 𝄐；桂：$dzou^{21}$ 𝄐 、☺ 、☻）、"眼睛"（滇：ne^{33} ☺；川：$\eta\d o^{33}$ ；黔：na^{33} ☺ 、☺；桂：ne^{53} ☺）、"人"（滇：$tsho^{33}$ 𝀝；川：$tsho^{33}$ 𝀟；黔：$tsho^{21}$ 𝀞 、𝀠 、𝀡；桂：$t\varepsilon ho^{33}$ 𝀢）、"太阳"（滇：$ts\d l^{33}$ ⊠；川：gu^{33} 𝄇；黔：dzy^{21} 𝄈 、⊡ 、𝄉；桂：ηgi^{21} ⚆ 、𝄉）、"竹"（滇：ma^{33} 𝈀；川：ma^{33} 𝈁；黔：mv^{33} 𝈂；桂：mu^{33} 𝈃）等。这些彝文由于大部分使用了象形造字法，将其看成是"源异理同"造成的结果似乎也说得过去，因为这里的有些字在其他民族文字里也可以找到相似的形体，如东巴文的"蛋"就写作 ○（$[ky^{33}]$）、"饭"写作 𝄐

（[ha^{33}]）；尔苏文的"太阳"写作 ◎（[ŋo^{55}ma^{55}]），尔苏文中还有一 ☉ 字，它是取"目"之形义借作"风"或"疯狂症"，该字"是由风沙袭眼而来，又因神经失常表征于眼神是否正常而借用来表示患疯狂症"[①]。因此，如果仅仅根据上述这些字我们就断定四省区彝文具有同源关系并不具有极强的说服力。

然而，我们在上述40组彝文中还发现了以下几组比较特别的字：（1）四省区彝文中的"金"（滇:ʂʅ^{33} ꒔ ；川:ʂʅ^{33} ꒲ ；黔:se^{33} ꒰ ；桂:ɕa^{53} ꒪、꒫）和"银"（滇:łu^{33} ▷ ；川:thv^{33} ⊖ ；黔:thu^{33} ꒭ ；桂:thɯ^{21} ▷、▢）都可分别引申为"黄"和"白"；（2）四省区的"彝（族名）"字（滇:nr^{21} ꒳ ；川:ni^{21} ꒣ ；黔:nɯ^{55} ꒵ ；桂:ŋo^{33} ꒶ ）形体相似；（3）"一"（滇:thɿ^{21} ꒷、꒸ 、川:tshɿ^{21} ∠ ；黔:thi^{55} ▬ ；桂:tha^{21} ꒹、꒺ ）、"二"（滇:ni^{21} ꒻、꒼、二、꒽ ；川:ŋi^{21} ꒾ ；黔:ŋi^{55} 二 ；桂:nei^{21} ꒿、ꓟ ）、"五"（滇:ŋa^{55} 亚、꓿、五 ；川:ŋɯ^{33} ꓀ ；黔:ŋv^{33} 五、꓁、五、꓂ ；桂:ŋu^{53} 五 ）、"九"（滇:kɯ^{55} 九 ；川:gu^{33} 九 ；黔:kɯ^{33} 九、꓃、꓄、꓅、꓆ ；桂:kɯ^{53} 九 ）、"十"（滇:tshɿ^{33} ꓇、꓈、꓉ ；川:tshi^{33} ꓊ ；黔:tshɯ^{21} 十、꓋、꓌、꓍ ；桂:tɕhei^{21} 千、十 ）等数字均借自汉字且形体略有变异。尤其需要强调的是：表数字、族名等的字都是极为古远的字，它们必在彝文发生时或发生后不久就已产生。上述几组字，我们如果用"源异理同"来解释是很难解释通的，它们应该是四省区彝文同出一源的典型表现。

因此，根据我们的调查，上述统计数据以及几组无法用"源异理同"解释的字的客观存在都强有力地说明目前散布于四省区的彝文曾同出一源。

（二）四省区彝文发展至今，在使用上已呈现了各自的特点，它们之间的差异始终处在一个逐渐增大的过程中。

在211组四省区共有彝文中，有104组（49.29%）彝文完全不存在同源关系，有67组（31.75%）彝文只是部分省区同源；201组三省区共有彝文中，有138组（68.66%）彝文完全不存在同源关系，只有41组（20.40%）彝文是两省区同源；140组两省区共有彝文中，不同源者竟达118组（84.29%）。上述数据非常客观地说明了四省区在彝文的实际使用时的差异之大，互相之间无法看懂对方的彝文文献也就不足为怪了。从下面几组典型例子即可见到各地彝文的明显差异：

例1：半——滇:phe^{33} ꓎ ；川:pha^{33} ꓏ ；黔:tn̩^{33} ꓐ ；桂:phe^{21} ꓎

---

① 郑飞洲：《尔苏沙巴文字字素研究》，载《中文自学指导》，2002年第4期。

此字云南、四川、贵州、广西均为假借字。云南、广西借自"叶子",四川借自"父",贵州借自"屎"。

例2:对——滇:$tsɯ^{33}$ 𖽾、$dzɯ^{33}$ 𖿢;川:dzi^{33} 𖿢;黔:$tsɯ^{33}$ 𖿢;桂:$dzə^{21}$ 𖽾、𖿢

此字云南、广西同源,为会意字;贵州属自造字,造字原理与滇桂同,亦为会意字;四川是假借字,借自"桥"。

例3:官——滇:dzi^{21} 𖽾;川:$ndzi^{33}$ 𖿢;黔:tsv^{55} 𖿢;桂:$dzɯ^{33}$ 𖿢

此字云南、四川、广西同出一源,孔祥卿先生认为此字是用男性生殖器(彝文写作 𖿢)来表示的[1],我们认为此字亦有可能是借用官帽的样子来指代"官";贵州属于自造字,造字理据不明。

例4:染——滇:ho^{33} 𖿢;川:xo^{21} 𖿢;黔:hv^{21} 𖿢、𖿢;桂:$xɔ^{21}$ 𖿢

此字四省区的形体均明显不同,造字理据不明。

例5:事——滇:$ʂi^{21}$ 𖿢;川:$ŋo^{21}$ 𖿢;黔:$ŋv^{55}$ 𖿢、𖿢、𖿢;桂:$nɔ^{55}$ 𖿢

此字云南为假借字,借自"漏";其余三省造字理据不明。

例6:背(使动)——滇:pu^{55} 𖿢;川:pr^{21} 𖿢;桂:$pɯ^{21}$ 𖿢

此字云南为假借字,借自"洞"、"斗";四川、广西均为自造会意字。

例7:布——滇:pha^{33} 𖿢;黔:phu^{21} 𖿢;桂:phu^{21} 𖿢

此字云南造字理据不明(该字与云南的"泡"为同一字,但不清楚是谁借谁);贵州为假借字,借自"开";广西当为象形字。

例8:盛——滇:$qhɣ^{21}$ 𖿢;川:tsi^{21} 𖿢;桂:ndi^{21} 𖿢

此字云南造字理据不明;四川、广西可能同源,均为指事字。

例9:里——滇:li^{21} 𖿢;川:ni^{33} 𖿢;黔:tsa^{33} 𖿢

此字云南为假借字,借自"龙"[2];四川造字理据不明;贵州由"段、截"义引申而来。

例10:毛——滇:no^{33} 𖿢;川:$ʂa^{33}$ 𖿢;黔:$tshɣ^{21}$ 𖿢

此字云南造字理据不明(该字与"豆(古语)"为同一字);四川为假借字,借自"麦";贵州造字理据不明。

---

[1]　孔祥卿:《彝文的源流》,民族出版社,2005年,第97页。

[2]　𖿢字在云南彝文中至少有"龙"、"里"、"重"、"签"四个意义。由于滇川黔桂四省区的"龙"字分别写作li^{21} 𖿢、lu^{33} 𖿢、lv^{33} 𖿢、$lɔ^{55}$ 𖿢 𖿢 𖿢,明显具有同源关系,因此,根据这一点,我们可以认为"龙"为该字的本义,"里"、"重"、"签"均为假借义。

例11：茶——滇：ɪa^{21} ⼄；桂：lu^{55} 冖、示

此字云南可能为指事字，广西造字理据不明。

例12：丑——滇：tʂhɯ^{21} ㄩ；桂：hi^{21} 田

云南此字与"坏"为同一字，其造字理据可能为在人脸上画上麻点以表示丑；广西造字理据不明。

例13：裂——滇：dzi^{33} 巛；黔：ɖa^{33} 恖

此字云南为指事字，贵州造字理据不明。

例14：帽——滇：hɤ^{33} 珞；桂：tsɔ^{55} 孓

此字云南为象形字，广西造字理据不明。

例15：夜——滇：sɯ^{33} 彡；黔：ha^{21} 田、凸、田

此字云南为形声字，声符为彡（[sɯ^{21}]）；贵州造字理据不明。

根据上述15例，我们可以发现，四省区彝文存在较大差异，其差异的表现多种多样，而假借的大量使用以及积微成著的形体的微小变化是造成这一现象的主要因素。

（三）云南彝文与其他省区彝文相同者较多，其中与广西彝文同源者最多。

关于这一点，我们通过以下统计数据应该可以得到更客观的认识：云南与四川同源者共计70.5组（包括四省区同源、三省区同源、两省区同源），与贵州同源者95.5组（包括四省区同源、三省区同源、两省区同源），与广西同源者共计100.5组（包括四省区同源、三省区同源、两省区同源）。以四省区共有彝文为例，在67组部分同出一源彝文中，有20组（29.85%）彝文是云南和广西同出一源而与四川、贵州不同源；以三省区共有彝文为例，在65组滇黔桂共有彝文中，有12组（18.46%）为三省区同源，有9.5组（14.62%）为云南、广西同源而与贵州不同源，有2组（3.08%）为云南、贵州同源而与广西不同源。

云南彝文与广西彝文同源者较多，我们认为以下两个方面的因素不能忽视：一是从地理上看，广西的彝族聚居区离云南较近，广西彝文由云南流传过来的可能性比较大；另一个原因是广西彝文的使用范围没有其他省广，使用情况相对比较简单，因此广西彝文在形体上与传入时相比变化不大。

（四）因多次的笔画微小变化而导致的积微成著造成大量的各省区之间乃至同一省区内部的同义字。

下面我们来看几个例子。

　　如"脓"。我们至少可列出⊗（云南）、⅃（四川）、⍖（贵州）、⌐（广西）、⌑（广西）、⅄（广西）6个形体。除贵州的⍖外，其他五字乍看似乎每两字之间差别大者居多。然而细审之，可发现⊗当为"脓"之初文，⌐象疮状物形（中为脓）而⅄象脓流出形；四川主要取其下部作⅃；而广西三形当来自云南的⊗。

　　又如"鸟"。至少可列出✗（云南）、✗（云南）、ⅎ（云南）、✓（贵州）、⅄（广西）、⅄（广西）、ⅎ（广西）7个形体。乍看来，至少云南的✗和广西的⅄几乎风马牛不相及，但是其实它们之间有下图所示体态逐渐愈走愈远的关系：

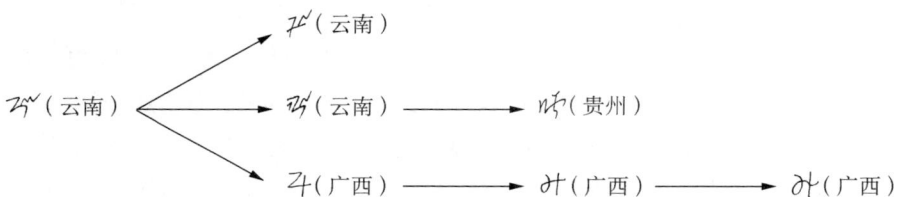

　　（五）从文字形体比较结果和文字形体演变脉络来看，云南彝文显得较为古远，贵州彝文显得较为年轻，广西彝文则有时保留有较古的形体，四川彝文似符号化程度较高。

　　说云南彝文较为古远，这主要可以在一些象形结构的彝文身上得到反映。如"鸡"字，云南写作⻊、⻊、⻊、（乙），四川写作⻊，贵州写作凵ᐲ、乙ᐲ、⺈ⵏ、苗，广西写作⅄，很明显云南的形体最象形，应该比较接近初形。再如"船"字，云南写作⺿、⺁，四川写作⺈、⌇，贵州写作廿，广西写作⌒、⻊，很明显云南彝文比其他省区显得更为象形。另外还有一种情况：云南同一字兼备许多形，其他省区从中各得其形。如量词"个"，云南写作⊕（[lɯ²¹]）和⺞、⺞、⺞（ʐo̞³³]）等形，而四川则写作⻌（[zo³³]），贵州写作⊞（[lɯ³³]）。

　　之所以说贵州的彝文显得较为年轻，主要是由于与其他省区相比，贵州的彝文较多合体（因为普通文字学的研究表明，文字系统中合体字的出现往往显得较晚）。如"晒"字，云南作⻊，四川作⻊，贵州作⍩、⺞、⊞⺿、⺄、⻊，广西作⻊、⻊，很明显，贵州的"晒"都是合体字。再如"石"字，云南作☉、◻、△，贵州作⻊、⻊、⻊、⻊、⻊、⻊，云南的形体为象形字无疑，而贵州的形体比较繁复，特别是⻊、⻊两字，明显是在象形字的基础上发展而来的，其产生应该较晚。

　　而以下几个例子则可以很好地说明广西彝文有时会保留有较古形体：如"弯（动词）"，广西作⻌、⻌，贵州作⻌，两字明显具有同源关系，但根据贵州的形体，我们很难分析该字的造字理据,而广西的两个形体却很好地表现了"弯"这个动作;"柏"字,广西作 ㄓ,贵州作 ㄜ,广西明显是象形字,而贵州"柏"与"熊"同,很可能是一个假借字。

而四川彝文的符号化程度较高,主要体现在文字书写时较多地使用了直笔,以及与其他省区具有同源关系的字在形体上往往表现得更为简单。这些符号化程度较高的字有可能在文字早期就已存在,也有可能是受晚期规范化的影响。

(六)彝文中已有一部分准形声字出现。

从严格意义上说,彝文中尚未出现真正的形声字,最多只能说是出现了形声字的雏形(我们称之为"准形声字")。如:云南 ㄣ([n i²¹],饿)与 ㄣ([ni²¹],二),ㄣ 应该已经起到了一种标音的作用;云南的 弟([kha²¹],扛)和 乑([kha⁵⁵],靠),乑 已具有声符的功能;云南的 oʑo([dzi⁵⁵],真)和 oʑo([dzi³³],筷子)音近,oʑo 似也可以看作具有表音作用的声符;广西的 叽([ɣɯ⁵³],骨),九([kɯ⁵³],九)应该已经起到了部分标音的作用。

综上所述,可以断定:彝文在四省区中的差异,的确反映了它的发展的客观存在,而且向我们提供了追寻其发展脉络的参照物。

附录:552组四省区同义彝文汉译字头

矮、爱、按、凹、八、白、百、柏、摆、败、搬、半、绑、包(动词)、薄、饱、抱、豹、剥、杯、背(使动)、背(自动)、本、鼻、闭、编、扁、瘪、冰、病、补、布、擦、猜、踩、菜、藏、草、茶、拆、缠、馋、尝、长、肠、唱、炒、吵、车、沉、称、秤、盛、吃(使动)、吃(自动)、迟、尺、春、虫、丑、初、出、锄(动词)、穿(使动)、穿(自动)、船、窗、疮、床、吹、春、戳、次、刺(动词)、刺(名词)、村、寸、错、打、大、戴(使动)、戴(自动)、袋、带、胆、蛋、挡、倒、稻、等、低、地、点、掉、吊、叠、钉、丢、东、冬、懂、动、冻、洞、斗、陡、豆、毒、读、堵、短、断、段、堆、对、队、多、朵、躲、踩、鹅、饿、二、耳、饭、房、飞、肥、分(动词)、分(量词)、风、疯、缝、佛、孵、扶、浮、富、父、盖、干、肝、敢、高、个、给、根、耕、弓、钩、够、骨、挂、官、关、棺、管、光、跪、滚、棍、过、汗、好、喝(使动)、喝(自动)、黑、恨、哄、红、猴、厚、后、虎、花、滑、话、坏、还、换、黄、灰、回、会、活、火、鸡、挤(动词)、挤(形容词)、麂、家、夹、假、剪、减、件、讲、浇、教、嚼、脚、角、叫、揭、借(使动)、借(自动)、金、斤、筋、紧、进、近、酒、九、旧、舅、举、句、锯(名词)、锯(动词)、掘、开、看、砍、穅、扛、烤、靠、渴、客、肯、啃、空、口、哭、苦、裤、快、筷、捆、拉、辣、来、蓝、懒、狼、捞、老、勒、冷、犁（动词）、犁（名词）、里、脸、粮、量、亮、晾、裂、林、淋、流、留、六、龙、聋、搂、漏、路、绿、麻、马、骂、埋、买、麦、卖、满、慢、忙、盲、毛、矛、帽、美、名、摸、磨、母、目、牧、拿、那、南、男、难、嫩、你、年、鸟、尿、牛、脓、女、爬、拍、派、跑、赔、盆、碰、皮、劈、屁、片、平、破（形容词）、破（动词）、剖、铺、七、妻、旗、骑（使动）、骑（自动）、砌、气、牵、千、前、钱、浅、欠、枪、抢、敲、桥、切、轻、秋、蛆、娶、去、犬、缺、裙、染、热、人、刃、扔、日、肉、软、三、扫、涩、杀、筛、晒、山、骗、上（名词）、烧（使动）、烧（自动）、少、蛇、舌、射、深、身、神、声、生、升（动词）、升（量词）、绳、剩、湿、尸、虱、十、石、矢、屎、是、事、手、瘦、梳、输、书、熟、鼠、树、甩、拴、闩、霜、双、水、睡（使动）、睡（自动）、说、撕、死、四、松、酸、算、穗、岁、孙、锁（名词）、锁（动词）、塌、他、踏、抬、躺、踢、天、甜、田、舔、跳、贴、铁、听、停、铜、偷、头、凸、土、推、吞、脱、驮、挖、歪、外、弯（动词）、弯（形容词）、完、碗、万、网、尾、胃、温、蚊、我、握、五、捂、雾、西、洗、细、下（名词）、下（动词）、夏、闲、咸、献、线、想、响、像、小、笑、写、心、新、星、醒、姓、熊、锈、绣、学、雪、血、熏、压、鸭、牙、烟、盐、岩、秧、羊、腰、摇、咬、舀、要、夜、页、叶、衣、一、彝、溢、银、硬、游、有、右、鱼、圆、月、云、葬、早、贼、摘、站、张（动词）、张（量词）、涨、爪、这、真、针、蒸、织、直、指、痣、种、重、猪、竹、煮、柱、抓、转、赚、装、追、捉、桌、啄、字、走、钻、醉、左、坐、做。

第三章　从同义比较看文字的可断代性

　　文字的可断代性当存在两个维度的划分标准：文字的形式和文字的内容。王元鹿在《比较文字学》一书中提出：观察任何一种文字系统，都可以从内容和形式两个方面出发，内容方面指的是文字制度（包括文字符号与语言单位的对应关系和文字记录语言的方式），而形式方面指的是文字的符号体态。①依据这一理论，文字的断代既可以基于文字制度的差异，也可以基于符号体态的差异。

　　汉字的可断代性的依据属于后者。汉字主要依据书体的演变，被划分为甲金文、篆文、隶书等阶段。之所以没有前一维度的划分，是因为我们目前所能见到的最早汉字——甲骨文和金文已经在文字制度上"六书"齐备，也就是说文字制度上已经基本发展完善。

　　然而，文字制度的演进是更为本质的，汉字的早期形态必然经历了这一维度的演变过程才进入甲金文阶段。正如许慎《说文解字·叙》所述："仓颉之初作书也，盖依类象形，故谓之文。其后形声相益，即谓之字。文者，物象之本；字者，言孳乳而寖多也"，表明汉字先有象形、指事、会意，继之以形声、假借、转注。由于缺少早期文字的材料支持，我们只能从理论上推知这一过程。

　　然而，东巴文为我们提供了文字制度演进的活标本。通过对图画表意成分为主的文献和具有意音文字特征的文献的同义比较，可以勾勒出东巴文字体系内部运动的大致情况，了解其记录语言的方式的演变特征。

　　水文具有的"拼盘"特点，给水文的断代提供了重要依据。通过互为异体关系的借源字与自源字的同义比较、水文新造字的构成分析，我们能够间接地发现水文内在的层次性，这对其他具有借源成分的民族文字的可断代性研究具有参考价值。

---

① 王元鹿：《比较文字学》，广西教育出版社，2001年，第26页。

第一节　从东巴文的同义比较看文字的可断代性

一、观点的萌发

虽然纳西东巴文文献非常丰富，国内外现存大概有2万多册，但这些文献大都是抄本，而且大部分没有标注书写年月。美国学者洛克所发现的有标明日期的东巴经的最早版本是明万历元年八月十四（1573年9月17日）[①]；台湾学者李霖灿先生在美国国会图书馆所发现的标明日期的最早东巴经版本是清康熙七年（1668年）[②]。从已经发现的最早版本到今天有四百多年，虽然时间跨度远不如汉字，我们还是可以透过各种文献材料来进行东巴文断代研究的工作。实际上一些学者早已意识到这一点，并且已经做了大量的研究。

傅懋勣认为，"过去所称的象形文字（引者按：指东巴文），实际上包括两种文字。其中一种类似连环画的文字，我认为应该称为图画文字，绝大多数东巴文经书是用这种文字写的。另一种是一个字表示一个音节，但绝大多数字形结构来源于象形表意的成分，应当仍称象形文字。东巴文经书只有很小的一部分是用这种文字写的"。[③]这段话说明傅懋勣先生从宏观上已经看到了东巴文的阶段性发展。

李霖灿先生在美国国会图书馆获得了重要发现："所以当我发现到国会图书馆竟有用若喀文书写的经典25册时，真是又惊又喜！因为这一带是纳西人迁徙的上游，又是纳西象形文字的发源地，无论从文字本身的演变上，或是法仪规范的简繁上，这些若喀经典的价值都是极大的，真可以说是国会图书馆的一项宝藏。"[④]"在这一点上，国会图书馆似乎是特别地幸运，在3 038册入藏的经典中，竟有61册是注有年代的，……这些本身纪有年代的经典，自是东巴文化研究的第一等资料，因为它们的时代确定，若依照时代的先后排列起来加以观察，可以正确地推出古今法仪演变的异同，可以探讨古今字体的蜕变痕迹，可以寻找汉文渗入的详细过程和它对音标字的诱导影响……这批经典的纪年，上起清代康熙七年（1668）下迄民国二十七年（1938），中间延伸有271年的长距离中，给我们沿

---

① 洛克：《中国西藏边疆纳西人的生活与文化》，德国威斯巴登，1963年。
② 李霖灿：《么些研究论文集》，台湾故宫博物院，1984年，第127页。
③ 傅懋勣：《纳西族图画文字和象形文字的区别》，载《民族语文》，1982年第1期。
④ 李霖灿：《美国国会图书馆所藏的东巴经典》，载《东巴文化论》，云南人民出版社，1991年。

途设立61个观察站,于是这条路上的形形色色,我们都可以由这些观察站的报告蠡测出来一些头绪。 可以想见这项贡献是有多大的价值了。"[1]只可惜,李霖灿先生并没有留下更多有关断代研究的成果。

由于缺乏系统的有关东巴文发展的材料,我们只能从一些字典、文献及前人的相关研究来进行初步的、零星的探索。 尽管这些资料不足以成为东巴文断代的依据,我们至少可以据此去窥测东巴文发展的阶段性。

二、李霖灿所列与东巴文阶段性相关异体字

下列李霖灿在《么些象形文字典》中的部分异体,主要表现了东巴文的符号体态的简化。 这种文字形式上的简化并不具有文字制度上的阶段性意义(此字典还列举了东巴文在若喀、鲁甸、丽江等地的文字资料,实际上这些资料在东巴文断代研究中更为宝贵),但多少显示出文字系统向便于书写的方向演进,本质上与汉字书体的变化是一致的。 举例如下:

李《字典》677压: ……此字源由"多巴"压鬼之 字来,略去倒地之鬼,代以 ,遂成本字也。

李《字典》707枭 :今多只画其头部作" "。

李《字典》712雉 :此字今多写作" "。

李《字典》765豹 :近日多略全体而只画其头部" "。

李《字典》774狮 :近多简写作" "。

李《字典》778鹿 :近日则多略去其身体只画其头部作" "。

李《字典》781熊 :近多简写作" "。

李《字典》798麂 :常简写作" "。

李《字典》839山羊 :近多简写作" "。

李《字典》993花 、 、 :古本中亦较细致,今则多略作" "。

李《字典》1099仓: ……画么些人木仓之形,古本中有写作" "者。

三、王元鹿关于东巴文可断代性的同义比较研究

王元鹿在《由若喀字与鲁甸字看纳西东巴文字流播中的发展》一文中,通过

---

[1] 李霖灿:《美国国会图书馆所藏的东巴经典》,载《东巴文化论》,云南人民出版社,1991年。

对若喀字与鲁甸字的文字制度进行分析,明确揭示了东巴文文字制度发展的阶段性特征:

"一、较早期的若喀字很可能是一个纯以表意法记词的文字系统,至少它比一般的东巴文更带有表意成分。 二、若喀字中的指事字在其记意写词方法中占相当大的优势,尤其以纯抽象性符号构成的指事字占优势。三、从若喀字向纳西其他地区流播的过程中,当可能发生以下一些变化:更多的象形字的发生;指事字中在象形符号基础上添加指事性符号的字的增加;会意字的更多出现;记音写词法的发展。 四、这批若喀字代表东巴文的早期形态。""综观以上四点,我们不难发现,在鲁甸特有的东巴文中,许多现象都标志着东巴文已发展到了其高峰阶段。这是因为:首先,记意、意音二系统出现,必然标志着假借现象也存在于这一文字系统中。 因而,由写词方式而言,则鲁甸东巴文兼备着记意、记音和记意兼记音三种方式。 其次,记意系统中象形、指事与会意三书的均衡数量,说明了这一文字系统的记意写词法已经发展到了顶点。……第三、形声字类型的多样化,至少说明了这一阶段已不是形声字形成的初期。"[1]

四、方国瑜关于东巴文可断代性所提供的异体字资料

方国瑜在《纳西象形文字谱》中所列异体字的比较研究,描绘出东巴文处于意音文字萌芽阶段的面貌。举例如下:

1. 对表本意的字进行注音。喻遂生先生称"注音式形声字"[2]。如,125(按:此为该字在《字谱》中的编号),岩: ▵——▵ ,用"鸡"注其音。 类似的有:125,岩穴: ▵——▵ ;161,野杜鹃: ▽——▽ ;161,树: ▽——▽ ;239,言:▽——▽ ;238,降: ▽——▽ ;290,汤: ▽——▽ 等。

2. 强化表意。如:假借后加形旁,也就是王元鹿提到的"孳乳造成的形声字"[3],类似于甲骨文"伯",初作"白",后加"人"形成了"伯"。214,臣: ▽——▽ ,当是"臣"与"献饭"读音同为" ▽ ",故借"献饭"之形" ▽ "表"臣",后以示区别,表明意属,故加形旁" ▽ "。这也是形声字形成的另一种方式。不过,在形成之

---

① 王元鹿:《由若喀字与鲁甸字看纳西东巴文字流播中的发展》,载《华东师范大学学报》(哲学社会科学版),2001年第5期。

② 喻遂生:《东巴形声字的类别和性质》,载《中央民族学院学报》,1992年第4期。

③ 王元鹿:《纳西东巴文与汉字形声字比较研究》,载《中央民族学院学报》,1987年第5期。

前,应当有一个假借的过程。李霖灿《字典》:718锈" "下有一段这样的论述:"此种写法见于鲁甸一带,他处多直以白鹇本字' '借音而用",而"鲁甸当为东巴文发展的高峰",是东巴文的尾,故这也就含蓄地表明了该字的发展轨迹。 又如:义借后再加形旁。181,财产: —— 。 纳西族在游牧时期,牛当是他们的主要财产,牛越多越富有,所以牛这一形象就成为财富的象征。随着农业的兴起,稻麦逐渐也成为财富的重要组成部分,故于财产" "上再加意旁" "(麦),就形成一个新的会意字,同时也与"牛"相区别开来。 类似还有:215,能干: —— 等。

3. 记录语言不断精密。如:97,参星: → ,音为"k'ɣ^{55}ɣɯ^{33}"。前者音符" "只记录了音节"k'ɣ^{33}",不完整;后者则增加了哥巴字" "(ɣɯ^{55})注音,这样就记录了这个词的两个音节。又如:97,商星: → ,音为"so^{33}ɣɯ^{33}"。前者音符" "(山颠)只记录了音so^{33};后者则再加注音符" "(ɣɯ^{55}哥巴字)记录了两个音节。又如:349,魂: → ,音为"o^{21}he^{33}"。前者"从 (o^{21}玉)声,附加" "只记录一个音节;后者从 、 (he^{33}月)声,增加音符"月"。又如:349,招魂: → ,音o^{21}ʂər^{55}。 前者只记录了音o^{21};后者增加音符 (ʂər^{33}),就记录了两个音节。

五、通过文献异文的比较看东巴文的可断代性

上文罗列诸家观点,主要从东巴文记录语言的方式分析单字从而讨论其可断代性,下面我们列举几段东巴文献中的异文,主要从文字制度的另一个方面——文字与语言单位的对应关系,来看东巴文的断代依据。

我们的比较对象是东巴经《古事记》和《崇搬图》,这两部文献内容基本相同。傅懋勣的研究认为,《古事记》中东巴文在发展阶段上要早于《崇搬图》。

例一:

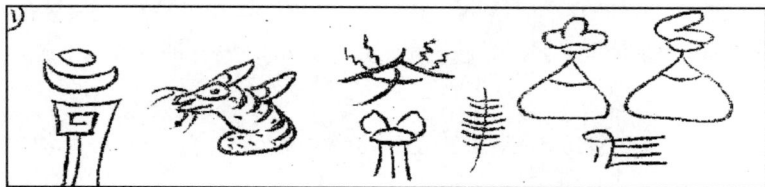

东巴经《古事记》10页1节

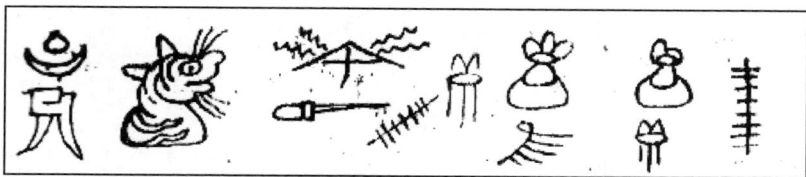

东巴经《崇搬图》1页1节

两段意义完全相同（按：傅懋勣与周汝诚对经文的汉译有些出入，但音译完全相同，故不影响我们的研究）：

音译：ə³³ la³³ mə³³ ʂə⁵⁵ be³³ tʂhi³³ dzɿ²¹, mu³³　luɯ⁵⁵　tʂu⁵⁵　kv³³ zɿ³³ ndu³³ se²¹ xo²¹

直译：太　　　古　　时候　　　天（助）颤动　能　助 阳神阴神 混杂

kv⁵⁵　zɿ³³

能　（助）

可以看到：除卷首记号，《古事记》用了7个东巴字，而《崇搬图》用了10个字。《古事记》中的"阳神阴神混杂能助"中的"能助"因为前文已经使用了文字记录而省略，而《崇搬图》完全得到了记录。

例二：

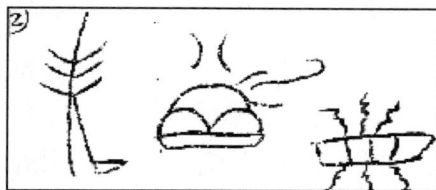

东巴经《古事记》10页2节

东巴经《崇搬图》1页3、4节

音译：sər³³　dzv²¹　ndzi³³　kv⁵⁵　zɿ³³　lv³³　ŋgɯ³³　ta⁵⁵　kv⁵⁵　zɿ³³　tʂɿ³³　lv³³　ɳy ɳy　zɿ³³

直译:树 生着 走 会 时代 石 裂 说话 会 时代 土 石 颤动 时代

可以看到:

1."生足"一词中的"生":两者都在树的底部画"足"表生,但《崇搬图》同时借"围墙"注"生"意,这显然是一个进步,开始摆脱图画文字的特点,以字形注音,向完整记录语言的方向迈进了一步。

2."分裂"一词:《崇搬图》作")(回",从)(("分")回("匣")声,为形声字,而《古事记》作")(",为指事字。

3."颤动、抖"一词:两者都于"土地"周围附加指事符号,但《崇搬图》另外增加了字符"爬"记录颤抖,而《古事记》仅作"絲"为附加指事字,具有浓郁的图画特征。

例三:

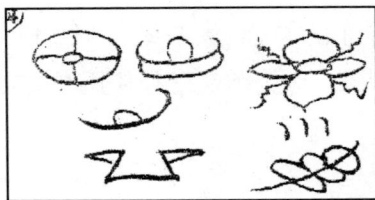

东巴经《古事记》13页4节   东巴经《崇搬图》2页5节

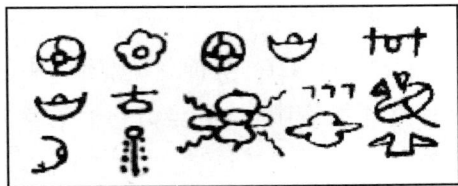

大意为:太阳和月亮也不出还那时,(太阳)影(月亮)影三样早前出。

可以看到:《崇搬图》中东巴字的排列更整齐,与语言顺序基本相同,而《古事记》中,"日"和"月"并列排列。类似情况,在《崇搬图》还有很多,可见,在记录语言的顺序方面,《崇搬图》也有明显的进步。

六、小结

上文以同义比较的方法,结合各家研究与异文比较揭示出东巴文在记录语言方式和文字与语言单位对应情况两方面的可断代性。具体表现为:

第一,记录语言方式上,东巴文从主要以象形、会意、指事等表意方式,发展出假借、形声等表音方式,这体现在若喀文与鲁甸文的差异中,也体现在异体字的共存现象中。

第二,文字与语言单位的对应关系上,《古事记》与《崇搬图》的同义比较显示出从语段文字到逐渐精确记词的发展趋势。

第三,符号体态上,由于不存在书写方式和书写媒介的剧烈变动,东巴文并没有出现明显的书体演变。我们可以从简化字的角度看到东巴文向便于书写的方向发展。

总体来说,东巴文的可断代性表现为文字制度与符号体态两个向度的渐变性。与汉字不同,东巴文在文字制度上的渐变性具有重要的学术价值。本节通过各个向度的梳理,总结出东巴文据以断代的主要依据,相信随着东巴文献研究的深入,可以进一步理清其中的量与质的关系。

第二节 从水文的同义比较看文字内部的可断代性

一、楔子

水文是一种"拼盘文字",其借源文字的发生对其文字性质的影响深远,它们不仅与水文自造字构成了大量的异体关系,还直接导致了"新造字"的产生。所以,对借源文字的清晰认识不仅是水文可断代性研究的内在前提,同时也是重要的参考标志。

二、水文中异体字提供的断代依据

本篇第二章第六节所列106组水文异体字,从记录语言方式的角度进行了区分,通过这种区分,我们可以发现某些断代依据。

第一,互为异体关系的自源字与借源字。尽管在水文产生方面学界还存在一定分歧,但总体而言普遍赞同自源字先于借源字的说法。基于这一共识,我们可以通过对自源字与借源字构成的异体关系蠡测水文的层次性。如:

水文中表示"春季"的字有12个形体,分别写作 帀、帀、帀、帀、帀、帀、茐、井、旬、蓥、屵、圤,前六个字和后六个字在符号体态方面呈现出了截然不同的特征,后六个字体态上有受汉字楷书影响的痕迹,应为借自汉字的借源字,前六个字为水文自源字。依据上文分析,我们可以初步判断出,前六个字的产生年代应早于后六个字。同理,水文"冬"字有11个形体,写作 ☼、彡、彡、冬、多、参、令、本、北、卍、卌，除第一个字外，其余10个字在形体上都呈现出了极为规整的一面，应为借源字，其产生年代应晚于 ☼ 字。除了表示"春天"和"冬"的两字之外，水文中"阴"、"雷"、"牛"、"狗"、"葬"以及其他一些字都可以通过类似的方法进行断代分析。

第二，记录语言方式相同的异体字的繁简状况不同。如"太阳"一词在水文中用象形的方法记录，有三个形体，分别写作 塑、望、〇，这三个字在符号体态上依次简化。和汉字中的"上"一样，水文中的"上"也采用指事的方法记录水语，有六个形体，写作 ㎜、ㅆ、ㅄ、ºº、º，其中 ㅄ 是对 ㎜、ㅆ 的简化，º 是对 ºº 的简化；采用会意方法记录水语的"井"字写作 㑲 或 㑲，后者是在前者基础上简化而成的；水文中用形声的方法来记录"辅星"这个词，写作 㐀、㐁、㐂、㐃，这四个字，除了有方位的区别之外，在符号化程度上也有一定的区别，前两个字的形体比后两个字的形体要繁复一些。除了自源字有符号体态的差别外，水文借源字中也有一定的符号体态的差别，如水文中的"南"字借自汉字，有4个异体字，分别写作 㐄、㐅、㐆、㐇，此四字在符号体态上也呈现出依次简化的趋势。

一般而言，文字的符号体态在变化过程中是趋向于简化的，但也不排除个别情况下，人们为了区别意义或出于其他目的，在原本简单的字体之上通过增加符号使其变得复杂，从而形成新的异体字。尽管如此，上文列举的例字仍在文字发展方面对我们有一定的启示。水文中异体字之间繁简状况的不同虽不能确切告诉我们其产生的年代，但在一定程度上反映出：繁简程度不同的水文定有其先后的产生顺序，不应是在同一时间内产生的。

第三，异体字的多寡反映字频，字频反映用字需求，用字需求决定产生时间。通过对本篇第二章第六节的表中106组异体字以及其他异体字的综合考察，我们发现，水文中借源字所拥有的异体字相对较多。异体字的多寡，还涉及到字词使用频率问题。一般而言，异体字越多，其使用频率就极有可能越高，而使用密度越大，就意味着对这些字的需求越迫切，其出现的时间可能就越早。①因此，

---

① 李杉：《水字异体字初步研究》，华东师范大学硕士学位论文，2008年。

在有条件的情况下,对水书中的水文用字情况进行考察,并进行一定的词频统计,也对水文发展问题的探讨有一定的帮助。

三、水文中新造字提供的断代依据

除了上述106组字体现出的三点特征之外,水文中还有一类字的存在不容忽视。例如,"母"写作 𡤸 ,是水族人借汉字形体自己创造的新字;"姊"和"妹"分别写作 𡞎 和 𡛔 ,这两字是依据汉字的结构方式将汉字形体和水文形体相结合而产生的;"嫂"写作 𡣳 或 𡢾 ,此二字也是按照汉字结构方式将汉字和水文结合而成,不仅如此,两字体态上还呈现出了繁简的区别。

这类字从体态方面判断,既不像水文自源字,也不像借源字,它们多是借用汉字的结构方式将汉字和水文的部件及笔画相结合而产生的新字,这就是刘凌女士命名的新造字。目前,水文中这部分新造字的产生年代虽不易判断,但依据前文的分析,我们可以说,这部分字的产生年代不应早于水文自源字的产生年代,它或者和借源字同时产生,或者比借源字的产生稍晚一些,但绝不会早于自源字的产生。

四、从统计数据看水文的断代问题

除了可以从记录语言方式和符号体态两方面对水文发展状况进行分析以外,我们还可以用统计的方法对水文进行分析。列维·布留尔在《原始思维》中指出原始民族的语言有个共同倾向:"它们不去描写感知着的主体所获得的印象,而去描写客体在空间中的形状、轮廓、位置、运动、动作方式,一句话,描写那种能够感知和描绘的东西。"[①]这种原始思维和原始语言的特征,在水文中也有一定的反映。据统计,水文自源字中数量最多的是用来表示动作的字,占总数的34.04%,紧接其后的是用来表示动物和植物具体名称的字,占总数的20.89%;水文借源字中数量最多的是干支字,占总数的33.42%。根据以上数据我们可以看出,水文记录语言的状况基本符合人类原始思维特征,因此,通过对水族风俗以及水文所记录的词汇的考察,我们也可以对水文的发展状况做出合理的推测。

---

① 列维·布留尔:《原始思维》,商务印书馆,1997年,第150页。

五、小结

尽管囿于材料问题和现有的研究状况,我们还没有对水文的发展状况有充足的认识,但是上述几个方面给我们提供了水文断代的线索。可以看出,分析借源字在水文系统中构成的异体关系、造成的"新造字"等现象,可以为水文断代提供强有力的依据。这是水文作为"拼盘文字"与东巴文的不同之处。

第四章 从同义比较看一种文字发展中前后阶段的相互渗透

　　文字的发展并不是一刀切的,文字的性质也不是纯乎其纯的。 成熟的文字体系总是由不成熟的文字体系发展而来的,而不成熟的文字体系总是蕴含了向成熟文字体系发展的萌芽。 早期汉字是早期文字的一种典型代表,它除了具有文字的形体仅与文字的意义发生直接关系及文字系统不能悉数且顺序地记录语言中的每一个词这两个早期文字的基本特点外,还蕴含着它向下一个阶段发展的萌芽。 同样,在具有成熟度的表词—意音文字中又不难发现早期文字的孑遗,尤其是在表词—意音文字的初期阶段,早期文字孑遗的表现极为突出。

　　本章首先通过对早期汉字的考察,探索早期汉字中表词—意音文字的萌芽,再通过早期甲金文、楔形字的早期图形体及圣书字中所含的两种字体的同义比较,来看表词—意音文字中早期文字的孑遗。 从这两个方面来说明一种文字的发展中前后阶段的互相渗透具有怎样的具体表现。

第一节　早期汉字中的表词—意音文字的萌芽

一、关于早期汉字的研究材料

　　汉字是一种典型的自源文字。 所谓自源文字是不依靠其他民族文字,由本民族独自创制、发展而产生的文字系统。 我们目前能够看到的最早成体系的汉字是殷商甲骨文。 它已经是一种比较成熟的表词—意音文字,作为一种自源文字,在甲骨文之前,应该有个早期的汉字阶段。

　　甲骨文之前早期汉字的材料主要是指史前人类契刻在陶器上的符号。20世纪20年代以来,随着田野考古的发展,这些材料不断有所发现,特别是近二三十年随着考古界的进一步发掘,陆续出土了一批陶器刻划符号。例如老官台文化、仰韶文化、大汶口文化、龙山文化、良渚文化、二里头文化等,都伴随有一定量的陶器符号出土。 这些陶器符号距今年代较远,其中符号数量较多、形态丰富、影响较大的有仰韶文化[①]、大汶口文化[②]以及河北藁城台西出土的陶器符号[③]。

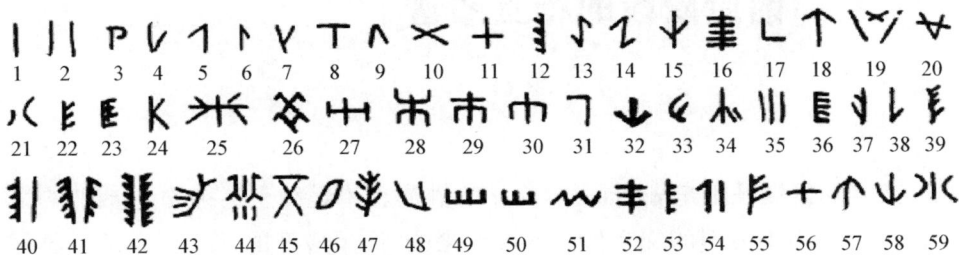

仰韶文化出土陶器符号

大汶口文化出土陶器符号

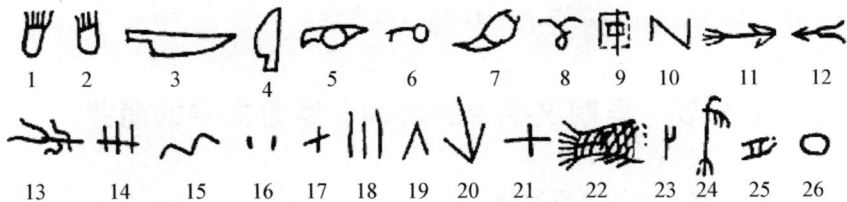

河北藁城台西出土陶器符号

以上三种材料在绝对时间上是有先后不同的,其中仰韶文化出土刻符最为古远,大汶口文化出土刻符次之,而河北藁城台西出土刻符距今时间最短。同时,这三种材料的相对年代,即刻符的发展阶段,也是有先后不同的。仰韶文化出土刻符最为原始,大汶口文化出土刻符次之,而河北藁城台西出土刻符最为接

① 王蕴智:《史前陶器符号的发现与汉字起源的探索》,载《华夏考古》,1994年第3期。
② 李学勤:《论新出大汶口文化陶器符号》,载《文物》,1987年第12期。
③ 王蕴智:《史前陶器符号的发现与汉字起源的探索》,载《华夏考古》,1994年第3期。

近表词—意音文字体系。 下面我们将对这三种材料分别进行考察,探索其中可能存在的早期汉字中表词—意音文字的萌芽。

二、关于仰韶文化出土刻符

（一）背景

仰韶文化位于黄河流域,仰韶村位于河南省境内。 仰韶文化出土刻符遗址主要有西安半坡、临潼姜寨、长安五楼、铜川李家沟、宝鸡北首岭等地,其中西安半坡、临潼姜寨出土的刻符较多,影响较大。 学者对这些刻划符号有不同看法,裘锡圭先生认为这些刻划符号是"记号"[①],郭沫若先生认为这些已经是"具有文字性质的符号"[②],于省吾先生认为它们已属"文字"[③]。 王志俊先生通过刻符形体与甲金文形体的对比对这些符号进行了考释,得到考释的字见下两图,据王先生研究,一些刻符属于数字符号,还有一些是象形系统。[④]

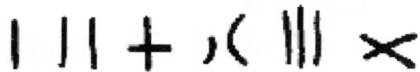
仰韶文化指事符号

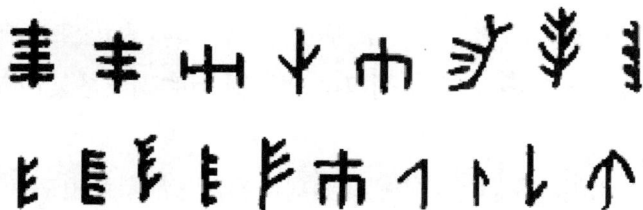
仰韶文化象形符号

我们认为,仅凭仰韶刻符与甲金文字形体对比进行考释,得出的结论怕是不够科学的,因为这些刻符是不是真正的文字还没有得到证明。 另外陶器刻符笔画较简单,很容易跟甲金文中的象形字、指事字在形体上相重合。

---

① 裘锡圭:《汉字形成问题的初步探索》,载《中国语文》,1978年第3期。
② 郭沫若:《古代文字之辩证的发展》,载《考古学报》,1972年第1期。
③ 于省吾:《关于古文字研究的若干问题》,载《文物》,1973年第2期。
④ 王志俊:《关中地区仰韶文化刻划符号综述》,载《考古与文物》,1980年第3期。

（二）象形和指事系统的存在

仰韶文化刻划符号的性质究竟应该怎样认定？首先，从这些刻符的出土地看，西安半坡、临潼姜寨、长安五楼、铜川李家沟、宝鸡北首岭等8地均有刻符出土，8地之间，"东西相距最远约3 000千米，南北约100千米。当时在这个约3万平方千米地区居住的人们已普遍使用这种刻符，这种刻符已有基本固定的形状及其他相同或相似的特征"。①可见，这些有相似特征的符号已在较广大范围内开始使用。其次，从文字符号本身看，虽然孤立符号占绝大多数，但已开始出现一些合体符号，如 ⩗、卌、 、 ，这些符号很可能是两体甚至三体结合的，即它已有"比较复杂的多个符号"②。另外，从所处时代上看，仰韶文化属于新石器时期晚期文化，年代约5 000至7 000年前，已是语言相当发达的时代。根据上述分析，我们可以认为，仰韶文化即使不是严格意义上的文字系统，也应该是极其接近文字的，把它看成是一种较原始的早期文字系统，或者说它至少显示了这类文字系统的特征应该还是可以接受的。

考察上图，我们可以看出，这个早期文字系统确实由两种类型的符号组成。

一类是符号性较强，较抽象的刻符，例如：| || ∧ ✕ ✛。这类刻符占到大多数，有不少学者就认为仰韶刻符是个指事性符号系统，郭沫若先生曾指出它是指事字的源头③。另一类则是描摹事物轮廓，象形性较强的刻符，例如： 。这类刻符虽然不多，但的确像是某种事物外形的简化描摹。

目前受材料所限，我们还不能把仰韶刻符的音意都考释出来，但作为一种早期文字，我们还是可以认为仰韶文化刻符是种已含有象形和指事，且以指事为主的早期文字系统。郭沫若先生就曾说"中国文字的起源应当归纳为指事和象形两个系统"④。在已是较成熟的表词—意音文字系统的甲骨文中，指事、象形就是两种最基本的造字方法。可见，甲骨文时代的造字方法，在属于早期文字系统的仰韶文化出土刻符中已有萌芽。

---

① 王志俊：《关中地区仰韶文化刻划符号综述》，载《考古与文物》，1980年第3期。
② 王元鹿：《普通文字学概论》，贵州人民出版社，1996年，第122页。
③ 郭沫若：《古代文字之辩证的发展》，载《考古学报》，1972年第1期。
④ 同上。

通过对仰韶文化出土刻符的考察,我们可以得出,早期汉字中已蕴含有表词—意音文字的萌芽,这就是象形、指事两个系统已开始出现。

三、关于大汶口文化出土的文字符号

(一)背景

大汶口文化属于黄河下游新石器时代的文化。从出土地看,大汶口出土的文字符号也不限于一地,其使用范围较广泛。从年代上看,大汶口文化要晚于仰韶文化,且出土的刻划符号更有典型意义。从文字符号内部看,已出现合体结构;从符号组合关系看,均是孤立符号,无连写情况。前辈学者对大汶口出土符号做了大量的研究,一般学者都认为大汶口文化出土符号已经是文字,有些学者还对个别字形(下图)分别作了考释。例如唐兰先生把这几个字形依次释为:"戉"字,"斤"字,"炅"字的简体,"炅"字的繁体。[①]以下从文字制度与文字符号体态两方面考察这一早期文字中蕴藏的表词—意音文字的萌芽。

(二)文字符号记录语言的方式——象形和会意

大汶口文化出土文字符号已具备象形造字方法。

大汶口文化所出的这两字均采用象形造字法,"戉"字在甲骨文中作卩、卩等字形,"斤"字作卩。与甲骨文字形作对比,大汶口出土的这二字,显然象形性更强,几乎是把二字所象之物的形象完全描摹下来。特别是在一些细节上作了精细描写,例如"戉"中间镂空的部分,"斤"顶端尖细的部分。而甲骨文中此二字象形程度要低很多,仅是对原物件轮廓的大概描画。

大汶口文化出土文字符号中已具备会意造字法。

唐兰先生释 为"炅",此字在甲金文中未曾见过。此字形为一太阳在火上,宛如一幅图画,显然是一会意字,但由于是早期文字,仍未脱去早期文字图画

---

① 唐兰:《中国奴隶制社会的上限远在五、六千年前——论新发现的大汶口文化与其陶器文字,批判孔丘的反动历史观》,载《大汶口文化讨论文集》,齐鲁书社,1979年。

性的特征。"炅"字在《说文》时代已出现,造字法也属会意,《说文》卷十九火部云:炅,见也。从火日。

另外,李学勤先生在《考古发现与中国文字起源》[①]一文中补充道:"这个字在大汶口文化符号中出现最多,有意思的是它又出现于一些玉器",这些玉器"林巳奈夫根据刻划的风格等,推断为良渚文化遗物"。 大汶口文化与良渚文化,分属不同地点且年代也不尽相同的文化类型,此字形在两种文化均有出现,可见当时的文字流传范围较广,或许也有了一定的继承性。

大汶口文化已包括象形与会意两种记意写词法,至于有没有记音方式的萌芽,由于目前材料所限,我们不好妄下结论。 与甲骨文和《说文》时代文字作对比,可以看到大汶口文字未脱离图画文字的特征,但象形、会意写词法的出现,无疑已具备了表词—意音文字的萌芽。同时,材料表明,可能个别文字符号的使用范围较广,并出现继承性。这些也可看成是一种成熟的表词—意音文字的萌芽。

(三)文字符号与语言单位对应关系——能够记录个别语词

我们看大汶口文化出土的可释读的这四个陶器刻划符号,其中 这三个字与汉语中的词对应是毫无疑问的。 字的情况要复杂些,对此字前辈学者有不同的解释,于省吾先生在《关于古文字研究的若干问题》一文中释 为"旦"字,认为此字形象"山上的云气承托着初出山的太阳,其为早晨旦明的景象,宛然如绘",因此判定"这是原始的旦字,也是一个会意字"[②]。唐兰先生在《关于江西吴城文化遗址与文字的初步探索》一文中认为 字是 字的繁体[③]。而李学勤先生在《考古发现与中国文字起源》一文中通过和玉器上刻划符号的对比,认为 不是"炅"字的繁体,而是"炅"、"山"两字的复合。

不管释为"旦"字或是"炅"字, 都与语言中的词相对应。 而李学勤先生的考察,可能更符合早期文字阶段的特点,这一书写方式应是图画文字阶段的遗留,同时也是甲骨文中出现合文书写的原因。甲骨文中仍存在不少表示人名、地名、数字的合文,例如: (父丙), (匚率), (五十)。

---

① 载《中国文化研究集刊(第二辑)》,复旦大学出版社,1985年。
② 载《文物》,1973年第2期。
③ 载《文物》,1975年第7期。

由于材料所限,我们不能准确判断大汶口文化时期文字的记词率有多高,但通过出土的这几个字与甲骨文比较可看出,个别文字已能准确记录语言中的词。

（四）符号体态——初步的符号化倾向

通过考察我们可以看到大汶口出土文字象形意味非常浓,图画性较强,但大汶口文化出土的文字已开始有符号化倾向,只是符号化、简化、量的规格化水平较低而已。

根据以上分析我们可以看出,大汶口文化出土的陶符与殷商时代的甲骨文存在着千丝万缕的联系,大汶口出土符号作为汉字的早期文字阶段,蕴含了表词—意音文字萌芽。在记录语言方式上已含有记意写词法;在文字符号与语言单位的对应关系上,个别文字已能准确记录语言中的词;符号体态上,已开始有符号化倾向。

四、关于河北藁城台西出土文字符号

（一）背景

河北藁城台西文字符号共有20多个,从时代上要远远晚于仰韶、大汶口文化,它出现于公元前2000年至公元前1500年,属于商代早期文字系统。经过学者的研究,"台西时期文字正是殷墟文字的前行阶段"[①]。而我们目前看到的甲骨文已属于一种较成熟的表词—意音文字系统,藁城台西系统作为甲骨文的"前行阶段",更多地体现了表词—意音文字系统的萌芽。

（二）文字符号记录语言的方式——象形、指事、会意

藁城台西文字系统既有较抽象的指事造字,又有较具体的象形、会意造字法[②]。

、、十 ||| ∧ 当为指事字,这几个字形似为甲骨文的二、七、三、六字。

这几个字形明显当归为象形系统,在甲骨文中也可找到相应的对应关系。　似为甲骨文 （止）字,只是将脚趾也描画出

---

① 季云:《藁城台西商代遗址发现的陶器文字》,载《文物》,1974年第8期。
② 同上注。

来,显得更加象形,更加原始,把脚趾也描画出来的这一原始写法在商代青铜器铭文中还可见到。 ⌐⫐ 似为甲骨文 ⫐（刀）字,只是甲骨文中此字只大略描画了刀的轮廓,不像台西出土的文字将刀柄、刀面全部细致画出。 ⫐ 字与甲骨文 ⫐（目）字写法一致。 ⟶ ⟵ 二字与甲骨文 ⫐ 字类似。 ⫐ 似为甲骨文"鱼"字代表鱼身的部分。 ⫐ 字为一手握着某种器具,认定为会意字当不错。 以上对这些字形的考释可能不太准确,但对其构字性质的判定应是正确的。

（三）文字符号与语言单位对应关系——记录个别语词

材料中虽然没有文字记录的完整的句子,但以下字形分别记录了"二、七、三、六、止、刀、目、矢、鱼"等语词: 、、＋ 川 ∧ ⫐ ⫐ ⟶ ⫐ ⟶ ⟵ ⫐ 。

（四）符号体态——接近甲骨文系统

藁城台西系统文字与甲金文相比,虽然注重事物细节的描画,但整体已十分接近甲骨文系统。 个别字像 ⫐ 字已与甲骨文字形完全一致,证明其符号化水平已比较高。

由于河北藁城台西出土文字在时间上远远晚于仰韶文化、大汶口文化出土符号,所以在文字记录语言的方式上象形、指事、会意都已具备;从文字符号与语言单位对应关系上看,虽不能顺序、悉数记录语言,但相比较仰韶文化、大汶口文化出土符号,有更多的词得到记录。文字符号体态上与甲骨文字形相比,带有一定的原始性,但与仰韶文化、大汶口文化出土符号相比,更加接近表词—意音文字。

五、小结

通过对仰韶文化、大汶口文化、河北藁城台西出土符号的考察,我们可以看出,这些早期汉字具有一些共性,具体表现在:

第一,从文字符号记录语言方式看,已具备记意写词法,主要是指事、象形系统,含有少量会意字。

第二,从文字符号与语言单位对应关系看,文字符号虽然不能完整、顺序地记录语言,但已开始能记录个别语词。随着时间的推移和早期文字系统的发展,文字符号能够记录的语词越来越多。

第三,从文字符号体态看,早期汉字虽然象形意味非常浓,图画性较强,但已开始有符号化倾向,随着时间的推移和早期文字系统的发展,符号化水平也越来越高。

早期汉字的这些共性同时也显示了早期汉字中表词—意音文字的萌芽,这些萌芽不仅反映了早期汉字的特性,也代表了早期汉字的发展方向。对早期汉字中表词—意音文字的萌芽的考察不仅使我们对早期汉字有更深刻的认识,也使我们可以更好地把握表词—意音文字的特点,更准确地认识汉字发展的规律。同时,早期汉字作为早期文字的典型代表,其体系中蕴含的表词—意音文字的萌芽,也可帮助我们探索早期文字的特点及其发展规律。

第二节　表词—意音文字中早期文字的孑遗

一、楔子

自源的表词—意音文字如汉字、苏美尔楔形文字、埃及圣书文字和马亚文字,都经历过各自的早期文字阶段。因而,尽管表词—意音文字已是发展较成熟的文字体系,但仍不难发现早期文字的孑遗,尤其是在表词—意音文字的初期阶段,如在早期甲金文、楔形字的早期图形体和圣书字的碑铭体中,早期文字孑遗的表现极为突出。

二、表词—意音文字带有许多原始图画遗迹

从文字记录语言的方式来看,表词—意音文字当既有表意成分,又有表音成分。事实上,在表词—意音文字中仍有为数不少的纯象形文字,甲金文中象形字就占到了20%左右,随着表词—意音文字的日渐成熟,象形字所占比例越来越小。象形字由图画而来,多是描绘与人类原始生活状态紧密相关的事物,它们中当有部分萌芽于早期文字,存于表词—意音文字。在早期甲金文中,多见一些笔画繁复细致、摹物逼真、类似图画的象形字,这些文字和早期图画文字风格毫无二致。如:

甲骨文"马" 甲骨文"虎" 甲骨文"鹿"

金文"象" 甲骨文"豕"

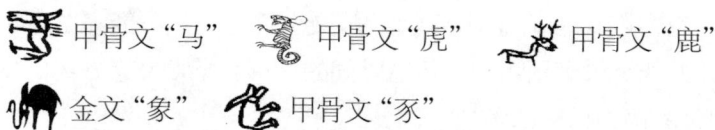

再如埃及圣书字碑铭体中,也多见人、兽和事物的图形,但是它们大部分并不代表原来的人、兽和事物,早已变为表示规定的词义的意符或音符,如 表示船队, 是音符, 是意符,但它们仍都保持着复杂累赘的图画文字特征。

下图[①]是埃及古王朝时期一座陵墓上的铭文,更能说明圣书字的图画性特征。铭文的上面一行用圣书字表达向阿努比斯神请求接纳死者;下面左边方形中死者图像画得很大,还画有呈献给他的祭品,右边方形中画着几个人手捧贡品献给阿努比斯神。这段铭文包含两种性质的文字,但整体看来非常协调,原因就在于二者具有共性——图画性。

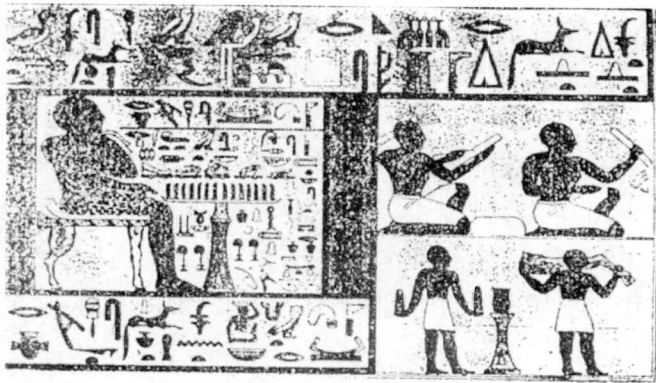

埃及古王朝时期陵墓铭文

表词—意音文字中依然存在着很多不规范的现象,字形不够固定、异体字繁多是这种现象的突出表现。如甲骨文中的"水"形体不定,或像河流,或像水滴,或像水池。又如 （龟）正侧无别。象物性强、归纳性差是图画文字的一个特征。一般愈是古老的文字,形体差别愈大。所以,这些形态各异的摹物象形字更具有早期文字的特征。

---

① 该图采自B.A.伊斯特林:《文字的产生和发展》(北京大学出版社,1987年,第106页)。

　　自源的表词—意音文字都经历过语段文字阶段,即从文字符号与语言单位的对应关系来看,文字记录语言是以一段话而不是以一个词为单位的。虽然表词—意音文字已是一个字形记一个词或一个词素,而且语言中的每个词均在文字中得到记录,[①]但这一特征的形成是一个渐变的过程。在表词—意音文字中,语段文字现象偶有出现。如金文中的族徽文字。如果有人试图去解释它相当于现代的哪一个字,那将完全是徒劳的,因为这个符号要表达的概念,已大大超过了一个词的范围,这是早期文字常见的表词形式。

　　图画文字的遗迹还体现在族徽文字上。商周朝代的族徽符号,虽有很多单独孤立地出现在器物上,但也有不少出现在成句成段的铭文中,因而一般来说,商周遗物上的族徽符号,都已具有文字的性质。这些文字很多都来源于图腾崇拜,原先并不用于记事,因而很大程度上保留了原始的形态,具有浓厚的图画意味。象形程度高且多实笔,图像不合正常比例,这些都是早期文字的特征。

　　在表词—意音文字中还可见到一些早期图画文字的表现手法。

　　如早期文字在表示"多"这一抽象概念时,常用同体反复的形式。伊斯特林曾指出:"在文字发展的早期的图画文字阶段,还不存在狭义的数字。表示实物的数目的时候就画出这些事物,有多少数目就重复画多少个事物……"[②]在表词—意音文字中这一形象也可见到。如甲骨文中 🐑（羊）、🌟（星）🐟（渔）。这些重形字明显是对场景的摹画,是图画文字的表现形式。这种造字方式比较原始,是因为它是一种简单的重复,意思虽然明了,但笔画繁复。后期的表词—意音文字中,当组件大于三个时,几乎不用这种造字方式。

　　再如方位表义。早期文字往往以方位作为记词表义的辅助手段。例如在印第安文字中,以鹤、鹿为图腾的酋长的墓志铭上倒写鹤、鹿表示死亡。纳西东巴文字中人横卧为病,碗倒扣为缺粮。表词—意音文字也有这一现象,如甲骨文侧目为臣 👁,倒人为芇 👤,还有 🐑 横写羊,疑为死羊。圣书字 ✋ 为倒下, 🚢 为翻船, ⋀ 为前进, ⋁ 为后退。表词—意音文字中的这类字很明显是在沿用早期图画文字的表现手法。

---

① 王元鹿:《普通文字学概论》,贵州人民出版社,1996年,第139页。
② ［苏］B.A.伊斯特林:《文字的发展》,文字改革出版社,1966年,第325页。

三、表词—意音文字带有原始符号的遗迹

在文字的产生过程中,符号是一个相当重要的渊源。 表词—意音文字中有一些纯符号构成的指事字,常用来表示抽象性概念。 有由单一符号构成,也有由若干符号组合而成。

早期符号有些是用于装饰,有些已是约定俗成具有表义作用的文字。 其构字简洁,具有易写易记的优势,这一优势也决定了符号文字的生命力。所以在表词—意音文字中这些符号文字得以保留也是不足为奇的。 例如,结绳是原始民族普遍采用的一种记事方法,这一方式在某些民族文字中得到了保留。 如在汉字中,就有若干结绳符号直接成为文字的例证。商周金文中"十"作🌡、"廿"作Ⴣ、"卅"作ⴣ、"卌"作ⴣ,象若干打结的绳。《易经·系辞下》:"上古结绳而治,后世圣人易之以书契。"由此观之,结绳符号确为某些汉字形体的来源。 表词—意音文字中保留的这些结绳符号,当为早期文字的孑遗。

把表词—意音文字和早期刻符相比较,会发现有些字具有很大的相似性。如把甲金文和处于早期文字阶段的台西、二里头系统文字进行比照,可以看出二者形体上如出一辙。商代甲骨文有Ⅰ、Ⅱ、Ⅲ、Ⅲ、ⵝ、⋈、Ⅹ、)(,二里头系统文字有Ⅰ、ⅢⅢ、Ⅲ、)(,台西系统文字有:Ⅱ、Ⅲ、Ⅹ、ⵝ、Ⅴ。 再如下图[1]:

二里头文化部分陶文隶释表

虽然单从两种文字某些形体上的相似来证实两种文字有渊源关系是不够科学的做法,但当两个文字系统有成批的文字酷似时,它们之间确实很可能同源或其中一种文字为另一种文字的渊源。[2]通过以上的比照可见台西系统和二里头系统文字均有可能是甲金文系统的前身。 那么,与这类字相对应的甲金文极可能本身即为早期文字的孑遗。

---

① 曹定云:《中国文字起源试探》,载《殷都学刊》,2001年第3期。
② 王元鹿:《比较文字学》,广西教育出版社,2001年,第112—117页。

早期陶符大多笔画简单，意义不明，大多学者认为这些符号还难以算作文字。但是这些符号一旦进入或形成文字系统，就很可能出现若干符号结合而成的复杂的符号组合。比如甲骨文中的 ⌣（上）和 ⌢（下）分别由两个不同的符号构成，这些符号当是从早期汉字中沿用下来的。还有一些无法识读的甲金文字，如 ⍦、⍦、中、⍦、中、卐、⍦ 等，都有可能是由若干早期文字符号结合而成的。

四、小结

通过本节对表词—意音文字中早期文字的孑遗现象分析，可以看出在表词—意音文字中早期文字的孑遗主要存在于象形字、会意字和指事字中，这种存在不仅表现在一个个遗留下来的早期文字和构字部件上，还体现在造字理念上。因为从具体事物论，文字的渊源包含原始图画、结绳、契刻、文身、物件记事和手势语等多种，如果从进入文字的内容来看，文字的渊源不外乎图画和符号两类。① 而象形、会意、指事无疑是早期文字适应其渊源的较为理想的造字方法。这些造字法在表词—意音文字中继续使用，并没有完全让位给更为先进的形声造字法，这说明：文字的发展受多方面的影响，既要适应语言发展而有所创新，又会受到传统思维的限制；文字的传承也是多方面的，既有对文字各要素的传承，也有对文字性质的传承。

表词—意音文字中的早期文字现象是确乎存在而且不容忽视的，它体现着文字的发展脉络，关系着文字的性质。传统观点常把早期文字和表词—意音文字看作文字发展的两个阶段，这虽是合理的，但同时也要意识到文字的发展是一个渐变的过程。传承性是文字发展的重要属性，表词—意音文字承袭早期文字发展而来，在各类表词—意音文字中都能很容易就发现早期文字的痕迹，由此也表现出二者关系的密切。所以，对于文字的性质要有全面的思考，像表词—意音文字这样杂有其他性质文字才是其自然状态。这一认识将有利于我们在对文字进行研究时能更全面深入地把握其各项本质特征。

---

① 王元鹿：《普通文字学概论》，贵州人民出版社，1996年，第85页。

第五篇　关于文字传播的同义比较

　　文字的传播与文字的发生、性质、发展一样，也是文字学研究中一个十分重要的课题。世界上的许多文字系统的发生、性质和发展，都与文字的传播紧密相关。尤其是苏美尔和巴比伦、埃及、中美洲的一些重要文字群，这些文字的研究与文字传播研究是不可分离的。对于中国的民族古文字研究来说，文字的传播尤其是汉字的传播也是一个十分重要的课题。可以说，离开了对文字传播的认识，就无法对许多我国的乃至我国一些邻邦的文字进行全面的研究和讨论。

　　由于文字的传播与文字系统之间的相互关系是不可分割的，所以要真正研究文字发展史上的文字传播问题，至少要了解两种文字的现状和历史。因此，文字传播的研究必须以相关文字系统的孤立研究为基础，这是文字学研究中的一个比较为之不易的课题。而在多种民族古文字的孤立研究取得较大成果的时候，对文字传播的研究尤其是理论研究就自然地会被提到议事日程上来。我国的民族古文字的研究历史也证明了这一点。之所以诸如《汉字传播史》（陆锡兴著，语文出版社，2002年）、《从汉字到汉字系文字——汉字文化圈文字研究》（王锋著，民族出版社，2003年）之类的以文字传播为主题的论著到近年才得以问世，正是因为我国民族古文字的孤立研究的充分发展，同时也说明了要想进一步了解我国各种文字，需要文字传播理论的指导。

　　而文字传播理论若要能指导种种文字现象的研究，也的确需要进一步的发展以企及一个新的高度。我们相信，文字系统之间尤其是有传播关系的文字系统间的同义比较，既可能帮助我们在实践上更加确切地把握文字系统间的关系，又可能帮助我们在理论上寻觅一些文字传播的规律。本篇的讨论即是基于这一目的展开的。

第一章　有待解决的问题

在本章中,我们将把目前在汉字与其他一些民族古文字的研究中发现的有关文字传播的实践或理论方面的问题提出来。因为我们在本篇的后两章的研究计划是:用以文字传播为视角的同义比较去解决若干实践问题,并在此基础上尝试解决一些有关文字传播的理论问题。

第一节　有待解决的一些具体问题与实践问题

我国许多民族古文字往往是完全或部分地由文字传播发生,所以,文字传播的视角上的同义比较,当能解决一些文字系统的相关问题。

以下,我们把一些可能通过同义比较得到解决的具体或实践问题作一介绍。

一、哥巴文的源文字问题

由于被认为是一种音节文字,纳西族哥巴文字的研究较少有人从事。而事实上,这种文字在某些角度看来,还是相对地带有表意文字的痕迹和成分的。其理由简言之,至少有两条:(1)它主要地是从含表意成分的文字传播而来的;(2)在用字方面含许多表意文字的痕迹。

哥巴文的来源,有专家认为是汉字(如黄振华①),也有更多专家认为这是一种来自多种文字的借源文字(如李静生②、喻遂生③、曹萱④)。对其源文字,是可以进行进一步探讨的。

---

① 黄振华:《纳西族哥巴文字源流考》,载《燕京学报》新9期,北京大学出版社,2000年。
② 李静生:《论纳西哥巴文的性质》,载《东巴文化论》,云南人民出版社,1991年。
③ 喻遂生:《关于哥巴文字源考证的几点看法——读〈纳西族哥巴文字源流考〉》,载《中国文字研究》(第六辑),广西教育出版社,2005年。
④ 曹萱:《纳西哥巴文造字研究》,华东师范大学硕士学位论文,2004年。

二、哥巴文和傈僳竹书等借源文字的定性与命名的问题

我国有许多种民族古文字,往往是全部或部分借源而来的。 如哥巴文和傈僳竹书,虽然对每字的考释还有待继续进行或补充,但对这类文字如何定性与命名,却是不易妥善处理的事。

三、彝文的来源及其部分字是自造还是借源的问题、彝文的性质问题、四省区彝文的关系问题

彝文可以说是一种与文字传播关系特别密切的文字。 一方面,部分彝文应该来自汉字的传播;另一方面,各省区彝文之间的关系,也可以被认为与文字的传播有关。

而彝文又偏偏有许多问题至今尚未解决。 比如:彝文的来源及其部分字是自造还是借源、彝文的性质、四省区彝文的关系等,都是至今有待进一步探讨的十分复杂的问题。

四、水文自造字与借源字的产生先后问题

作为一种所谓"拼盘文字",水文既有其本民族的自造字,又有来自汉字的借源字。 其中的问题在于:究竟是其自造字先行发生,还是其借源字先行发生? 虽然学界的主流观点认为自造字先于借源字发生,这一问题亦尚需通过同义比较得到进一步的证明。

五、关于壮文的自造字问题

壮文是一种借用汉字整字或偏旁而仿造的文字系统,但其又有一批为数不多的明显不是向汉字或汉字偏旁借来的字。 这一批字到底如何造成或从何得来,也是迄今未得到充分研究的。

六、西南一些文字的关系问题

我国西南部是民族文字最为集中的地区。 这个地区有纳西族的四种文字(东巴文、哥巴文、玛丽玛莎文、达巴文),还有尔苏文、彝文、傈僳竹书和水文。此外,这一地区还有一种至今尚未定性的划为彝族的一个分支的他留人的"铎系文",以及相当接近于文字的景颇、普米等民族的一些图经。 加上这一地区历史

上存在过而已经死亡的一些古文字,如巴文(或称巴蜀文字)、可能是原来夜郎国的文字的云南石寨山出土铜片上的原始文字及四川广汉三星堆出土的七个很可能为原始文字的符号。

这些文字系统之间的某些文字间肯定存在渊源关系(如东巴文和哥巴文),有一些文字系统间很可能不存在渊源关系(如水文和达巴文),也有若干文字系统间是否存在关系至今还不清楚(如尔苏文与纳西族的几种文字)。已知有关系的文字系统间的关系当然可以继续深入研究,不存在关系的文字亦往往需要进一步的确证,而不清楚是否有关的文字系统更是须作更深入的研究以得出结论。除此之外,若把汉字也视为我国西南地区的一种民族文字,则可以说,这类关系就更加复杂,也更有研究的必要性。而在这种研究中,同义比较显然是一种极为有用的工具。

七、关于一些域外文字系统的研究

近年来,我们常常会见到"汉字文化圈"和"汉字系文字"之类的术语。前者虽有争议,但汉字的足迹早已走向国外确实是不争的事实。如日本、韩国和越南这些国家借用汉字的历史的研究的开展,为我们文字学者带来了许多值得深入讨论与研究的课题。运用同义比较的方法,当能解决若干相关的至今未得到解决的实践和具体难题。

第二节 有待解决的一些理论问题与宏观问题

在理论上也有许多关于文字传播的问题有待讨论和解决。这主要是由于此类问题被关注得较晚且成果有限,而另一与之相关的也许是更基本的原因是我们对"汉字系"的少数民族文字和域外的汉字系文字研究起步较晚。

由于上述情况,该课题的理论问题几乎是全方位的。现将我们试图讨论的问题列举如下:

一、关于文字传播与文字流变的异同

这是个先前很少有专家注意到的题目。其意思是:有些民族的文字是借用其他民族的文字,有些民族的文字则是由本民族的一种文字变化而来,这两种现

象有何异同。

二、借源文字对源文字的选择问题

当我们面对各种民族古文字时,不难发现:不少文字是存在多种源文字的。一种借源文字在选择源文字时,哪些因素在发生作用? 这是民族文字学上具有普遍意义的一个问题。同义比较的方法有助于归纳出其中的规律。

三、借源文字的定性与命名问题

与文字传播紧密相连的一个问题是借源文字的定性与命名问题。因为一旦文字出现传播,就会有一种借源文字出现,或者有一批借源字出现。在前一种情况下,那种文字如何进行定性与命名是一个复杂的问题。尤为困难的是,当一种借源文字存在多种源文字的情况下,尤其是在那些源文字性质不同的情况下,这项工作就更加复杂。 我们使用的同义比较的方法或能为解决这个问题提供启发。

"拼盘文字"这一术语的合理与否亦与此问题有关。[①]

四、借源文字对源文字的借用和改造

被借入的文字进入借源文字中会发生怎样的改变以适应新的文字系统和语言文化环境。 我们试图用同义比较的方法细致分析若干种借源文字的内部构成,看看其中有否规律可循。

五、"拼盘文字"的内部运动及其复杂性

"拼盘文字"系统内的多种成分来源不同、性质各异,它们之间如何协调以更好地记录一种语言? 在这一过程中互相之间发生了怎样的影响与变化? 用同义比较的方法来探讨这个问题有助于从宏观上动态地把握"拼盘文字"的构成和性质。

水文的"新造字"正是在"拼盘文字"复杂的内部运动过程中产生的特殊成分。"新造字"的概念有否普遍意义,如何正确地认识、定义、运用这一概念,是值

---

① 这一术语最早是由王元鹿在为水文定性时提出的,此后又有专家提出不同的看法。

得注意的问题。

六、一个民族创造与使用多种文字的研究

纳西族一个民族有四种文字系统的现象是世界文字史上极为罕见的。那么,为何会出现这一现象呢? 在这个民族中,相同的一个词何以会用不同文字系统的字来记录呢? 这些问题都有可能用同义比较的方法去解决。

第二章　从同义比较看一些有关文字传播的实践问题与具体问题

文字的传播问题讲到底，不是某种文字记录语言的方式为另一种文字所仿效，就是某种文字的一些字为另一种文字所借用。如果说前一种情况还比较简单且有条例乃至规定可寻，则后一种情况在实践上是相当复杂且往往带有许多偶然性和不定性的，如：一种借源文字向哪一种或哪几种被借源的文字（本书往往将这种文字称为"源文字"）去借；借源文字中为表示某个词又是如何在源文字中进行相应字的选择的；一种借源文字中如果兼有本民族自造的字，那么借来的字与本民族自造的字之间的关系又是怎样的；借用汉字的民族较多，但这些民族借用汉字的具体过程又往往不尽相同，它们的具体借用过程又是大可研究和比较的。本章的主要工作将是从某些文字的同义比较的视角出发，去探寻有关它们各自借源的具体情况中一些值得注意的方面。

第一节　从同义比较看哥巴文的源文字

一、楔子

关于哥巴文的来源问题，前人已经在多方考证的基础上做出了一定判断。大体而言有以下几种：

李静生认为，"相当一部分哥巴文是蜕变于东巴象形文的"。[①]

毛远明补充了李先生的例证，认为哥巴文来源于汉字、藏文和东巴文，同时还有一部分自造字。[②]

黄振华对比了277组哥巴文和汉字，认为"现在已知的500—600个哥巴字（包括异体字在内）便有半数以上可以判明出自借用汉字增损笔划而加以音读或

---

① 李静生：《论纳西哥巴文的性质》，载《东巴文化论》，云南人民出版社，1991年。
② 毛远明：《哥巴文性质再认识》，载白庚胜、和自兴编《玉振金声探东巴——国际东巴文化艺术学术研讨会论文集》，社会科学文献出版社，2003年。

训读"。①

曹萱在系统考释哥巴文的基础上,得出了和毛先生类似的观点,认为哥巴文借用了汉字、藏文和东巴文,同时又有一部分自造字,是一种拼盘文字。②

喻遂生认为从标音与假借的角度看,哥巴文"借用改造东巴文是合乎逻辑的最佳选择之一"。③

在前人研究的基础上,我们将用同义比较的方法再次对哥巴文的来源问题进行探讨,希望能对现有的研究成果有所推进。

二、哥巴文和东巴文的同义比较

作为同一民族内部两种不同的文字,哥巴文和东巴文记录的都是纳西语。从哥巴文和东巴文的使用状况来看,"哥巴文一般是掺杂在由东巴文书写的段落中用来单独记音,有的只是附在东巴文上作为形声字的声符","目前已发现纯粹用哥巴文书写的经文,其数量远不如用东巴文书写的经书"④。由此,我们可以做出大致的推断,东巴文很有可能是哥巴文的来源之一。此外,我们通过对哥巴文和东巴文进行同义比较,我们仍可以得出类似的判断。相当数量的哥巴文和东巴文在字形、字音或字义上分别存在联系,或者三方面同时存在联系。请看下列简表:

哥巴文、东巴文同义比较表

序号	哥巴文			东巴文		
	字形	字音	字义	字形	字音	字义
1		pI^{21}	膠		pi^{21}	膠
2		py^{21}	闩		pe^{33}	闩
3		pa^{33}	纹		$pər^{55}$	虎纹
4		$pər^{55}$	白		$p'ər^{21}$	白

① 黄振华:《纳西族哥巴文字源流考》,载《燕京学报》新9期,北京大学出版社,2000年。

② 曹萱:《纳西哥巴文造字研究》,华东师范大学硕士学位论文,2004年。

③ 喻遂生:《关于哥巴文字源考证的几点看法——读〈纳西族哥巴文字源流考〉》,载《中国文字研究》(第六辑),广西教育出版社,2005年。

④ 曹萱:《纳西哥巴文造字研究》,华东师范大学硕士学位论文,2004年,第8页。

序号	哥巴文			东巴文		
	字形	字音	字义	字形	字音	字义
5	〔字形〕	pɯ²¹	断	〔字形〕	p'ɯ⁵⁵	断
6	〔字形〕	pɯ³³	瓢	〔字形〕	p'Iə²¹	瓢
7	〔字形〕	be²¹	毛发	〔字形〕	fʅ³³	毛
8	〔字形〕	be³³	锯子	〔字形〕	fʅ³³	锯
9	〔字形〕	bæ³³	引、拉	〔字形〕	t?²¹	拉
10	〔字形〕	bər²¹	蕨	〔字形〕	di²¹	蕨
11	〔字形〕	mI⁵⁵	愚、傻	〔字形〕	do²¹	傻
12	〔字形〕	fe²¹	法轮	〔字形〕	li³³	法轮
13	〔字形〕	kə⁵⁵	星、慧星	〔字形〕	kɯ²¹	星
14	〔字形〕	kɯ⁵⁵	卧、睡	〔字形〕	i⁵⁵	卧
15	〔字形〕	kɯ⁵⁵	漏	〔字形〕	i²¹	漏
16	〔字形〕	kua³³	斗、仇杀	〔字形〕	?²¹	斗

通过以上16组哥巴文和东巴文的对比,我们可以看出:(1)在字形和字义两方面,上述哥巴文与东巴文表现出一定的相似性。大多数情况下,哥巴文的笔划比东巴文更简洁,抽象性和符号性更强。(2)在字音方面,少数哥巴文也表现出和东巴文相似的特点,如:哥巴文〔字形〕(音pi²¹),与之对应的东巴文〔字形〕(音pi²¹),两者声韵调皆相同;哥巴文〔字形〕(音py²¹),东巴文〔字形〕(音pe³³),两者声母相同,读音近似。

可见,从文字三要素方面,哥巴文与东巴文之间显示出千丝万缕的联系。此外,考虑到哥巴文和东巴文记录的都是纳西语,其使用者都是东巴,且两种文字使用的区域相邻,况且东巴文在符号体态、表词方式以及和语言单位的对应关系上都显示出了其自源性且较为原始的特征,所以我们有理由判断,相当数量的哥巴文来源于东巴文,或者说,东巴文是哥巴文的一个重要来源。

三、哥巴文和汉字的同义比较

从文字传播的角度来讲,汉族在历史上长期处于强势文化地位,与其他少数民族文字相比,汉字也相应地处于高位文化地位,所以汉字对周边少数民族文字的创制和发展有着不可忽视的影响力。纳西族原本是河湟谷地羌人的一支,经迁徙到达川滇交界之地,历史上与汉族往来密切,文字接触的可能性极大。事实上,我们对哥巴文进行考察的同时,也发现了大量的哥巴文和汉字在形、音、义三方面存在不同程度的联系,请看下列简表:

哥巴文、汉字同义比较表

序号	哥巴文			汉字	
	字形	字音	字义	字形	字音
1	保	pe^{33}	一包、包(东西)	保	bao^{214}
2	工	pe^{33}	衔	工	gong^{55}
3	写	pɑ^{33}	写	写	xie^{214}
4	开井	pɑ^{55}	失约	开	kai^{55}
5	呆呆呆	pɣ^{21}	(一)片、页	子	zi^{214}
6	央尖	pɣ^{55}	豺	犬	quan^{214}
7	斤	puɯ^{55}	打秋千	斤	jin^{55}
8	歪冒囼	pʻI^{21}	(豆)荚	尾	wei^{214}
9	五	pʻe^{21}	糖	五	wu^{214}
10	丘	pʻɑ^{33}	坡、堤	丘	qiu^{55}
11	千千	bɑ^{33}	千	千	qian^{55}
12	且且	bə^{55}	踩、踏	且	qie^{214}
13	女乂	bər^{33}	赶(马帮)	女	nü^{214}
14	太	buɯ^{21}	将官、能干	太	tai^{51}
15	丘巨	mæ^{21}	含	巨	ju^{51}

续 表

序号	哥巴文			汉字	
	字形	字音	字义	字形	字音
16	尔丽币	mu^{55}	黑	黑	hei^{55}
17	合仝	ta^{21}	中间	合	he^{35}
18	示	tɣ^{21}	下（蛋）	下	xia^{51}
19	犬犮犮	tʻʅ^{33}	狗	犬	quan^{214}
20	七	dɑ^{21}	猜（拳）	七	qi^{55}
21	半屮氺	dɑ^{21}	牛	牛	niu^{35}
22	坐笁坖	do^{55}	经书	经	jing^{55}
23	且	dər^{33}	目、眼睛	目	mu^{51}
24	只	nɣ^{55}	六	六	liu^{51}
25	气	kʻæ^{33}	伏（天）	气	qi^{51}
26	止凸	du^{21}	押（赌博押钱）	止	zhi^{214}
27	言业	nɑ^{13}	这儿	言	yan^{35}

　　通过以上27组哥巴文和汉字的对比，我们可以看出：（1）在字形方面，上述所有哥巴文都和汉字表现出较高的一致性，不少哥巴文直接借用汉字的形体而未加任何改变，如哥巴文 **气** 与汉字"气"，哥巴文 **工** 和汉字"工"，哥巴文 **太** 和汉字"太"，哥巴文 **七** 和汉字"七"等。（2）在字义方面，相当数量的哥巴文不仅在形体方面表现出了与汉字的一致性，在意义方面也呈现出了一定的相关性，如：哥巴文 **写**，和汉字"写"字形相近、意义一致；哥巴文 **千** 和 **千** 与汉字"千"字形相近、意义一致；哥巴文 **犬** 和汉字"犬"字形一致、意义相同。（3）在字音方面，上述哥巴文和汉字并没有呈现出特别明显的相关性，这也许和两种文字所记录的语言不同有关。哥巴文和汉字在语音方面的不相关性，从一个侧面反映出，哥巴文对汉字的吸收是有选择性的，有的学者就曾将哥巴文借入汉字的方法分为三种：训读

法、音读法和只借汉字字形三种方法①。

上述对比和分析告诉我们,哥巴文在发展的过程中,确实吸收了一部分汉字。 这部分汉字在哥巴文中,或原封不动地保留下来,或通过改变形体而存在,不少汉字在意义上还和哥巴文表现出了一定的相关性。

三、关于哥巴文自源字

除了借源文字之外,哥巴文中还存在着数量不多的自源字。这些自源字,在相当程度上体现了哥巴文独特的造字心理和构字理据。由于哥巴文自源字数量较少,我们对比以下四组字:

哥巴文自源字与其他文字比较举例

汉字	哥巴文	东巴文	甲骨文
左			
右			
男			
女			

与东巴文和甲骨文相比,哥巴文和前两者在字形上没有任何相似之处,其符号体态较东巴文更为抽象,和甲骨文的抽象程度相当,多采用指事的造字方法。 由此我们判断,这些哥巴文应是自源文字,并非借自其他文字。 除此之外,哥巴文中还存在着以 （水）为基础的水系派生字,如：（水中）、（泡沫）、（漱）、（沟渠）、（海、湖）、（口水）等。这些字在 的基础上经过增加或改变字素而产生,表示的意义都与"水"有一定的关系。

总体而言,哥巴文中的自源字数量虽不多,但是符号化和抽象化程度很高,有的自源字还可以派生出一系列新字,显示出了此种文字造字的独特性。

---

① 曹萱:《纳西哥巴文造字研究》,华东师范大学硕士学位论文,2004年。

第二节　从同义比较看傈僳竹书借源的理据

一、楔子

　　维西县为汉族、傈僳族、纳西族、藏族等多民族杂居之地,这样一个多元文化背景对文字创制产生了深远的影响。从整个文字系统来看,竹书既有自源字,又有借源字。在880个总字形中,借源字占4％,这说明竹书是一种以自源字为主的少数民族文字。竹书的借源字虽然不多,却至少有三种源文字:汉字、纳西哥巴文和纳西东巴文,而且借用类型较为复杂。

二、借源复合字

　　竹书在借用同一字源时,主要是采用借源复合的方式,如借用两个汉字的形,并对这两个汉字的意义加以引申,不加其他任何符号(即单纯借源复合字)或再加一个符号(即加符号借源复合字)复合出一个与原汉字意义有关的竹书字形。复合借源字不是竹书借源字的主要类型。这种借源多为"同义借源"与"引申借源"("同义借源"即借源字与被借源的字意义相同,而"引申借源"即借源的字与被借源的字有意义上的引申关系)。如:借汉字"口"和"夫",对这两个汉字的意义加以复合,引申出一个与原汉字意义有关的新字形 吴［kha^{35}］表示"村子"。又如:借汉字"羊"和"口",再加一个抽象符号（后复合出一个新字形 羏［ka^{44}］表示"圈牧"。

三、非复合借源字

　　非复合借源字是竹书借源字的主要类型。这种类型可根据具体情况分成两种:单纯非复合借源字(这种类型的借源字极少)、变形非复合借源字。

（一）单纯非复合借源字

1. 借形、音、义

直接借他种文字的形、音、义来表傈僳语的词义。此种借源当可称"同义借源"。如:借哥巴文 イ［$\eta\partial^{31}$］表傈僳语的" 了［ηa^{33}］我"。

2. 借形、义

借他种文字的字形,读傈僳语的音,并以所借文字的字义表傈僳语词的词义,当亦为"同义借源"。如:借哥巴文"⟨dy³¹⟩棍、杆"表傈僳语的"⟨sa³⁵⟩槎枷";借哥巴文"⟨ŋy³³⟩我自己"表傈僳语的"⟨tɛ⁴²⟩自己";借哥巴文"下⟨sʅ³³⟩神箭"表傈僳语的"下⟨tʃhia³⁵⟩箭"。

3. 借形但意义上有引申关系

只借他种文字的字形,读傈僳语的音,表傈僳语的词义,但词义与所借文字的意义有一定的联系,当可称"引申借源"。如:借汉字"囚"表傈僳语的"囚⟨do⁴⁴⟩出来";借汉字"天"表傈僳语的"天⟨ha³³⟩灵魂"。

(二)变形非复合借源字

1. 加笔画

对所借用的字形加笔画或加符号标记傈僳语的字,而且词义与所借文字的意义有一定的联系,此种借源当亦为"引申借源"。如:借哥巴文"β⟨pa⁵⁵⟩纺坠"加符号 ﹨表傈僳语的"⟨ɯa⁴²⟩编(织)";借汉字"册"加符号 ⟨表傈僳语的"册⟨ba³¹⟩侧边";借东巴文"⟨mɯ³³⟩万"加符号表傈僳语的"⟨mɯ³¹⟩万"。

2. 减笔画

对所借用的字形减笔画形成的字,当亦为"引申借源"。如:"合⟨nɯ⁴²⟩粘、贴"借汉字"合"后省形);"⟨thɯ⁵⁵⟩快"借繁体汉字"飛"后省形;"⟨thi³¹⟩"借汉字"第"省形后又加笔画。

3. 改变笔画

改变所借用字形的笔画形成的字,而且词义与所借文字的意义也有一定的联系,当亦为"引申借源"。如:⟨za³¹⟩(昵称)男人(借汉字"夫"改变笔画)、⟨lɛ³¹⟩手(借汉字"手"改变笔画)、⟨ɣa⁴⁴⟩鸡(借哥巴文 **弓** 改变笔画)。

四、小结

由上述借源字的借源类型分析来看,竹书的借源理据大致呈现出以下几种情况:

1. 主要模仿汉字的符号体态

首先,竹书主要借用了汉字的方块字形体,或者说主要借用了汉字的符号体态。汪忍波是从师学习的东巴,他必然懂东巴文和哥巴文,但他并不真正懂得汉字,竹书之所以借用了汉字,跟他的生活环境密切相关。20世纪20年代的维西县各少数民族与汉族杂居,汪忍波常常奔走于附近各地,处于主流地位的汉字文化对他起到了潜移默化的作用,汉字的方块字形态深深扎根在他的思想意识之中。另外,哥巴文基本上也是方块形(而且哥巴文中也借用了汉字),所以竹书的符号体态为方块状也就没有什么神秘的了。

2. 模仿哥巴文记录语言的方式

东巴文作为原始文字,保留着繁琐的图画性;作为语段文字,又无法一一对应地记录语言,所以为竹书借用不多,即便借用,也多是音近义同、字形简单的东巴文字形。

李霖灿在论述纳西象形文字发源地和文字类型分布时曾写道:"纳西族象形文字发源于无量河……中甸白地和丽江保山只有形字而无音字,只有丽江坝、金沙江边、鲁甸和维西一带形、音并存……"。①这首先保证了汪忍波在创制竹书时有条件也有可能借用哥巴文。 另外,在所借用的哥巴文中,有人物称谓词语,如"我";有食物,如"橘子";有劳动工具,如"纺坠"、"樏枷"、"钉子";有表辈分的词语,如"曾(孙、孙女)";有宗教用语,如"香炉"、"鸡卦"、"诅咒"等,从具体到抽象,从物质到精神,各种概念都囊括在内。 与东巴文相比,哥巴文一字一音的记录语言方式,便于书写、趋于统一的符号体态,都是汪忍波为自己的民族创造文字的参考。

简而言之,竹书主要借用了汉字的符号体态,仿照哥巴文音节文字,它是以一个字形记录一个音节的方式独创出来的一种少数民族文字。竹书主要借用哥巴文的原因在于哥巴文是一种音节文字。因为,相对而言,当一种借源文字造字时,当然更可能向与它性质相同或相近的文字去借。

第三节 从同义比较看彝文的传播及其与汉字的关系

一、楔子

鉴于彝文复杂的支系差异和本课题的方法论,不能也不必与其他文字系统作全面比较。 下面我们将从彝文的假借现象和干支字两个方面入手,比较各支

---

① 李霖灿:《纳西族象形标音文字字典》,云南民族出版社,2001年,第5页。

系用字及与汉字的关系,探讨彝文的传播和性质。①

二、彝文和汉字假借现象的比较

作为一种用字法或造字法,假借在文字的发展过程中十分重要,甚至是某个阶段的重要特征②。所以首先,我们就两种文种的假借现象进行比较。

在汉古文字中,假借是重要甚至主要的表词手段。据统计,甲骨文已识字中假借字占总字数的70%以上,而且多数是本无其字的假借,金文中则约占总字数的50%左右,而到秦汉以后,假借字的数量大大减少。③上述统计数据,可能由于种种原因,并不一定十分精确,但是这些统计已基本能够反映汉字中假借的使用情况,即在秦汉以前,假借是汉字中的主要记词手段。根据王元鹿的研究,在甲骨文、金文等古汉字中假借的使用主要呈现如下特点:(1)假借字往往被用来记录一些比较抽象的概念,而该字原先对应的意思一般都是比较具体实在的,如甲骨文中的"隹"常被假借为虚词"唯";(2)假借前后该字的读音并不一定完全相同,这也就是一般所说的音近假借;(3)甲金文中的假借关系已基本固定,如甲骨文中"箕"的初文"其"已被固定地借作疑问词"其";(4)迟至甲骨文已开始为一些"久借不还"字另造新字。④

在彝文中,假借现象也十分普遍。通过对具体文献的测查,彝文的假借至少呈现出以下几个特点:(1)彝文在用假借字记录抽象概念时虽大部分都向原来表示比较具体、实在的意思的词去借,但有时也会出现向原本意思比较抽象的词去借。(2)彝文中甚至还出现表示具体概念的词向表示抽象概念的词去借的情况。(3)借字和被借字之间的关系还不十分固定。(4)彝文的假借既有同音假借,又有音近假借。⑤

两相比较,彝文中的假借现象明显更为混乱、随意。究其原因,除了假借方

---

① 我们在本书第三篇第二章第一节对彝汉文的数目字作过专题比较,从中我们也不难发现彝文的流播情况及其与汉字的关系。
② 刘又辛:《从汉字演变的历史看文字改革》,载《中国语文》,1957年第5期。
③ 刘又辛、方有国:《汉字发展史纲要》,中国大百科全书出版社,2000年。
④ 王元鹿:《汉古文字与纳西东巴文字比较研究》,华东师范大学出版社,1988年,第100—104页。
⑤ 朱建军:《由彝文假借现象看彝文的发展阶段》,载《中文自学指导》,2008年第4期。

法本身的经济便捷和彝语的单音节特征外,更多的是彝文使用、传播的历史和现状,即彝文由支系毕摩世传,缺乏统一的规范整理的事实。这种混乱和随意在某种程度上又说明,假借已经成为记录支系彝语的基本和必要的手段,但同时也造成了支系彝文之间的巨大差异。

　　同时,我们也注意到,各支系的彝文字数均在一万以上(广西亦有几千字),且其中的形声字尚处于萌芽阶段。

　　因此,在充分考虑彝文假借的实际使用情况、彝文形声字的数量以及彝文的总字数的前提下,我们认为,彝文目前正处在发展的叉路口,在它的面前有两条路可以选择:一条是走向跟日文假名一样的音节文字;[①]另一条是跟汉字一样在假借字的基础上添加义符创制出一定量的形声字,从而成为一种高效的意音文字。

三、彝文干支字与汉字的关系

　　由于受手头所掌握的资料的限制,我们仅在贵州找到了天干字,现将其字形分析列表如下:

贵州彝文干支字表

同义汉文	贵州彝文	与其他彝文关系	备注
甲	dze⁵⁵	假借"挂"	自造字
乙	tshɯ²¹	"甲"变形	自造字
丙	pi⁵⁵	形同"关"	自造字
丁	ʂɿ³³	借形"捆"	自造字
戊	khɯ²¹	形同"到"	或自造字
己		待考	—
庚	ɬɯ³³	形同"旧",又形类"戊"/"到"	自造字
辛	xei¹³	形同"新",又形反"庚"/"旧"	自造字
壬	dʋ¹³	假借"产",又形类"甲""乙"	自造字
癸	dʋ³³	假借"生"	自造字

---

① 四川的规范彝文正是走了这条路。

　　根据上表分析,关于贵州干支字,我们可以得出如下结论:(1)基本上都是自彝族自造字假借而来,仅个别有可能借自汉字(如 ⺘ 可能借自汉字"毋",⼰ 可能借自汉字"已",但无法确证),这一点与汉字中的天干字十分类似;(2)部分字(如"甲"、"乙"和"壬")之间有形体上的关系;(3)个别字的音有可能借自汉语或与汉语同源(如"新"),多数则与汉语无关。

　　我们在整理地支字时,发现云南、贵州的地支字分别与十二兽"鼠、牛、虎、兔、龙、蛇、马、羊、猴、鸡、狗、猪"同。因此,为了更好地理清彝文地支字的造字情况以及与汉字的关系,下文的研究将引入四省区彝文中表示这十二兽的相关形体。(完整的十二兽/地支仅存于云南、贵州二地):

四省彝文地支、十二兽字比较表

同义汉文	云南彝文		贵州彝文		四川彝文十二兽	广西彝文十二兽	自造/借源汉字
	地支	十二兽	地支	十二兽			
子/鼠	[彝文]	[彝文]	[彝文]	[彝文]		[彝文]	借源
丑/牛	[彝文]	[彝文]	[彝文]	[彝文]	[彝文]	[彝文]	借源
寅/虎	[彝文]	[彝文]	[彝文]	[彝文]	[彝文]	[彝文]	滇桂借源,川黔自造
卯/兔	[彝文]	[彝文]	[彝文]	[彝文]			待考
辰/龙	[彝文]	[彝文]	[彝文]	[彝文]	[彝文]	[彝文]	自造,且滇黔桂同源
巳/蛇	[彝文]	[彝文]	[彝文]	[彝文]	[彝文]	[彝文]	自造,象形,川黔同源,滇桂同源
午/马	[彝文]	[彝文]	[彝文]	[彝文]	[彝文]	[彝文]	贵州自造余则借源
未/羊	[彝文]	[彝文]	[彝文]	[彝文]			自造,滇黔同源
申/猴	[彝文]	[彝文]	[彝文]	[彝文]		[彝文]	云贵借源余则自造
酉/鸡	[彝文]	[彝文]	[彝文]	[彝文]	[彝文]	[彝文]	自造,同源于滇
戌/狗	[彝文]	[彝文]	[彝文]	[彝文]	[彝文]	[彝文]	滇川借源,滇桂自造
亥/猪	[彝文]	[彝文]	[彝文]	[彝文]	[彝文]	[彝文]	自造

　　经分析,对于彝文地支字和十二兽字,我们可以得出如下结论:(1)彝文地支字的造字情况大致可分以下两类:a.彝族自造字,如 ⼩(云南)、[彝文](云南)、ⱳ(贵州);b.来自汉字的字,如 ⊞(云南、贵州)。(2)彝文地支字中彝族自造字有一些

理据明确,如 天、Ⴙ("酉")字;但也有一些至今理据不明,如云南的 ℓ
("戌")、㠯("亥")。(3)彝文地支字或动物字中来自汉字的字,或为同字的借
形而往往有变化,如云南、贵州的 田("申");或为借用汉字的音而形体有变化,
如四川的 万("马")。

四、小结

综上所述,我们通过抽样、统计、考辨、比较,关于彝文源流的结论如下:

1. 假借习见,形声方萌。

彝文旧时多封闭自用于各支系毕摩世家,故随意借用而混乱。从其造字来
看,有些是自造相借,有些借自其他文字,更有拼合二者的,可谓拼盘文字。按假
借于文字发展之作用,彝文的发展正可说处于一个歧路的位置,其前途或径标音
符而为音节文字,或添加意符终成形声,成为意音文字。

2. 同源云南,异流各地。

抽样统计,四地彝文同源者多,诸多形体流变虽有变化,理据却仍可考。然
而彝族各支散居各地,用字随意假借而异体众多,流变之中,形体变讹更积微成
著,于是各成习惯,其差异是相当大的。今按地域,滇川黔桂四地之中,云南最为
古远,广西时有古体,四川形体较为抽象,而贵州最为晚出。

综合本节的研究并结合第四篇第二章第七节的相关内容,我们可以大致绘
出如下彝文流播线路图:

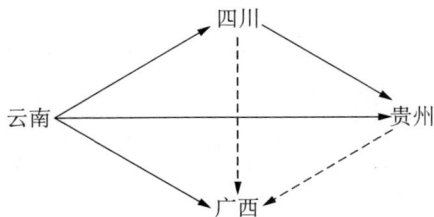

(注:——→ 表示明确的流播线路;------→ 表示可能的流播线路)

需要说明的是,上图反映的只是一个宏观上的彝文流播方向,在微观上看则
必然会有不少例外。

总之,在彝文的发展过程中既存在着文字性质随其自身流播而造成的变化,
又伴随着汉字对它的影响。因此,从这个角度看,彝文既有自源字的成分,又有

借源字的成分。 可见,从一定意义上来说,彝文也可以被看成是一种"拼盘文字"。

第四节 从同义比较看水文自造字与
借源字的产生的先后问题

一、楔子

水文系统是一个杂糅的"拼盘文字"系统,主要通过借用其他民族文字(现在可知的是汉字)和自造本民族文字拼合而成。 水文可据字源分为三种:借源字、自造字和拼合字。

根据目前最新的研究统计,水文自造字约占水文总字数的58.6%,借源字约占37.1%,拼合字约占3.4%。[①]可见,自造字应是水文这一文字系统的主体。

关于水文系统中自造字与借源字产生的先后问题,向来说法不一。近年来,自造字产生在前的观点逐渐占据主流地位,但学界仍然缺少对这个问题的全面论述。对此,本节试图从同义比较的角度加以佐证。

二、从异体字数量的比较看自造字与借源字的先后

水文异体字数量庞大,根据我们的统计,其数量约占总字数的65.38%。据我们对记录268个水语中的"词"的水文是否出现异体的分析,发现只有其中的72个词仅用一个字来记录,其余词均使用两个或两个以上的形体来记录。 而这72个水文中有56个是水族的自造字。

这组数据说明,水文中借源字有异体字的情况比自造字更常见。 根据文字使用规律,用字的频率越高,异体字也就越容易产生。水文主要是用来记录水书的工具,借源字是水族人为了记录水书而引进的外来字,没有借源字的水文系统几乎不能记录水书。因此,水族自造字应产生于借源字以前,如果先有借源字的话,就没有必要再重新造字了。

---

① 翟宜疆:《水文造字机制研究》,华东师范大学博士学位论文,2007年,第24页。

三、从字形特征的比较看自造字与借源字的先后

除了上述记录72个词的水文没有出现异体现象以外,记录其余词的水文均出现2个到12个不等的不同形体。 而且大多数异体字呈现出来自两个字源的字貌特征,也就是很多构成异体关系的水文能分成借源字和自造字两个部分。 从字形的大体对比上可以看出,自造字相对于借源字笔画更为复杂,缺乏记号化、线条化的规整过程,多是图画性很强的原始象形字或者指事字、会意。 而借自汉字系统的借源字则多采用直接搬用、或改造汉字字形、或利用汉字笔画等方式,所以更加规格化、线条化,字貌明显简单。 比较同组异体字中的自造字与借源字就能够非常清晰地看到二者在字貌繁简程度上的极大差异。例如:记录"狗"的水文一共有8个异体,自造字有"□"、"□"、"□"、"□"、"□"、"□",借源字有"□"、"□"。又如,"鸟"字有"□"、"□"两个异体,都是自造象形字。 自造字比较详细地将对象的形状描摹出来,而借源字则是在借用汉字的楷书时稍作缀饰而成。 根据普通文字学原理,文字发展的规律总是由繁入简,人们为了更好地传播与交流文化,必定会有意识地将繁复的字形一步步简化。即使是自造字内部,如"狗"的六个自造字,在描摹狗的外部特征时都存在着详略程度的差异,这正是一种简化的表现。 因此,借源字应该出现在自造字以后。 也就是说,字形简单的借源字"□"、"□"存在后,人们已没有必要再造出形似"□"、"□"、"□"、"□"、"□"、"□"等的一些形体复杂的自造字了。

四、从造字类型的比较看自造字与借源字的先后

根据已有的研究成果,水文系统中的自造字,象形字约占自造字总量的63.7%,另有不到5.5%的会意字,和大约26.8%的指事字,[①]自造字明显处于比较原始的初创阶段。 这些象形字图画性非常明显,主要用于对生活中具体名物的描摹,是对事物不同角度、不同线条、手法的描摹。同时,水文自造字还表现出比其他象形文字更为原始的特征,就是用这种方式同时表达属概念及其下属的种概念,造成概念模糊。而自造字中少有的会意字也不同于汉字中成熟的"比类合谊,以见指㧑"的会意字类型,更多的是用一种比较具象的事物来表示与之相关的抽象概念,如"□"用耙的情状表示田多,表示"富"。自造字中的指事字

---

① 翟宜疆:《水文造字机制研究》,华东师范大学博士学位论文,2007年,第25—66页。

缺乏产字能力,其类型基本上是纯记号字。

从字的结构类型分析,自造字的结构类型还停留在比较原始的阶段,文字结构类型缺乏强大的造字功能。而一般同组异体字中与自造字相对的借源字结构完全不同,大多是改造汉字或模仿汉字理据创制的,由于汉字本身已经高度成熟,所以借源字的结构类型也相对成熟。这样一来,如果借源字在前的话,就有足够的字来表达抽象的概念,没有必要也不可能使一个民族的思维倒退去造一些更为原始的、无法对抽象概念自由表达的字去记录语言。

五、小结

综上所述,通过比较自造字与借源字二者的字形面貌、繁简程度和内部构造的先进程度的差异,我们可以对自造字与借源字产生的先后问题作一个较为可靠的判定:水文这一文字系统应先有自造字,然后由于汉字的借入而产生了大量的借源字。

第五节　从同义比较看古壮字的借源的复杂性

一、以往分析古壮字结构的工作

我们以往常常从发生学的角度把文字分为自源文字与借源文字两类。但是从发生学角度而言,我们常常会发现有一些习惯上被视为借源文字的文字系统,有时也会掺杂着少数的自源字在其中。古壮字就是一个十分典型的例子。

古壮字,又称方块壮字、土俗字,壮语称其为sawndip(生字)。"它是壮族人民仿效汉字'六书'的构字方法创造并不断发展形成的一种民族文字。"①是古代壮族人民用来记录壮族语言的一种文字。古壮字的造字方式已有许多学者研究过,他们分析的方式角度可以从大的方面分为以下两类:

一些专家从古壮字的来源或古壮字与汉字的关系来分析,将古壮字中的借汉字(借用现成的汉字)与自造字(根据汉字仿造或将汉字变形)分开论述。对于借汉字的分析和归类,研究者的观点大多比较接近,认为借汉字表达壮语主要包

---

① 覃国生:《壮语概论》,广西民族出版社,1998年。

括以下几种类别：借音、借义、音义全借、借形。如韦庆稳①、张元生②、李乐毅③、郑贻青④、蓝利国⑤、陆锡兴⑥、王锋⑦等均大致持有与此相似观点。对于古壮字中的自造字，研究者在分析中存在程度不同的差异。韦庆稳将自造字分为形声、会意、自造方块字。张元生认为方块壮字的构造主要是通常所说的形声字，并把形声字分为10种类型。李乐毅将自造字分为形声、会意、其他自造。郑贻青分为合体、形声、类形声、其他。蓝利国将自造字分为改造汉字与自行构造两部分，陆锡兴分析这类字为形声、会意、指事、反切。王锋分析为仿造字、汉字省略字、汉字变体字、其他。因古壮字造字的复杂，学者们分析时也略有差异。

　　另一些学者则借鉴汉字"六书"原理直接分析古壮字的构成方式，并不将古壮字中对现成汉字的借用单独作为一大类进行分析。如陆瑛的《浅谈"方块壮字"》⑧，认为从字形的结构上看，"方块壮字"大体有下列几种形式：假借字，形声字，会意字，汉借字，自造字。罗长山分析古壮字结构为象形字、壮汉联姻字、单纯借音字、音意合体字、音意合成字、会意字、反切字。⑨覃国生分析古壮字的主要结构为形声字、假借字、会意字、象形字、指事字。⑩陆发圆分析古壮字结构为假借字、形声字、会意字、借汉字、象形字、特形字。⑪韦景云、覃晓航编著的《壮语通论》⑫则与此类似，但该书将古壮字的造字方法分为十一种：假借、形声、双声、会意、反切、借汉、象形、截部、添笔、减笔、笔画。

　　在上述对于古壮字造字方式的分析中，有的是着重于文字形成的理据和文字记录语言的方式，有的是在与汉字的形体对比中进行分析，有的则是将形体的

①　韦庆稳：《广西壮族的方块文字》，载《国内少数民族语言文字概况》，中华书局，1954年。
②　张元生：《壮族人民的文化遗产——方块壮字》，载《中国民族古文字研究》，中国社会科学
　　出版社，1984年。
③　李乐毅：《方块壮字与喃字的比较研究》，载《民族语文》，1987年第4期。
④　郑贻青：《靖西方块壮字试析》，载《民族语文》，1988年第4期。
⑤　蓝利国：《方块壮字探源》，载《广西民族学院学报（哲学社会科学版）》，1995年增刊。
⑥　陆锡兴：《汉字传播史》，语文出版社，2002年。
⑦　王锋：《从汉字到汉字系文字》，民族出版社，2003年。
⑧　载《三月三》，1984年第2期。
⑨　罗长山：《古壮字与字喃的比较研究》，载《东南亚纵横》，1992年第3期。
⑩　覃国生：《关于方块壮字》，载《广西民族学院学报（社会科学版）》，1986年第4期。
⑪　陆发圆：《方块壮字的萌芽和发展》，载《广西民族研究》，1999年第3期。
⑫　中央民族大学出版社，2006年。

变化与文字记录语言方式并列在一起进行。

二、同义比较方法分析古壮字造字方式的可能性与优越性

古壮字是一种与汉字有着亲缘关系的文字系统,在目前整理出的古壮字中,绝大部分是由汉字而来。1989年广西壮族自治区少数民族古籍整理出版规划领导小组主编、广西民族出版社出版的《古壮字字典(初稿)》是对已收集到的古壮字的一次系统化整理,"字典收集流行于壮族地区的古壮字共10 700个,其中选择使用较普遍、结构较合理的4 918个推荐为正体字,其余同音同义异形的字列为异体字。"[①]

经我们的初步统计,在这些字中与汉字相关(包括直接借用、变形仿造)的占90%以上。 因此,根据字典收集的文字,如从发生学的角度来看,可以认为它基本上属于借源文字。(本节使用的"借源字",既包括那些直接用于表达壮语的现成汉字,也包括那些通过模仿汉字或将汉字变形改造后所形成的文字。 本节的自源字是指那些与汉字并无直接联系而由壮族自己创造的文字。)即它的文字系统主要来源于汉字,是在汉字的影响下发展成熟起来的,这是从总体上来说,当然具体到其中的某些文字,因为它们与汉字的关系不是十分明显,应该是算作壮族的自源文字。 因此我们在分析古壮字的造字方式时,不得不注意到以下方面:

第一,因为它与汉字有非常近的关系,大量的字是由汉字而来,所以分析其造字方式时必须考虑它与汉字的关系,在与汉字的比较中去认识。

第二,因为其文字系统中有一定数量的自源文字,所以有必要将其中的自源文字与借源文字分开讨论,只有这样,才能比较清晰准确地认识其文字的造字方式问题。在具体的分析中既要注意文字记录语言的方法,又要注意文字形体、符号体态上的区别。

而同义比较的方法正好与这种要求相契合。

本节选取古壮字中表示"天象"类的部分文字,即是选取意义类属上相同或相近的文字进行比较,通过这种同义比较的方法来分析古壮字的造字方式问题。选取这一义类的文字主要是基于以下原因:这类表示"天象"的文字所记录的词

---

① 《古壮字字典(初稿)》,广西民族出版社,1989年。

与人类的日常生活密切相关,人们的日常生活不可避免地会与这类现象接触;自然界有史以来,这类现象皆存在,在人类产生之前,这类现象已在地球上出现,反映这类现象的人类的语言文字系统也是在其后出现。这样更便于反映该种文字的本来面貌和规律。

三、同义比较视域中的古壮字造字方式

本部分通过选取表示"天象"类的部分文字,从与汉字的同义比较的角度,对古壮字的造字方式作初步分析。我们的调查分析表主要包括汉义(现代字形)、古壮字字形、古壮字字音、古壮字字素分析、结构方式、平面结构、古壮字与汉字的联系方式、古壮字在字形上表现出的与汉字的关系。(注:字素分析主要参照构成古壮字的各部分的功能将古壮字的形体进行拆分,可以进一步拆分的汉字构件如是作为一个功能整体进入古壮字的,则不再进一步按汉字拆分。结构方式主要参照汉字"六书"理论并结合前述字素分析及古壮字的实际分类。平面结构主要从外部结构来分析古壮字字形的结构方式。古壮字与汉字的联系方式主要从功能角度分析古壮字与汉字的关系。字形借用形式主要从平面字形构成角度分析古壮字与汉字关系。)下表是对部分"天象"类文字的调查分析[①]:

造字方式分析举例(天象)

汉义	字形	字音	字素分析	结构方式	平面结构	联系方式	字形借用形式
云	霃	fu^3	弗云	形声	上下	借音义	整字+整字
月份	觜	$bɯ:n^1$	班月	形声	上下	借音义	整字+整字
月;月亮	胲	$ha:i^1$	月亥	形声	左右	借音义	整字+整字
雨	雰	fun^1	雨分	形声	上下	借音义	整字+整字
雨	㾒	hum^2	疒含	假借	右下插入	借音	整字+部件

---

① 表中古壮字的形音义取自《古壮字字典(初稿)》。

汉义	字形	字音	字素分析	结构方式	平面结构	联系方式	字形借用形式
雨	霣	hun^1	雨昏	形声	上下	借音义	整字+整字
雨	霝	phon^2	雨品	形声	上下	借音义	整字+整字
雨	炁	wun^1	云灬	会意	上下	借义	整字+部件
雪	渼	mai^1	氵某	形声	左右	借音义	整字+部件
雪	彐	θi:t^7	彐（变体省改）	假借	独体	借音	部件
雪	霤	nai^1	雪宜	形声	左右	借音义	整字+整字
星；星星	剉	da:u^1	星刀	形声	左右	借音义	整字+整字
雾	洛	mou^6	氵务	假借	左右	借义	整字+部件
天	瀳	fa^4	天法	形声	上下	借音义	整字+整字
天	丟	buun^1	天云	形声	上下	借义	整字+整字
闪电	霙	me:p^8	雨灭	形声	上下	借音义	整字+整字
闪电	尖	ja:p^7	山大	假借	上下	借音？	整字+整字
闪（电）	翻	mik^8	雷眉	会意 / 形声	左右	借音义	整字+整字
闪（电）	霤	lo:m^3	雨乱	会意 / 形声	上下	借音义	整字+整字

续　表

汉义	字形	字音	字素分析	结构方式	平面结构	联系方式	字形借用形式
露水	霡	$ɣa:i^2$	雨來	形声	上下	借音义	整字+整字
露;露水	霷	$na:i^2$	雨乃	形声	上下	借音义	整字+整字
烈日;阳光	旵	dit^7	日灬	会意?	上下	借义	整字+部件
雷声	雫	$daŋ^2$	雨丁	形声	上下	借音义	整字+整字
雷	䶄	pja^3	雷岜	形声	左右	借音义	整字+整字
雷	䥦	$te:k^8$	雷鉄	形声	左右	借音义	整字+整字
虹	霐	$toŋ^2$	雨東	形声	上下	借音义	整字+整字
风	颷	$ɣum^2$	風林	形声	左右	借音义	整字+整字
风	颰	lam^2	风林	形声	左右	借音义	整字+整字
雹	䨒	$pa:k^8$	云八	形声	左右	借音义	整字+整字
雹	䨘	$ɣip^7$	雹吉	形声	左右	借音义	整字+整字
2月亮	朕	$dw:n^1$	月天	形声	左右	借音义	整字+整字
2(太)阳	旳	$ŋon^2$	日云	假借	左右	借义?	整字+整字
2(太)阳	旻	wan^2	曰文	形声	上下	借音义	整字+整字

说明:联系方式中所谓借音,并不完全指古壮字的音是借用汉字的音,而是指古壮字的音与汉字有联系,古壮字通过音与汉字相联系,它们可能为借汉字音(汉字被借用时的语音、粤方言读音、汉字古音)、壮语音与汉字音接近、壮汉语同源。

从上表的调查分析可以看出：

1. 这类字主要来源于汉字，属于古壮字中的借源文字。

2. 造字方式包括：形声、会意、假借。

3. 平面结构主要是上下结构和左右结构。

4. 对汉字的借用主要有借汉字的音义、借音、借义。

5. 在字形上与汉字的关系包括由汉字的整字与整字的结合、整字与部件的结合、仅取汉字部件。

表示"天象"的这类字虽然只是古壮字中的一小部分，但因为它们与人类生活密切相关，且反映的语词出现较早，因此在很大程度上反映出了古壮字系统的基本造字方式。在古壮字系统中还有一些文字，它们与汉字的关系不是十分明显，我们可以认为是古壮字中的自源文字，在上述关于"天象"类的举例文字中很少出现。我们从《古壮字字典》选取部分自源文字列表如下，对它们的造字方式作简要的分析：

部分壮文自源字造字方式举例

汉义	义类	字形	字音	结构方式
蝴蝶;蝶	虫鱼	〔字形〕	ba^3	象形
钩子、弯曲、扳	器用/人事	〔字形〕	ηau^1	象形/指事
耙子	器用	〔字形〕	$kja{:}u^6$	象形
拐杖	器用	〔字形〕	$tu\eta^4$	象形
站	人事	〔字形〕	dun^1	指事
坐	人事	〔字形〕	$na\eta^6$	指事
花	植物	〔字形〕	$jo{:}k^7$	象形
交换;撤换;换	人事	〔字形〕	$wu{:}n^6$	指事
吊;挂	人事	〔字形〕	$we{:}n^3$	指事
横直交叉;纵横交错	形状	〔字形〕	$we{:}t^7$ / $wa{:}\eta^1$	象形/指事

从上面的调查分析可以看出,所谓古壮字中的自源文字,主要是一些象形、指事类文字。

四、小结

古壮字是与汉字有密切关系的一种民族古文字,从上面同义比较的分析中也可看出这一特色,它主要是一种借源于成熟汉字的文字。在举例的天象类文字中,它的文字的构成字素主要是现成的汉字或汉字的部件,结构方式主要为形声,其次为假借、会意。平面结构主要是上下结构和左右结构。对汉字的借用主要有借汉字的音义、借音、借义。在字形上与汉字的关系包括由汉字的整字与整字的结合、整字与部件的结合、仅取汉字部件这三种情况。

古壮字中有一部分与汉字关系不十分明显的自源文字,其造字方式主要是象形和指事,其象形字在符号体态上已经比较规整,相对于古汉字的象形,离原始物像稍远。

第六节　从同义比较看汉字在域外的传播

一、楔子

在域外,汉字向东传播到朝鲜和日本,向南传播到越南的京族。朝、日、越三国都经历了与中国的"同文时期",汉字伴随着汉文典籍大量传入,汉字被长期用于朝廷公文、外交往来、文化教育等官方活动中。随着学习的深入,他们开始假借汉字标记本国的语言,经过不断地适应和调整,最终仿造、创造了本民族的文字。在日本产生了假名字母(万叶假名、片假名、平假名)和日本国字(和制汉字),在朝鲜产生了吏读、谚文和自制方字,在越南则产生了喃字。

二、同义比较的基础

(一)朝、日、越文字的共性

朝、日、越文字的形成有其共性,即都是以汉字的传播为条件的。"文字传播过程中,最值得我们注意的有这样一些要素:传出文字的发展阶段及其性质,'接受集团'原先的文字状况,两个集团语言上的关系,传播的后果。"[①]从这个角度

---

① 王元鹿:《普通文字学概论》,贵州人民出版社,1996年,第176页。

考察,朝、日、越三国有共同之处:传出文字都是汉字,属表词—意音文字的传播;他们都属于原先无文字的"接收集团"①;都使用不同种语言:从语系看,朝鲜语属于阿尔泰语系,越南语和日本语则语系未定②;从语言结构类型看:越南语与汉语较近,同属孤立语,日本语和朝鲜语属黏着语。从传播的后果看,三者都建立了新的文字体系。

本节的同义比较正是以这些共性为前提条件的,通过对由汉字传播而形成的朝、日、越三国文字的同义比较,探究其本民族的语言、文化等因素究竟如何作用在上述诸多共性之上,是如何产生出独具个性的结果的。

（二）朝、日、越文字的内部构成

性质上的相同或相似,是对两种文字进行深入比较的内在前提。所以对朝、日、越文字的内部构成进行分析是十分必要的。这里划分为三个层次。

第一层次:借用汉字。朝、日、越三国都采用借音、借义或音义兼借的方式用汉字直接标记本族语言。

第二层次:仿造汉字。包括日本和朝鲜的自造汉字、越南的"喃字",都是模仿汉字形制仿造的汉字型文字,而且多是具有表意功能的形声字、会意字③。

第三层次:自造标音字母。包括日本的假名(万叶假名、片假名和平假名)和朝鲜的吏读、谚文。

三、记录语言方式的同义比较

可以看出,对朝、日、越文字的内部构成划分的三个层次中,前两个层次的性质主要是表意,而第三层次的性质主要是表音④。从实际使用看:日文三层次兼

---

① 王元鹿:《普通文字学概论》,贵州人民出版社,1996年,第178页。
② 周有光:《比较文字学初探》,语文出版社,1998年,第192页。
③ 周有光先生认为喃字是孳乳仿造的汉字型文字,日本和朝鲜的自造汉字数量不多,所以没有详细说明。
④ 在日文和韩文中,汉字作为纯表音文字只是在一个历史阶段存在,后来都被自造的标音字母代替了;而在越南,汉字已经成为喃字的一部分,王力认为汉字和喃字其实只是一种字,因为字的构造成分完全相同(陆锡兴:《汉字传播史》,语文出版社,2002年,第225页)。

有,其中假名和汉字混合构成日文的主体;朝鲜文也是三层次兼有,但谚文是可以独立标记语言的文字体系;越南则只有前两个层次①。

从历时角度看,被借民族和接受民族之间共有的相同的客观事物,自然可以借用汉字直接表达,本民族特有的客观事物、文化现象、语言现象,汉字无法表达的,人们就开始用表音(汉字假借、自造标音字母)、表意(仿造汉字)的方法来解决。这就是第二、三层次产生的内在动力。

从共时角度看:表意、表音的成分在不同文字系统中又是如何分配的呢?在日本,现代日文包含汉字、片假名和平假名三种成分,是"三合一"的汉字型"语词和音节"的混合文字②。目前没有争议的方式是概念部分用汉字,关系部分用假名③。在朝鲜,二次大战后,北方废除汉字,全用谚文;南方仍用混合体,但"教育用字"减少到1 800个④。在混用时,汉字用来记写词根,谚文记写词尾⑤。在越南,新造字的大部分都是形声字,兼顾了音、义两方面。

韩日文字都喜欢用汉字表达实词,特别是信息量最大且最重要的内容,以发挥汉字作为意音文字视觉功能强、传递信息高效的优势。河野六郎在《文字论》中说"汉字实在是个非常明确的单位,视觉上字字区别的清清楚楚的,可以明确地认出一词一语,任何别的文字都比不上它",并且说"汉字的这种语言机能可能是日本如今还使用汉字的主要原因之一"⑥。这从一个崭新的角度再次说明汉字作为意音文字的优越性,并利于我们客观看待汉字的发展。

从三种文字系统中的仿造汉字看,日本的国字主要是用会意造字法制造的⑦。如:

---

① 越南的拼音文字是在西方文化的影响下产生的,实际上不属于汉字传播的范畴,所以在这里不作讨论。

② 周有光:《汉字型文字的综合观察》,载《中国社会科学》,1998年第2期。

③ 根据昭和56年10月日本内阁官房长官与各省事务次官的协定《关于公用文中的汉字使用》和教科书的书写等文件规定,助动词、助词用假名书写。具体情况下,考虑到文章阅读的节奏感、文意的通顺等,也有特殊的处理。

④ 周有光:《汉字型文字的综合观察》,载《中国社会科学》,1998年第2期。

⑤ 1910年朝鲜被日本吞并,在反侵略的斗争中,作为朝鲜民族象征的谚文,才与汉字混合,成为全社会使用的正式文字。

⑥ 转引自赵杰:《韩国文字的三落三起及其文化功能》(载《汉字的应用与传播——99汉字应用与传播国际学术研讨会论文集》,华语教学出版社,2000年)。

⑦ 李月松:《现代日语中的汉字研究》,上海外语教育出版社,1998年,第87页。

榊：从木从神，在神前面种的树。

畑：从火从田，旱田。

鮗：从鱼从冬，冬天捕的鱼。

鴫：从田从鸟，鸟在田里。

躾：从身从美，打扮穿戴之意。

働：从人从动，劳动、工作。

峠：从山从上从下，山路的最高上下行走处。

辻：从辵从十，十字路口，交叉路口。

凪：从风省从止，海面上无风无浪，风平浪静。

込：从辵从入，含在内。

朝鲜自造汉字主要有形声字、会意字及合音字等①。形声字的义符基本上是汉字的原义，声符读音则纳入朝鲜语音系统。如：

垈（dae，宅地），从土代声（dae，to）

梐（pi，木梯），从木飞声（pi，mok）

浌（pal，潮泥滩），从水伐声（pal，su）

蟖（so，虫子），从虫素声（so，chong）

朝鲜所造的会意字比较少，如：

逜（hwing 马速走声），从马从辶

畓（tap 水田），从水从田

夻（hwa 大口鱼），从大从口

除了依照汉字构造原则的构字办法之外，朝鲜还有一种特殊的造字法：合音构字。如：

杢（말 mal），"大奈末"的简称，新罗时代的官名。

乥（산 san，地名）

乫（갈 kal，地名）

曱（곱 kop，人名）

旕（둑 tuk，人名地名兼用）

越南喃字也包括形声字、会意字及合音字等。形声字占自造字的大多

---

① 陆锡兴：《汉字传播史》，语文出版社，2002年，第353—354页。

数,如:

恶　心。声符在上,形符在下

妈　女。形符在左,声符在右

囲　模型。形符在外,声符在内

喃字的会意字极少,接近汉字。如:

企　头目。从人从上。

仐　奴仆。从人从下

多音节字,就是把两个字写在一起,读两个字原来的音。

巆　巴莱(地名)。

塋　巴陵(地名)。

由上可见,在自造新字时,各民族的思维习惯有其共性。如朝鲜文"畓"(从水从田,水田)和日文"畑"(从火从田,旱田),同为会意造字,体现出异族思维的共通性。

差异也是明显的,比如,朝鲜和越南文字与汉字一样,都使用产字效率高的形声造字法,唯独日本以会意造字法为主要方式,而且这些字多只有训读,没有音读。 这虽然和其国字数量有限不无关系,可是自造方字数量同样不多的韩国却以形声为主要方式,这一点是值得思考的。 不过尽管如此,无论是形声造字,还是会意造字,都没有脱离表意的路线。实际上,对于日、朝两民族而言,仿造汉字不过是一个补充性的手段,都没有像越南喃字出现"仿造本族汉字"的文字发展阶段。

由以上的分析可以看出:在表意与表音的道路上,三种文字都用其自己的方式有过尝试,最终的结果是日、朝两国将表音作为主要手段,表意作为辅助手段,而喃字和汉字则走上了表意为主要手段的路线。 徐通锵先生曾提出,"自源性文字都是表意的……而世界上流行的各种拼音文字都是借源的……为什么会形成这样的格局? "他认为这是认知途径的不同,"认知途径偏重于空间还是时间,这应该是文字向表意化方向发展还是向表音化方向发展的深层原因"[1]。 我们认为这种提法是有道理的,但自源、借源与认知途径两个维度如何弥合起来,才能更加完满地阐释文字的传播,需要进一步思考。 另外,语言类型的因素如何与认

---

[1] 徐通锵:《语言学是什么》,北京大学出版社,2007年,第132—133页。

知途径交织发生作用,也值得研究。

四、文字与语言对应关系的同义比较

朝、日、越都具有成熟的文字系统,这一点是毫无疑问的。但内部情况各有不同。第一、二层次包括朝、日、越三国文字系统中的借用汉字和仿制汉字,均属表词(或语素)文字,第三层次日文假名、朝鲜文吏读为音节文字,谚文为音素文字。

谈到文字与语言的对应关系,首先当明确各种文字所对应语言的特征。

越南的主体民族是京族,京语又称越南语,其系属不定,但它和汉语一样,是孤立语,所以与日、朝相比,越南人用汉字标记本族语言面临语言结构上的障碍要少一些。这或许可以解释为何喃字与汉字形制最为接近。上文提到过,王力甚至认为汉字和喃字其实只是一种字,因为字的构造成分完全相同。

日、朝文字则不同。从内部结构看,日语、朝鲜语与汉语语法差别很大,属黏着语。所以其历史上用汉字标记本族语言时,许多语法成分无法表达。如《大明律直解》中有:"凡官吏亦 擅自离职役为在乙良 笞四十为乎矣 难若为去向入回避为要 因而在逃为在乙良 杖一百……"。而《大明律》的汉语原文为:"凡官吏,无故擅离职役者,笞四十。若避难,因而在逃者,杖一百……"。下划线的部分,就是表示语法附加成分的文字,后来还产生了自造的"口诀字"。这种现象在日本同样出现,如"宣命体",大的汉字标记实体内容,小的汉字标记语法意义。如:"今诏久 事卒雨 有衣天 诸臣等议天"。

这些问题最终由两民族自创的标音字母解决,最终完善了其文字与语言的对应关系,做到精密、完整地记录语言单位。从语音上看,日语音节很少,音节结构简单。起初随便用不同的汉字代表相同的音节,后来统一用字,使字符变为字母。朝鲜语的音节结构非常复杂,如果仿照日本创造音节字母,需要大量字母,那就没有实用价值。随着音素知识的成熟,朝鲜创造了音素字母。

以上,是朝、日因语言差异而表现在自造汉字与语言对应关系上的共性。此外,前文提到,日本的自造汉字(也就是"国字")大多数是会意字,而朝、越自造汉字则都有表音字,而这些表音字中都有合音字,也就是一个字符中含多个声符,并且每个声符都标音的情况。如:朝鲜的"合音字",这里再举几个例子

乤:加与乙相合,即ha+l

乤:下与乙相合,即he+l

乶:所与乙相合,即so+l

以及越南的“多音节字”

𠀧:巴莱(地名)。

𡢐:巴陵(地名)。

这些字都是一个字符对应多个音节,汉字中也曾使用过类似的字:

瓩:千瓦

浬:海里

哩:英里

朝、越的合音构字大多用来标记本民族的人名、地名,为保持固有的读音,所以采用这种可以灵活表现语音的方法;而汉字的合音字,则是用来标记外来的意义。至于为什么要将读音凝结在一个字符之中,或许是受到汉字作为表词文字这一根本性质的影响。所以,与谚文的方字形式一样,这些自造汉字虽用来表音,但在文字与语言对应关系上则具有意音文字的深刻属性,这一点是引人深思的。

文字表达语言,一方面要完整,另一方面要有效率。与何种语言对应,与何单位对应,这两点客观上分别制约着一个文字系统的性质和内容。在汉字传播过程中,作为“接受集团”的民族不断对汉字系统的内容和性质加以修整和创造,以完整而有效地标记本民族语言。

五、符号体态的同义比较

朝、日、越借入汉字,都在汉字楷化之后,无论是直接借用汉字还是仿制汉字,毫无疑问都是成熟的符号文字。这三种文字符号体态的同义比较,第一层次可着眼于各民族汉字简、俗体的不同,关于这一问题,已有的研究可供参考,这里不详述。第二层次可着眼于各民族自造汉字的形体结构,这里将以喃字为例进行分析。第三层次则是日、朝标音字母符号体态的比较。

喃字的形声字有一个突出的特点,就是很多不使用汉字的部首,而使用现成的汉字,这是由其特定来源决定的。汉字原有的理据不具有效力,其造字的理据是基于当时的汉语意义。意符只有对熟识汉语的人才有意义。这是汉字传播导致的特定形态。如:

䏲 凭吊。从吊,永声
𢆥 年。从年,南声
𡰫 尽也。从尽,曷声
𢋓 夷狄。从夷,助声
䝷 贫困。从贫,尧声
𠨗 危险。从危,尧声
𣂾 新。从新,买声
䰡 魄。从魄,尾声

另一方面,声符的简化又十分普遍,这又大大增加了识字的难度。

𡖶 多。从多,禀声,从廪省
𡖼 去。从去,多声,从移省
𥏌 短。从短,艮声,从银省
𠬛 事,崇奉。从事,余声,从途省

喃字的形式繁复,根源在于准确标记越南语的需要。通过比较发现,对于非汉族的越南人而言,汉字部首原有的理据较难把握,造字时为了字义的显豁,意符只能用意义明确的汉字整字来充当。相比之下,汉字的读音则较容易把握,即使有所省减,也不会影响到标音的功能。所以,喃字系统才会显出意符庞杂而声符多简省的面貌。

通过汉字与喃字符号体态的同义比较,有助于明确喃字作为汉字传播结果的性质,也可以看出越南与汉族世界观的相似性。汉语世界观是"主观性"和"片面性",偏重于空间,抓住有形事物的特点,对现实进行编码,突出编码的理据。而印欧世界观正相反,它的"主观性"和"片面性"偏重于时间[①]。与朝、日文字不同,喃字也选择了意音文字的道路,造字注重理据。

朝鲜是这三个民族中地理上与中国最接近的,接受汉字最早,受到汉字、汉文化的影响也最深,这一点从符号体态上也可以再次得到验证。日本的假名是音节字母,采用线性排列。谚文却不采用线性排列,而采用方块组合,结果形成了大量的组合字。谚文虽然是音素字母,没有理据,却没有像其他音素字母那样完全排除空间的因素,排除视觉效果,这是受到汉族方字的深刻影响。也正因为

① 徐通锵:《语言学是什么》,北京大学出版社,2007年,第176页。

注意了空间的布局,谚文的区别度比假名更高,因而可以基本独立地表达朝鲜语。

六、小结

同义比较的方法可以横向地连接三种域外的汉字型文字,比较其传播过程、方式、结果,结合各国借用汉字的历时研究,可以更深入地理解汉字乃至任何一种文字的传播模式,以及文字传播产生的新文字系统的各种特性。具体来讲,有以下几个方面:

第一,用汉字传播的视角、历时地观察三种文字的形成过程,有助于理解各部分深层的存在原因,把握其文字系统的构造原则。

第二,从借用汉字、自造标音字母、仿造汉字三个性质不同的层次观察,有助于全面清晰认识其文字系统的构成。

第三,在日文和朝鲜文中,标音字母部分和汉字部分往往被分开来讨论,但实际使用中它们却常常同时出现。把握标音字母和汉字混合使用背后的机制,有助于全面认识日文和朝鲜文的总体性质。

第四,通过三种文字共性的比较,可以从宏观上把握文字系统内部的文字现象,如借用汉字的方式、国字的构形原则。

第五,通过三种文字差异性的比较,可以从语言、民族思维、政治因素、文化因素等多方面归纳原因,探究借源文字形成过程中的决定性要素,及其作用机理。

第六,日本和朝鲜文字系统与我国一些同属混合文字系统的少数民族文字(如水文)之间呈现出来的有关文字传播的共性和个性等问题尚有进一步发掘的空间。

附录:日本、朝鲜文字对汉字的借用

日本和朝鲜本来都只有本族语言,没有本族文字。他们在长期使用汉字的基础上逐渐创制、发展出一套本民族的文字系统。

在语言性质不同的情况下,源文字的选择往往受到地理和文化因素的重要影响。地理上毗邻、文化上处于高位的汉民族自然成为了日本和朝鲜的第一选择。汉朝末年汉字传入朝鲜,晋朝时日本开始正规学习汉语文言,他们都经历了漫长的使用汉字的"同文时期",最终仿造汉字创造了本民族文字,形成了与本民族语言文化相适应的汉字型字母文字系统。

一、对汉字的借用和改造

（一）借用汉字表达日语、朝鲜语

《隋书》、《日本书纪》均记载,约在日本应神年间（270—310,中国西晋时期）,百济人王仁带去日本《论语》10卷、《千字文》1卷,成为日本学习汉文化的开始。隋唐时期,汉文化全面进入日本。645年"大化改新",日本规定汉字为政府公文用字。日本与汉族的同文时期长达500年。

然而,对汉字真正意义上的借用是从用汉字书写日本语开始的。日语与汉语从语言系属到内部构造均不相同,汉字完整地记录日本语十分困难,日本人遂对汉字加以功能上的改造。成书于公元759年的《万叶集》标志着借用汉字书写日语的成熟。日本借用汉字的主要功能形式是"字音"和"字训"。

"字音"即借用汉字的读音,作为表音符号,不取汉字的字义。如"人"读作"nin"或"jin"（仿照古代汉语的读音）,又如"南（なぉ）"、"宇（ぅ）"、"万（まに）"、"念（ねむ）"等。在"字音"中,大部分汉字只取音,不取义,相当于汉字的假借。山崎美成在《文教温故》中说:"借唐土之字音,以之表达本邦语言,不问其字意如何。如'樱'为'佐久罗','雪'为'由枝'。"

"字训"即借用汉字的字义,表示日语中同义或近义的词汇,而不管汉字的读音。日语词义和汉字字义完全相同的叫"正训",如"吾（われ）"、"秋（あき）"、"京师（みせて）"、"悲哀（かなし）"等。两者字义稍有近似的叫"义训",如"暖（はろ）"、"丸雪（あられ）"、"未通女（をとめ）"等。"字训"中借意又借汉字字音的叫"音读",这类字多是后期从中国引进,如"饿鬼（ぢき）"、"力士（りきじ）"、"布施（ふし）"、"塔（たふ）"等。

朝鲜使用汉字早于日本,中国汉朝末年和三国时期,高句丽首先接受汉字文化,并传播到百济和新罗。它们在文化、制度上全面学习中国。汉文汉字在其上层社会享有正统地位,汉语词汇大量进入朝鲜语,导致了朝鲜词语的汉语化。

汉字的朝鲜化是在朝鲜人使用汉语文长达700年后开始的。朝鲜语与汉语同样从系属到结构均不相同。用汉字书写朝鲜语,被称为"吏读"。吏读对汉字的改造同样是使用了广义上的假借方式,产生了与万叶假名功能类似的"借音"和"借义"——

"借音（音读）"：只借汉字的音，不借汉字的义，多用于标记人名、地名和专有名词。例如："查顿"，读作saton，意为"亲家"。朝鲜语是黏着型语言，存在大量汉语所不具有的附加成分，这些附加成分也使用"借音"的办法表示。如："期"（ki）表示谓词的体词形；"乃"（na）是谓词的接续形，表示转折关系；"亦"（i）表示主格等。

"借义（训读）"：只借汉字的义，不借汉字的音。例如："夜"读pam，"望"读para，"慕"读kwri，"水"读mwl等。意义都与汉文相同。

用汉字直接表达日语或朝鲜语，这种方式隐含着一个前提，即直接借用汉字的形体。在字形不变的情况下改造汉字记录语言的方式，达到记录一种全新语言的目的。在这个过程中假借起着重要作用。实际上，在其他民族借用汉字表达本族语言时，都存在类似的情况。

（二）改造后的稳定形式（以日本汉字为例）

总结起来，汉字进入日语的主要方式有：

1. 直接引入汉字，既用其形，又用其意。用这种方式引入的日文汉字是绝大部分，包括名词、动词、副词等，其中以名词居多。这类词的形义均与汉语大致相同，但一部分词汇在传播过程中词义发生了增减。

2. "熟字训"，即通过想象给原有的日语词汇附上两个或两个以上的汉字。从词义来说，这些词的意义多可通过字面上的中文意思来了解。

3. "借训"，即借中文的某一意义不同的汉字，用日语原来的读音，表示中文没有的一些概念或意思。从词形结构来看，这些词多为单字的词汇，其词义与中文的完全不同；从读音来说必定是训读。

4. "译音"，即用汉字表示一些外来词汇的读音。这些词汇中的汉字只表音、不表意。其意义无法从字面上推测。

5. "借音"，其本质与"译音"相同，只是这些词汇并非源自外来语，而是源于日本古代的实用文体，且多为副词、形容（动）词等。[①]

从字形来看，汉字进入日本前已发展至隶书、楷书、草书阶段，字形已发展完备。进入日本后产生了国字、日式简体字、倭俗字。国字是全新创制，通过造字（主要是会意字）表现日本的新概念。日式简体字，是相对于中国的传统字形或

---

① 罗晓红：《简析日语汉字的形成》，载《现代外语》，1987年第3期。

中国简化字而言的。倭俗字指的是国字、简体字以外的日本式异体俗字。[①]这些进入日本的汉字发生了不同于中国汉字的字形变化,是值得研究的。

从字音来看,由于产生地区、传入时代、传入途径不同,日文的汉字读音可分成吴音、汉音、唐音三种。现在普遍的看法是:吴音最早输入日本,产生地在长江下游地区,《古事记》、《万叶集》的读音即属此类。吴音在日常用语中使用较广,如:人间、正体、成就、赤热。吴音还专门用于佛教经典著作。汉音产生于隋唐时期,以当时的洛阳、长安为中心的北方音为基础。当今日本音读汉字中,90%属于汉音系统。如:明白、神道、大会、孝行、成功、生命。唐音在宋代以后主要由僧人传入日本,与禅宗关系密切。如:和尚、看经、普请、馒头、蒲团等。明治维新以后,汉音占据了公用语的优势,吴音、唐音使用渐少。此外还有惯用音,一般认为惯用音一部分是日本人根据日语音韵创造的汉字读音,另一部分是由于日本人对汉字原音的误读形成的,尤其是形声字音符类推导致的误读。[②]

从字义来看,汉字在进入日语时其意义有三种情况:一、不变;二、增减或变异;三、失去意义。第一种是主流。所以从单字字义看,日本汉字与汉字原义基本一致。造成日文中汉字与中文汉字意义不通的原因不在于汉字的意义发生改变,而在于日文大量发展了汉字的造词功能,所造的汉字词与中文的词语意义差别很大。

（三）汉字存在方式的比较

日本和朝鲜使用汉字的历史一直延续至今,且都出现了标音字母与借用汉字混用的文体。在日本,平、片假名用于表示助词、助动词,夹杂在汉字之间。在朝鲜,汉字主要写词根,谚文主要写词尾。

19世纪末20世纪初,在民族意识和西方思潮的影响下,两国都曾使用政治手段削弱汉字的影响,但汉字最终并未消亡。原因有文字和文化两方面,这里仅就文字本体来分析。文字与语言的适应关系客观上制约着文字系统的构成。据统计目前韩国语言中的汉字音约占70%,谚文无法有效表达由此产生的大量同音异义词。而现代日语词汇中汉语词汇约占一半,汉字词和同音词的大量存在

---

① 何华珍:《日本汉字和汉字词研究》,中国社会科学出版社,2004年,第9页。
② 李庆祥:《试论日语汉字读音中的吴音、汉音、唐音和惯用音》,载《山东大学学报》,1990年第3期。

使得假名无力承担。与之相比,汉字具有视觉功能强、传递信息高效的优势。河野六郎在《文字论》中说"汉字实在是个非常明确的单位,视觉上字字区别得清清楚楚的,可以明确地认出一词一语,任何别的文字都比不上它",并且说"汉字的这种语言机能可能是日本如今还使用汉字的主要原因之一"。

二、字形的解构与功能的质变:假名和谚文

(一)假名

万叶假名发展到后期,"一字数读"现象严重,且无法有效表达日语的黏着成分。平假名、片假名应运而生。作为专门标音的字母系统,假名以日本语音系统为基础,与日语音节相对应,能够达到语言和文字的高度统一,因而最终受到了日本民众的欢迎,得到了广泛使用。

"假名"是相对于"真名"而言的,真名即汉字本字,假名则是"假借而来的汉字"。从汉字型的万叶假名到字母型的平假名、片假名,期间的变迁是有规律可循的。有学者认为,假名是借鉴汉译佛经中的"音译假借字"而来的。南北朝时期佛经被大量翻译成汉语,产生出许多音译用的假借字,且译经者努力使音、字一一对应。"至少从北凉昙无谶译《大般涅槃经》起就用'阿'标a、'伊'标i、'罗'标la等,到唐元和年智广的《悉昙字记》仍沿用不变。这种译经用字的办法不久之后传到日本,引起了日本假名用字的相应的变化。"①

有观点认为,汉字的半字是片假名的重要来源之一。"片"为片段、部分之义,与"半"意义相近,"片假名""半字"都是对汉字形体进行拆分而得。陆锡兴整理了敦煌曲谱、日本雅乐、《事林广记》及姜夔《白石道人歌曲》谱字,将其与片假名比较,得下表②:

敦煌曲谱、日本雅乐、《事林广记》及姜夔《白石道人歌曲》谱字与片假名比较表

片假名	敦煌曲谱	日本雅乐	事林广记	白石道人歌曲
エ	エ	エ		
ク	ク	ク		
コ	コ	コ		

---

① 陆锡兴:《汉字传播史》,语文出版社,2002年,第380页。

② 同上书,第383页。

续　表

片假名	敦煌曲谱	日本雅乐	事林广记	白石道人歌曲
ス	ス			人（ス）
ハ	ハ	ハ		
フ	フ	フ	フ	フ
マ			マ	
ミ	ミ			ミ（ミ）
ム	ム	ム	ム	ム
ヤ	ヤ	也（ヤ）		
リ			リ	リ
レ	レ			
ロ	ロ			

　　平假名的产生同样与佛教关系密切。片假名创制之后,史传弘法大师空海创制了平假名。空海曾随遣唐使来中国求法,在唐刻苦学习,精研佛法,熟悉梵语,擅长诗文、书法。在唐朝真、草并存情况的启发下,空海认为有必要创造一种更便于书写的假名,于是取材汉字草书,创制了平假名。

　　（二）谚文

　　在谚文出现之前,吏读中便出现了省简汉字形体的"口诀字",传统称"吐",意为"语助"。在汉文句子中间加进朝鲜语的词尾或动词,保留汉文的词序。这些"口诀用字"与汉字的关系如下①:

"口诀字"、汉字比较表

整字：隐　涯　也　尼　是　面　卧　那　古　飞　为

略字：阝　厂　冖　匕　人　丆　卜　刃　口　飞　ソ

读音：in　e　ja　ni　i　mjen　wa　na　ko　na　wi

　　关于谚文字形的来历说法颇多,有来源于汉字、梵文字母、八思巴字等不同说法。鉴于朝鲜人长期使用汉字的历史状况,我们至少可以说,谚文的创制一定与汉字有着密切的关系。《李朝实录·世宗实录》:"上亲制谚文二十八字,其字

---

① 周有光:《比较文字学初探》,语文出版社,1998年,第335页。

仿古篆,分初、中、终声,合而然后成字,凡于文字及本国俚语皆可得而书。 字虽简要,转换无穷,是谓训民正音。"①

这套表音符号有正式字母28个,其中辅音字母17个,元音字母11个,具体如下②:

ㄱ (k)	牙音,如君字初发声。并书,如虬字初发声	
ㅋ (k')	牙音,如快字初发声	
ㆁ (ŋ)	牙音,如业字初发声	
ㄷ (t)	舌音,如斗字初发声。并书,如覃字初发声	
ㅌ (t')	舌音,如吞字初发声	
ㄴ (n)	舌音,如那字初发声	
ㅂ (p)	唇音,如彆字初发声。并书,如步字初发声	
ㅍ (p')	唇音,如漂字初发声	
ㅁ (m)	唇音,如弥字初发声	
ㅈ (ts)	齿音,如即字初发声。并书,如慈字初发声	
ㅊ (ts')	齿音,如侵字初发声	
ㅅ (s)	齿音,如戌字初发声。并书,如邪字初发声	
ㆆ (ʔ)	喉音,如挹字初发声	
ㅎ (h)	喉音,如虚字初发声。并书,如洪字初发声	

《训民正音》字母表

ㅇ (零)	喉音,如欲字初发声	
ㄹ (l)	半舌音,如闾字初发声	
△ (z)	半齿音,如穰字初发声	
· (ɐ)	如吞字中声	
ㅡ (ɯ)	如即字中声	
ㅣ (i)	如侵字中声	
ㅗ (ɔ)	如洪字中声	
ㅏ (a)	如覃字中声	
ㅜ (u)	如君字中声	
ㅓ (ə)	如业字中声	
ㅛ (ɕɔ)	如欲字中声	
ㅑ (ia)	如穰字中声	
ㅠ (iu)	如戌字中声	
ㅕ (iə)	如彆字中声	

---

① 陆锡兴:《汉字传播史》,语文出版社,2002年,第360页。
② 王锋:《从汉字到汉字系文字——汉字文化圈文字研究》,民族出版社,2003年,第198页。

谚文字母不仅字形近似汉字笔画，而且最终形态是叠成汉字的方块状的。谚文的拼音把音节分为三部分：初声（C，辅音）、中声（V，元音）、终声（T，韵尾辅音）。叠成的方块组合字有如下格式：

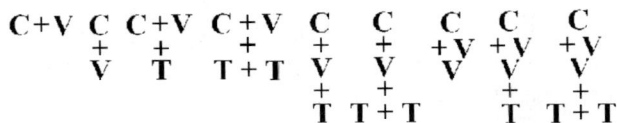

$$C+V \quad C+V \quad C+V \quad C \quad C \quad C \quad C \quad C$$
$$+ \quad + \quad + \quad + \quad + \quad +V \quad +V \quad +V$$
$$V \quad T \quad T+T \quad V \quad V \quad V \quad V \quad V$$
$$+ \quad + \quad + \quad + \quad +$$
$$T \quad T+T \quad \quad T \quad T+T$$

谚文字母组合方式示意图

（三）外部因素的作用

1. 语言和历史条件影响假名和谚文的性质

从宏观上来看，日本和朝鲜走了一条相似的道路，就是在尝试用汉字标记本族语言后，不断强化其标音的部分，并最终在整理简化后形成以本民族语言为基础的标音字母。虽然两国借用汉字的时期接近，但谚文的创制却比假名晚了大约500年，并最终采取了音素字母的形式。这种结果是在文字与语言的适应关系和历史条件的综合作用下产生的。

如果说在借用汉字中，日语和朝鲜语起到了类似作用的话，那么在标音字母产生中却造成了各自文字系统的不同。如果把声调考虑进去，日语的同音词是全词数的36.4%[1]，也就是说日语的音节数较少，这使得音节字母的产生成为可能；而"朝鲜语的音节结构非常复杂，如果仿照日本创造音节字母，需要大量字母，那就没有实用价值"[2]，所以只能寻求与更小的语言单位对应的字母——音素字母。

但是，从音节到音素，这种认识上的跨越是需要时间的。与中国一样，日本和朝鲜对语音单位的认识都主要是在佛经翻译中受到梵文的启发逐渐清晰起来的。在中国，大约汉末始有反切，直到唐末才创制汉字声母字母。对于汉文明的接受国来说，这个认识的过程就需要耗费更长的时间。再加上朝鲜比日本更邻近中国，汉文化的强势地位更加明显，其民族文字的发展空间就相应的更加

---

[1] 日本望月八十吉：《日语、汉语的同音词》，原载日本《日语和汉语的对照研究》第二号，转载于《从〈当用汉字表〉到〈常用汉字表〉——关于日本使用和县志汉字的资料》，载《语文现代化》，1980年第1期。

[2] 周有光：《比较文字学初探》，语文出版社，1998年，第336页。

局促。

2. 偶然与必然

但是,较早成形的假名系统在理论上并不是唯一可能的结果。虽然音节量少的日语使音节字母成为可能,但同时又决定了音节字母无法独立有效地区别意义,造成了假名依赖附加符号且无法脱离汉字系统的现状。相反,转而选择音素文字的谚文,由于朝鲜语音节的复杂性,反而可以相对地更有效地区别意义,从而独立地标记朝鲜语。周有光先生就曾指出,"如果用音素化的拉丁字母"(标记日文),"48个假名和外加的符号以及拼写变化等,只要19个字母就够了,而且用来灵活自如,不用什么加点加圈的补充和例外"。①

所以,一个文字系统的最终成形,一方面须顺应文字和语言的适应规则,另一方面又受到外部因素的客观影响,是二者协调作用的结果。

三、造字方法的模仿:日本"国字"与朝鲜"国字"

(一)日本的国字②

日本有自己独特的自然环境、社会形态、生活习惯等,所以日语里存在一些汉语里没有的概念,对于一部分这样的概念,日本人通过自造"国字"的方式表达。1993年出版的《国字字典》中共收历代"国字"1 453个。但是,其中的绝大部分在现代日语中已不常使用,常见的仅有一百多个。在1981年颁布的《常用汉字表》中,国字仅有8个。现将历史上曾出现过的国字举例如下:

榊:从木从神,在神前面种的树。

畑:从火从田,旱田。

鮗:从鱼从冬,冬天捕的鱼。

鴫:从田从鸟,鸟在田里。

躾:从身从美,打扮穿戴之意。

働:从人从动,劳动、工作。

峠:从山从上从下,山路的最高上下行走处。

辻:从辵从十,十字路口,交叉路口。

凪:从风省从止,海面上无风无浪,风平浪静。

---

① 周有光:《比较文字学初探》,语文出版社,1998年,第332页。

② 这里国字指的是狭义的国字,即和制汉字。

辻：从辵从入,含在内。

（二）朝鲜的国字

除了借用汉字和自制谚文以外,朝鲜人还模仿汉字造字原理自造了一些汉字,和日本的情况一样也被称为"国字"。韩国知名学者河泳三认为:"国字"是韩国固有汉字的一部分,专指"不存在于中国与日本等其他国家而唯一存在于韩国的汉字而言"。国字创制的初始时间史籍中无明确记载,具体数目也说法不一。就文献记载来看,池锡永的《字典释要》收57字（1909）,崔南善的《新字典》收106字（1915）,日本人鲇见房之进的《俗字考》收213字（1931）。韩国教育部选定的1 800个常用汉字中已不包括国字。国字主要有形声字、会意字与合音字等。

形声字:义符基本上是汉字的原义,声符读音则纳入朝鲜语音系统。如:

"垈",（dae,宅地）,从土代声（dae, to）

"梻",（pi,木梯）,从木飞声（pi, mok）

"浌",（pal,潮泥滩）,从水伐声（pal, su）

"蟖",（so,虫子）,从虫素声（so, chong）

会意字:将意义上有关联的两个字组合起来,表示新的意思,如:

"遑"（hwing 马速走声）,从马从辵

"畓"（tap 水田）,从水从田

"呇"（hwa 大口鱼）,从大从口

合音字:就是将两个字组合起来,字音也取两字的合音,用以表示一个新的意思,多为地名或官名等专有名词。如:

"朶"（말 mal,"大奈末"的简称,新罗时代的官名）

"乷"（산 san,地名）

"廛"（갈 kal,地名）

"喦"（곱 kop,人名）

"斗"（둑 tuk,人名地名兼用）

（三）小结

日本和朝鲜以积极主动的姿态借鉴、吸收包括汉字在内的汉文化,并有着长期以汉字为官方文字的历史。所以这两个民族对汉字的借用和改造是以深厚的汉语文功底和发达的社会文明为基础的。"孳乳仿造,基本上不造新的单体符号

（'文'），而以现成的单体符号复合成为新的民族汉字（'字'），或者以现成的复合符号再次复合成为重叠的新字。"①可以看出，日本和朝鲜国字中的形声字和会意字都是孳乳仿造的汉字型文字，与壮字、喃字、苗字、瑶字、布依字、侗字、白文、哈尼字等民族文字中的新造字在形制上基本一致。从义类分析来看，这些国字在各自的文字系统中主要都是为标记本民族特有的事物和现象，如姓氏、人名、地名等概念而创制的，并没有形成完整的体系，只是一种零散的补充。这些文字与汉字的新造字一样，是为了丰富自己的文字系统依据汉字的文字制度而创制的。这些文字间接地验证和丰富了汉字的造字理论，不仅说明会意、形声是能产的造字法，还产生了合音字等汉字没有的造字法。这一方面说明了汉字表意功能的优越性，弥补了标音文字的不足；另一方面又从侧面证明了采用标音字母是从多种可能性中探索出的最适应这两个民族表达需要的方式，而不是一时一地的个人取舍的结果。

---

① 周有光：《比较文字学初探》，语文出版社，1998年，第198页。

第三章 从同义比较看一些有关文字传播的理论问题与宏观问题

本篇第二章中,我们讨论了关于一些文种借源的个别与具体的情况。在本章中,我们将同样使用同义比较的方法,讨论与文字借源现象密切相关的源文字的有关情况,以及其他一些与文字传播相关的带有规律性的问题。因为,文字的传播决不是简单和偶然的现象。比如,借源文字一方选择哪一种或哪几种文字作为其源文字,就是一个十分值得研究的理论问题;此外,文字借源的复杂性更是值得仔细研究,因为文字借源绝对不是一种消极搬用的现象,其中是大有规律可以探寻的;还有,文字借源一旦发生后,还可能对那种借源文字造成种种新的影响。本章的讨论虽然往往从个别文种向个别文种的传播出发,但是其现象、据这些现象得出的结论或得到的启发却往往带有文字传播方面的普遍意义。

第一节 文字传播与文字流变的异同

一、问题的提出

在关于文字传播或文字关系的研究中,经常困扰着我们的一个问题是:有一些现象到底是视为文字的传播还是视为文字的流变,很难做出一个界定。在古汉字研究中虽亦会遇到此类的问题,但是毕竟汉族是一个统一的民族,汉语各方言在语言学上又被视为同一种语言,而且汉字的发展脉络比较清晰,所以此类问题的干扰较小。然而,民族古文字的情况相对要复杂得多。一个民族可以借用另一个民族的文字,一个民族又可以有几种不同的文字,而这几种文字往往貌似有关但又有不小的差异;还有,若干民族并不是只有一种语言,有的民族的不同地区的人群到底是使用同一种语言的不同方言还是使用不同的两种或几种语言也还有不同看法;而且许多民族之间又有若干复杂的关系;再加上文字的关系又不同于语言的关系与民族的关系,何况民族也是一个流变的概念,等等。这种种问题必然造成区分文字传播与文字流变时出现的上述困难。

二、辨析的依据

具体来说,既称传播,那么应发生于两个民族至少是两个操不同语言的人群之间。比如水文中虽有不少来自汉字的字,但水族与汉族是两个不同的民族,水语与汉语是两种不同的语言,在这一意义上,水文不能说是汉字的流变而只能说是汉字(部分的)传播的结果。所以,虽然水文借用了不少汉字,但他们仍是两个不同的文字体系。

区分传播与流变的另一个标准是看两种文字中可能被看作是另一种的传播或流变结果的一方中是否存在一批与另一种文字毫无关系的字,如果是,那这两种文字间就是传播关系;如果否,那它们就是流变关系。以水文为例,至少这一文字系统内部存在着水族人自造的一批字与汉字流入之后被水族人使用的一批字。例如:水文中记录"狗"的一共有8个异体字,分别是""、""、""、""、""、""、""、""。很明显,前六个字图画性很强,比较详细地将狗的形象描摹出来,应当是自造的象形字;而后两个字是在借用汉字"犬"的楷书时稍作缀饰而成,是借用的汉字。这组异体字的分析可以说明,至少我们不能排除这样一种可能性:水文的早期就是一个原始的文字系统,当时或是汉字未曾流入水族,或是虽然流入却还未进入水族人的文字系统。所以,汉字与水文的关系,主要地是传播而非流变。

而从同一民族有多种文字系统来看,情况也许更为复杂。就纳西族的四种文字而言,从东巴文到哥巴文,可以认为是一种流变。这是由于二者毕竟是一个民族的文字而且具有密切的上一代与下一代的关系。可以说,尽管哥巴文的来源是多种文字,但是占比例最大的一部分哥巴文是从东巴文变化而来的。

下面举几个简单的例子:

字义	东巴文	哥巴文
斗		
解		
吊		
漏		

但是,哥巴文借用东巴文又不能看作简单的流变,这反映在以下几个方面:

第一，哥巴文是对东巴文有选择的吸收。 表现在直接继承东巴文中形体简单的字，如上述的"解"、"吊"等。 同时也表现在对东巴文的形体的简化过程，如上述的"斗"。又比如"压"，东巴文作"　"，而哥巴文作"　"；"树"，东巴文作"　"，而哥巴文作"　"。

第二，哥巴文也不是东巴文简单的继承，不同于汉字发展中的"隶变"。 汉字的"隶变"并没有从根本上改变汉字的"意音文字"的性质，只是汉字大规模符号化的一个过程。 而哥巴文虽然有大量的东巴文形体，但已经是一种表音文字体系，很多形体貌似东巴文，在使用中却只代表一个音节。

第三，哥巴文主要借源于东巴文，但同时还借用周边民族文字，例如汉字、藏文等。如哥巴文的"犬"（犬），"石"（石），这些形体都源自于汉字。

玛丽玛莎文的情况相似，这也是由于几种文字的影响而发生，但是对它影响最大的也还是与之属同一民族的东巴文。 在论文《玛丽玛莎文字源与结构考》中，王元鹿对112个玛丽玛莎文字符做了详尽的考释，并得到了这样的结论："玛丽玛莎文字的绝大部分源自东巴文，多得形自东巴文而略有形体变化……少数玛丽玛莎文字得形自汉字，极少数得形自藏文；少数在东巴文中找不到对应字形的字往往是玛丽玛莎文的自造字，在这些字中尚未发现形声字。"[1]至于达巴文，由于至今的调查和研究的水平的限制，尚无法对它与东巴文的关系作出定论。

以上，我们尝试从不同的视角辨析文字传播与文字流变，或许有一定的参考价值。 但是，两种有借用关系的文字系统往往呈现出复杂交织的面貌，在民族、地理、语言、文化、对所借文字的改造情况等因素的综合作用下，要清楚界定二者之间究竟是文字传播还是流变，还是十分不易的。

三、小结

综上所述，我们认为，同一民族的几种文字之间的关系，往往可以看作是流变。 鉴于这个问题的复杂性，本篇我们用广义上的传播，将上述的流变包括其中。 所以，在此必须说明，在本章乃至本篇中，无论有些专家认为是文字流变还是文字传播，我们都将其作为文字传播的现象进行讨论。

---

[1] 刊于《华东师范大学学报（哲学社会科学版）》，2004年第2期。

第二节　从同义比较看借源文字对源文字的选择

一、楔子

借源文字对源文字的选择问题是文字传播学领域中一个十分重要但又是极容易被研究者忽略的问题。 这个问题指的是一个民族在需要借用其他文字系统以建立或扩充其本民族的文字系统时，会选择什么样的民族的文字系统。本节的宗旨在于凭借同义比较对其做一些试探。 这种试探将分几个角度进行。

二、民族关系的角度

（一）同一民族的不同文字之间的字往往被优先借用。

如纳西族的四种文字，不仅哥巴文和玛丽玛莎文明显地借了东巴文，即便达巴文亦可能与东巴文有一定关系。

首先我们可以从东巴文与哥巴文之间的关系看到这一点。哥巴文与东巴文是并存于纳西族文化传承中的两种文字，记录的都是纳西语，使用者都是东巴，且使用的区域相邻。 一般认为东巴文早于哥巴文，哥巴文主要在纳西族迁徙的下游使用，即鲁甸一带，从文字形态、记录语言单位及其方法来看，哥巴文明显不同于东巴文。 但通过比较，我们发现哥巴文的形体还是大量地借用了东巴文。"在方国瑜收录的六百多个哥巴文中，考释出来的有500个，其中有110个文字来源于东巴文，另有近100个文字由来自东巴文的文字作为字素组合成哥巴文。 由于几乎所有的哥巴文合体字都是由两个字素构成，因此将这样的文字算做0.5个以东巴文为字源的文字的话，一共有165个字来自东巴文，占总数的33%。"①

再次，玛丽玛莎文与东巴文的关系也反映了同一个民族不同文字之间的借源关系。

我们知道，玛丽玛莎文是一种仅在云南维西县塔城乡百余户纳西族居民中使用的民族文字，他们的语言跟永宁、左所一带的纳西语基本一致，属于纳西语东部方言。"1956年和1962年，纳西族学者和即仁、和发源分别进行了调查收

---

① 曹萱：《纳西哥巴文字造字研究》，华东师范大学硕士学位论文，2004年，第41页。

集,共收到105个字。其中70%以上的文字直接借用东巴文形、音、义;15%借用东巴文形或音而义不同;15%与东巴文不同字源,系创新字。"[①]下面是几组玛丽玛莎文与东巴文的同义比较。

字义	东巴文	玛丽玛莎文
桥		
塔		
麻		E
金		
绵羊		

玛丽玛莎文之所以借用东巴文,下面一段材料当能说明一些问题。"据调查,他们从四川迁来时本没有文字,后来向当地东巴学会了东巴文,从中选出约一百个左右文字符号,来记录自己的方言,作简单的记事、记账及通信之用。"[②]一种文字的顺利借用,需要语言、文化等方面的认同作为前提。而同一民族间的认同感,正能为文字借用提供语言、文化方面的润滑剂。另外,在交通、经济条件受限制的情况下,玛丽玛莎人不能全面接触汉文化,这就排除了强势民族的影响,他们借用同族的东巴文也就成为自然而然的选择。

因此我们可以说:一般情况下,同一民族之间的文字借源往往是文字借源的首选。不过,这里的借源是可称为"流变"的广义上的"借源"。

(二)强势民族的文字往往容易被借用。

历史上强势民族的文字往往会成为其他民族文字借源的对象。具体说来,我国的民族古文字中只要是属于借源类型的,罕有不借汉字而借其他民族古文字的。

1. 以契丹大字为例的北方民族古文字

北方的契丹、西夏与女真三种文字没有直接借汉字的字形,而是借鉴了汉字的造字方法。例如契丹大字,《新五代史·四夷附录》载:"至阿保机,稍并服旁诸

---

① 云南省维西傈僳族自治县志编纂委员会:《维西傈僳族自治县志》,云南民族出版社,1999年,第866页。
② 和志武:《纳西古文字概论》,载《云南社会科学》,1982年第5期。

小国,而多用汉人。汉人教之以隶书之半增损之,作文字数千,以代刻木之约。"①
《辽史·太祖本纪》:"(神册)五年(920年)春正月乙丑,始制契丹大字。"②

下面是几组同义比较:

字义	汉字	契丹大字
皇	皇	皇
天	天	孟
马	馬	禹
疾	疾	庆
央	央	昗

契丹大字的形制完全模仿了汉字,只是字形上有所不同而已。实际上,契丹
人在创制本民族文字以前已经使用汉字,有时也借用汉字记写契丹语。到契丹
文创制后,汉文仍然和契丹文一起使用。契丹贵族的墓志,凡是用契丹文字著写
的,大都用汉文志额,但凡是用汉字著写的则不用契丹字志额,可见汉字的强势
地位。可以认为,正是汉族的强势文化,影响了契丹文的创制。

2. 以壮字为例的南方民族文字

南方的民族古文字乃至日本、韩国与越南的文字,几乎都是通过借用汉字或
汉字的部件而形成的。壮文是流行于广西部分壮族人中的汉字型文字,记录的
壮语属于汉藏语系壮侗语族。下面是几组汉字与壮文的同义比较:

字义	汉字	壮文
国	国	国(音意全同)
也	也	古(借音字或音读字)
雨	雨	雨(借义字,即形义同,音不同)
汗	汗	淋(同为形声字)

壮文与汉字的形制相同,大体是由借用汉字、改造汉字或模仿汉字自行构造
而成的。实际上早在汉文传入前,壮族地区就已有文字萌芽、壮族创世史诗《摩
兵布洛陀》记载:"城寨着了火,山甘歌干栏。帝王书烧尽,古文字烧光。命帖变

---

① 《新五代史》卷七十二,中华书局标点本。
② 《辽史》卷二,中华书局标点本。

火灰,七十捆古书。 四千象形字,灰粉随风扬。"随着秦王朝的统一,成熟的汉文化也随之侵入,壮族已有的不发达的文字就此夭折。 为了本民族文化的传承和发展,壮族也就很自然地接受了汉字。

3. 将汉字作为原文字系统的补充

另外,有一些民族本来有其文字,到后来也会增益若干来自汉字的字,如玛丽玛莎文、哥巴文。

前面我们已经知道玛丽玛莎文主要借源于东巴文,并能用这种不成熟的文字来记录自己的语言,但是玛丽玛莎文在发展中,同样借用了一些汉字。甚至有很多词原本已经有了对应的玛丽玛莎文,但仍然借用汉字,如下面几组数字:

字义	汉字	玛丽玛莎文(1)	玛丽玛莎文(2)
十	十	▨(本意"盐"此借音,同东巴文)	十
一	一	⧅(借自藏文)	一
二	二	⧆(本意"鱼",此借音,同东巴文)	二
三	三	⧈(借音,得形与东巴文)	三
六	六	⧄(本意"马鹿",此借音)	六

从上面几组同义字中,我们可以发现,玛丽玛莎文的数字存在两套表示法,前者是本系统的文字,后者显然是在与先进的汉文化交流后,借用了汉字。可见汉字对周边民族文字的影响之深。

哥巴文同样也深受汉字的影响,首先看下面几组同义字:

字义	汉字	哥巴字
火	火	火
犬	犬	犬
马	马	马
千	千	千

从这几组同义字看来,哥巴文对汉字的借用不言而喻。我们已经知道,哥巴文主要借源于东巴文,在发展中不断地吸收了各种外来文字,充实自己的文字体系。其中汉字是一个重要来源,这表现在以下几个方面:(1)借用时间之长。据学者考证,哥巴文甚至借用了一些古汉字,比如哥巴文中的"子"、"弓"、"斤"等字形与古汉字的形态十分相似。哥巴文中也有许多现代汉字。黄振华先生甚至说

"哥巴文的创制者……还以汉文重要字书《说文》为参考,选取了较为生僻的汉字古训作为造字原形。"[①](2)借用手法多样。有些借汉字的形和义,如哥巴文的"千",有些借汉字形、音,不借义,如哥巴文中的"上"。有些只借形,如哥巴文中的"五"。(3)借用不同类型的汉字。有楷书,如哥巴文的"工";有行书,如哥巴文中的"勺"(借汉字"勺");甚至还借用汉字中的俗体,如"罒"借汉字俗字罒。[②]

汉字对哥巴文的影响有其地理和历史上的渊源。纳西族是中华民族西南的一扇门户,是文化交流的重要窗口,所以难免受到汉文化的影响。另外,纳西族作为中国的一个古老民族,是原在青海省河湟谷地游牧的古羌人向南迁徙的一个支系,与汉族有悠久的历史渊源。

这里要说明的是,对强势文化的借鉴亦包含着文明发展程度上的原因:文明较为发达的民族,自然会有若干较为先进的事物进入文明相对落后的民族,如水文的干支字都是借源自汉字的。

干支字	水文	汉字
甲	(符号)、(符号)、(符号)	甲
乙	(符号)	乙
丁	(符号)	丁
卯	(符号)	卯

王元鹿曾于《"水文"中的数目字与干支字研究》一文中,对"水文"中的数目字和干支字的异体和汉字进行比较研究,得出"水文中仅对一至四这四个数有自造字而对五以上则完全借用汉字,恰恰证实了汉字数目字流入之前水族先民就有了他们的四个数字,反过来,我们也相信汉字流入虽较晚亦不至太晚,这是由于水族人在汉字流入时当还没有'五'以上的数的概念。至于天干、地支字则由于其抽象且其概念完全来自汉文化而没有水族的自造字"。[③]可见,相对处于弱势的民族对发达文明的一些事物接受,是很有道

---

① 黄振华:《纳西族哥巴文字源流考》,载《燕京学报》新9期,北京大学出版社,2000年,第237—276页。

② 张涌泉:《汉字俗字丛考》,中华书局,2000年,第482页。

③ 王元鹿:《"水文"中的数目字与干支字研究》,载《华东师范大学学报(哲学社会科学版)》,2003年第7期。

理的。

即使一个民族在记录某些语言或者词义时本有其字,但是由于种种原因,仍然会参考借用其他民族的文字而另造新字。比如在彝文(传统彝文)中的一些地支字①:

字义	自造本有的彝文	借源再造的彝文	所借汉字
寅/虎	帀帀(贵州)玉(四川)	圶夲夲(广西)米(云南)	寅
午/马	巧龆牛竖仚(贵州)	牛牪艺牛(云南)	午
申/猴	凼屮(广西)	田(云南、贵州)艸屮(贵州)	申

可以看出:

第一,在本有而非借源的彝文中,一些文字因为形体已屡经讹变演化,其造字理据也泯没无闻,比如四川彝文中的"寅玉"等。但也有一些仍然可考,比如贵州彝文中的"马巧",朱建军认为是象形,象马头之形。②无论可考与否,我们很难发现它们与汉字的渊源关系。

第二,虽然彝文与汉文的渊源关系众说纷纭,但"这些看法都有一个共同之处,这就是彝汉文字在战国之前是有过联系的,或者存在历史渊源的"③。因此,很多借用汉字的彝文,其形体与古汉字更为相关。比如古汉字中的"寅",甲金篆分别作 ↑ 、𥄧 、𡨋,与云南、广西特别是广西的形体很接近,渊源关系较为明确。

第三,即使本有记录这些语言或词义的彝文,它们仍然会借用外族文字,比如汉字,或者其他民族的文字。究其原因,既有关于地缘的,又有关于文化的,更有关于历史的。从地缘上讲,彝族与其他民族尤其汉族杂居于滇川黔桂的广袤山区;在与外族交往的过程中,自然会受外族文字一定程度的影响。在云南,甚至很多支系现在已不再使用彝文④。从文化上讲,如果本民族的语文不足以表达外族的一些思想观念,一般说夹便会亦步亦趋地照搬:首先是语言上的挪用,

---

① 朱建军:《古汉字与滇川黔桂彝文同义比较研究》,华东师范大学博士学位论文,2006年,第77—81页。
② 同上,第80页。
③ 陆锡兴:《汉字传播史》,语文出版社,2002年,第123页。
④ 黄建明:《彝文文字学》,民族出版社,2003年,第35页。

文字亦复如是。

但上述问题都必须基于一定的史实基础。由于历史上彝族未曾统一,彝文至今也没有经过统一的规范整理,而且随其支系迁演分化,彝文的发展演化变得具体而复杂。同时,彝文的借源地域(一定程度上代表不同的支系)差异十分明显,比如四川彝族一直相对独立,而不像云贵那样多族杂居,所以很少发现借用汉文的情况。这从上述举例中也可以略窥一二。

三、文字学本体的角度

从这个角度出发,情况反倒是非常简单。从常理而言,一个本无文字的民族要创造一种文字,当然会选择文字较为发达和先进的文字系统作为其建立文字系统的参照(如契丹、西夏、女真三个民族自制文字是基本上用了汉字的造字方法),或直接借用那个较为发达和先进的文字系统中的单字。即使一个民族原有其本民族的文字系统,一旦其需要创立一种文字,那么选择一种制度较为合理的文字,亦是合乎常理的做法。

四、小结

概括以上的意思,应该说,汉字在被借源文字的选择中占据绝对优势,是一种文字传播中必然的现象,而纳西东巴文字和彝文也成为几种文字的借源对象,亦是合于上述原则的。因为这几种文字至少都是较大民族的文字,无论在民族文明的先进性还是在文字系统的合理性方面,都比较符合理想的源文字的要求。

第三节 从同义比较看借源文字对源文字的借用与改造

一、楔子

借源文字对源文字的借用和改造,既是文字传播领域内常见的现象之一,又是文字流变领域内常见的现象之一。一种借源文字在从源文字中借入时,会对源文字进行怎样的改造?纳西族的四种文字既体现出文字传播的特点,又体现出了文字流变的特点,因此本节以哥巴文和玛丽玛莎文为例,对这一问题进行尝试性说明,从中或许可以得出一些有价值的结论。

哥巴文的来源问题,我们在本篇第二章第一节中已经探讨过。综合目前学界对此问题的研究成果,我们认为,东巴文和汉字是哥巴文不可忽视的两个重要来源。玛丽玛莎文的来源,王元鹿曾在2004年撰写文章《玛丽玛莎文字源与结构考》,对120个玛丽玛莎文逐一考释,认为,"玛丽玛莎文字的绝大部分源自东巴文","少数玛丽玛莎文字得形自汉字,极少数得形自藏文"。①因此,在已有研究的基础之上,我们用同义比较的方法,对哥巴文和玛丽玛莎文对其他文字的借用和改造做一番比较。

二、哥巴文和玛丽玛莎文借东巴文的比较

哥巴文和玛丽玛莎文都是纳西族的文字。在前一节中我们已经提到,同一民族之间的文字系统往往是文字借源的首选。因此,我们首先对哥巴文和玛丽玛莎文借东巴文的状况进行比较分析。表一和表二分别列举了哥巴文和玛丽玛莎文借东巴文的状况:

表一　哥巴文借东巴文状况

序号	哥巴文			东巴文			说明
	字形	字音	字义	字形	字音	字义	
1		pi^{21}	膠		pi^{21}	膠	借形音义
2		pe^{33}	冂		pe^{33}	冂	借形音义
3		$æ^{21}$	斗、仇杀		$æ^{21}$	斗	借形音义
4		$pər^{55}$	纹		$pər^{55}$	虎纹	借形音义
5		$p'ər^{21}$	白		$p'ər^{21}$	白	借形音义
6		$p'ɯ^{55}$	断		$p'ɯ^{55}$	断	借形音义

---

① 王元鹿:《玛丽玛莎文字源与结构考》,载《华东师范大学学报 (哲学社会科学版)》,2004年第2期。

续　表

序号	哥巴文			东巴文			说明
	字形	字音	字义	字形	字音	字义	
7		$p'iə^{21}$	瓢		$p'iə^{21}$	瓢	借形音义
8		$fɣ^{33}$	毛发		$fɣ^{33}$	毛	借形音义
9		$fɣ^{33}$	锯子		$fɣ^{33}$	锯	借形音义
10		$tæ^{21}$	引、拉		$tæ^{21}$	拉	借形音义
11		di^{21}	蕨		di^{21}	蕨	借形音义
12		do^{21}	愚、傻		do^{21}	傻	借形音义
13		li^{33}	法轮		li^{33}	法轮	借形音义
14		lu^{33}	来		lu^{33}	掰	借形音义
15		i^{21}	漏		i^{21}	漏	借形音义
16		i^{55}	卧、睡		i^{55}	肋	借形音义
17		$zɑ^{21}$	星、慧星		$kɯ^{21}$	星	借形义
18		$gə^{33}$	嫩		$zə^{21}$	卧	借形
19		$gæ^{33}$	夹（在中间）		ho^{21}	草	借形
20		$pɑ^{33}$	到达		$k'ɣ^{55}$	弯弓	借形

表二　玛丽玛莎文借东巴文状况

序号	玛丽玛莎文			东巴文			说明
	字形	字音	字义	字形	字音	字义	
1		mv³³	天		mɯ³³	天	借形音义
2		mv³¹	星		kɯ²¹	星	借形义
3		xɯ⁵⁵	海		hɯ⁵⁵	海	借形义
4		be³³	雪		be³³	雪	借形音义
6		mbu³¹	峰		bu²¹	坡	借形义
7		dʑi³¹	水		dʑi²¹	水	借形义
8		to³³	坡		to⁵⁵	岗	借形音义
9		sa³³	麻		sa³³	麻	借形音义
10		kɣ̩³³	蒜		kɣ̩³³	蒜	借形音义
11		ɕi³¹	稻		ɕi³³	稻	借形音义
12		da³¹	花		ba²¹	花	借形义
13		phiə⁵⁵	叶子		tsʻe⁵⁵	叶	借形义
14		tɯ³¹	蕨菜		di²¹	蕨	借形义
15		ndzər³¹	树		dzər³³	树	借形音义
16		zɿ³¹	蛇		zɿ²¹	蛇	借形音义
17		pa⁵⁵	蛙		pa³³	蛙	借形音义
18		se³¹	岩羊		se²¹	岩羊	借形音义
19		mbər³¹	牦牛		bər²¹	牦牛	借形音义

续　表

序号	玛丽玛莎文			东巴文			说明
	字形	字音	字义	字形	字音	字义	
20		$zu\alpha^{33}$	马		$\text{z}ua^{33}$	马	借形音义
21		$\gamma u\text{ɯ}^{33}$	牛		mu^{21}	牛	借形义
22		lv^{33}	翅		$d\gamma^{33}$	翅	借形义
23		$tsho^{31}$	象		$ts\text{'}o^{21}$	象	借形义
24		$mæ^{33}$	尾		$mæ^{33}$	尾	借形音义
25		kho^{33}	角		$k\text{'}o^{33}$	角	借形音义
26		xu^{33}	鼠		$f\gamma^{55}$	鼠	借形义
27		bo^{33}	猪		bu^{21}	猪	借形义
28		zo^{33}	男人		εi^{33}	人	借形义
29		no^{31}	你		$n\gamma^{21}$	你	借形音义
30		me^{33}	母		me^{33}	母	借形音义
31		dzu^{31}	有		$dz\text{y}^{21}$	镯	借音形
32		$ndz\text{ɿ}^{33}$	吃		$dz\text{ɿ}^{33}$	吃	借形音义
33		$t\varepsilon e^{33}$	勾		$\gamma \partial^{21}$	捞	借形义
34		$khæ^{55}$	射		$k\text{'}æ^{21}$	射	借形义
35		$kh\text{ɯ}^{33}$	脚		$k\text{'}\text{ɯ}^{33}$	足	借形音义
36		$n\text{ɯ}^{33}$	心		$n\text{ɯ}^{33}$	心	借形音义
37		la^{31}	手		la^{21}	手	借形音义

续　表

序号	玛丽玛莎文			东巴文			说明
	字形	字音	字义	字形	字音	字义	
38		ndzo^{31}	桥		dzo^{21}	桥	借形音义
39		u^{31}	仓		gu^{21}	仓	借形义
40		mu^{31}	门		k'u^{33}	门	借形义
41		mu^{31}	簸箕		mu^{21}	簸箕	借形音义
42		thie^{33}	旗子		t'e^{33}	旗	借形义
43		tʂ'u^{33}	尺子		lər55dy^{21}	尺	借形义
44		tɕi^{55}	剪子		te^{21}	剪刀	借形义
45		ku^{33}	针		ko^{21}	针	借形义
46		dʑu^{31}	镯		dʑy^{21}	镯	借形义
47		x^{31}	金		hæ^{21}	金	借形义
48		m̩^{31}	银		ŋɣ^{21}	银	借形义
49		ʂu^{31}	铁		ʂu^{21}	铁	借形音义
50		ər^{33}	铜		ər^{33}	铜	借形音义
51		na^{31}	黑		na^{21}	黑	借形音义
52		a^{33}	啊		a^{33}	呵	借形音义

　　通过表一、表二的比较分析，我们发现：两种文字对东巴文的依赖程度不同。表一列举了20组哥巴文从东巴文中借入文字的例子。据曹萱2004年的统计，哥巴文中共有33％的文字来源于东巴文[1]；表二列举了52组玛丽玛莎文从东巴文中

---

[1]　曹萱：《纳西哥巴文造字研究》，华东师范大学硕士学位论文，2004年，第42页。

借入文字的例子。 这个数据表明,120个玛丽玛莎文中至少有52个——即43.3%
来源于东巴文。因此,我们可以断言,玛丽玛莎文对东巴文的依赖程度比哥巴文
对东巴文的依赖程度要高。 究其原因,这显然和玛丽玛莎文本身的不发达有必
然联系,正是由于玛丽玛莎文本身的发展水平比较低,才表现出了对东巴文如此
强烈的依赖性。

三、哥巴文和玛丽玛莎文借汉字的比较

汉民族历史上的强势地位,使汉文化对周边少数民族产生了强大的影响力。
哥巴文和玛丽玛莎文从本民族东巴文中借入文字的同时,也从汉字中吸收部分文
字并加以改造。表三和表四分别列举了哥巴文和玛丽玛莎文吸收汉字的状况:

表三　哥巴文借汉字状况

序号	哥巴文			汉字		说明
	字形	字音	字义	字形	字音	
1	保	po^{21}	一包、包(东西)	保	bao^{214}	借形义
2	工	pu^{33}	衔	工	gong^{55}	借形
3	写	pər^{33}	写	写	xie^{214}	借形义
4	开井	pu^{33}	失约	开	kai^{55}	借形义
5	孕孕孕	phe^{55}	(一)片、页	子	zi^{214}	借形义
6	犬尖	pha^{21}	豺	犬	quan^{214}	借形义
7	斤	bi^{21}	打秋千	斤	jin^{55}	借形
8	尾冟圁	bæ^{33}	(豆)荚	尾	wei^{214}	借形
9	五	p'e^{21}	糖	五	wu^{214}	借形
10	丘	bu^{21}	坡、堤	丘	qiu^{55}	借形义
11	千千	bɑ^{33}	千	千	qian^{55}	借形义
12	且且	thy^{55}	踩、踏	且	qie^{214}	借形

序号	哥巴文			汉字		说明
	字形	字音	字义	字形	字音	
13	女爻	dy⁵⁵	赶（马帮）	女	nv²¹⁴	借形
14	太	bæ²¹	将官、能干	太	tai⁵¹	借形义
15	亘巨	dy²¹	含	巨	ju⁵¹	借形
16	帀雨布	na²¹	黑	黑	hei⁵⁵	借形义
17	合盒	ko⁵⁵	中间	合	he³⁵	借形义
18	下	ky²¹	下（蛋）	下	xia⁵¹	借形义
19	犬犮犬	khw³³	狗	犬	quan²¹⁴	借形义
20	七	huo³³	猜（拳）	七	qi⁵⁵	借形
21	半中㞷	ɣɯ³³	牛	牛	niu³⁵	借形义
22	坔笁坔	tɕə²¹	经书	经	jing⁵⁵	借形义
23	且	miə²¹	目、眼睛	目	mu⁵¹	借形义
24	只	tʂhua⁵⁵	六	六	liu⁵¹	借形义
25	气	y²¹	伏（天）	气	qi⁵¹	借形义
26	止屵	tʂ͡ʅ³³	押（赌博押钱）	止	zhi²¹⁴	借形
27	言䇂	tʂhə²¹	这儿	言	yan³⁵	借形

表四　玛丽玛莎文借汉字状况

序号	玛丽玛莎文			汉字		说明
	字形	字音	字义	字形	字音	
1	田 (字形)	luɯ³³	田	田	tian²¹⁴	借形义
2	一 (字形)	dɯ³³	一	一	yi⁵⁵	借形义
3	二 (字形)	i³³	二	二	er²¹⁴	借形义
4	三 (字形)	su³³	三	三	san⁵⁵	借形义
5	六 (字形)	tʂhuæ⁵⁵	六	六	liu⁵¹	借形义
6	十 (字形)	tshŋ³³	十	十	shi³⁵	借形义
7	上 (字形)	shæ³¹	上	上	shang⁵¹	借形义

　　通过表三、表四的比较分析,可以发现,哥巴文在吸收汉字时,对汉字进行了相当程度的改动,而玛丽玛莎文在借入汉字时,更多的是原封不动地引进,改动较少。究其原因,这也和玛丽玛莎文本身的不发达有关系,和哥巴文相比,玛丽玛莎文发展程度较低,它还没有形成自己独立的文字体系,因此在借用其他民族文字时,相应地也就缺少一个针对本民族文字体系的文字改造机制。所以,对其他民族文字的借用,玛丽玛莎文还停留在不经变形直接借用的基础上。

四、哥巴文和玛丽玛莎文借东巴文和汉字的综合比较

　　在借用东巴文和汉字状况的比较中我们看出,在借入文字的数量和对源文字的改造方面,由于各自发展程度的高低,哥巴文和玛丽玛莎文表现出程度不同的依赖性。但是,通过综合观察,我们又发现两者体现出了一定的相似性。

　　首先,哥巴文和玛丽玛莎文借东巴文的数量都比借汉字多。据曹萱统计,哥巴文中约有四分之一左右的文字来自汉字,33%左右的文字来自东巴文[①],而玛丽玛莎文大约有5.8%的文字来源于汉字,至少有43.3%的文字来源于东巴文。这些数据表明:1)借源文字在选择源文字时,本民族文字是首选;2)和同样具有杂糅性质且发展程度略高一些的水族文字相比较,并结合其他借源文字的发展

---

① 曹萱:《纳西哥巴造字研究》,华东师范大学硕士学位论文,2004年,第42页。

历史,我们可以推断,如果哥巴文和玛丽玛莎文继续向前发展,哥巴文和玛丽玛莎文各自体系中汉字的比例应该有所增加。

其次,在借入东巴文和汉字时,哥巴文和玛丽玛莎文都在一定程度上对源文字进行了改造,且这种改造都以简化为主要手段,这主要和源文字与借源文字之间的不兼容有一定的关系。尽管文字创立者对源文字有一定的筛选,但毕竟是不同文字体系,源文字造字理据很难在借源文字体系中完全体现,因此,源文字对于借源文字使用者来说,就变成了没有理据或者理据不详的文字。在这种情况下,出于学习和书写的便利,简化也就变得理所应当了。相比较而言,这种造字理据引起的形变,对其他民族文字的影响多于对本民族其他文字体系的影响,如哥巴文中对汉字的改造多于对东巴文的改造。世界上的各种文字往往是以朝着符号化越来越强、书写越来越简洁的方向发展为主要趋势的,哥巴文和玛丽玛莎文对源文字的这种改造也体现了文字发展的大势。

五、小结

综上所述,我们认为借源文字对源文字的借用和改造,大致有以下几个特点:

第一,发展程度越高的借源文字,对源文字的依赖性越低;发展程度越低的借源文字,对源文字的依赖性越高。这体现在两方面:从借入文字的量来说,其在发展程度高的借源文字体系中所占比例低于在发展程度低的借源文字体系中的比例;发展程度高的借源文字对源文字的改造较多,发展程度低的借源文字对源文字的改造较少。

第二,借源文字从本民族其他文字体系中借入的文字比从其他民族文字体系中借入的文字多。

第三,借源文字对源文字的改造多以简化为主。

第四节　从水文"新造字"看借源文字成分的复杂性

一、问题的提出

通过对诸文字传播现象的进一步观察,我们可以发现,一些所谓的"拼盘文字"系统中,除自造字和借源字以外,似乎还包含着第三类字——新造字。本节我们将以水文为例来说明这一现象。

水文既不同于纳西东巴文的自源文字系统,又区别于古壮字的借源文字系统,可说是一个杂糅体系。水文存在大量异体字,各异体字处于不同的发展层面,因此前人得出了水文是一种"拼盘文字"的结论。即一个文字系统内部存在着多样的文字类型、产生源头,具体体现为"自源字"与"借源字"。然而,除此以外,水文系统中应该还有一类字存在,那就是"新造字"。

早在1999年,刘凌就在其硕士论文中提出了"新造字"的概念:"水字在借用汉字的同时,又利用汉字(或汉字部件、笔画)重新组合,……因为这些字不再是直接去用、改造现成的汉字形体,我们称其为新造字。"[①]这一概念的提出,主要建立在对具体字例的考察上,而理论上的界定尚欠精准。这也是为什么很多学者仍认为它应属于"借源字"而无须独立出来的原因。

实际上,水文系统中存在着的一些文字现象已经超出了借源字与自源字的范围,我们认为应该将这些字区别对待,建立起"新造字"这一概念是很有价值的。

二、"新造字"的重新定义及与"自源字"、"借源字"的区别

由于原有的"新造字"定义比较模糊,在操作上又很容易与借源字和自源字混淆,我们认为有必要将其重新定义,使之自成体系。水文的新造字应该是在汉字借入水文系统以后,水族人在已有自源字与借源字的基础上重新创造的一批字。它们不再是对已有汉字形体的直接借用或改造,因此并不能一一在汉字体系中找到其"模板"。

如果给水文的新造字一个较为精确的定义,那么可以说:新造字是水文中的一批字,它们产生于汉字流入之后,在构造与形态上兼具水文与汉字二者的特点。

(一)"新造字"与自源字的区别

水文系统中的自源字是水族自创的古文字,处于相对原始的阶段,在文字学上素有"文字的幼儿"之称。自源字中象形字占有很大的比例,而新造字中也有一批与象形的自源字十分相似的文字,二者很容易混淆。例如: 𓃡 与 𓃢 ,水文含义是"猪"。这个字明显是用象形的造字理据创造出来的,也就是说,这是水族

---

① 刘凌:《"水书"文字性质探索》,华东师范大学硕士学位论文,1999年。

人自造的象形字。而新造字中这种具有原始形态的字形,是在借用汉语词汇基础上,用自造字的造字理据创造的新字。又如:✍ 水语读音是[nok],含义是"鸟",就是记录其水语词汇创造的象形字,是自造的自源字。✍ 鸲,或借作二十八宿,与"鸟"字一样,亦是纯粹的自源字。而新造字是一种结合自源字与汉语借字的形态、结构造出的新造字,如 吼 、姑 、姚 。从中既可以看出汉字的结构与形态的特点,又可以看出水文的结构与形态的特点。

(二)"新造字"与借源字的区别

区分新造字的主要困难是,容易将新造字与借源字混淆。借源字是搬用、改造、截取、假借汉字而造出的字。在外形上,很大一部分的新造字与之相似,而且二者又都是为汉语词汇造的字,这是新造字与借源字容易混淆的主要原因。

但是实际上,新造字与借源字产生的基础是不一样的。借源字的造字基础是汉字,无论它如何变形,总是能够在汉字系统中找到与之相对应的字。换言之,就是水文借源字能在汉字系统中找到相对应的造字模版。例如:干支字"乙"有五个异体字形,分别是"ʔ"、"ʔ"、"ζ"、"乙"、"乙",很明显这些字形都是在汉字"乙"的基础上变形所得。再如水文里的年字也有四个异体字形"午"、"午"、"写"、"写",这也是将汉字中的"年"字经过拆分重组而得到的。而新造字则不是在汉字基础上改造而得的,而是在借源字和自源字基础上产生的。由于汉字借入水文系统以后,水族人模仿汉字的笔画造型,或以水文的造字理据,或模仿汉字的造字理据,重新造出一批字,这些字没有相应的汉字与之对应。例如:水字中的辰字,有多个异体字形,其中有两个是"⺕"、"厎",不同于其他的异体字形。另一个异体字"⺕"字是分明是汉字借字"艮"的变形,音[gən]。在这个借源字的基础上加上一个有水文自源字特征的标记符号就形成了"⺕"、"厎",这是在借源字基础上创造的字,又具有水文自造字的特色,可以认为是新造字。

三、区分新造字的意义
(一)探究新造字产生的原因可以帮助认识水族特殊的历史文化

对与水族地处同一地区的另外三个少数民族——壮族、侗族、布依族而言,水文系统是一个相对封闭的系统,水族人不像其他三个民族一样主动接受汉字、借用汉字。在汉字借入以前，水文系统处于初创阶段，然而这个过程被汉字的借入打断，因而水文的自造字不像纳西东巴文那样在一个纯自源的系统中正常发展。而且，即使更为先进的汉字被借入后，水文更多地是借用汉字的形而不是利用它的造字理据，这样导致水文借源字和新造字中的记号字非常多。 为什么会造成这个局面？水族人民借用汉字又不主动使用，往往将借来的汉字改得面目全非，存在借源字的情况下，还要新造例如"艮"字，既有多个借源字异体，又创造出新造字"畏"、"厡"。这借而不借的状况，其实是有其文化根源的。

水文在汉字借入前完全不能记录水族人民的宗教用书——水书，最多只能记录一些水族特有的宗教巫术名物，借入的汉字就填补了这个空白。而且，水书并不是一开始就有今天的规模，而是水族中比较有学识的巫师在汉水文化的碰撞中，结合水族宗教的特点一步一步修补完善而成的。目前的研究成果表明，水书受汉代经纬之学影响甚深，在思想内容上与《洛书》、《周易》有渊源关系，因而无可避免地借入了相当数量的汉语词，这是汉字被借入水文系统的内在原因。另外，水书主要为巫师们掌握，水文自然也就是由巫师们使用。为了保持民族宗教的神秘性，巫师总是在不得已的时候才使用汉字借字。 正是因为这种被动借入汉字的历史文化条件，使得掌握水书的水书先生们有种躲避汉字的心态，从而产生创造新字的动力。

（二）新造字的研究可以帮助了解水文系统的发展变化

由于种种原因，水文系统虽然没有得到正常和全面的发展，然而，它并没有完全停滞不前，新造字的出现就是在借入汉字以后产生的变化。 通过对新造字的统计与研究分析，能够了解水文的发展与变化。 例如新造字中象形字比例较少，出现了一些模仿汉字形声字的准形声字。 如：上文所举的"艮"字，还有 鑫。新造字中还出现了一批不同于自造字的抽象性比较高、模仿汉字造字理据的会意字，比如一些称谓字，如"姊"、"伯"等。

将新造字区分出来以后，对比新造字与自造字和借源字，可以了解水书的用字趋势与水文造字方式的改变，从而可以帮助我们有意识地去发展水字系统、拯救水书。 刘凌的硕士论文中已经对水文中的新造字做了一些数据统计，[①]列表

---

① 刘凌:《"水书"文字性质探索》，华东师范大学硕士学位论文，1999年。

如下：

	总字数	异体字总数	写下的词总字数	异体字在各类字中所占比例（%）
自源字	300	172	128	57.33
借源字	340	250	90	73.53
新造字	140	88	52	62.86

水文构成统计表

	总字数	各类字在水字总数中的比例（%）	异体字总数	各类异体字在异体总数中所占比例（%）
自源字	300	38.46	172	33.73
借源字	340	43.59	250	49.10
新造字	140	17.95	88	17.25
合计	780		510	

还须说明的是，刘凌女士的这个统计是建立在她对新造字的理解上的，与我们的新造字概念当有些许出入，因而数据统计可能会不一样。尽管这个数据表并不一定很科学和精确，但是我们在此只是想要说明：新造字在水文中是客观存在的，在其他"拼盘文字"中当然也有可能存在。由此亦可见借源文字的成分远比我们想象的来得复杂。

第五节　从汉字传播对水文的影响看
"拼盘文字"的内部运动

一、水文中自造字和汉字借字的义类分析

依据刘凌女士1999年的统计和华东师范大学中国文字研究与应用"古汉字与其他民族古文字同义比较"电子资料库对水族文字的收集，现有水族文字820个（含异体字），其中本民族自造字426个（含异体字），汉字借字371个（含异体字），另有23个字（含异体字）尚无定论。依据现有研究成果，我们对数据库中的水文自造字和汉字借字进行分类分析，得出下列两表：

水文自造字义类表

自造字（含异体）426			
义类	字数	比例1（%）①	比例2（%）②
人事	145	34.04	17.68
动物	92	21.6	11.22
天象	67	15.73	8.17
器用	53	12.44	6.47
地理	44	10.33	5.37
宗教	33	7.75	4.02
人称	31	7.28	3.78
形体	15	3.52	1.83
植物	10	2.35	1.22
名词性其他	7	1.64	0.85
形状	6	1.41	0.73
饮食	5	1.17	0.61
居住	5	1.17	0.61
虚词性其他	5	1.17	0.61
数名	4	0.94	0.49
形体	1	0.23	0.12
服饰	1	0.23	0.12
干支	0	0	0

水文汉借字义类表

汉字借字（含异体）371			
义类	字数	比例1（%）③	比例2（%）④
干支	124	33.42	15.12
天象	73	19.68	8.9

---

① 此为该义类水文占自造字的比较。
② 此为该义类占水文总数（820字）的比例。
③ 此为该义类水文占汉字借字数量的比较。
④ 此为该义类占水文总数（820字）的比例。

汉字借字（含异体）371			
义类	字数	比例1（%）	比例2（%）
地理	39	10.51	4.76
形状	30	8.09	3.66
数名	23	6.2	2.8
宗教	21	5.66	2.56
人事	20	5.39	2.44
人称	14	3.77	1.71
名词性其他	8	2.16	0.98
居住	7	1.89	0.85
动物	6	1.62	0.73
器用	4	1.08	0.49
虚词性其他	3	0.81	0.37
饮食	2	0.54	0.24
形体	1	0.27	0.12
形体	0	0	0
植物	0	0	0
服饰	0	0	0

　　从上述两表中我们可以看出，水文426个自造字（含异体字）中，数量最多的是表示人事、动物、天象、器用、地理、宗教、人称的字，均占到水文总字数的39%以上，在水文371个汉语借字（含异体）中，占到水文总字数的33%以上的是表示干支、天象、地理、形状的字。值得注意的是，水文中的干支字完全借自汉字，水族自身没有创造任何一个与干支有关的文字。水文自造字和汉语借字的这种分布状况可以从以下几个方面进行解释：

　　首先，原始民族的语言有个共同倾向："它们不去描写感知着的主体所获得的印象，而去描写客体在空间中的形状、轮廓、位置、运动、动作方式，一句话，描写那种能够感知和描绘的东西。"[①]这种原始思维和原始语言的特征表现在水文

---

① 列维·布留尔：《原始思维》，商务印书馆，1997年，第150页。

自造字中就是用来记录具象事物的文字比记录抽象事物的文字发达。相反,在汉字借字中,没有表示形体、植物和服饰之类具象事物的字,水文自造字中原本不存在的表示干支纪年的字在汉字借字中大量出现,表示数量的字在汉字借字中的比例也比在水文自造字中高。水文的这种分布情况和布留尔的观点一致,进一步表明水文是一种较为原始的民族文字。

其次,水文中不论是自造字还是汉字借字,表示宗教、地理、天象的字都占有较高的比例(其中地理这一义类中包含表示五行观念的字)。这种现象与水文的宗教性质有关。水族是一个信仰多神的民族,民间流传的鬼神有七八百种,他们事事讲究占卜,从婚嫁、丧葬、营造、出行到驯马、吃新米等,都要邀请水书先生择吉避凶。这反映在水族文字上,就是表示宗教意义的字和占卜用字比例较高。

最后,关于水文干支字完全借自汉字的现象,中央民族大学的刘日荣在其《〈水书〉中的干支初探》一文中对水文干支字作了详尽的分析。他认为水文干支字的频繁使用与水族对汉文化的吸收有关。作为宗教性占卜文字,水书吸收了古代汉族占卜术的一些内容。《华阳国志·南中志》记载,东汉时"毋敛人尹珍,字道真,以生迟裔,未见痒序,乃远从汝南许叔重授五经,又师事应世叔学图纬,通三才,还以教授,于是南域始有学焉"。现在的水族分布区域与东汉毋敛县相近,毋敛人尹珍学习汉文化,归来传之南域,水族先民很可能受益其中。刘日荣还指出,水族的天文历法也与汉族十分相近。[①]因此,在宗教占卜和天文历法都相似的情况下,水族向相对发达的汉字借用干支字也就可以解释了。

二、汉字对水文结构方式的影响

(一)汉字传入之前水文的结构方式

汉字传入之前,水文的组成主要以自造字为主,其结构方式主要有以下几种:

1. 象形。象形是汉字传入前水文使用最多的结构方式,如:花( )、鸟( )、猪( )等。

2. 会意。如塘( )、井( )、河( )等。此外还有一些比较特殊的会意字,主要通过方位会意,如死( ),通过改换水文"人"字的方

---

① 刘日荣:《〈水书〉中的干支初探》,载《中央民族大学学报(哲学社会科学版)》,1994年第6期。

位来表示。用方位别义是原始文字常用的一种手段。

3. 指事。 如上（ ⚏ ⚏ ⚏ ⚏ ）、下（ ⚎ ⚎ ⚎ ⚎ ）等。 纯由符号构成的指事字在水文自造字中不是很多。

4. 义借。 指借用一个现成的字的形体来记录另一个意义与它有关的词。在水文自造字中，使用"义借"结构方式的字我们目前只发现一例，酒（ ♗ ），用酒瓶之形来表示酒的概念。

（二）汉字传入后水文的结构方式

汉字传入之后，水文除了保持原有的几种结构方式之外，还出现了假借和形声这两种原来没有的结构方式。

1. 假借

一般汉字学的研究认为，假借是借用同音或音近的字来表示一个词。 从我们所掌握的材料来看，水文中不仅存在上述类型的假借，还存在另外一种假借方式，即借用汉字形体而不论是否与汉字有同音或音近的关系。因此，水文汉字借字中的假借主要有以下几类：

1）借汉字的形、音、义，如：甲（ ▽ 、▽ 、甲 、⚏ ，[ȶa:p⁷]）、西（ 西 ，[si³]）、吉（ 吞 、吞 、吞 、吞 、吞 、吞 、吞 、吞 ，[tit⁷]）、爻（ ⚏ 、⚏ ，[jau²]）、杀（ 煞 、煞 、煞 ，[sa:t⁷]）等。

2）借汉字的形、音，如南（ 多 、多 、多 ，[na:n⁴]）、计（ 行 、⚏ ，[ti¹]）、绿（ 羽 ，[ɕu¹]）、等。

3）借汉字的形、义，如天（ 天 ，[ʔən¹]）、门（ 门 、⚏ 、⚏ 、⚏ ，[to¹]）等。

4）借汉字的形，如婿（ 氏 氏 比 ）。

2. 形声

水文中的"针"（ [sum¹]）写作 鑫 ，是仿汉字"品"字形结构，借汉字"金"（ 稍作变形 ）为声符。

（三）汉字传入后水文结构方式的变化

主要表现在以下几个方面：

1. 汉字传入前，象形字较多。汉字传入后象形字没有增加，并逐渐退居次要位置。

2. 汉字传入后,会意字出现了一种新的组合方式:汉字构件与水文的自造字构件的组合。 如水文的"伯"(挱)由汉字"大"和水文"叔"(耂)组合起来;还有"姊"(如刋)、"姑"(妣妣)、"嫂"(妤 妤)等。 方位别义的特殊会意字没有进一步的发展。

3. 汉字传入后,指事字进一步发展,纯符号指事字逐渐增多,促使水文向符号化、线条化发展,而纯符号指事字的增多正是水文符号化程度提高的具体表现。

4. 汉字传入后,义借字减少或停止使用,这种情况是随着文字记录语言的方式和造字方法的发达而实现的。 特别是假借这种结构方式得到广泛、熟练的使用之后,在记词上较易造成混乱的义借结构方式逐渐被舍弃不用。 汉字的传入促使水文从一种比较原始的文字向前迈了一步。

5. 汉字传入后,假借字大量出现,并推动了形声字的产生,不过水文中的形声字尚处于萌芽状态。

三、汉字对水文符号体态的影响

(一)符号化程度

汉字传入前,水文大部分属象形字和会意字,具有浓厚的图画色彩,符号化水平相当低。

汉字传入后,水文的符号化水平大大提高。 水文受所借用汉字的影响,逐渐由图画性较强的文字向符号性较强的文字发展。 特别值得注意的是,原来那些图画性较强的文字虽然继续被使用,但同时也出现了相应的简化体,如 ᒼ(鸡)、否(蟹)、呆(蜘蛛)等。

(二)字体的量的规格化程度

从字体的长宽比例来看,水文自造字(特别是象形字)的长宽比例不稳定,而水文中汉字借字的长宽比例相对比较稳定,一般都保持在1∶1左右。

从字体大小的规格化程度来看,水文自造字之间以及自造字和汉字借字之间,大小、排列均不能整齐划一,字间距与行间距宽窄不等,字与字之间、行与行之间均存在交错现象;而汉字借字的排列显得整齐得多。

汉字的传入使水文由以不规则的文字为主发展为以方块字为主,书写显得更整齐划一。

四、汉字对水文性质的影响

对于水文的性质,目前文字学界尚未达成统一的认识。我们从以下角度去认识水文的性质:

(一)记录语言的方式

汉字传入水文前,水文的结构主要只有象形、会意、指事、义借等,这是水文主要使用的是记意写词法,它还仅仅是一种"记意文字"。

汉字传入后,水文的结构方式除了象形、会意、指事、义借之外,还出现了假借和形声,而假借当属于记音写词法,形声则属于意音写词法。因此,汉字传入后的水文已经具备记意、记音、意音这三种写词法,已属于一种"意音文字",只是尚欠发达。

(二)与语言单位的对应关系

汉字传入前,水文数量有限,不能记录完整的语句,是一种"语段文字"。

汉字传入后,水文的字数大大增多,记录的词汇亦有所增加,但仍不能完全记录日常使用的词汇,因此很多水书仅仅只能列个纲目,需要靠配字配音配歌才能成为完整的篇章。①所以,汉字传入后的水文仍然不能完整地记录语句,水文的"语段文字"性质没有改变。

五、小结

综上所述,汉字传入前,水文是一种"语段—表意文字";汉字传入之后,水文变成了一种"语段—意音文字",它处于由"语段—表意文字"向"表词—意音文字"过渡的阶段。因此,汉字的传入对水文性质的改变产生了积极的影响。它虽然没有使水文由语段文字发展成表词文字,没有使水文摆脱原始文字范畴,但却促使水文由一种具有较浓图画色彩的记意文字发展到了一种符号化色彩较浓的意音文字,这一发展对于水文来讲已是一种质的飞跃。

---

① 潘朝霖、韦宗林:《中国水族文化研究》,贵州人民出版社,2004年,317页。

结论

我们在本书的结论中将对前五篇各章所进行的同义比较作一些简要的总论。

我们之所以不在前面各个篇、章、节结束之后进行总结，而是在本书的末尾作这样的总结，原因主要在于：在文字学的研究中，许多研究主题、研究内容、研究结果往往是相互交错、亦此亦彼的，或是互为因果、不易划界的。

比如说，许多在理论上应当属于文字发生的问题，往往进行研究时离不开文字的传播。因为许多文字系统的来源往往不是单一的。有些以本民族自造的字为主要成分的文字系统，也偶然含有借源于其他民族的字。如纳西东巴文基本上是所谓"自源文字"，但是至少含有几个从藏文借源的单字。有些向其他民族借源的文字系统，却也有相当数量的本民族自造字。如壮文的主要成分是从汉字借源而来的，但是壮文中至少有二百多个自造的单字。再进一步说，我们在本书第二篇中已经说明过，文字就其发生来说，也是一个过程，因此文字的发生与文字的发展又是分不开的。

又比如说，许多理论上应当属于文字性质的问题，又往往与文字的发展有扯不清的关系。这是由于文字的性质往往是有变化的而不是僵死不变的。汉字就是一个典型的例子。无论时间还是空间，都使这种有至少四千年发展历史、通行于一千万平方公里左右的地方甚至流传到邻近民族与国家的文字，不断地处于变化的长流之中。

至于文字发生、文字发展同文字传播之间的"剪不断，理还乱"的关系，更是不言自明。文字传播的结果可能又是另一种文字发生与发展的原因。只要看汉字的传播使一些与汉族相邻的民族产生了文字，即可明白这一现象的普遍或常见。

而本书前面的几篇进行的同义比较的研究，又使我们更加加强了这样的意识。比如，我们在对本书进行研究主题的计划时，曾企图把同义比较的研究分为"自源文字的同义比较"和"借源文字的同义比较"两个部分。但是我们在不断深入和不断扩大的研究中，较快地发现我国的许多民族古文字根本不可以简单地归为"自源文字"或"借源文字"中的任何一类。我国民族古文字的现象是十分复杂的,在这一事实上亦可见一斑。

上述的这一切使我们不得不把本书的每个大课题的内容尤其是相应同义比较的结论都放到全书的"结论"部分来叙述。由于前面说明的原因,结论的每一大点的叙述并不一定同本书第二到第五篇的内容一一对应。

一、对中国民族古文字的发生的再认识

仅仅依据本书第二篇,我们即可发现同义比较不仅没有简化我们对文字发生过程的认识,反而使我们了解到文字发生的复杂性及随之而来的文字发生研究的复杂性。

文字发生研究有两个重要问题。第一个问题是:什么是文字发生? 这个问题因标准不同而答案各异。可以从广义、狭义的角度来定义,也可以根据宏观、微观的角度来定义。第二个问题是:文字如何发生? 我们知道,任何事物的发生都牵涉到五个W的问题,即:"谁""哪里""何时""什么""如何"。表现在文字发生上就是:文字创制者是谁? 文字创制于一时一地,还是多时多地? 文字的渊源物是什么? 文字发生的动力是什么,过程是什么?

但是,在民族古文字的视野中有四类特殊的情况值得注意:一是由文字传播引起的特殊的文字发生——借源文字的发生;二是具有某种渊源关系的同一个民族的几种性质不同的文字的发生,如纳西族四种文字;三是由个人创制的文字的发生,如傈僳竹书的创制;四是性质未明的符号系统,如福建的仙字潭刻符和羌族的《释比图经》等。这些特殊情况使得文字发生的再认识十分必要,也更加复杂。通过本书前面的相关同义比较及其他相关研究,对中国民族古文字的发生问题我们至少可以发现这些现象与结论:

(一)文字发生的涵义具有多样性

1. 狭义上的文字发生往往是指某一种具体的文字的发生,而广义上的文字的发生有时是指一个民族群乃至世界上的最早的文字的发生。

2. 微观的文字发生可以指一个文字系统中每一个字符即每一个单字的发生甚至每一个文字构件的发生,而宏观的文字发生一般指某一个文字系统作为整体的发生。

3. 一般意义上的文字发生是指自源文字的发生,这种自源字往往是早期文

字。而文字传播导致的特殊的文字发生包括借源文字的发生。第五篇正是针对具有借源关系的文字系统而展开的。有些文字系统借源字与自源字并存,其借源字的发生情况是很复杂的。

4. 同一民族中可能有几种往往是有关系的但性质不同的文字系统的发生与存在。比如哥巴文和东巴文同属纳西族的文字系统,哥巴文作为一种音节文字,其发生与东巴文字系统的自身发展及其记录语言的不完善性有密切关系,只有了解了东巴文的发展状况和内在性质,才能真正弄清楚哥巴文的发生情况。

（二）文字发生的复杂性和文字发生研究的困难

1. 对产生时间较早的文字系统的发生研究往往因缺乏相应的材料而只能通过构拟得到发现,也完全可能通过构拟得到发现。

2. 文字发生往往有其模糊性。一方面,从非文字到文字间的临界点的不明确。在第四篇中我们列举了相应的例证。我们通过同义比较发现,大量的古文字材料都证实文字的不同发展阶段之间是互相渗透的。例如:早期文字中含有表词—意音文字的萌芽,而表词—意音文字又有早期文字的孑遗,这体现在表词—意音文字既带有原始图画的遗迹又带有原始符号的遗迹。另一方面,借源文字发生的过程往往是复杂的、多层次的。我们在第五篇中发现:文字借源可能是在原本民族自造字生成以后借入其他民族的文字（如水文可能属于此类）,也可能是在借入其他民族的文字之后再产生本民族的自造字（如壮文可能属于此类）。有些拼盘文字系统中有本民族自造字与借入的民族的借源字拼合而成的字,如水文。而且拼盘文字系统存在着复杂而且剧烈的内部运动。

（三）文字的渊源物可以分为图画与符号两种

1. 文字的渊源物有多种,对文字渊源物的看法也多种多样。把文字的渊源物分为图画与符号的做法是比较合理的。在第四篇第四章中关于早期汉字的研究材料中,我们也能看到,早期汉字系统中也普遍存在着象形和指事两套系统。

2. 从早期文字的分析显示:在图画与符号两种文字的渊源物中,图画是更为主要的一种。

3. 民族人类学研究、考古发现与传世文献为文字渊源物的"二源论"说提供了旁证。

（四）文字发生的动力是复杂且各有个性的

1. 文字发生的动力是社会多方面的共同作用。

2. 文字发生的直接动力是社会对记录语言的需要。

3. 在有的个案里，个人的心理需要也是文字发生的动力。 这种个人创制的文字发生动力对文字性质有着特殊的影响。

4. 一种文字发生可能有多种动力。

5. 各种文字系统发生的动力与动因不一定是相同的。 各种文字系统的发生的主要动力有时也是不同的。

6. 生产与生活往往是文字发生的主要动力。

（五）文字发生往往是一个漫长而复杂的过程

1. 文字发生往往是一个漫长的过程。

2. 一种文字的发生往往可以分为若干个阶段。

3. 文字发生的过程与文字发展的过程具有相似性。 如都是一个漫长、渐变的过程，具有一定的阶段性，但各阶段之间互相渗透，前一阶段包含着下一阶段的萌芽，下一阶段又保有上一阶段的孑遗。 但是总体来看，无论是文字发生，还是文字发展，都是视觉符号与语言单位逐渐结合的过程。 原始的图画与符号在社会需求的推动下，逐渐开始记录某种信息，随着记录信息的固定，它们开始与语言中的词相对应，文字便发生了。 之后，在社会需求继续推动下，文字记录语言的完善性不断提高，这具体表现在记录语言方式的发展、记词率的提高、符号体态的改进等方面。

二、对中国民族古文字性质的再认识

对于文字的性质的研究是对任何一个文字系统的研究的出发点。中国的含表意成分的民族古文字的性质，有许多的共性，亦有它们各自的个性。我们在第三篇中的讨论，主要以揭示它们的共性及它们各自的特点为目的。此外，必须指出：本书的其余一些篇章，无论是谈及文字的发展还是文字的传播，都与文字的性质密切相关。 因此，以下的一些认识虽以本书的第三篇的研究结果为主要依据，也参考了其他一些篇章的内容与结论。

通过同义比较，我们可以得出下述有关中国民族古文字性质的若干结论：

（一）早期文字造字方法的启示

1. 早期文字往往有象形、指事、会意等造字法或其中的部分。

2. 早期文字往往还具有义借造字法及方位表义与别义、颜色表义与别义等在较发达的意音文字中不多见的辅助造字方法。

3. 早期文字中极少形声造字法，往往至多只有形声造字法的萌芽。

4. 汉字"六书"理论适用于早期文字的结构分析。由早期文字的同义比较，我们可以看出许慎"六书"中的象形、指事、会意、形声四种造字法不仅是汉古文字产生方式的总结，而且适用于分析其他民族早期文字。

5. 在各早期文字中，各造字法的应用程度是不同的。早期文字以象形造字为主，多数早期文字兼含指事、会意造字法，也有少数早期文字只含以上三种中的一两种，个别早期文字中形声造字已开始萌芽。

6. 造字方法比较结果显示，早期文字中象形字最为丰富，这说明原始图画是文字的最重要的渊源物。原始符号是早期指事字的主要来源之一。不过，这两种渊源物在性质上都是表意性的。

（二）早期文字符号体态的启示

1. 早期文字符号体态具有浓厚的图画性特征。

2. 早期文字符号体态没有统一的规格。

（三）纳西族的达巴文与东巴文之间的同义比较的结果对此二种文字体系的关系的探究有一定启发

1. 二者有一定的相似之处，但是达巴文较东巴文的文字制度原始得多。

2. 二者之间的关系可能不是简单的一方借一方的关系，而可能有着较为复杂或深层次的关联。

（四）从东巴文与汉古文字的性质比较看文字发展的客观存在

1. 东巴文性质上的"过渡性"。东巴文与汉古文字的差别，既可以从文字性质进行分析，也可以从文字发展的视角来作观察。东巴文的内部存在着性质上的很大跨度，既有几乎是连环画式的原始图画，又有成熟的形声字、假借字，所以我们只能将它视为处于两类性质的过渡阶段中的一种文字系统。

2. 性质上的差异显示发展阶段的不同。正是"过渡"二字，体现出文字性质与文字发展之间的紧密联系。尽管古汉字与东巴文不同源，但在普通文字学的意义上，汉古文字可以代表较为成熟的表词—意音文字。东巴文则可以代表初始阶段的表词—意音文字。这两种文字的比较为我们提供了文字发展的生动例证。

（五）北方三种民族古文字的性质带来的启示

1. 将汉字引进我国民族古文字研究对认识我国民族古文字的性质会有极大的作用。一方面,汉字的六书理论会对民族古文字的研究有极大的启发作用。另一方面,对作为一种经常被借用的源文字即汉字的理解,对于把握许多借源文字的性质有很大作用。

2. 西夏文、契丹文、女真文三种借汉字造字方法为主的文字的数目字特征的同义比较,反映出这些文字系统表意性与表音性的交织状态。 如表意为主的契丹大字在与数字纪年和计寿等方面已有多种音节拼写和语词缀合形式,而表音的契丹小字的数字却使用表意形式。这种特征与纳西东巴文和哥巴文的状况有些类似。 表意为主的文字在记录语音时往往欠缺灵活性,而表音为主的文字则面临着字符理据的问题,二者相互交织的状态正是它们互相弥补功能缺陷的外在表现。

3. 语言的系属对借源文字系统性质的影响。 西夏文的基本数目字的表现和分布与汉字整齐划一,比契丹文和女真文的复杂度要低。 这主要是因为西夏语所属的藏缅语族与汉语更为相似,借用汉字表达本族语言也就更为便利。 类似的,在第五篇中讨论到的,越南借用汉字比日本、朝鲜显得更为便利,并没有像日本和朝鲜最终因汉字不能满足需求而自创表音文字,而是创造了与汉字类似的意音文字系统,也是因为语言上更为接近汉语。

4. 西夏文、契丹文、女真文三种借汉字的造字方法为主的文字的数目字特征的同义比较,反映出它们对意音文字的符号化、简化和规格化,显著性和渐变性等方面,缺乏整齐划一的特点。

（六）傈僳竹书文字的独特性质

1. 个人意志的作用对文字性质的影响是相当大的。 傈僳竹书的独特个性在于个人在其发生发展中扮演的角色。 第一,字符系统的单纯化。 其文字绝大多数是独有的自源字,不存在水文里大量借源字的情况。 第二,记词率高,表音相对彻底。第三,字符的抽象化程度高。一般的文字系统,由于缺乏一个强有力的意志的调节作用,往往存在较严重的不规范现象,包括文字系统构成的复杂性、异体字的大量存在、符号体态的随意性等等。

2. 以傈僳竹书为参照物可以更明显地显现出其他文字的不规范现象。 傈僳竹书的创制过程中,个人意志起到了一定的规范作用。 与之不同,哥巴文、水文、彝文等都是群体创制、群体使用的文字,缺乏规范整理,多种理据和用法的字混合在一起,呈现出交错的关系,成为复杂的拼盘文字。

（七）含有借源成分的民族古文字性质问题

1. 一些文字系统借用汉字的性质。特别是在拼盘文字中,这一问题更为复杂。举例来说,通过借义（"训读"）的方式借来的汉字与自造字中的象形字,记录语言的方式都属表意,但又明显不是同一种表意方式。如果仅用"表意成分"来概括,显然掩盖了问题的存在。

2. 一些文字系统仿照汉字的性质。对汉字的借用方式包括整字的假借和模仿汉字自造字。后者又包括模仿汉字结构方式、借用汉字部件、借用汉字笔画等。

3. 必须结合文字传播的观点讨论含有借源成分的民族古文字。多种具有借源成分的文字系统的源文字涉及到汉字、藏文、东巴文等。属于拼盘文字或纯借源文字的文字系统,不仅有本土各民族文字,还涉及到日本、朝鲜、越南等邻邦的文字。只有充分结合文字传播的视角,才能正确地认识具有借源成分的文字系统的性质。

（八）文字规范与文字性质——几种拼盘文字的性质问题

1. 民族古文字的原始宗教性导致规范性差。我国的民族古文字往往与其民族的原始宗教结合在一起,原始宗教性往往导致民间性、使用范围狭小、使用者随意性大,从而直接导致文字缺乏规范性。而缺乏规范性最重要的表现就是异体字众多。上述几种拼盘文字都存在大量异体字。

2. 民族古文字的借源性导致规范性差。这主要表现为:一是借源字和自源字构成的异体关系,二是不同字源（既可以是两个文字系统,也可以是同一文字系统的不同字符）构成的异体关系。

3. 异体字对拼盘文字性质有影响:

1）水文异体字占据了水文系统的大部分空间。由于它的拼盘文字的性质,且它的"拼盘"中自源字与借源字的比重的均衡性,决定了其异体字状况与成因的复杂性。

2）哥巴文异体字的同义比较说明,表意成分的残留是哥巴文对于理据的内在要求的必然结果。这种理据既可以用自造表意字来实现,也可以用借源字来填补。与傈僳竹书大部分使用自造字的方式不同,哥巴文综合使用了两种方法。

3）彝文是一种意音性质的拼盘文字。从数目字来看,彝文性质的复杂性一方面在于其既有自造字,又有借自汉字的字,此外还有二者拼合的字。其中自造字中存在大量假借现象,又可能存在义借现象。 另一方面在于四省区彝文系统互有差异,贵州、广西的数字较多借汉字的字,云南、四川较多自造字。甚至我们还可以由此推知其年代上的差异,云南、四川的彝文较贵州、广西为古远。

（九）文字发展与文字性质

1. 用发展的眼光认识文字性质。 一种文字的性质不可能是纯乎其纯的,因为它总是处在一个发展的过程中。纳西东巴文是典型的处在中间状态的文字系统。一方面,它具有强烈的原始图画记事风格,另一方面,它已孕育出形声、假借等发达的记录语言的方式。 我们只有承认其过渡性,才能准确把握其性质。 对于拼盘文字更是如此,借源字与自源字、原始图画性文字与汉字以及大量异体字等多种成分的复杂交错也是文字发展的现实状况。 只有承认这种现实,才能正确认识其中的各种现象。

2. 文字发展的断代须依赖文字性质的确定。 文字发展的断代本质上是文字性质的断代。 比如第四篇第三章的研究表明,区分出纳西东巴文的主要以图画表意成分为主的文献和具有意音文字特征的文献,可以显示出其发展的内在层次性。水文的自源字和借源字的妥善处理,也可以为其断代提供重要依据。

三、对中国民族古文字的发展的再认识

本书的讨论一直坚持着一个基本的意识:把文字当作一个过程即一个运动着、变化着的事物进行观察与研究。由本书各篇尤其是第四篇的讨论,我们运用同义比较的方法,也更加有力地证明了文字无论就宏观意义还是就微观意义上来看,也确实是一个运动着、变化着的事物。

本书的基于同义比较的研究,为我们证明了以下一些关于文字的发展的观点:

（一）多种意义上的"文字",都是一个发展的过程

1. 整个世界的文字,可以被视为一个抽象的发展过程,而每种文字（即每个文字系统）都是这个过程中的一个环节。 也可以说,它们在普通文字学意义上为抽象的文字发展史提供了生动的标本。

2. 一种文字从其发生开始,一直处于发展与变化的过程之中。 这又必然牵涉其他几章的内容,如文字的发生、性质的演变和它与别种文字系统的关系等。

3. 一种文字（即一个文字系统）的存在与发展，可能会引起别种文字的发生或发展。

（二）在发生学上无关联的自源文字系统之间的比较结果看文字发展的客观存在

1. 古汉字与纳西东巴文字这两种在源与流上都无关联的文字系统之间，无论在文字制度的比较还是在符号体态的比较中，都显示了文字发展史上的变化过程。

2. 古汉字与纳西东巴文字的差异更加有力地在实践上证实了汉字有其早期文字阶段。

3. 如果不是种种原因导致了纳西东巴文字停止大幅度地向前发展，那么总有一天它也会发展到与汉字相同的发展阶段上。

（三）在发生学上可能有关联的文字之间的比较结果看文字发展的客观存在

1. 尔苏沙巴文字与纳西东巴文字在系统上确有一定的关联。

2. 尔苏沙巴文字与纳西东巴文字在文字制度上的关联性展示了文字由早期文字向表词—意音文字发展过程的轨迹。

3. 不同民族但有源或流上的关系的文字的比较，也往往展示了文字在不断地发展之中。

（四）纳西族的"一族四文"现象说明同一民族的多种文字无论是有关联还是无关联，它们之间的比较结果或关系说明了文字总是处于不断发展的过程中

1. 作为音节文字的哥巴文对东巴文字的继承比例非常大。这两种文字性质很不相同，很显然，东巴文还是类似汉字的意音体系的文字，而哥巴文已经是表音体系的文字，从文字的形体上很难看到表意的因子。

2. 玛丽玛莎文的绝大部分字源自东巴文，这也反映文字的一个发展过程，这表现在文字借用过程中的简化和符号化上。

3. 通过对达巴文与东巴文的比较，可以看到这两种文字分别是表意体系文字发展链条上的两个阶段。在达巴文的身上，我们似乎可以看到东巴文发展的一个前身。所以对达巴文及其与东巴文的关系进行深入的研究对文字的发生学具有非常积极的意义。

4. 通过纳西族的"一族四文"的同义比较研究，我们当可以构拟这样一个文

字的发展过程：

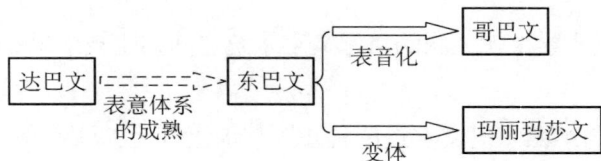

（五）一种文字的发展往往伴随着地方差异

1. 纳西东巴文字的两个地方分支——若喀文与鲁甸文存在着极大的造字方式上的差异，这种地方差异恰从另一角度反映了东巴文的时代差异与发展途径。

2. 纳西东巴文字的早期状态是以若喀文为代表的较为原始的以抽象的原始符号为主要源头的早期文字，而其较发达状态是以鲁甸文为代表的意音文字。

3. 有些文字的性质变化与其地方差异是互相伴随的。

（六）水文多异体字的情况在客观上反映出了水族文字自身的动态变化过程

1. 避繁就简的倾向是水文多异体的主要原因。

2. 水文多异体字的另一原因是某些词既可以造自源字记录又可以用借源字记录。

（七）彝文在四省区中的差异，反映了它的发展的客观存在，而且向我们提供了追寻其发展脉络的参照物

1. 量化数据表明，四地彝文曾经同源；同时，云南彝文与其他省区同源者较多。

2. 各地彝文在流变中各具特色，差异渐大。

3. 比较各地彝文符号体态，大略云南较古远，贵州较晚近，广西时有古体，四川则多抽象。

4.（临时）假借现象习见；彝文中已有一部分准形声字出现。

（八）文字发展的可断代性

1. 纳西东巴文在文字制度上的可断代性具有重大的文字学价值，它为我们研究汉字的早期形态提供了重要的借鉴。

2. 水文的可断代性揭示了借源字对其所在文字系统断代的重要作用。一方面，水文借源字在其自源字之后，这部分字的加入对水文的性质必然影响深

刻；另一方面，借源字还直接导致了新造字的产生。可以想象，拼盘文字的面貌是随着文字系统的发展逐渐形成的，这个发展过程涉及到借源文字的发生和文字性质的改变。

（九）文字发展阶段的模糊性

1. 前后两个阶段的相互渗透。比如：早期文字中含有表词—意音文字的萌芽，表词—意音文字含有早期文字的孑遗。

2. 文字发展阶段的模糊性与文字发生的模糊性的本质类似。实际上，模糊性正源自发展的客观存在性。发展是一个渐变的过程，前后两个阶段势必不可能存在判然分明的界限。对于文字的发生来说，其模糊性在于前文字与语言结合程度的无法判定；而对于文字的发展来说，其模糊性在于前后两个阶段的文字性质的杂糅性。

四、对中国民族古文字的关系的再认识

可以说，同义比较的方法，在关于文字的关系方面，有着特别重要的作用。这是因为，文字的传播往往是决定文字之间关系的因素，而文字在传播中又往往有大量的借用另一民族的同义字的现象。因此，从两个文字系统的同义字之间的比较，自然往往能揭示两个文字系统之间的关联。也可以说，两个文字系统之间的联系或一种文字向另一种文字的传播，往往是通过这两个文字系统的同义字来实现的，同样也是通过这两个文字系统的同义字来得到体现的。

通过本书第五篇的许多章节及本书其他章节的同义比较，我们关于我国民族古文字的关系的研究，可以说得到了若干新的发现与见解。下面我们把这些现象与观点归纳并罗列如下：

（一）文字之间的关系与文字的传播是中国民族古文字研究中极其重要的课题

1. 无互相传播关系的文字系统之间亦有可以进行比较的内容。如汉古文字与纳西东巴文字这两种在源与流上都无关联的文字系统之间，无论在文字制度的比较还是在符号体态的比较中，都显示了文字发展史上的变化过程。

2. 大量的中国民族古文字之间存在着借源或仿造的关系。从文字关系入手对这些民族古文字的发生、发展、性质的研究都是具有启发作用的。

3. 汉字还传播到域外,催生与影响了日本、朝鲜、越南的文字系统。

4. 在广义上说,"一族多文"的现象亦可被视为文字的传播现象。 如纳西族的四种文字——东巴文、哥巴文、达巴文、玛丽玛莎文之间的关系。

（二）多种民族古文字系统及域外文字系统与汉字有密切关系

1. 我国北方的三种民族古文字基本上是借用汉字的构造方式而发生。

2. 我国南方的多种民族古文字往往借用汉字而发生,或在其原有自造字的基础上借用汉字以造成拼盘文字系统。如哥巴文、水文、彝文等。

3. 日本和朝鲜的文字系统也是一种混合体系。 包括借用汉字和本民族自造的标音字母系统。

（三）许多我国民族古文字系统具有多种源文字

1. 哥巴文、傈僳竹书、玛丽玛莎文等文字系统都借用了多种文字。

2. 我国同一个民族的不同种文字借源的首选文字系统往往是其本民族的其他文字系统,而另一个有可能的选择是汉字。

（四）文字借源的过程往往是复杂的、多层次的

1. 文字借源可能是在本民族自造字生成以后借入其他民族的文字（如水文可能属于此类）,也可能是在借入其他民族的文字之后再产生本民族的自造字（如壮文可能属于此类）。

2. 有些拼盘文字系统中有本民族自造字与借入的民族的借源字拼合而成的字,如水文。

3. 拼盘文字系统存在着复杂而且剧烈的内部运动。

（五）语言关系对借源文字系统性质的影响

1. 关于语言关系较远的文种。 如日本语、朝鲜语、契丹语和女真语都属黏着语,它们与汉语都存在语序和语法成分的极大不同,体现在文字上,就是这四种文字系统都分化出了以表意成分为主的系统（日本汉字、朝鲜汉字、契丹大字、女真大字）和表音为主的系统（日本假名、朝鲜谚文、契丹小字、女真小字）。

2. 关于语言关系较近的文种。 如西夏语和越南语同属孤立语,在语法关系上与汉语相对比较类似,因此其文字系统也比上述几种文字更接近于汉字。

（六）通过以同义比较为主要依据的研究,我们可以把中华民族的含表意成分的古文字（附少量外国文字）的关系图清理如下:

尔苏沙巴文 ┊
达巴文 ┊

哥巴文

玛丽玛莎文

东巴文　藏文　汉字　彝文（自源部分）　水文（自源部分）　傈僳竹书（自源部分）

契丹文　女真文　西夏文　壮文　彝文（借源部分）　傈僳竹书（借源部分）　水文（借源部分）　日本文字　朝鲜文字　越南喃字

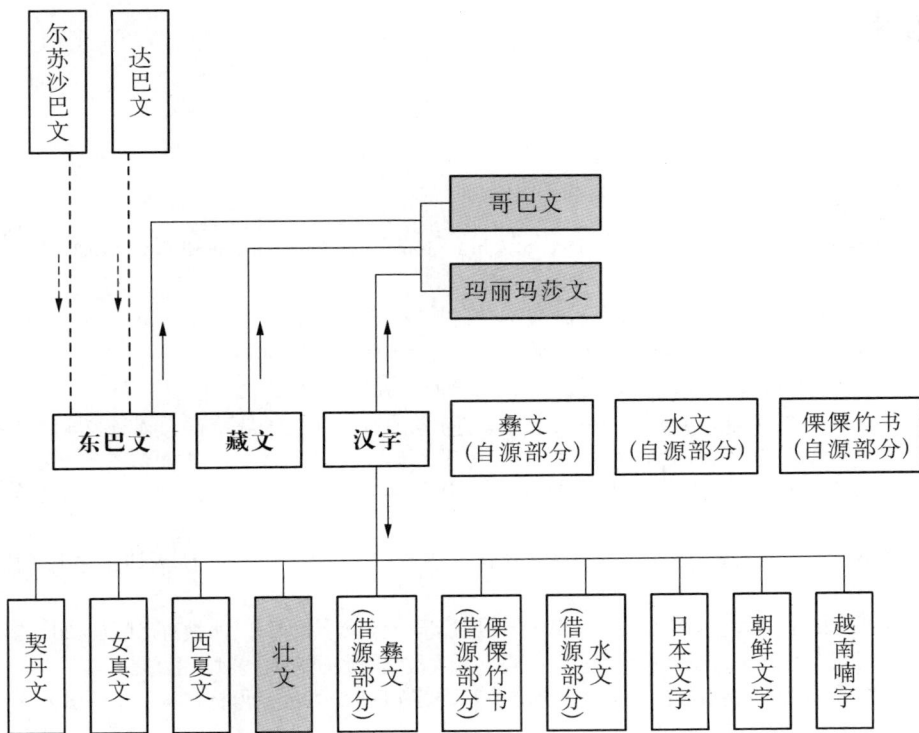

注:（1）以黑底标示的文种含有小部分自源字;
　　（2）箭头方向代表借源方向;
　　（3）加粗字体为源文字

参考文献

一、论文类

1. Fang-kuei：LiLanguages and Dialects of China, Journal of Chinese Linguistics，Vol.1，No.1，1973.

2. 曹定云：《中国文字起源试探》，载《殷都学刊》，2001年第3期。

3. 曹萱：《纳西哥巴文造字研究》，华东师范大学硕士学位论文，2004年。

4. 陈士林：《规范彝文的实践效果和有关的几个问题》，载《民族语文》，1979年第4期。

5. 陈士林：《说"ㄥ卌"〔γa33〕——关于彝文造字法原则的几点体会》，载《万里彝乡即故乡》，西北工业大学出版社，1994年。

6. 陈士林：《彝文研究的基础和前景》，载《中国民族古文字研究》，中国社会科学出版社，1984年。

7. 陈英：《古陶文与彝文对比研究》，载《中国民族古文字研究（第二辑）》，天津古籍出版社，1993年。

8. 邓章应：《摩梭达巴文初步研究》，载《中国文字研究（第七辑）》，广西教育出版社，2006年。

9. 丁椿寿：《论彝文的类型及其超方言问题》，载《贵州民族研究》，1981年第1期。

10. 董作宾：《〈纳西族象形标音文字字典〉序》，载李霖灿《纳西族象形标音文字字典》，云南民族出版社，2001年。

11. 方国瑜：《"古"之本义为"苦"说》，载《东巴文化论集》，云南人民出版社，1985年。

12. 冯时：《龙山时代陶文与古彝文》，载《光明日报》，1993年6月6日第5版。

13. 冯时：《山东丁公龙山时代文字解读》，载《考古》，1994年第1期。

14. 傅懋勣、罗常培：《国内少数民族语言文字的概况》，载《中国语文》，1954年第3期。

15. 傅懋勣：《纳西族图画文字和象形文字的区别》，载《民族语文》，1982年第1期。

16. 傅懋勣：《中国诸民族文字》，载《中国大百科全书·语言文字》，中国大百科全书出版社，1988年。

17. 高慧宜：《水文造字方法初探》，载《中国文字研究（第五辑）》，广西教育出版社，2004年。

18. 拱玉书：《楔形文字起源新论》，载《世界历史》，1997年第4期。

19. 郭沫若：《古代文字之辩证的发展》，载《考古学报》，1972年第1期。

20. 果吉·宁哈：《统一规范川滇黔桂彝族文字》，载《彝文文献研究》，中央民族学院出版社，1993年。

21. 和志武：《纳西古文字概论》，载《云南社会科学》，1982年第5期。

22. 黄思贤：《水字、古汉字及纳西东巴文同义比较举例》，载《兰州学刊》，2007年第2期。

23. 黄振华：《汉字的传播及其借用模式》，载赵丽明、黄国营编《汉字的应用与传播——汉字应用与传播国际学术研讨会论文集》，华语教学出版社，2000年。

24. 黄振华：《纳西族哥巴文字源流考》，载《燕京学报》新9期，北京大学出版社，2000年。

25. 即实：《关于契丹数词音读问题》，载《内蒙古大学学报（哲学社会科学版）》，1986年第4期。

26. 季云：《藁城台西商代遗址发现的陶器文字》，载《文物》，1974年第8期。

27. 贾敬颜：《契丹文》，载《中国民族古文字》，中国民族古文字研究会，1982年。

28. 江应梁：《凉山夷族的奴隶制度》，载李文海主编《民国时期社会调查丛编·少数民族卷》，福建教育出版社，2005年。

29. 江应梁：《西南边区的特种文字》，载《边政公论》，1946年第4卷第1期。

30. 金光平：《女真制字方法论——兼与日本山路广明氏商榷》（金启孮整理），载《内蒙古大学学报（哲学社会科学版）》，1980年第4期。

31. 康德良(Daniel A. Kane): The Sino-Jurchen Vocabulary of the Bureau of Interpreters, Indiana University Research Institute for Inner Asian Studies, bloomington, Indiana, 1989.

32. 柯象峰：《猡猡文字之初步研究》，载《金陵学报》，1938年第1、2期合刊。

33. 濑义三郎则府(G.Kiyose):A Study of the Jurchen Language and Script in the Hua-I I-Yu,《印第安那大学哲学博士论文集》，1973。

34. 蓝利国：《方块壮字探源》，载《广西民族学院学报（哲学社会科学版）》，1995年增刊。

35. 李富强：《壮族文字的产生、消亡与再造》，载《广西民族研究》，1996年第2期。

36. 李基文：《中古女真语的音韵学研究》，载《民族语文研究情报资料集》（第二集)，黄有福译，中国社会科学院民族研究所语言室编，1983年。

37. 李家祥：《论彝文之创立与发展》，载《贵州民族研究》，1992年第4期。

38. 李静生：《论纳西哥巴文的性质》，载《东巴文化论》，云南人民出版社，1991年。

39. 李静生：《纳西东巴文与甲骨文的比较研究》，载《东巴文化论集》，云南人民出版社，1985年。

40. 李静生：《纳西东巴文与甲骨文的比较研究》，载《云南社会科学》，1983年第6期。

41. 李乐毅：《方块壮字与喃字的比较研究》，载《民族语文》，1987年第4期。

42. 李霖灿：《美国国会图书馆所藏的东巴经典》，载《东巴文化论》，云南人民出版社，1991年。

43. 李乔：《彝文产生在什么时候？——〈彝汉字典〉序》，载《楚雄师专学报（社会科学版）》，1996年第1期。

44. 李庆祥：《试论日语汉字读音中的吴音、汉音、唐音和惯用音》，载《山东大学学报》，1990年第3期。

45. 李杉：《水字异体字初步研究》，华东师范大学硕士学位论文，2008年。

46. 李生福：《古彝文及其造字规律新探》，载《贵州民族研究》，2001年第2期。

47. 李学勤：《考古发现与中国文字起源》，载《中国文化研究集刊（第二辑）》，复旦大学出版社，1985年。

48. 李学勤：《论新出大汶口文化陶器符号》，载《文物》，1987年第12期。

49. 林声：《试释云南晋宁石寨山出土铜片上的图画文字》，载《文物》，1964年第2期。

50. 刘凤翥、唐彩兰：《辽〈萧兴言墓志〉和〈永宁郡公主墓志〉考释》，载《燕京学报》新14期，2003年。

51. 刘凤翥：《契丹大字六十年之研究》，载香港中文大学《中国文化研究所学报》新第7期，1998年。

52. 刘凌：《"水书"文字性质探索》，华东师范大学硕士学位论文，1999年。

53. 刘尧汉、宋兆麟、严汝娴、杨光才：《一部罕见的象形文字书——耳苏人的原始文字》，载《中国历史博物馆刊》，1981年第5期。

54. 刘又辛:《从汉字演变的历史看文字改革》,载《中国语文》,1957年第5期。

55. 陆发圆:《方块壮字的萌芽和发展》,载《广西民族研究》,1999年第3期。

56. 陆瑛:《浅谈"方块壮字"》,载《三月三》,1984年第2期。

57. 罗阿依、马啸:《探析彝汉数目数字之历史渊源》,载《西昌师范高等专科学校学报》,2004年第3期。

58. 罗长山:《古壮字与字喃的比较研究》,载《东南亚纵横》,1992年第3期。

59. 罗显仁:《彝文非爨文》,载《贵州彝学》,民族出版社,2000年。

60. 罗晓红:《简析日语汉字的形成》,载《现代外语》,1987年第3期。

61. 马尔子:《彝文的历史发展和四川规范彝文》,载《中国民族古文字研究(第四辑)》,天津古籍出版社,1994年。

62. 马学良:《试论彝文"书同文"的问题》,载《中央民族学院学报》,1986年第1期。

63. 马学良:《彝文和彝文经书》,载《民族语文》,1981年第1期。

64. 马学良:《再论彝文"书同文"的问题——兼论彝文的性质》,载《中央民族学院学报》,1986年第2期。

65. 毛远明:《哥巴文性质再认识》,载白庚胜、和自兴编《玉振金声探东巴——国际东巴文化艺术学术研讨会论文集》,社会科学文献出版社,2003年。

66. 木玉璋、汉刚等:《祭天古歌》,载《纳西族东巴文学集成》,中国民间文艺出版社,1988年。

67. 聂鸿音:《契丹语的名词附加成分*-n和*-in》,载《民族语文》,2001年第2期。

68. 齐木德道尔吉、和希格:《女真译语研究》,载《内蒙古大学学报》,1983年增刊。

69. 裘锡圭:《汉字形成问题的初步探索》,载《中国语文》,1978年第3期。

70. 史金波:《从〈文海〉看西夏文字构造的特点》,载史金波、白滨、黄振华《文海研究》,中国社会科学出版社,1983年。

71. 宋兆麟:《耳苏人的图画巫经》,载《东南文化》,2003年第10期。

72. 宋兆麟:《摩梭人的象形文字》,载《东南文化》,2003年第4期。

73. 孙常叙:《从图画文字的性质和发展试论汉字体系的起源与建立》,载《吉林师范大学学报》,1959年第4期。

74. 孙宏开:《尔苏沙巴图画文字》,载《民族语文》,1982年第6期。

75. 孙宏开:《试论尔苏沙巴文字的性质》,载《中国民族古文字研究(第二辑)》,天津古籍出版社,1993年。

76. 覃国生:《关于方块壮字》,载《广西民族学院学报(社会科学版)》,1986年第4期。

77. 唐兰:《关于江西吴城文化遗址与文字的初步探索》,载《文物》,1975年第7期。

78. 唐兰:《中国奴隶制社会的上限远在五、六千年前——论新发现的大汶口文化与其陶器文字,批判孔丘的反动历史观》,载《大汶口文化讨论文集》,齐鲁书社,1979年。

79. 田村实造:《〈大金得胜陀颂碑〉研究》,原载于《东洋史研究》第2卷5、6号,1937年6、8月;刘凤翥汉译文,载《民族史译文集》第8期,中国社会科学院民族研究所编译,1980年。

80. 汪宁生:《从原始记事到文字发明》,载《考古学报》,1981年第1期。

81. 王国宇:《水族古文字考释》,载《中国民族古文字研究(第二集)》,天津古籍出版社,1993年。

82. 王胜利、邓文宽:《鄂伦春族天文历法调查报告》,载《中国天文学史文集(第二集)》,科学出版社,1982年。

83. 王元鹿:《"水文"中的数目字与干支字研究》,载《华东师范大学学报(哲学社会科学版)》,2003年第7期。

84. 王元鹿:《尔苏沙巴文字的特征及其在比较文字学上的认识价值》,载《华东师范大学学报(哲学社会科学版)》,1990年第6期。

85. 王元鹿:《玛丽玛莎文两次调查所得单字的比较及其文字学意义》,载《中国文字研究(第四辑)》,广西教育出版社,2003年。

86. 王元鹿:《玛丽玛莎文字源与结构考》,载《华东师范大学学报(哲学社会科学版)》,2004年第2期。

87. 王元鹿:《纳西东巴文与汉字形声字比较研究》,载《中央民族学院学报》,1987年第5期。

88. 王元鹿:《纳西东巴文字黑色字素论》,载《华东师范大学学报(哲学社会科学版)》,1986年第1期。

89. 王元鹿:《水文方位字研究及其对普通文字学研究的启发——兼论水文研究的必要性与方法论》,载《湖州师范学院学报》,2003年第2期。

90. 王元鹿:《说"方"》,载《辞书研究》,1986年第2期。

91. 王元鹿:《由若喀字与鲁甸字看纳西东巴文字流播中的发展——兼论这一研究对文字史与普通文字学研究的意义》,载《华东师范大学学报(哲学社会科学版)》,2001年第5期。

92. 王蕴智:《史前陶器符号的发现与汉字起源的探索》,载《华夏考古》,1994年第3期。

93. 王正贤:《呗耄·彝文·文献》,载《彝语文集》,贵州民族出版社,1993年。

94. 王志俊:《关中地区仰韶文化刻划符号综述》,载《考古与文物》,1980年第3期。

95. 望月八十吉:《日语、汉语的同音词》,原载日本《日语和汉语的对照研究》第二号,转载于《从〈当用汉字表〉到〈常用汉字表〉——关于日本使用和县志汉字的资料》,载《语文现代化》,1980年第1期。

96. 韦庆稳:《广西壮族的方块文字》,载《国内少数民族语言文字的概况》,中华书局,1954年。

97. 闻宥:《川滇黔·文之比较》,载《彝族语言文字论文选》,四川民族出版社,1988年。

98. 乌拉熙春:《〈女真文字书〉的复原》,载《碑林集刊》第7辑,陕西人民美术出版社,2001年。

99. 吴玉贤:《仙字潭岩刻研究的可喜进展》,载《福建仙字潭摩崖石刻研究》,中央民族学院出版社,1990年。

100. 武自立、纪嘉发、肖家成:《彝文源流试论》,载《云南社会科学》,1982年第3期。

101. 武自立、纪嘉发、肖家成:《云贵彝文浅论》,载《民族语文》,1980年第3期。

102. 武自立:《彝文的起源和发展》,载《凉山彝族奴隶制研究》,1981年第1期。

103. 西田龙雄:《新的语言和新的文字》,载《言语》,1983年2月号。

104. 西田龍雄:《西夏語の数詞について-その再構成と比較言語学の考察-》,载《石濱先生古稀記念東洋学論叢》,関西大学文学部東洋史研究室石濱先生古稀記念会,1958年。

105. 肖家成、武自立、纪嘉发:《彝文源流试论》,载《云南社会科学》,1982年第3期。

106. 肖鹏:《基诺人的"刻木记事"》,载《民间文化》,1999年第3期。

107. 徐中舒:《结绳遗俗考》,载《说文月刊》,1944年第4期。

108. 杨成志:《罗罗说略》,载《杨成志人类学民族学文集》,民族出版社,2003年。

109. 杨成志:《罗罗文的起源及其内容一般》,载《杨成志人类学民族学文集》,民族出版社,

2003年。

110. 姚昌道:《彝文纵横谈》,载《民族文化》,1984年第3期。

111. 叶保民:《略说文字的起源》,载《语文论丛》,上海教育出版社,1984年。

112. 于省吾:《关于古文字研究的若干问题》,载《文物》,1973年第2期。

113. 余宏模:《试论彝族文字的起源和发展》,载《彝族语言文字论文选》,四川民族出版社,
    1988年。

114. 喻遂生:《东巴形声字的类别和性质》,载《中央民族学院学报》,1992年第4期。

115. 喻遂生:《关于哥巴文字源考证的几点看法——读〈纳西族哥巴文字源流考〉》,载《中国
    文字研究》(第六辑),广西教育出版社,2005年。

116. 喻遂生:《纳西东巴形声字研究纲要》,载《纳西东巴文研究丛稿》,巴蜀书社,2003年。

117. 喻遂生:《水书和纳西东巴文、汉古文字的初步比较》,水书文化研究与保护国际学术研讨
    会论文,2007年1月。

118. 翟宜疆:《水文造字机制研究》,华东师范大学博士学位论文,2007年。

119. 张公瑾、王锋:《汉字型民族文字的造字方法》,载赵丽明、黄国营编《汉字的应用与传
    播——汉字应用与传播国际学术研讨会论文集》,华语教学出版社,2000年。

120. 张公瑾:《中华民族的共同财富——谈谈我国各民族的语言和文字》,载《百科知识》,
    1981年第10期。

121. 张元生:《壮族人民的文化遗产——方块壮字》,载《中国民族古文字研究》,中国社会科
    学出版社,1984年。

122. 赵杰:《韩国文字的三落三起及其文化功能》,载《汉字的应用与传播——汉字应用与传
    播国际学术研讨会论文集》,华语教学出版社,2000年。

123. 郑飞洲:《尔苏沙巴文字字素研究》,载《中文自学指导》,2002年第4期。

124. 郑贻青:《靖西方块壮字试析》,载《民族语文》,1988年第4期。

125. 周有光:《汉字型文字的综合观察》,载《中国社会科学》,1998年第2期。

126. 周有光:《六书有普遍适用性》,载《中国社会科学》,1996年第5期。

127. 周有光:《文字发展规律的新探索》,载《民族语文》,1999年第1期。

128. 朱宝田、陈久金:《纳西族的二十八宿与占星术》,载《东巴文化论集》,云南人民出版社,
    1985年。

129. 朱建军:《从文字接触视角看汉字对水文的影响》,载《贵州民族研究》,2006年第3期。

130. 朱建军:《古汉字与滇川黔桂彝文同义比较研究》,华东师范大学博士学位论文,2006
    年。

131. 朱建军:《由彝文假借现象看彝文的发展阶段》,载《中文自学指导》,2008年第4期。

132. 朱建新:《传统文字分类理论及分类标准的反思和评说——兼论彝文的文字类型》,载《西
    南民族大学学报(人文社会科学版)》,2003年第8期。

133. 朱建新:《彝汉文渊源之争述略》,载《西南民族学院学报(哲学社会科学版)》,1990年
    第1期。

134. 朱文旭、马娟:《彝文中的借汉字研究》,载《三月三·少数民族语文》(民族语文论坛专辑),
    2005年第6期。

135. 朱文旭:《彝文说略》,载《彝族文化研究论文集》,四川民族出版社,1993年。

二、论文集、专著及工具书类

1. Anatole V. Lyovin: An Introduction to the Languages of the World, Oxford University Press, 1997年。

2. B.A.伊斯特林:《文字的产生和发展》,北京大学出版社,1987年。

3. B.A.伊斯特林:《文字的发展》,文字改革出版社,1966年。

4. Ch.达尔文著,叶笃庄、杨习之译:《人类的由来及性选择》,科学出版社,1982年。

5. Clodd著,林祝敔译:《比较文字学概论》,商务印书馆,1937年。

6. L. Ligeti: Note préliminaire sur le déchiffrement des《Petits Caractères》Joutchen, 1953.

7. W. Grube(葛鲁贝):《女真语言文字考》,Die Sprache und Schrift der Jučen,1896.

8. Н.А. Невский :《西夏语文学》两卷本(Тангутская филология),Москва,1960.

9. Софронов, М.В.: Грамматика тангутского языка: Книга 1, Москва: Издательство《Наука》 Главная редакция восточной литературы., 1968.

10. 安马弥一郎:《女真文金石志稿》,京都碧文堂油印本,1943年。

11. 毕云鼎等:《云南规范彝文汉文文字词对照》,云南民族出版社,1994年。

12. 陈梦家:《殷墟卜辞综述》,中华书局,1956年。

13. 陈梦家:《中国文字学》,中华书局,2006年。

14. 陈乃雄:《陈乃雄论文集》,内蒙古教育出版社,1996年。

15. 陈其光:《中国语文概要》,中央民族学院出版社,1990年。

16. 陈炜湛、唐钰明:《古文字学纲要》,中山大学出版社,1988年。

17. 戴侗:《六书故》,转引自桂馥《说文解字义证》,同治九年湖北崇文书局刊本,卷49。

18. 戴庆厦主编:《二十世纪的中国少数民族语言研究》,书海出版社,1998年。

19. 滇川黔桂彝文协作组编:《滇川黔桂彝文字集·广西卷》,云南民族出版社,2004年。

20. 丁椿寿:《彝文论》,四川民族出版社,1993年。

21. 丁文江:《爨文丛刻》,商务印书馆,1936年。

22. 丁文江:《爨文丛刻》,中央研究院历史语言研究所,1989年。

23. 东巴文化研究所编译:《纳西东巴古籍译注全集(全100卷)》,云南人民出版社,1999年。

24. 董作宾:《从么些文字看甲骨文》,载《董作宾先生全集:乙编第四册》,[台北]艺文印书馆,1978年。

25. 段玉裁:《周礼汉读考序》,《经韵楼集》第二卷。

26. 方国瑜编撰、和志武参订:《纳西象形文字谱》,云南人民出版社,1995年。

27. 傅懋勣:《丽江麽些象形文 "古事记" 研究》,武昌华中大学出版社,1948年。

28. 傅懋勣:《纳西族图画文字〈白蝙蝠取经记〉研究》,[日本]东京外国语大学,1979年。

29. 高亨:《文字形义学概论》,山东人民出版社,1963年。

30. 高慧宜:《傈僳族竹书文字研究》,华东师范大学出版社,2006年。

31. 高火:《欧洲史前艺术》,河北教育出版社,2003年。

32. 格罗塞:《艺术的起源》,商务印书馆,1987年。

33. 骨勒茂才:《蕃汉合时掌中珠》(黄振华、聂鸿音、史金波整理),宁夏人民出版社,1989年。

34. 广西壮族自治区少数民族古籍整理出版规划领导小组:《古壮字字典(初稿)》,广西民族出版社,1989年。

35. 贵州省毕节地区民委彝文翻译组编:《彝文字典》油印本,1978年。

36. 贵州省彝学研究会：《彝汉简明词典》，贵州民族出版社，1991年。

37. 桂馥：《说文解字义证》引辛处信注《文心雕龙》，同治九年湖北崇文书局刊本，卷49。

38. 郭大烈、杨世光编：《东巴文化论集》，云南人民出版社，1985年。

39. 何华珍：《日本汉字和汉字词研究》，中国社会科学出版社，2004年。

40. 和士华：《纳西古籍中的星球、历法、黑白大战》，民族出版社，2002年。

41. 洪钟主编：《中国民间故事集成（四川卷上册）》，1988年4月。

42. 黄建明：《彝文文字学》，民族出版社，2003年。

43. 嘉科诺夫等：《苏联大百科全书选译（文字）》（彭楚南译），文字改革出版社，1957年。

44. 蒋善国：《中国文字之原始及其构造》，武汉古籍书店影印，1987年。

45. 金光平、金启孮：《女真语言文字研究》，文物出版社，1980年。

46. 金启孮：《女真文词典》，文物出版社，1984年。

47. 克恰诺夫、李范文、罗矛昆：《圣立义海研究》，宁夏人民出版社，1995年。

48. 孔祥卿：《彝文的源流》，民族出版社，2005年。

49. 孔颖达：《春秋左传正义》卷二十四宣公十五年疏，中华书局影印《十三经注疏》本，1980年。

50. 乐东县番阳乡黎族合亩制调查：《海南黎族苗族自治州番阳乡、毛贵乡黎族合亩制调查》（海南黎族社会历史情况调查资料第二册），1958年。

51. 李范文编：《夏汉字典》，中国社会科学出版社，1997年。

52. 李方桂：《李方桂全集》，清华大学出版社，2005年。

53. 李霖灿、张琨、和才：《纳西族象形标音文字字典》，云南民族出版社，2001年。

54. 李霖灿：《么些经典译注九种》，〔台北〕国立编译馆中华丛书编审委员会，1978年。

55. 李霖灿：《么些研究论文集》，台湾故宫博物院，1984年。

56. 李霖灿：《纳西族象形标音文字字典》，云南民族出版社，2001年。

57. 李天根：《中西文字异同考》，李氏念劬堂，1926年。

58. 李月松：《现代日语中的汉字研究》，上海外语教育出版社，1998年。

59. 梁东汉：《汉字的结构及其流变》，上海教育出版社，1959年。

60. 列维·布留尔：《原始思维》，商务印书馆，1997年。

61. 凌纯声：《松花江下游的赫哲族》，中央研究院历史语言研究所单刊甲种之十四。

62. 刘熙撰，（清）毕沅疏证，王先谦补，祝敏彻、孙玉文点校：《释名疏证补》，中华书局，2008年。

63. 刘勰：《文心雕龙》，上海古籍出版社，1970年。

64. 刘又辛、方有国：《汉字发展史纲要》，中国大百科全书出版社，2000年。

65. 刘之侠、石国义：《水族文化研究》，贵州人民出版社，1999年。

66. 陆锡兴：《汉字传播史》，语文出版社，2002年。

67. 罗常培、傅懋勣：《国内少数民族语言文字的概况》，中华书局，1954年。

68. 洛克：《中国西藏边疆纳西人的生活与文化》，德国威斯巴登，1963年。

69. 马学良：《彝文经籍文化辞典》，京华出版社，1998年。

70. 毛贵乡黎族合亩制调查：《海南黎族苗族自治州番阳乡、毛贵乡黎族合亩制调查》（海南黎族社会历史情况调查资料第二册），1958年。

71. 聂鸿音：《西夏文德行集研究》，甘肃文化出版社，2002年。

72. 聂鸿音:《中国的文字》,人民教育出版社,1989年。

73. 聂鸿音:《中国文字概略》,语文出版社,1998年。

74. 欧阳修《新五代史》,中华书局,1974年12月第1版。

75. 潘朝霖、韦宗林:《中国水族文化研究》,贵州人民出版社,2004年。

76. 契丹文字研究小组:《契丹大字资料汇辑》,中国社会科学院民族研究所·内蒙古大学蒙古语文研究室内部刊行,1970年。

77. 清格尔泰、刘凤翥、陈乃雄、于宝林、邢复礼:《契丹小字研究》,中国社会科学出版社,1985年。

78. 秋浦等:《鄂温克人的原始社会形态》,中华书局,1962年。

79. 裘锡圭:《文字学概论》,商务印书馆,1988年。

80. 阮元校勘:《十三经注疏》,中华书局,2008年1月第8次印刷。

81. 山路广明:《女真文制字研究》,东京南方诸言语研究所刊行,1958年8月(1980年重印)。

82. 史金波、白滨、黄振华:《文海研究》,中国社会科学出版社,1983年。

83. 史金波、黄振华、聂鸿音:《类林研究》,宁夏人民出版社,1993年。

84. 四川省汉彝词典编译委员会:《彝汉简明词典》,四川民族出版社,1989年。

85. 四川省民委彝文工作组:《彝文检字本》,四川民族出版社,1984年。

86. 覃国生:《壮语概论》,广西民族出版社,1998年。

87. 唐兰:《中国文字学》,上海古籍出版社,1979年。

88. 王锋:《从汉字到汉字系文字——汉字文化圈文字研究》,民族出版社,2003年。

89. 王凤阳:《汉字学》,吉林文史出版社,1989年。

90. 王静如:《西夏研究(第2辑)》(单刊甲种之11),中央研究院历史语言研究所,1933年。

91. 王静如:《西夏研究(第1辑)》(单刊甲种之8),中央研究院历史语言研究所,1932年。

92. 王静如:《西夏研究(第3辑)》(单刊甲种之13),中央研究院历史语言研究所,1933年。

93. 王立民:《中华文明史》(第1卷),河北教育出版社,1989年。

94. 王雅生主编:《曼德拉山岩画集》,甘肃人民出版社,2005年。

95. 王应麟:《困学纪闻》卷四,商务印书馆,1959年。

96. 王元鹿:《比较文字学》,广西教育出版社,2001年。

97. 王元鹿:《汉古文字与纳西东巴文字比较研究》,华东师范大学出版社,1988年。

98. 王元鹿:《普通文字学概论》,贵州人民出版社,1996年。

99. 韦景云、覃晓航:《壮语通论》,中央民族大学出版社,2006年。

100. 魏忠:《中国的各民族文字及文献》,民族出版社,2004年。

101. 西田龙雄:《西夏文华严经》,[日本]京都大学文学部,1977年。

102. 西田龙雄:《西夏语の研究(Ⅰ、Ⅱ)》,[日本]座右宝刊行会,1964—1966年。

103. 西田龍雄:《西夏語の研究—西夏語の再構成と西夏文字の解讀》卷二,[東京]座右宝刊行会,1966年。

104. 萧克总主编:《中华文化通志(第三典)民族文化——苗、瑶、畲、高山、佤、布朗、德昂族文化志》,上海人民出版社,1999年。

105. 徐珂:《清稗类钞》,中华书局,1984年。

106. 徐通锵:《语言学是什么》,北京大学出版社,2007年。

107. 许慎著、（宋）徐铉校定：《说文解字》，中华书局影印本，2007年4月。

108. 许寿椿：《文字比较研究散论——电脑时代的新观察》，中央民族学院出版社，1993年。

109. 杨正文：《最后的原始崇拜——白地东巴文化》，云南人民出版社，1999年。

110. 于宝林：《契丹古代史论稿》，黄山书社，1998年。

111. 喻遂生：《纳西东巴文研究丛稿》，巴蜀书社，2003年。

112. 云南社会科学院楚雄彝族文化研究所：《彝汉字典》，云南民族出版社，1995年。

113. 云南社会科学院宗教研究所：《宗教论稿》，云南人民出版社，1986年。

114. 云南省编辑委员会编：《民族问题五种丛书》之《白族社会历史调查（二）》，云南人民出版社，1987年。

115. 云南省编辑委员会编：《民族问题五种丛书》之《独龙族社会历史调查（二）》，云南民族出版社，1985年。

116. 云南省路南彝族自治县文史研究室编：《彝汉简明词典》，云南民族出版社，1984年。

117. 云南省少数民族语文指导工作委员会：《云南省志·卷五十九·少数民族语言文字志》，云南人民出版社，1998年。

118. 云南省维西傈僳族自治县志编纂委员会：《维西傈僳族自治县志》，云南民族出版社，1999年。

119. 张朋朋：《文字论》，华语教学出版社，2007年。

120. 张声震主编：《壮族麽经布洛陀影印译注》，广西民族出版社，2004年。

121. 张晓梅：《原始活态文化——萨满教透视》，上海人民出版社，2001年。

122. 张涌泉：《汉字俗字丛考》，中华书局，2000年。

123. 张玉金、夏中华：《汉字学概论》，广西教育出版社，2001年。

124. 张元生、梁庭望、韦星朗：《古壮字文献选注》，天津古籍出版社，1992年。

125. 中国大百科全书出版社和美国不列颠百科全书公司合作编译：《简明不列颠百科全书》，中国大百科全书出版社，1985年。

126. 中国大百科全书总编辑委员会《天文学》编辑委员会：《中国大百科全书·天文学》，中国大百科全书出版社，1980年。

127. 中央民族学院彝族历史文献编译室编：《滇川黔桂彝汉基本词汇对照词典》，油印本，1984年。

128. 周斌：《东巴文异体字研究》，华东师范大学出版社，2005年。

129. 周汝诚：《崇般图》，丽江县文化馆，1963年。

130. 周兴华：《中卫岩画》，宁夏人民出版社，1991年。

131. 周有光：《比较文字学初探》，语文出版社，1998年。

132. 周有光：《世界文字发展史》，上海教育出版社，1997年。

133. 朱琚元：《中华万年文明的曙光——古彝文破译贾湖刻符、彝器辨明文物》，云南人民出版社，2003年。

索　引

一、音序索引

A

阿诗玛　40

阿兹特克文字　166

埃及　1,6,8,10-12,31,39,45,63,65,75,
118,120,122,162-164,166-169,202,257,
258,263

埃及圣书字　107,160,161,164,258

B

巴比伦　1,13,263

巴文　5,7-9,18,29,44,66,93,95,165,169,
203-206,266

白蝙蝠取经记　16,17

白滨　26,142

白地　216,277

白书　145

柏拉图　75

半坡　70,73,84,101,251,252

宝鸡北首岭　251,252

碑铭体　257,258

北凉县无讖　303

北平图书馆馆刊第四卷第三期·西夏字专号

比较文字学　1,10,18,30-34,37,38,45,46,
66,124,143,162,169,182,191,199,204,
238,260

比较文字学初探　30,32,185,187,292,304,
306,307,309

比较文字学概论　31

变体　9,77,153,285,288

变异仿造　32,131,137

标记　65,67-69,73,85-87,93,96,103,133,
134,149,151,152,161,211,276,291-293,
296-298,301,306,307,309,330

表词—意音文字　1,3,8-10,32,61,69,117,
120,122,123,169,174,181,182,192,195,
206,219,249,251-261,292,338,341,343,
347,349

表义　61,66,164,259,260,342

表音　8,10,17,28,32,34,35,112,113,118,
132,138,140,142,149,151-156,158,163,
164,203,205,206,209-211,213,215,217-
219,236,244,257,292,293,295-297,300,
301,305,312,344,347,350

伯希和　（P. Pelliot）25,26,139

C

Clodd　31

曹萱　17,154,208,264,270,273,313,324,
327

草书　12,301,304

插图本文字史　32

长安花园村　55

长安五楼　73,251,252

长田夏树　28

常用汉字表　306,307

朝鲜汉字　350

陈炳应　26

陈久金　170,173

陈梦家　109,110

陈彭年　110

陈其光　22,33

陈士林　20,39-41,227

陈炜湛　97

陈英 19

陈竹林 24

池锡永 308

崇搬图 100-102,196-201,205,242-244

抽象符号 61,73,84,157,158,275

初期文字 7,8

初声 306

创世纪 114

春秋左传正义 109

从汉字到汉字系文字——汉字文化圈文字研
　　究 263,305

爨文丛刻 16,20

崔南善 308

D

达巴文 5-9,16,18,29,37,44,88-91,169-
　　174,206,212-214,265,266,312,313,343,
　　347,350

达尔文 83

大百科全书·文字 7,8

大般涅槃经 303

大明律 296

大明律直解 296

大汶口 55,73,101,107,162,249,250,253-
　　256

戴侗 109,110

岛邦男 64

得胜陀颂碑 27

德微里亚（G. Devéria） 28

邓如萍（R. W. Dunnell）

邓章应 18,121,170,171

滇川黔桂彝汉基本词汇对照词典 21,124,
　　227

滇川黔桂彝文字典 22

滇南彝文字典 22

电子查询系统 46

电子工具书 46

丁椿寿 19-21,40

丁文江 15,16,20

东巴经 13,14,17,64,99,100,102,114,

197,198,210,239,240,242-244

东巴文 2,5-11,13-18,22,29,31-33,38,
　　39,43-45,50-53,55,61-66,68,69,79,
　　88-96,101-109,112-115,144,149,151,
　　153-158,160-167,169-179,181-186,
　　192-219,231,238-242,244,245,248,259,
　　264-266,269-271,274-277,311-314,
　　316,319-325,327-329,331,339,341,343-
　　350

董作宾 13,17,38,174,175

峒溪纤志 72

渡边薰太郎 28

段玉裁 109

多尔弗 29

多源论 58,60

铎系文 265

E

尔苏沙巴文字 6,18,19,34,37,39,162-
　　164,204,232,347

二里头 249,260

二源论 58-61,71,73,74,341

F

发生动力 75,77,78,83,88,91,95,96,342

发生过程 97,99,101-103,107,111,340

发展动力 93

番汉合时掌中珠 11,12,16,25

番阳 86,87

繁化 173,217-219

反切字 285

范慧娟 22

方国瑜 17,38,149,150,175,183,184,198,
　　207-209,241,313

方亨咸 72

方块壮文 5,6,10,24,51,188

方位 34,40,62-68,85,88,95,97,103,106,
　　146,164,185,198,199,221,227,246,259,
　　266,335-337,342

非复合借源字 275,276

冯时 20

凤氏碑 39

符号化 42,98,143,157,200-202,212,213,
235,236,246,255-257,274,312,328,337,
338,344,347

符号体态 9,19,32,117-119,122,123,127,
140,142,155,158,165-169,181,194,199-
201,210,211,238,240,245-247,253,255-
257,271,274,276,277,286,291,297,298,
337,342-344,347-349

符号文字 71,260,297

符号与语言单位的对应关系 19,32,122,
123,194,198,199,238,255,259

福赫伯 29

复古编 110

傅懋勣 4,16,17,20,22,45,64,102,163,
197,210,239,242,243

G

盖山林 56

盖兴之 22

冈崎精郎 26

高亨 110,111

高慧宜 22,30,121,143

藁城台西 55,250,255,256

哥巴文 4-9,17,29,44,51,55,108,113,
115,121,149-155,206-212,214,264-266,
269-277,311-313,316,317,319-321,
324-328,341,344,345,347,350

格林斯蒂德(E. D. GRrisnt) 26

葛鲁贝(W. Grube) 27

龚煌城 26

古典文字 10,122,123

古汉字 1-3,10,37,39,41,43,44,46,47,
101,129,156,175,178,180-182,195,199,
200,202,203,226,278,291,310,316,318,
332,343,347

古汉字与滇川黔桂彝文同义比较研究 21,
41,318

古事记 16,17,64,102,163,197,201,210,

242-244,302

古文字类编 41

古文字学导论 58

古壮字文献选注 24

古壮字字典(初稿) 24,286,287

骨勒茂才 11,16,25

故太师铭石记 132

管子 74

广西 17,18,23,24,29,32,42,60,66,124-
131,143,162,169,170,199,212,227,233-
236,238,260,264,270,279-281,284-286,
315,318,346,348

广韵 110

贵州 19,21,22,32,33,39-42,60,97,124-
131,145,146,186,227,233-236,252,259,
261,279-281,291,292,318,338,346,348

桂馥 109

郭沫若 59,70,101,251,252

国内少数民族语言文字概况 22,285

国字 293,295,296,299,301,307-309

国字字典 307

果吉·宁哈 21,39

H

海南黎族苗族自治州番阳乡、毛贵乡黎族合
亩制调查 86,87,88

韩非子 182

韩国 27,28,44,266,293,295,302,308,315

汉刚 22

汉古文字与纳西东巴文字比较研究 2,17,
32,39,93,184,185,198,202,203,278

汉音 302

汉语借词 29,108

汉字传播史 20,34,263,285,292,294,303,
305,318

汉字的结构及其流变 58

汉字借字 330-337

汉字文化圈 34,266

汉字系文字 32,34,142,183,263,266,285,
305

汉字学 59,60,108,112,182,336

合音字 294,296,297,308,309

何华珍 34,302

和发源 212,313

和即仁 212,313

和志武 17,92,149,150,184,198,207,208,
 210,211,213,215,314

和制汉字 291,307

河野六郎 293,303

河泳三 308

黑书 145,146

华阳国志 335

《华夷译语》中女真语言文字的研究 28

黄必庄 24

黄革 24

黄建明 19,77,78,318

黄绍清 24

黄思贤 43

黄振华 16,17,26－29,141,142,264,269,
 316,317

黄尊生 31

回鹘文 4,132,138

会同馆译语 135

会意 31,60,103,106－113,146,148,149,
 156－158,160,162,163,165,173,175－177,
 179－181,184－188,196,197,199,200,204－
 206,210,217,218,220－226,233,238,241,
 242,244,246,253－256,261,283,285,288－
 296,301,308,309,331,335,337,338,342,
 343

混合文字 209,293,299

I

I. J. gelb 32

J

记号 17,21,43,58,59,77,84－86,112,153,
 157,209,243,251,283,284,331

记录语言的方式 117,119,122,123,137,
 158,186,194－196,198,199,211,219,238,

242,253,255－257,269,277,285,301,337,
 338,345,346

记意 61,160,164,217,241,254－256,338

记意兼记音 241

记音 106,115,154,164,199,210,241,254,
 270,338

纪嘉发 20,21,39

甲骨文 2,6－9,12,13,17,31,33,38－41,
 43,44,50,53,55,61－64,69,111,169,174,
 175,183,185,186,193,197,198,201,203,
 215,220,238,241,249,252－256,258－261,
 274,278

甲骨文字诂林 64

贾湖 19,40,41,55

贾敬颜 28,139

假借 13,17,31,42,108,110－112,114,115,
 125－128,131,140,153,176,177,179,181,
 183－186,188,189,196,197,199,205,206,
 209,210,214,219,233,234,236,238,241,
 242,244,270,277－281,285,287－291,293,
 300,301,303,330,336－338,343,345,346,
 348

假名 152,155,279,291－293,296,298－300,
 303,304,306,307,350

简化 98,137,139,142,143,147,148,168,
 169,202,208,212,217－219,240,245,246,
 252,255,283,298,301,306,312,328,337,
 340,344,347

简明大不列颠百科全书

江西吴城 55,254

江应梁 20,40

蒋善国 31

结构方式 14,19,21,24,37,146,148,182,
 188,189,219,226,247,287－291,335－338,
 345

结绳 55,58－62,66,69－73,77,80－82,84,
 101,260,261

捷连吉耶夫·卡坦斯基（А. П. Терентьев-
 Катанский） 26

借训 301

借义　284,288-292,300,301,315,317,345

借音　149,153,196,213,242,284,285,287-
292,300,301,315,316,323

借音义　287-289

借用　5,7,10,14,17,24,41,43,51,78,89,
126,137,140-143,146-148,150,151,153,
155,157,158,181,187,192,208,212,213,
219,232,233,247,265-267,269,270,273,
275-277,281-293,296,297,299-302,306,
308,310-320,327-331,335-337,344,345,
347,349,350

借源复合字　275

借源文字　5,7,51,52,108,117,119,124,
174,245,264,267,269,274,277,284,286,
290,299,310,312,313,319,327-329,332,
339-341,344,345,349,350

借源系统　148,149,152

借源字　7,23,56,126,130,143,146,148,
149,154-156,158,186,207,208,219-226,
238,245-248,265,267,275,276,282-284,
286,328-332,341,344-346,348-350

金东昭　28

金文　6-9,13,39,41,44,55,62,63,69,70,
101,107,111,183,215,238,249,251,253,
256-261,278

金毓黻　28

K

K. Faulman　32

楷书　40,137,140,220,245,283,301,311,
317

柯象峰　20

可断代性　238,240-242,244,245,348

克里特文　39

克平（К.Б.Кепинг）　26

克恰诺夫（Е.И.Кычанов）　26,27

刻划符号　55,70,249,251-254

孔祥卿　19,20,39,120,233

孔颖达　109

口诀字　296,304

L

蓝伟　202

蓝利国　24,285

郎君行记　28

劳费尔（B.Laufer）　25

老官台　249

李朝实录·世宗实录　304

李登　109

李调元　71

李范文　26,27,136

李方桂　20,23

李富强　24

李家祥　19,40

李静生　2,17,31,38,154,264,269

李乐毅　24,284,285

李霖灿　13,16,17,38,112,149,150,175,
215-217,239,240,242,277

李乔　20

李杉　121,246

李生福　19,33,40,41

李天根　31

李学勤　101,249,254

李兆丰　22

吏读　291,292,296,300,304

丽江　16,64,100,102,114,163,172,196,
197,210,215-217,240,277

隶书　40,238,301,314

傈僳语简志　22

傈僳语语法纲要　22

傈僳竹书文字　6,30,344

傈僳族竹书文字研究　22,30

良渚　55,73,249,254

梁东汉　58

梁庭望　24

量的规格化　255,337

辽陵石刻集录　28

辽史　315

列维·布留尔　247,334

列子　74

林巳奈夫　254

林英津　26

林祝敔　31

临潼姜寨　73,251,252

刘半农　175

刘凤翥　27,28,132-134,138

刘凌　121,219,247,329,331,332

刘日荣　335

刘又辛　59,111,278

六书　21,24,31,32,46,59,107,109-111,
　140,149,165,182-187,189,238,284,285,
　287,343,344

六书故　109,110

六书溯源　110

龙山　20,73,249

鲁甸　91,106,216,217,240-242,277,313

鲁甸文　91,106,112,113,215,217-219,
　244,348

鲁国洪　77,78

陆次云　72

陆发圆　24,285

陆锡兴　20,34,263,285,292,294,303,305,
　318

陆瑛　24,285

论滇川黔桂彝族文字　39

论语　300

罗阿依　33,41

罗常培　22

罗长山　24,285

罗矛昆　26,27

罗显仁　41

洛书　331

M

Margaret Milliken　24

马尔子　20,40

马家窑　73

马啸　34,41

马学良　20-22,39

马亚文字　1,6,10,45,107,122,161,162,

257

马忠建　26

玛丽玛莎文　5-9,16,17,29,30,44,88,89,
　91,96,206,211-214,265,312-314,316,
　319,320,322-325,327,328,347,350

毛利瑟(M·G·Morisse)　25

毛远明　154,269

么些经典译著九种　16,17

门格斯　29

苗疆风俗考　71

苗俗纪闻　72

民族古文字　1-6,8-10,12,13,15-21,29,
　30,34-40,43-47,119-121,139,143,187,
　191-194,227,263,264,267,284,291,310,
　314,315,332,339,340,342-346,349,350

民族文字　1,2,4-6,10,13-15,29,30,32-
　34,36,37,51-53,56,58,72,77-79,82,88,
　89,108,119,120,130,136,138,141,145,
　154,155,159,182,183,186,188,189,191,
　192,209,211,213,214,231,238,249,260,
　265-267,272,275,277,282,284,299,300,
　306,309,312-316,327,328,335,345

麽经布洛陀　25

墨子　74

母虎历书　18

木玉璋　22

穆鸿利　28

N

纳西东巴古籍译注全集　16,17

纳西象形文字谱　17,114,149,150,175,
　183-185,198,199,209,216,241

纳西族象形标音文字字典　38,125

喃字　2,284,291,292,294-298,309

鲇见房　308

聂鸿音　4-6,16,20,26-29,33,35,53,111,
　131,132,140,141

聂历山（Н. А. Невский）　25

牛达生　26

女书　4,6,29,44,45

女真文　2,4,6-9,27,29,44,131,134-136,138,139,183,187,344

女真文辞典　28,139-141

女真文金石志稿　27

女真文制字研究　27

女真文字书　28,139,141

女真译语　27,28,135

女真译语研究　28

女真语言文字考　27

女真语言文字研究　28,135

O

欧盖子　22

P

皮尔士　43

片假名　152,291-293,302-304

拼合字　41,130,139,282

拼音文字　4,72,132,138,293,295

普通文字学　1,7,10,30,33,34,37,38,45,46,49,50,60,71,75,91,106,119,121,182,191,195,216,217,235,283,343,346

普通文字学概论　32,39,60,97,146,252,259,261,291,292

普艺　22

普璋开　22

Q

契丹大字　4,28,132-134,137,138,140,141,314,315,344,350

契丹文　2,6-9,28,29,44,131,132,134,136,138-140,183,315,344

契丹小字　4,28,29,131-134,137,138,141,344,350

契丹小字研究　29,134,138

契刻　58-60,62,69,71-74,102,249,261

千字文　300

前文字　55,59,61,70,71,83,88,108,338,349

桥本万太郎　26

庆陵　29

裘锡圭　31,33,97,111,202,251

取象　64,73,147,149,151,176,177,180,219

R

人类的由来及性选择　83

日本　6,10,16,18,26-28,34,44,141,152,266,291-293,295,296,298-304,306-309,315,344,345,350

日本国字　34,291

日本汉字　34,301,302,350

日本汉字和汉字词研究　34,302

日本书纪　300

日式简体字　301

若喀文　91,93,106,112,113,215-217,219,239,244,348

S

三星堆　266

山本守　28

商博良（Champollion）　12

圣立义海研究　27

石田干之助　28

石寨山　159,160,266

史传弘法　304

史记　12,13,28

史金波　16,26,27,142

史蔓特·白斯拉特（Schmandt-Besserat）　98

世本　74

释比图经　56,340

释名　74

手势语　60,62,261

熟字训　301

数目字　41,64,69,113,124,131,137-139,142,161,277,317,344,345

水文　5-9,16,23,29,30,34,38,43,44,51,56,61,62,66,68,88,95,96,107,108,121,130,143-149,154,156-158,160-162,164,166,167,186-188,192,194,219-226,238,

245-248,265-267,282-284,299,311,317,
328-338,341,344-346,348,350
说文解字 15,109,110,177,182,183,238
说文解字义证 109
四川 19-22,39,40,42,56,79,80,88,93,
124-131,211,227,233-236,266,279-281,
314,318,319,346,348
四夷馆汉语—女真语词汇 28
宋兆麟 18,19,89,213
送情死者 114
苏美尔文字 45,107,122,160,161
苏敏(M. B. Софронов) 26
俗字考 308
隋书 300
孙常叙 58
孙宏开 18,93,205
孙诒让 74
孙易 121

T

塔城 88,211,313
太平御览 74
覃国生 24,284,285
覃晓航 285
唐兰 58,59,69,112,253,254
唐音 302
唐钰明 97
陶符 55,107,255,261
陶文 19,20,55,101,260
田村 27,28
通志 68,110
同文备考 110
同义比较 3,29,30,34-41,43,45-47,49,
50,57,58,61-63,67,75,88-91,93,96,97,
99,102,103,106,107,109,112,113,117,
121-124,131,142,143,149,154-156,158-
160,164,165,169,174,175,191,193,195-
204,206,207,209-219,226,238,240,244,
245,249,263-272,274,277,282,284,286,
287,291,292,296-299,310,312-315,319,

320,332,339-347,349,350
同源 1,40-42,159,160,167,183,195,202,
203,228-236,260,280,281,289,343,348
图画文字 4,7,8,16,18,45,58-60,71,93,
99,104,108,118,156,160,166,174,203,
205,215,239,244,254,257-259
图经 56,57,265
涂色 66,168,169

W

万叶集 300,302
汪宁生 60,70,72,73,102
汪忍波 22,55,77,78,156,276,277
王锋 34,141,142,263,285,305
王凤阳 59,112
王静如 26
王力 292,296
王宁 148
王应电 110
王元鹿 2,14,17,18,29,31-34,39,59,60,
66,91,93,97,106,121,143,146,162,169,
184,185,198,199,202-204,211-214,216,
217,238,240,241,252,259-261,267,278,
291,292,312,317,320
王正贤 19
韦景云 285
韦庆稳 23,284,285
韦星朗 24
维西傈僳族自治县志 212,314
伟烈亚力(A. Wylie) 28
文海 11,12,25,40,142
文海宝韵 25
文心雕龙 109
文字比较研究散论——电脑时代的新观察
34
文字传播 10,47,122,194,263-267,269,
271,291,299,310,312,313,319,328,339-
341,345
文字的产生和发展 7,8,32,65,104,131,
138,159,163,258

文字发生　47,49-54,57,61,75-78,82,83,
　88,89,91,96-100,102-104,106-112,122,
　165,194,339-342,349
文字发展　10,19,20,33,47,52,53,70,102,
　108,111,114,122,123,137,161,165,168,
　173,174,178,182,191,194,195,200,202-
　204,206,209,214-217,219,246,249,259,
　261,263,281,283,295,328,337-339,342,
　343,346-349
文字接触　130,186,272
文字类型　10,20,106,119,122,183,202,
　211,277,329
文字理据　155,158
文字流变　266,310,312,319
文字论　20,40,99,293,303
文字史　1,10,17,37,42,45-47,91,106,
　122,183,191,216,217,268
文字系统　1-10,15,23,24,30,37,42,45-
　47,50-52,56,61,63,67,69,86,95,104-
　108,113,115,117-124,142,143,149,152-
　156,158-164,183,186,191,192,194,195,
　199,206,235,238,240,241,249,252,255,
　257,260,261,263-268,275,277,282,284,
　286,287,293,296,297,299,300,302,306,
　307,309,311-313,316,319,320,329,339-
　350
文字性质　47,117-120,122,131,136,151,
　152,159,195,203,214,219,245,251,261,
　267,281,329,331,339,342-347,349
文字学概要　33,97,111,202
文字研究　10,12,14,17,18,20,25,29,32-
　34,46,47,54,61,89,96,101,143,170,183,
　193,212,214,251,254,264,270,332
文字渊源物　52,58,61,63,70,71,74,104,
　165,169,341
文字制度　9,117,119,122,123,155,173,
　181,194,199,209,210,238,240-242,245,
　253,309,343,347-349
闻宥　40
倭俗字　301

吴音　302
五音切韵　11
武鸣土语　23
武自立　19,20,39
物件记事　60-62,261

X

西田龙雄　18,26
西夏文　4,6-9,11,12,15,16,25-27,29,33,
　44,131,136,137,139,142,183,187,344
西夏文德行集研究　27
西夏文华严经　26
西夏研究　26
西夏语文学　25
西夏语之研究　26
悉昙字记　303
溪蛮丛谈　71
夏中华　60
仙字潭　56,340
献酒经　39
象形　13,16,19,31,38,51,59,60,63-65,
　68,74,79,102,104-114,143,146-151,
　156-158,160-163,165,166,168,169,173-
　178,183-187,196,197,200,202,204-206,
　210-212,214,216-226,231,233-236,238,
　239,241,244,246,251-259,261,269,277,
　280,283,285,290,291,311,316,318,329-
　331,335-338,341-343,345
象形文字　4,5,12,16-18,20,31,40,45,74,
　89,111,112,118,120,153,154,174,175,
　186,200,213,214,216,239,240,257,277,
　283
小林　28
小篆　6-9,40,44,183,215
肖家成　19,20,39
楔形字　249,257
辛处信　109
新五代史·四夷附录　314
新造字　108,192,219,238,245,247,248,
　267,282,293,309,328-332,349

新字典 308

信息化 35,37,46

形声 31,33,42,108-114,163-165,175-
179,181,183-187,189,196,197,199,205,
206,210,213,214,218-226,234,236,238,
241,244,246,261,270,279,281,285,287-
295,297,302,308,309,312,315,331,336-
338,343,346,348

徐珂 30

徐琳 22

徐通锵 295,298

徐中舒 69,101

许慎 109,110,165,183,238,343

许寿椿 34

训读 153,269,273,295,301,345

Y

崖刻 65

严如煜 71

岩画 56,99,100,105,166,168

谚文 291-293,296-299,302-304,306-
308,350

杨成志 20,40

杨桓 110

杨学政 18,89,214

杨正文 216

仰韶 55,73,249-253,255,256

姚昌道 40

瑶壮传 72

野村博 26

叶保民 60

一源论 58,59,61,71

一字数读 303

一族四文 206,214,347

伊凤阁（А. И. Иванов） 25

伊斯特林 7,8,32,60,65,104,131,138,
159,163,258,259

彝汉词典 21

彝汉简明词典 21,124,227

彝汉字典 20-22,41

彝文 5-9,15,16,19-22,29,30,33,38-44,
77,78,119,120,124-131,155,183,193,
194,212,213,226-236,265,277-282,318,
319,344-346,348,350

彝文的源流 19,20,39,233

彝文检字本 21

彝文经籍文化辞典 22

彝文字典 21,124,227

义借 130,131,140,173,181,184,186,232,
242,275,276,336-338,342,346

义类 37,38,46,90,92,93,96,121,175,
286,290,309,332-335

异体字 22,96,113,119,137,143,144,148-
155,163,174,184,199,219,220,226,240,
241,244-246,258,269,282-284,286,311,
329,330,332,334,344-346,348

异文 242,244

译音 301

意符 106,112,163,164,178,179,219,258,
281,297,298

意音 3,20,21,32,42,43,50,106,108,118,
120,124,132,138,143,155,156,164,186,
203,215,238,241,259,279,281,293,297,
298,312,338,343-348

音读 11,138,141,150-154,198,269,273,
295,300-302,315

音符 5,77,106,133,136,138,139,153,
156,164,199,242,258,281,302

音节文字 7,8,10,20,22,42,77,117,118,
120,121,152,154-158,206,209,215,264,
277,281,296,341,347

音素文字 7,8,10,117,296,307

音同 11,25,153,196,211,241,286

音意合成字 285

音意合体字 285

殷墟卜辞综类 64

印第安文字 31,62,107,160,161,164,166,
167,259

永乐译语 135

于省吾 64,101,251,254

余宏模　20
语段文字　19,174,245,259,277,338
喻遂生　17,33,43,113,241,264,270
原始符号　8,59,63,67,101,122,162,165,
　259,341,343,348
原始记事符号　67
原始思维　247,334
原始图画　58-61,63,67,98-100,103-105,
　122,156,162,165,168,200,257,261,341,
　343,346
原始文字　8,18,60,91,97,99,100,102,
　107,111,175,186,202,266,277,336,338
原字　29,106,132,133,138
源文字　154,264,267,269,275,299,310,
　312,313,319,327,328,344,345,350,351
源异理同　10,231,232
越南　6,10,44,266,291-298,315,344,345,
　350
云南　2,13,16-19,21,22,31,38-42,55,66,
　69,71,72,77,88,92,124-131,149,150,
　154,155,159,160,170,173,175,184,198,
　202,207,209,211,213,215-217,227,233-
　236,239,240,264,266,269,277,280,281,
　313,314,318,346,348
云南规范彝文汉文字词对照　22
云南省志·卷五十九 云南少数民族语言文字
　志　22

Z

杂字　11,25
早期文字　3,8-10,23,32,51,53,61,63,
　64,66-68,71,75,88,91,95,101,104,107,
　117,119,122,146,156,159-169,182,192,
　195,200,202,206,210,211,219,238,249,
　252-255,257-261,340-343,347-349
造字方法　7,10,45,112,141,143,146,151,
　159,160,164,165,183,184,188,252,253,
　261,274,285,307,314,319,337,342-344
造字理据　17,37,38,42,126,146,148,233,
　234,236,318,328-331

藏文　17,26,27,79,150,153,181,212,213,
　269,270,312,316,320,339,345
翟宜疆　121,282,283
张公瑾　20,141
张海英　22
张启仁　22
张有　110
张玉金　60
张元生　24,284,285
赵春芳　68
郑樵　110
郑玄　74,110
郑贻青　24,285
指事　31,59,60,62,67,68,73,74,105,106,
　109-113,124,128,149,156-158,160-162,
　165,176,177,181,184-187,196,210,214,
　217-226,233,234,238,241,244,246,251-
　253,255,256,260,261,274,283,285,290,
　291,336-338,341-343
智广　303
朱琚元　19,40,41
中国大百科全书·语言文字　4,22
中国的文字　33
中国文字概略　4,5,20,33,35,53,111,131,
　132,140
中国文字学　58,59,69,110,112
中国文字之原始及其构造　31
中国语文概要　22,33
中华民族古文字　1-4,10,35,36,46
中声　66,305,306
终声　305,306
周礼　74,109,110,182
周汝诚　100,102,243
周易　331
周有光　20,30,32-34,107,137,161,183,
　185,187,292,293,304,306,307,309
朱宝田　170,173
朱崇先　22
朱辅　71
朱建军　21,41,43,120,121,130,186,278,

318

朱建新　19-21

朱文旭　19,20

诸匡鼎　72

转义字　212

转注　31,109-111,238

壮汉联姻字　285

壮族麽经布洛陀影印译注　25

资料库　3,37,44,46,96,332

自源文字　5,7,33,51,52,108,117,119,
　124,249,274,284,286,290,291,329,339,
　340,347

自源系统　148

自造字　17,24,41,51,56,68,126-131,143,
　146,148,154,155,157,158,160,164,166,
　186,194,212,220,233,245,265,269,270,
　279,280,282-285,294,312,317,328,330-
　337,339,341,345,346,350

自制方字　291

字的大小比例　200

字典释要　308

字符　19,32,43,51,52,61,63-66,68,69,
　88,89,99,112,117,119,122,123,131-
　133,138,140,142,152-154,156,158,166,
　170,181,194,196,198-200,209,211,213,
　238,244,251-257,259,296,297,312,314,
　340,344,345

字库　3,46

字频　246

字素　3,11,14,18,37,46,66,142,151,153,
　158,187,208,232,274,287-289,291,313

字训　300

字音　11,25,40,90,91,140,141,149,150,
　156,170-172,189,207-209,216,217,270-
　273,287-290,300,302,308,320-327

综合比较　34,35,327

族徽符号　70,166,259

族徽文字　107,166,259

左传　74,182

二、分类索引

1. 人名索引

Clodd　31

I.J. gelb　32,167,168

K. Faulman　32

Margaret Milliken　24

白滨　26,142

柏拉图　75

北凉昙无谶　303

伯希和（P. Pelliot）　25

曹萱　17,154,208,264,270,273,313,324,
　327

长田夏树　28

陈炳应　26

陈久金　170,173

陈梦家　109,110

陈彭年　110

陈其光　22,33

陈士林　20,39-41,227

陈炜湛　97

陈英　19

陈竹林　24

池锡永　308

崔南善　308

达尔文　83

戴侗　109,110

岛邦男　64

德微里亚（G. Devéria）　28

邓如萍（R.W. Dunnell）　26

邓章应　18,121,170,171

丁椿寿　19-21,40

丁文江　15,20

董作宾　13,17,38,174,175

渡边薰太郎　28

段玉裁　109

多尔弗　29

范慧娟　22

方国瑜　17,38,149,150,175,183,184,198,
　　207-209,241,313

方亨咸　72

冯时　20

福赫伯　29

傅懋勣　4,16,17,20,22,45,64,102,163,
　　197,210,239,242,243

盖山林　56

盖兴之　22

冈崎精郎　26

高亨　110,111

高慧宜　22,30,121,143

格林斯蒂德（E.D. Grinstead）　26

葛鲁贝（W. Grube）　27

龚煌城　26

骨勒茂才　11,16,25

桂馥　109

郭沫若　59,70,101,251,252

果吉·宁哈　21,39

汉刚　22

何华珍　34,301

和发源　212,313

和即仁　212,313

和志武　17,92,149,150,184,198,207,209,
　　211,213,215,314

河野六郎　293,303

河泳三　308

黄必庄　24

黄革　24

黄建明　19,77,318

黄绍清　24

黄思贤　43

黄振华　16,17,26-29,141,142,264,269,
　　316,317

黄尊生　31

纪嘉发　19,20,39

贾敬颜　28,139

江应梁　20,40

蒋善国　31

捷连吉耶夫·卡坦斯基（А. П. Терентьев-
　　Катанский）　26

金东昭　28

金毓黻　28

柯象峰　20

克平（К. Б. Кепинг）　26

克恰诺夫（Е. И. Кычанов）　26

孔祥卿　19,20,39,120,233

孔颖达　109

蓝利国　24,285

蓝伟　202

劳费尔（B. Laufer）　25

李登　109

李调元　71

李范文　26,27,136

李方桂　20,23

李富强　24

李家祥　19,40

李静生　2,17,31,38,154,264,269

李乐毅　24,284,285

李霖灿　13,16,17,38,112,149,150,175,
　　215-217,239,240,242,277

李乔　20

李杉　121,246

李生福　19,33,40,41

李天根　31

李学勤　101,249,254

李兆丰　22

梁东汉　58

梁庭望　24

列维·布留尔　247,334

林巳奈夫　254

林英津　26

林祝敔　31

刘半农　175

刘凤翥　27,28,132-134,138

刘凌　121,219,247,329,331,332

刘日荣　335

刘又辛　59,111,278

鲁国洪　77,78

陆次云　72

陆发圆　24,285

陆锡兴　20,34,263,285,292,294,303,305,
　318

陆瑛　24,285

罗阿依　33,41

罗常培　22

罗长山　24,285

罗矛昆　26,27

罗显仁　41

马尔子　20,40

马啸　33,41

马学良　19-22,39

马忠建　26

毛利瑟(M·G·Morisse)　25

毛远明　154,269

门格斯　29

木玉璋　22

穆鸿利　28

鲇见房　308

聂鸿音　4-6,16,20,26-29,33,35,53,111,
　131,132,140,141

聂历山（H. A. Невский）　25

牛达生　26

欧盖子　22

皮尔士　43

普艺　22

普璋开　22

桥本万太郎　26

裘锡圭　31,33,97,111,202,251

山本守　28

商博良（Champollion）　12

石田干之助　28

史传弘法　304

史金波　16,26,27,142

史蔓特·白斯拉特（Schmandt-Besserat）　98

朱琚元　19,40,41

宋兆麟　18,19,89,213

苏敏（M. B. Софронов）　26

孙常叙　58

孙宏开　18,93,205

孙诒让　74

孙易　121

覃国生　24,284,285

覃晓航　285

唐兰　58,59,69,112,253,254

唐钰明　97

田村　27,28

汪宁生　60,70,72,73,102

汪忍波　22,55,77,78,156,276,277

王锋　34,141,142,263,285,305

王凤阳　59,112

王静如　26

王力　292,296

王宁　148

王应电　110

王元鹿　2,14,17,18,29,31-34,39,59,60,
　66,91,93,97,106,121,143,146,162,169,
　184,185,198,199,202-204,211-214,216,
　217,238,240,241,252,259-261,267,278,
　291,292,312,317,320

王正贤　19

韦景云　285

韦庆稳　23,284,285

韦星朗　24

伟烈·亚力（A. Wylie）　28

闻宥　40

武自立　19,20,39

西田龙雄　18,26

夏中华　60

小林　28

肖家成　19,20,39

辛处信　109

徐珂　30

徐琳　22

徐通锵　295,298

徐中舒　69,101

许慎　109,110,165,183,238,343

许寿椿　34

严如煜　71

杨成志 20,40

杨桓 110

杨学政 18,89,214

杨正文 216

姚昌道 40

野村博 26

叶保民 60

伊凤阁（А.И.Иванов） 25

伊斯特林 7,8,32,60,65,104,131,138,
159,163,258,259

于省吾 64,101,251,254

余宏模 20

喻遂生 17,33,43,113,241,264,270

翟宜疆 121,282,283

张公瑾 20,141

张海英 22

张启仁 22

张有 110

张玉金 60

张元生 24,284,285

赵春芳 68

郑樵 110

郑玄 74,110

郑贻青 24,285

智广 303

周汝诚 100,102,243

周有光 20,30,32-34,107,137,161,183,
185,187,292,293,304,306,307,309

朱宝田 170,173

朱崇先 22

朱辅 71

朱建军 21,41,43,120,121,130,186,278,
318

朱建新 19-21

朱文旭 19,20

诸匡鼎 72

2. 地名索引

埃及 1,6,8,10-12,31,39,45,63,65,75,
118,120,122,162-164,166-169,202,257,
258,263

巴比伦 1,13,263

白地 216,277

半坡 70,73,84,101,251,252

宝鸡北首岭 251,252

长安花园村 55

长安五楼 73,251,252

大汶口 55,73,101,107,162,249,250,253-
256

二里头 249,260

番阳 86,87

藁城台西 55,249,250,255,256

广西 17,18,23,24,29,32,42,60,66,124-
131,143,162,169,170,199,212,227,233-
236,238,260,264,270,279-281,284-286,
315,318,346,348

贵州 19,21,22,32,33,39-42,60,97,124-
131,145,146,186,227,233-236,252,259,
261,279-281,291,292,318,338,346,348

韩国 27,28,44,266,293,295,302,308,315

贾湖 19,40,41,55

江西吴城 55,254

老官台 249

丽江 16,64,100,102,114,163,172,196,
197,210,215-217,240,277

良渚 55,73,249,254

临潼姜寨 73,251,252

龙山 20,73,249

鲁甸 91,106,216,217,240-242,277,313

马家窑 73

日本 6,10,16,18,26-28,34,44,141,152,
266,291-293,295,296,298-304,306-309,
315,344,345,350

三星堆 266

石寨山 159,160,266

四川 19-22,39,40,42,56,79,80,88,93,
124-131,211,227,233-236,266,279-281,
314,318,319,346,348

塔城 88,211,313

仙字潭 56,340

仰韶　55,73,249-253,255,256

越南　6,10,44,266,291-298,315,344,345,350

云南　2,13,16-19,21,22,31,38-42,55,66,69,71,72,77,88,92,124-131,149,150,154,155,159,160,170,173,175,184,198,202,207,209,211,213,215-217,227,233-236,239,240,264,266,269,277,280,281,313,314,318,346,348

3. 书名及工具书索引

《华夷译语》中女真语言文字的研究　28

阿诗玛　40

白蝙蝠取经记　16,17

北平图书馆馆刊第四卷第三期·西夏字专号

比较文字学　1,10,18,30-34,37,38,45,46,66,124,143,162,169,182,191,199,204,238,260

比较文字学初探　30,32,185,187,292,304,306,307,309

比较文字学概论　31

插图本文字史　32

常用汉字表　306,307

崇搬图　100-102,196-201,205,242-244

创世纪　114

春秋左传正义　109

从汉字到汉字系文字——汉字文化圈文字研究　263,305

爨文丛刻　15,20

大百科全书·文字　7,8

大般涅槃经　303

大明律　296

大明律直解　296

得胜陀颂碑　27

滇川黔桂彝汉基本词汇对照词典　21,124,227

滇川黔桂彝文字典　22

滇南彝文字典　22

电子查询系统　46

电子工具书　46

东巴经　13,14,17,64,99,100,102,114,197,198,210,239,240,242-244

峒溪纤志　72

番汉合时掌中珠　11,12,16,25

凤氏碑　39

复古编　110

古汉字与滇川黔桂彝文同义比较研究　21,41,318

古事记　16,17,64,102,163,197,201,210,242-244,302

古文字类编　41

古文字学导论　58

古壮字文献选注　24

古壮字字典（初稿）　24,286,287

故太师铭石记　132

管子　74

广韵　110

国内少数民族语言文字概况　22,284

国字字典　307

海南黎族苗族自治州番阳乡、毛贵乡黎族合亩制调查　86,87

韩非子　182

汉古文字与纳西东巴文字比较研究　2,17,31,39,93,184,185,198,202,203,278

汉字传播史　20,34,263,285,292,294,303,305,318

汉字的结构及其流变　58

汉字学　59,60,108,112,182,336

华阳国志　335

会同馆译语　135

甲骨文字诂林　64

简明大不列颠百科全书

郎君行记　28

李朝实录·世宗实录　304

傈僳语简志　22

傈僳语语法纲要　22

傈僳族竹书文字研究　22,30

辽陵石刻集录　28

辽史　315

列子　74

六书故　109,110

六书溯源　110

论滇川黔桂彝族文字　39

论语　300

洛书　331

么些经典译著九种　16,17

苗疆风俗考　71

苗俗纪闻　72

魔兵布洛陀　315

墨子　74

母虎历书　18

纳西族古籍译注全集　16,17

纳西象形文字谱　17,114,149,150,175,
　183-185,198,199,209,216,241

纳西族象形标音文字字典　38,125

女真文辞典　28,139-141

女真文金石志稿　27

女真文制字研究　27

女真文字书　28,139,141

女真译语　27,28,135

女真译语研究　28

女真语言文字考　27

女真语言文字研究　28,135

普通文字学概论　32,39,60,97,146,252,
　259,261,291,292

契丹小字研究　29,134,138

千字文　300

庆陵　29

人类的由来及性选择　83

日本汉字和汉字词研究　34,301

日本书纪　300

圣立义海研究　27

史记　12,13,28

世本　74

释比图经　56,340

释名　74

说文解字　15,109,110,177,182,183,238

说文解字义证　109

四夷馆汉语—女真语词汇　28

送情死者　114

俗字考　308

隋书　300

太平御览　74

通志　68,110

同文备考　110

图经　56,57,265

万叶集　300,302

维西傈僳族自治县志　212,314

文海　11,12,25,40,142

文海宝韵　25

文心雕龙　109

文字比较研究散论——电脑时代的新观察
　34

文字的产生和发展　7,8,32,65,104,131,
　138,159,163,258

文字论　20,40,99,293,303

文字学概要　33,97,111,202

文字研究　2,10,12,14,16-20,25,28,29,
　32-36,40,46,47,54,61,89,96,101,132,
　139,140,143,170,182,183,186,187,189,
　193,194,212,214,227,251,254,263,264,
　266,270,284,332,344,349

五音切韵　11

武鸣土语　23

西夏文德行集研究　27

西夏文华严经　26

西夏研究　26

西夏语文学　25

西夏语之研究　26

悉昙字记　303

溪蛮丛谈　71

献酒经　39

新五代史·四夷附录　314

新字典　308

信息化　35,37,46

瑶壮传　72

彝汉词典　21

彝汉简明词典　21,124,227

彝汉字典　20-22,41

彝文的源流　19,20,39,233

彝文检字本　21

彝文经籍文化辞典　22

彝文字典　21,124,227

音同　11,25,153,196,211,241,286

殷墟卜辞综类　64

永乐译语　135

原始思维　247,334

云南规范彝文汉文字词对照　22

云南省志·卷五十九 云南少数民族语言文字志　22

杂字　11,25

中国大百科全书·语言文字　4,22

中国的文字　33

中国文字概略　4,5,20,33,35,53,111,131,132,140

中国文字学　58,59,69,110,112

中国文字之原始及构造

中国语文概要　22,33

周礼　74,109,110,182

周易　331

壮族麽经布洛陀影印译注　25

资料库　3,37,44,46,96,332

字典释要　308

左传　74,182

4. 文种索引

阿兹特克文字　166

埃及圣书字　107,160,161,164,258

巴文　5,7-9,18,29,44,66,93,95,165,169,203-206,266

藏文　17,26,27,79,150,153,181,212,213,269,270,312,316,320,339,345

达巴文　5-9,16,18,29,37,44,88-91,169-174,206,212-214,265,266,312,313,343,347,350

东巴文　2,5-11,13-18,22,29,31-33,38,39,43-45,50-53,55,61-66,68,69,79,88-96,101-109,112-115,144,149,151,153-158,160-167,169-179,181-186,192-219,231,238-242,244,245,248,259,264-266,269-271,274-277,311-314,316,319-325,327-329,331,339,341,343-350

铎系文　265

尔苏沙巴文字　6,18,19,34,37,39,162-164,204,232,347

方块壮文　5,6,10,24,51,188

哥巴文　4-9,17,29,44,51,55,108,113,115,121,149-155,206-212,214,264-266,269-277,311-313,316,317,319-321,324-328,341,344,345,347,350

古汉字　1-3,10,37,39,41,43,44,46,47,101,129,156,175,178,180-182,195,199,200,202,203,226,278,291,310,316,318,332,343,347

回鹘文　4,132,138

甲骨文　2,6-9,12,13,17,31,33,38-41,43,44,50,53,55,61-64,69,111,169,174,175,183,185,186,193,197,198,201,203,215,220,238,241,249,252-256,258-261,274,278

假名　152,155,279,291-293,296,298-300,303,304,306,307,350

金文　6-9,13,39,41,44,55,62,63,69,70,101,107,111,183,215,238,249,251,253,256-261,278

克里特文　39

傈僳竹书文字　6,30,344

鲁甸文　91,106,112,113,215,217-219,244,348

马亚文字　1,6,10,45,107,122,161,162,257

玛丽玛莎文　5-9,16,17,29,30,44,88,89,91,96,206,211-214,265,312-314,316,319,320,322-325,327,328,347,350

喃字　2,284,291,292,294-298,309

女真文　2,4,6-9,27,29,44,131,134-136,138,139,183,187,344

契丹大字　4,28,132-134,137,138,140,141,314,315,344,350

契丹文　2,6-9,28,29,44,131,132,134,
　136,138-140,183,315,344
契丹小字　4,28,29,131-134,137,138,141,
　344,350
契刻　58-60,62,69,71-74,102,249,261
日本国字　34,291
若喀文　91,93,106,112,113,215-217,219,
　239,244,348
水文　5-9,16,23,29,30,34,38,43,44,51,
　56,61,62,66,68,88,95,96,107,108,121,
　130,143-149,154,156-158,160-162,164,
　166,167,186-188,192,194,219-226,238,
　245-248,265-267,282-284,299,311,317,
　328-338,341,344-346,348,350
苏美尔文字　45,107,122,160,161
西夏文　4,6-9,11,12,15,16,25-27,29,33,
　44,131,136,137,139,142,183,187,344
谚文　291-293,296-299,302-304,306-
　308,350
彝文　5-9,15,16,19-22,29,30,33,38-44,
　77,78,119,120,124-131,155,183,193,
　194,212,213,226-236,265,277-282,318,
　319,344-346,348,350
印第安文字　31,62,107,160,161,164,166,
　167,259

5. 文字学术语索引

白书　145
碑铭体　257,258
比较文字学　1,10,18,30-34,37,38,45,46,
　66,124,143,162,169,182,191,199,204,
　238,260
变体　9,77,153,285,288
变异仿造　32,131,137
标记　65,67-69,73,85-87,93,96,103,133,
　134,149,151,152,161,211,276,291-293,
　296-298,301,306,307,309,330
表词—意音文字　1,3,8-10,32,61,69,117,
　120,122,123,169,174,181,182,192,195,
　206,219,249,251-261,292,338,341,343,

347,349
表义　61,66,164,259,260,342
表音　8,10,17,28,32,34,35,112,113,118,
　132,138,140,142,149,151-156,158,163,
　164,203,205,206,209-211,213,215,217-
　219,236,244,257,292,293,295-297,300,
　301,305,312,344,347,350
草书　12,301,304
朝鲜汉字　350
抽象符号　61,73,84,157,158,275
初期文字　7,8
初声　306
多源论　58,60
二源论　58-61,71,73,74,341
发生动力　75,77,78,83,88,91,95,96,342
发生过程　97,99,101-103,107,111,340
发展动力　93
繁化　173,217-219
反切字　285
方位　34,40,62-68,85,88,95,97,103,106,
　146,164,185,198,199,221,227,246,259,
　266,335-337,342
非复合借源字　275,276
符号化　42,98,143,157,200-202,212,213,
　235,236,246,255-257,274,312,328,337,
　338,344,347
符号体态　9,19,32,117-119,122,123,127,
　140,142,155,158,165-169,181,194,199-
　201,210,211,238,240,245-247,253,255-
　257,271,274,276,277,286,291,297,298,
　337,342-344,347-349
符号文字　71,260,297
符号与语言单位的对应关系　19,32,122,
　123,194,198,199,238,255,259
古典文字　10,122,123
国字　293,295,296,299,301,307-309
汉音　302
汉语借词　29,108
汉字借字　330-337
汉字文化圈　34,266

汉字系文字 32,34,142,183,266,285

合音字 294,296,297,308,309

和制汉字 291,307

黑书 145,146

会意 31,60,103,106−113,146,148,149,
156−158,160,162,163,165,173,175−177,
179−181,184−188,196,197,199,200,204−
206,210,217,218,220−226,233,238,241,
242,244,246,253−256,261,283,285,288−
296,301,308,309,331,335,337,338,342,
343

混合文字 209,293,299

记号 17,21,43,58,59,77,84−86,112,153,
157,209,243,251,283,284,331

记录语言的方式 117,119,122,123,137,
158,186,194−196,198,199,211,219,238,
242,253,255−257,269,277,285,301,337,
338,345,346

记意 61,160,164,217,241,254−256,338

记意兼记音 241

记音 106,115,154,164,199,210,241,254,
270,338

假借 13,17,31,42,108,110−112,114,115,
125−128,131,140,153,176,177,179,181,
183−186,188,189,196,197,199,205,206,
209,210,214,219,233,234,236,238,241,
242,244,270,277−281,285,287−291,293,
300,301,303,330,336−338,343,345,346,
348

假名 152,155,279,291−293,296,298−300,
303,304,306,307,350

简化 98,137,139,142,143,147,148,168,
169,202,208,212,217−219,240,245,246,
252,255,283,298,301,306,312,328,337,
340,344,347

结构方式 14,19,21,24,37,146,148,182,
188,189,219,226,247,287−291,335−338,
345

结绳 55,58−62,66,69−73,77,80−82,84,
101,260,261

借训 301

借义 284,288−292,300,301,315,317,345

借音 149,153,196,213,242,284,285,287−
292,300,301,315,316,323

借音义 287−289

借用 5,7,10,14,17,24,41,43,51,78,89,
126,137,140−143,146−148,150,151,153,
155,157,158,181,187,192,208,212,213,
219,232,233,247,265−267,269,270,273,
275−277,281−293,296,297,299−302,306,
308,310−320,327−331,335−337,344,345,
347,349,350

借源复合字 275

借源文字 5,7,51,52,108,117,119,124,
174,245,264,267,269,274,277,284,286,
290,299,310,312,313,319,327−329,332,
339−341,344,345,349,350

借源系统 148,149,152

借源字 7,23,56,126,130,143,146,148,
149,154−156,158,186,207,208,219−226,
238,245−248,265,267,275,276,282−284,
286,328−332,341,344−346,348−350

楷书 40,137,140,220,245,283,301,311,
317

可断代性 238,240−242,244,245,348

刻划符号 55,70,249,251−254

口诀字 296,304

吏读 291,292,296,300,304

隶书 40,238,301,314

量的规格化 255,337

六书 21,24,31,32,46,59,107,109−111,
140,149,165,182−187,189,238,284,285,
287,343,344

民族古文字 1−6,8−10,12,13,15−21,29,
30,34−40,43−47,119−121,139,143,187,
191−194,227,263,264,267,284,291,310,
314,315,332,339,340,342−346,349,350

民族文字 1,2,4−6,10,13−15,29,30,32−
34,36,37,51−53,56,58,72,77−79,82,88,
89,108,119,120,130,136,138,141,145,

154,155,159,182,183,186,188,189,191,
192,209,211,213,214,231,238,249,260,
265-267,272,275,277,282,284,299,300,
306,309,312-316,327,328,335,345

女书 4,6,29,44,45

片假名 152,291-293,302-304

拼合字 41,130,139,282

拼音文字 4,72,132,138,293,295

普通文字学 1,7,10,30,33,34,37,38,45,
46,49,50,60,71,75,91,106,119,121,182,
191,195,216,217,235,283,343,346

前文字 55,59,61,70,71,83,88,108,338,
349

取象 64,73,147,149,151,176,177,180,
219

日本汉字 301,302,350

日式简体字 301

手势语 60,62,261

熟字训 301

数目字 41,64,69,113,124,131,137-139,
142,161,277,317,344,345

唐音 302

陶符 55,107,255,261

陶文 19,20,55,101,260

同义比较 3,29,30,34-41,43,45-47,49,
50,57,58,61-63,67,75,88-91,93,96,97,
99,102,103,106,107,109,112,113,117,
121-124,131,142,143,149,154-156,158-
160,164,165,169,174,175,191,193,195-
204,206,207,209-219,226,238,240,244,
245,249,263-272,274,277,282,284,286,
287,291,292,296-299,310,312-315,319,
320,332,339-347,349,350

同源 1,40-42,159,160,167,183,195,202,
203,228-236,260,280,281,289,343,348

图画文字 4,7,8,16,18,45,58-60,71,93,
99,104,108,118,156,160,166,174,203,
205,215,239,244,254,257-259

涂色 66,168,169

文字传播 10,47,122,194,263-267,269,

271,291,299,310,312,313,319,328,339-
341,345

文字发生 47,49-54,57,61,75-78,82,83,
88,89,91,96-100,102-104,106-112,122,
165,194,339-342,349

文字发展 10,19,20,33,47,52,53,70,102,
108,111,114,122,123,137,161,165,168,
173,174,178,182,191,194,195,200,202-
204,206,209,214-217,219,246,249,259,
261,263,281,283,295,328,337-339,342,
343,346-349

文字接触 130,186,272

文字类型 10,20,106,119,122,183,202,
211,277,329

文字理据 155,158

文字流变 266,310,312,319

文字史 1,10,17,37,42,45-47,91,106,
122,183,191,216,217,268

文字系统 1-10,15,23,24,30,37,42,45-
47,50-52,56,61,63,67,69,86,95,104-
108,113,115,117-124,142,143,149,152-
156,158-164,183,186,191,192,194,195,
199,206,235,238,240,241,249,252,255,
257,260,261,263-268,275,277,282,284,
286,287,293,296,297,299,300,302,306,
307,309,311-313,316,319,320,329,339-
350

文字性质 47,117-120,122,131,136,151,
152,159,195,203,214,219,245,251,261,
267,281,329,331,339,342-347,349

文字渊源物 52,58,61,63,70,71,74,104,
165,169,341

文字制度 9,117,119,122,123,155,173,
181,194,199,209,210,238,240-242,245,
253,309,343,347-349

倭俗字 301

吴音 302

物件记事 60-62,261

象形 13,16,19,31,38,51,59,60,63-65,
68,74,79,102,104-114,143,146-151,

156—158,160—163,165,166,168,169,173—178,183—187,196,197,200,202,204—206,210—212,214,216—226,231,233—236,238,239,241,244,246,251—259,261,269,277,280,283,285,290,291,311,316,318,329—331,335—338,341—343,345

象形文字 4,5,12,16—18,20,31,40,45,74,89,111,112,118,120,153,154,174,175,186,200,213,214,216,239,240,257,277,283

小篆 6—9,40,44,183,215

楔形字 249,257

新造字 108,192,219,238,245,247,248,267,282,293,309,328—332,349

形声 31,33,42,108—114,163—165,175—179,181,183—187,189,196,197,199,205,206,210,213,214,218—226,234,236,238,241,244,246,261,270,279,281,285,287—295,297,302,308,309,312,315,331,336—338,343,346,348

训读 153,269,273,295,301,345

崖刻 65

岩画 56,99,100,105,166,168

一源论 58,59,61,71

一字数读 303

一族四文 206,214,347

义借 130,131,140,173,181,184,186,232,242,275,276,336—338,342,346

义类 37,38,46,90,92,93,96,121,175,286,290,309,332—335

异体字 22,96,113,119,137,143,144,148—155,163,174,184,199,219,220,226,240,241,244—246,258,269,282—284,286,311,329,330,332,334,344—346,348

异文 242,244

译音 301

意符 106,112,163,164,178,179,219,258,281,297,298

意音 3,20,21,32,42,43,50,106,108,118,120,124,132,138,143,155,156,164,186,

203,215,238,241,259,279,281,293,297,298,312,338,343—348

音读 11,138,141,150—154,198,269,273,295,300—302,315

音符 5,77,106,133,136,138,139,153,156,164,199,242,258,281,302

音节文字 7,8,10,20,22,42,77,117,118,120,121,152,154—158,206,209,215,264,277,281,296,341,347

音素文字 7,8,10,117,296,307

音意合成字 285

音意合体字 285

语段文字 19,174,245,259,277,338

原始符号 8,59,63,67,101,122,162,165,259,341,343,348

原始记事符号 67

原始图画 58—61,63,67,98—100,103—105,122,156,162,165,168,200,257,261,341,343,346

原始文字 8,18,60,91,97,99,100,102,107,111,175,186,202,266,277,336,338

原字 29,106,132,133,138

源文字 154,264,267,269,275,299,310,312,313,319,327,328,344,345,350,351

源异理同 10,231,232

早期文字 3,8—10,23,32,51,53,61,63,64,66—68,71,75,88,91,95,101,104,107,117,119,122,146,156,159—169,182,192,195,200,202,206,210,211,219,238,249,252—255,257—261,340—343,347—349

造字方法 7,10,45,112,141,143,146,151,159,160,164,165,183,184,188,252,253,261,274,285,307,314,319,337,342—344

造字理据 17,37,38,42,126,146,148,233,234,236,318,328—331

指事 31,59,60,62,67,68,73,74,105,106,109—113,124,128,149,156—158,160—162,165,176,177,181,184—187,196,210,214,217—226,233,234,238,241,244,246,251—253,255,256,260,261,274,283,285,290,

291,336－338,341－343

中华民族古文字 1－4,10,35,36,46

中声 66,305,306

终声 305,306

转义字 212

转注 31,109－111,238

壮汉联姻字 285

自源文字 5,7,33,51,52,108,117,119,
124,249,274,284,286,290,291,329,339,
340,347

自源系统 148

自造字 17,24,41,51,56,68,126－131,143,
146,148,154,155,157,158,160,164,166,
186,194,212,220,233,245,265,269,270,
279,280,282－285,294,312,317,328,330－
337,339,341,345,346,350

自制方字 291

字的大小比例 200

字符 19,32,43,51,52,61,63－66,68,69,
88,89,99,112,117,119,122,123,131－
133,138,140,142,152－154,156,158,166,
170,181,194,196,198－200,209,211,213,
238,244,251－257,259,296,297,312,314,
340,344,345

字库 3,46

字频 246

字素 3,11,14,18,37,46,66,142,151,153,
158,187,208,232,274,287－289,291,313

字训 300

字音 11,25,40,90,91,140,141,149,150,
156,170－172,189,207－209,216,217,270－
273,287－290,300,302,308,320－327

综合比较 34,35,327

族徽符号 70,166,259

族徽文字 107,166,259

图书在版编目（CIP）数据

中国文字发展史. 民族文字卷 / 王元鹿，朱建军，邓章应
主编. —上海：华东师范大学出版社，2013.5
（中国文字发展史/臧克和主编）
ISBN 978 - 7 - 5675 - 0737 - 1

Ⅰ.①中… Ⅱ.①王…②朱…③邓… Ⅲ.①文字—
历史—研究—中国②少数民族—文字—历史—研究—中国
Ⅳ.①H12

中国版本图书馆 CIP 数据核字（2013）第 112942 号

中国文字发展史·民族文字卷

丛书主编　臧克和
本卷主编　王元鹿　朱建军　邓章应
策划编辑　王　焰
项目编辑　张继红
审读编辑　王　海
责任校对　林文君
装帧设计　高　山

出版发行　华东师范大学出版社
社　　址　上海市中山北路 3663 号　邮编 200062
网　　址　www. ecnupress. com. cn
电　　话　021 - 60821666　行政传真 021 - 62572105
客服电话　021 - 62865537　门市（邮购）电话 021 - 62869887
地　　址　上海市中山北路 3663 号华东师范大学校内先锋路口
网　　店　http://hdsdcbs. tmall. com

印 刷 者　上海中华商务联合印刷有限公司
开　　本　787 × 1092　16 开
印　　张　26.5
字　　数　410 千字
版　　次　2015 年 7 月第 1 版
印　　次　2016 年 10 月第 2 次
书　　号　ISBN 978 - 7 - 5675 - 0737 - 1/H·632
定　　价　99.00 元

出 版 人　王　焰

（如发现本版图书有印订质量问题，请寄回本社客服中心调换或电话 021 - 62865537 联系）

粵妙法蓮華諸佛之
祕藏也多寶佛塔證

至於列三乘分八部
聖徒翁習佛事森羅
方寸千名盈尺萬象
大身現小廣座能畀
須彌之容數入芥子

卿書朝散大夫
撿校尚書都官郎
中東海徐浩題額

斯列三乘分八
聖徒翁習佛事森羅
方寸千名盈尺萬象
大身現小廣座能畀
須彌之容數入芥子

右國子監奏得覆啶右
經字體官翰林待詔朝
議郎權知潤州友上柱

粵妙法蓮華諸佛之
祕藏也多寶佛塔證

至於列三乘分八
聖徒翁習佛事森羅
方寸千名盈尺萬象
大身現小廣座能畀
須彌之容數入芥子

右國子監奏得覆啶
經字體官翰林待詔
議郎權知潤州友上柱